中国农垦农场志丛

甘 肃
黄羊河农场志

中国农垦农场志丛编纂委员会　组编

甘肃黄羊河农场志编纂委员会　主编

中国农业出版社

北　京

图书在版编目（CIP）数据

甘肃黄羊河农场志／中国农垦农场志丛编纂委员会
组编；甘肃黄羊河农场志编纂委员会主编．—北京：
中国农业出版社，2022.12
（中国农垦农场志丛）
ISBN 978-7-109-30645-5

Ⅰ.①甘…　Ⅱ.①中…　②甘…　Ⅲ.①国营农场-概
况-武威　Ⅳ.①F324.1

中国国家版本馆CIP数据核字（2023）第072557号

出 版 人：刘天金
出版策划：苑　荣　刘爱芳
丛书统筹：王庆宁　赵世元
审 稿 组：柯文武　干锦春　薛　波
编 辑 组：杨金妹　王庆宁　周　珊　刘昊阳　黄　曦　李　梅　吕　睿　赵世元　黎　岳
　　　　　刘佳玫　王玉水　李兴旺　蔡雪青　刘金华　陈思羽　张潇逸　喻瀚章　赵星华
工 艺 组：毛志强　王　宏　吴丽婷
设 计 组：姜　欣　关晓迪　王　晨　杨　婧
发行宣传：王贺春　蔡　鸣　李　晶　雷云钊　曹建丽
技术支持：王芳芳　赵晓红　张　瑶

甘肃黄羊河农场志
Gansu Huangyanghe Nongchangzhi

中国农业出版社出版
地址：北京市朝阳区麦子店街18号楼
邮编：100125
责任编辑：王庆宁　　　文字编辑：张潇逸　赵世元　刘佳玫
责任校对：周丽芳　　　责任印制：王　宏
印刷：北京通州皇家印刷厂
版次：2022年12月第1版
印次：2022年12月北京第1次印刷
发行：新华书店北京发行所
开本：889mm×1194mm　1/16
印张：25.5　插页：14
字数：527千字
定价：169.00元

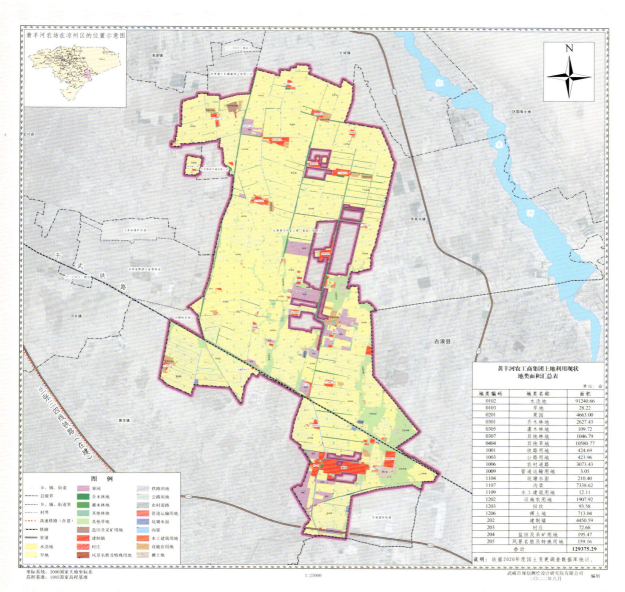

黄羊河农工商集团土地利用现状
地类面积汇总表

单位：亩

地类编码	地类名称	面积
0102	水浇地	91240.66
0103	旱地	28.22
0201	果园	4663.00
0301	乔木林地	2627.43
0305	灌木林地	109.72
0307	其他林地	1046.79
0404	其他草地	10580.77
1001	铁路用地	424.69
1003	公路用地	423.96
1006	农村道路	3073.43
1009	管道运输用地	3.05
1104	坑塘水面	210.40
1107	沟渠	7338.62
1109	水工建筑用地	12.11
1202	设施农用地	1907.92
1203	田坎	93.58
1206	裸土地	713.04
202	建制镇	4450.59
203	村庄	72.68
204	盐田及采矿用地	195.47
205	风景名胜及特殊用地	159.16
	合计	129375.29

说明：依据2020年度国土变更调查数据库统计。

黄羊河农工商集团土地利用现状图 ▮

2021年6月17日，甘肃省委副书记、省长任振鹤（中）来甘肃省黄羊河农场调研，甘肃省农垦集团公司党委书记、董事长谢天德（右），黄羊河集团公司党委书记、董事长李国忠陪同（左）

2019年3月14日，中国农垦经济发展中心副主任陈忠毅（前排右二）到黄羊河调研，甘肃省农垦集团公司副总经理魏国斌（前排右一），黄羊河集团公司党委书记、董事长李国忠（前排左二）陪同

2020 年 5 月 28 日，甘肃省商务厅副厅长任福康（左三）、
武威市副市长杨德智（左一）到黄羊河集团公司调研

2022 年 4 月 7 日，甘肃省副省长孙雪涛（前排左一）到黄羊河集团公司调研，
甘肃省农垦集团公司党委书记、董事长张懿笃（前排左四），黄羊河集团公司党委书记、
董事长李国忠（前排右二）陪同

2022 年 7 月 1 日，甘肃省政府研究室农村经济研究处处长刘鹏飞（右三）
到黄羊河集团公司调研

2019年3月20日，河北省农垦局局长邓祥顺（左三）到黄羊河集团公司考察，黄羊河集团公司党委书记、董事长李国忠（左二）陪同

2019年8月20日，云南省西双版纳傣族自治州景洪市政协党组书记、主席段春（左三）到黄羊河集团公司考察

2019 年 7 月 31 日，黑龙江农垦总局人社局调研员阚孝全（左二）到黄羊河集团公司考察 ■

2019 年 8 月 17 日，中国农垦经济发展中心领导，台湾企业家、专家以及广东、山东相关企业负责人一行 ■
莅临黄羊河集团公司考察，黄羊河集团公司党委书记、董事长李国忠（右四）陪同

2016 年 8 月 26 日，湖北农垦管理总局党组书记、局长朱汉桥（左二）在省农垦集团公司党委副书记、纪委书记李金有的陪同下，来黄羊河集团公司考察

2017 年 7 月 6 日，《中国农垦》"甘肃农垦行"调研考察组成员、农业部农垦宣传文化中心主任、《中国农垦》主编成德波（左一）来黄羊河集团公司调研

2017 年 6 月 16 日，省国有企业监事会主席雒力宏（左三）
在省农垦集团公司总会计师毕晋（右三）的陪同下来黄羊河集团公司调研

2014 年 6 月 8 日，中国食品工业协会副会长、上海农垦集团总裁曹树民（左二）
及安徽农垦集团董事长田文俊（右三）莅临黄羊河集团公司参观考察

2015 年 5 月 12 日，日本养殖业考察组到黄羊河集团公司考察 ■

2019 年 4 月 20 日，黄羊河集团公司"CIS 再造工程"总策划师、
原北京思想者企业策划有限公司王克（左六）一行回访黄羊河集团公司

2015 年 9 月 9 日，参加黄羊河农场建设的原山东支青来场相聚时留影 ■

黄羊河集团公司办公楼 ■

黄羊河集团公司总部鸟瞰图 ■

黄羊河集团公司文化广场

黄羊河集团公司主干道

黄羊河集团公司大门口主干道 ■

黄羊河集团公司润泽园 ■

黄羊河集团公司污水处理站 ■

五、农场生产

黄羊河集团公司果品发运 ■

黄羊河集团公司辣椒育苗 ■

黄羊河集团公司辣椒移栽 ■

黄羊河集团公司辣椒采收 ■

黄羊河集团公司辣椒丰收

黄羊河集团公司马铃薯播种

黄羊河集团公司农作物植保作业 ■

黄羊河集团公司马铃薯收获 ■

黄羊河集团公司玉米收获 ■

黄羊河集团公司甜糯玉米加工 ■

黄羊河集团公司制种产业晾晒场 ■

黄羊河集团公司滴灌带生产车间 ■

黄羊河集团公司农业大条田 ▮

黄羊河集团公司节水灌溉田 ▮

2016 年 9 月，黄羊河集团公司召开第三次党员代表大会 ■

2018 年 6 月，黄羊河集团公司工会委员会召开一届四次会员代表大会 ■

2020 年 9 月，黄羊河集团公司召开第四次党员代表大会

2021 年 3 月 30 日，黄羊河集团公司召开十届四次职工代表大会、二届二次工会会员代表大会

2013 年 8 月，建场 60 周年文艺汇演 ■

2017 年 7 月，举办知识竞赛 ■

2020 年，成立党员志愿者服务队 ■

2020 年 12 月，举办迎新年文艺汇演 ■

2021 年，举办庆"七一"红歌比赛 ■

2021 年 9 月，举办职工运动会 ■

2022 年 1 月，举办职工趣味运动会 ■

2022 年 4 月，举办职业技能竞赛 ■

2022 年 4 月，举办演讲比赛 ■

2013 年 12 月，黄羊河集团公司获"全国农业先进集体"

2013 年 12 月，黄羊河集团公司获
"甘肃省技术创新示范企业"

2014 年 1 月，黄羊河农工商（集团）有限责任公司获
"全国农垦农机标准化示范 AAA 级农场"

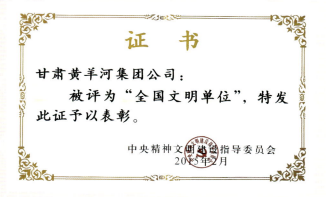

2015 年 2 月，黄羊河集团公司获评"全国文明单位"

2016 年 4 月，黄羊河集团公司获"甘肃省五一劳动奖状"

2018 年 4 月，黄羊河集团公司获
"甘肃省档案工作规范化管理省特级单位"

2020 年 4 月，黄羊河集团公司获
"2019 年度全省脱贫攻坚帮扶先进集体"

九、场志编纂

编纂委员会 ■

编辑部 ■

资料提供人员 ■

中国农垦农场志丛编纂委员会

主　任

张兴旺

副主任

左常升　李尚兰　刘天金　彭剑良　程景民　王润雷

成　员（按垦区排序）

肖辉利　毕国生　苗冰松　茹栋梅　赵永华　杜　鑫　陈　亮

王守聪　许如庆　姜建友　唐冬寿　王良贵　郭宋玉　兰永清

马常春　张金龙　李胜强　马艳青　黄文沐　张安明　王明魁

徐　斌　田李文　张元鑫　余　繁　林　木　王　韬　张懿笃

杨毅青　段志强　武洪斌　熊　斌　冯天华　朱云生　常　芳

中国农垦农场志丛编纂委员会办公室

主　任

王润雷

副主任

王　生　刘爱芳　武新宇　明　星

成　员

胡从九　刘琢琬　干锦春　王庆宁

中国农垦农场志丛

甘肃黄羊河农场志编纂委员会

主　任

李国忠

副主任

王宗全　慕自发（常务）

委　员

南永胜　王生兴　牟　访　王开虎　于志辉　施忠年　刘　强

蔡桂芳　李　斌　李金浩　王小亮　张廷彦　彭小靖　刘耀义

王　辉

甘肃黄羊河农场志编纂委员会编辑部

主　编

慕自发

副主编

蔡桂芳

编辑部成员

刘雪峰　任晋萱　胡世泰　齐德海　于　福

资料提供人员

郭翠英　赵　艳　王琴琴　蔡永金　张　鸿　安亚萍

徐　苗　程丽丽　张旭鹏　李文盛　王　晶　申　胜

蔡廷伟　徐晓琴　满香平　于　福　高　红　王晓兰

冯立东　胡世泰　赵海鹏　何　有　和　畅　王开新

朱梓文　管俊峰　王　云　李玉军　白兴宝　马天伟

总　序

中国农垦农场志丛自 2017 年开始酝酿，历经几度春秋寒暑，终于在建党 100 周年之际，陆续面世。在此，谨向所有为修此志作出贡献、付出心血的同志表示诚挚的敬意和由衷的感谢！

中国共产党领导开创的农垦事业，为中华人民共和国的诞生和发展立下汗马功劳。八十余年来，农垦事业的发展与共和国的命运紧密相连，在使命履行中，农场成长为国有农业经济的骨干和代表，成为国家在关键时刻抓得住、用得上的重要力量。

如果将农垦比作大厦，那么农场就是砖瓦，是基本单位。在全国 31 个省（自治区、直辖市，港澳台除外），分布着 1800 多个农垦农场。这些星罗棋布的农场如一颗颗玉珠，明暗随农垦的历史进程而起伏；当其融汇在一起，则又映射出农垦事业波澜壮阔的历史画卷，绽放着"艰苦奋斗、勇于开拓"的精神光芒。

（一）

"农垦"概念源于历史悠久的"屯田"。早在秦汉时期就有了移民垦荒，至汉武帝时创立军屯，用于保障军粮供应。之后，历代沿袭屯田这一做法，充实国库，供养军队。

中国共产党借鉴历代屯田经验，发动群众垦荒造田。1933年2月，中华苏维埃共和国临时中央政府颁布《开垦荒地荒田办法》，规定"县区土地部、乡政府要马上调查统计本地所有荒田荒地，切实计划、发动群众去开荒"。到抗日战争时期，中国共产党大规模地发动军人进行农垦实践，肩负起支援抗战的特殊使命，农垦事业正式登上了历史舞台。

20世纪30年代末至40年代初，抗日战争进入相持阶段，在日军扫荡和国民党军事包围、经济封锁等多重压力下，陕甘宁边区生活日益困难。"我们曾经弄到几乎没有衣穿，没有油吃，没有纸、没有菜，战士没有鞋袜，工作人员在冬天没有被盖。"毛泽东同志曾这样讲道。

面对艰难处境，中共中央决定开展"自己动手，丰衣足食"的生产自救。1939年2月2日，毛泽东同志在延安生产动员大会上发出"自己动手"的号召。1940年2月10日，中共中央、中央军委发出《关于开展生产运动的指示》，要求各部队"一面战斗、一面生产、一面学习"。于是，陕甘宁边区掀起了一场轰轰烈烈的大生产运动。

这个时期，抗日根据地的第一个农场——光华农场诞生了。1939年冬，根据中共中央的决定，光华农场在延安筹办，生产牛奶、蔬菜等食物。同时，进行农业科学实验、技术推广，示范带动周边群众。这不同于古代屯田，开创了农垦示范带动的历史先河。

在大生产运动中，还有一面"旗帜"高高飘扬，让人肃然起敬，它就是举世闻名的南泥湾大生产运动。

1940年6—7月，为了解陕甘宁边区自然状况、促进边区建设事业发展，在中共中央财政经济部的支持下，边区政府建设厅的农林科学家乐天宇等一行6人，历时47天，全面考察了边区的森林自然状况，并完成了《陕甘宁边区森林考察团报告书》，报告建议垦殖南泥洼（即南泥湾）。之后，朱德总司令亲自前往南泥洼考察，谋划南泥洼的开发建设。

1941年春天，受中共中央的委托，王震将军率领三五九旅进驻南泥湾。那时，南泥湾俗称"烂泥湾","方圆百里山连山",战士们"只见梢林不见天",身边做伴的是满山窜的狼豹黄羊。在这种艰苦处境中,战士们攻坚克难,一手拿枪,一手拿镐,练兵开荒两不误,把"烂泥湾"变成了陕北的"好江南"。从1941年到1944年,仅仅几年时间,三五九旅的粮食产量由0.12万石猛增到3.7万石,上缴公粮1万石,达到了耕一余一。与此同时,工业、商业、运输业、畜牧业和建筑业也得到了迅速发展。

南泥湾大生产运动,作为中国共产党第一次大规模的军垦,被视为农垦事业的开端,南泥湾也成为农垦事业和农垦精神的发祥地。

进入解放战争时期,建立巩固的东北根据地成为中共中央全方位战略的重要组成部分。毛泽东同志在1945年12月28日为中共中央起草的《建立巩固的东北根据地》中,明确指出"我党现时在东北的任务,是建立根据地,是在东满、北满、西满建立巩固的军事政治的根据地",要求"除集中行动负有重大作战任务的野战兵团外,一切部队和机关,必须在战斗和工作之暇从事生产"。

紧接着,1947年,公营农场兴起的大幕拉开了。

这一年春天,中共中央东北局财经委员会召开会议,主持财经工作的陈云、李富春同志在分析时势后指出:东北行政委员会和各省都要"试办公营农场,进行机械化农业实验,以迎接解放后的农村建设"。

这一年夏天,在松江省政府的指导下,松江省省营第一农场(今宁安农场)创建。省政府主任秘书李在人为场长,他带领着一支18人的队伍,在今尚志市一面坡太平沟开犁生产,一身泥、一身汗地拉开了"北大荒第一犁"。

这一年冬天,原辽北军区司令部作训科科长周亚光带领人马,冒着严寒风雪,到通北县赵光区实地踏查,以日伪开拓团训练学校旧址为基础,建成了我国第一个公营机械化农场——通北机械农场。

之后,花园、永安、平阳等一批公营农场纷纷在战火的硝烟中诞生。与此同时,一部分身残志坚的荣誉军人和被解放的国民党军人,向东北荒原宣战,艰苦拓荒、艰辛创业,创建了一批荣军农场和解放团农场。

再将视线转向华北。这一时期，在河北省衡水湖的前身"千顷洼"所在地，华北人民政府农业部利用一批来自联合国善后救济总署的农业机械，建成了华北解放区第一个机械化公营农场——冀衡农场。

除了机械化农场，在那个主要靠人力耕种的年代，一些拖拉机站和机务人员培训班诞生在东北、华北大地上，推广农业机械化技术，成为新中国农机事业人才培养的"摇篮"。新中国的第一位女拖拉机手梁军正是优秀代表之一。

（二）

中华人民共和国成立后农垦事业步入了发展的"快车道"。

1949 年 10 月 1 日，新中国成立了，百废待兴。新的历史阶段提出了新课题、新任务：恢复和发展生产，医治战争创伤，安置转业官兵，巩固国防，稳定新生的人民政权。

这没有硝烟的"新战场"，更需要垦荒生产的支持。

1949 年 12 月 5 日，中央人民政府人民革命军事委员会发布《关于 1950 年军队参加生产建设工作的指示》，号召全军"除继续作战和服勤务者而外，应当负担一部分生产任务，使我人民解放军不仅是一支国防军，而且是一支生产军"。

1952 年 2 月 1 日，毛泽东主席发布《人民革命军事委员会命令》："你们现在可以把战斗的武器保存起来，拿起生产建设的武器。"批准中国人民解放军 31 个师转为建设师，其中有 15 个师参加农业生产建设。

垦荒战鼓已擂响，刚跨进和平年代的解放军官兵们，又背起行囊，扑向荒原，将"作战地图变成生产地图"，把"炮兵的瞄准仪变成建设者的水平仪"，让"战马变成耕马"，在戈壁荒漠、三江平原、南国边疆安营扎寨，攻坚克难，辛苦耕耘，创造了农垦事业的一个又一个奇迹。

1. 将戈壁荒漠变成绿洲

1950 年 1 月，王震将军向驻疆部队发布开展大生产运动的命令，动员 11 万余名官兵就地屯垦，创建军垦农场。

垦荒之战有多难，这些有着南泥湾精神的农垦战士就有多拼。

没有房子住，就搭草棚子、住地窝子；粮食不够吃，就用盐水煮麦粒；没有拖拉机和畜力，就多人拉犁开荒种地……

然而，戈壁滩缺水，缺"农业的命根子"，这是痛中之痛！

没有水，战士们就自己修渠，自伐木料，自制筐担，自搓绳索，自开块石。修渠中涌现了很多动人故事，据原新疆兵团农二师师长王德昌回忆，1951年冬天，一名来自湖南的女战士，面对磨断的绳子，情急之下，割下心爱的辫子，接上绳子背起了石头。

在战士们全力以赴的努力下，十八团渠、红星渠、和平渠、八一胜利渠等一条条大地的"新动脉"，奔涌在戈壁滩上。

1954年10月，经中共中央批准，新疆生产建设兵团成立，陶峙岳被任命为司令员，新疆维吾尔自治区党委书记王恩茂兼任第一政委，张仲瀚任第二政委。努力开荒生产的驻疆屯垦官兵终于有了正式的新身份，工作中心由武装斗争转为经济建设，新疆地区的屯垦进入了新的阶段。

之后，新疆生产建设兵团重点开发了北疆的准噶尔盆地、南疆的塔里木河流域及伊犁、博乐、塔城等边远地区。战士们鼓足干劲，兴修水利、垦荒造田、种粮种棉、修路架桥，一座座城市拔地而起，荒漠变绿洲。

2. 将荒原沼泽变成粮仓

在新疆屯垦热火朝天之时，北大荒也进入了波澜壮阔的开发阶段，三江平原成为"主战场"。

1954年8月，中共中央农村工作部同意并批转了农业部党组《关于开发东北荒地的农建二师移垦东北问题的报告》，同时上报中央军委批准。9月，第一批集体转业的"移民大军"——农建二师由山东开赴北大荒。这支8000多人的齐鲁官兵队伍以荒原为家，创建了二九〇、二九一和十一农场。

同年，王震将军视察黑龙江汤原后，萌发了开发北大荒的设想。领命的是第五师副师长余友清，他打头阵，率一支先遣队到密山、虎林一带踏查荒原，于 1955 年元旦，在虎林县（今虎林市）西岗创建了铁道兵第一个农场，以部队番号命名为"八五○部农场"。

1955 年，经中共中央同意，铁道兵 9 个师近两万人挺进北大荒，在密山、虎林、饶河一带开荒建场，拉开了向三江平原发起总攻的序幕，在八五○部农场周围建起了一批八字头的农场。

1958 年 1 月，中央军委发出《关于动员十万干部转业复员参加生产建设的指示》，要求全军复员转业官兵去开发北大荒。命令一下，十万转业官兵及家属，浩浩荡荡进军三江平原，支边青年、知识青年也前赴后继地进攻这片古老的荒原。

垦荒大军不惧苦、不畏难，鏖战多年，荒原变良田。1964 年盛夏，国家副主席董必武来到北大荒视察，面对麦香千里即兴赋诗："斩棘披荆忆老兵，大荒已变大粮屯。"

3. 将荒郊野岭变成胶园

如果说农垦大军在戈壁滩、北大荒打赢了漂亮的要粮要棉战役，那么，在南国边疆，则打赢了一场在世界看来不可能胜利的翻身仗。

1950 年，朝鲜战争爆发后，帝国主义对我国实行经济封锁，重要战略物资天然橡胶被禁运，我国国防和经济建设面临严重威胁。

当时世界公认天然橡胶的种植地域不能超过北纬 17°，我国被国际上许多专家划为"植胶禁区"。

但命运应该掌握在自己手中，中共中央作出"一定要建立自己的橡胶基地"的战略决策。1951 年 8 月，政务院通过《关于扩大培植橡胶树的决定》，由副总理兼财政经济委员会主任陈云亲自主持这项工作。同年 11 月，华南垦殖局成立，中共中央华南分局第一书记叶剑英兼任局长，开始探索橡胶种植。

1952 年 3 月，两万名中国人民解放军临危受命，组建成林业工程第一师、第二师和一个独立团，开赴海南、湛江、合浦等地，住茅棚、战台风、斗猛兽，白手起家垦殖橡胶。

大规模垦殖橡胶，急需胶籽。"一粒胶籽，一两黄金"成为战斗口号，战士们不惜一切代价收集胶籽。有一位叫陈金照的小战士，运送胶籽时遇到山洪，被战友们找到时已没有了呼吸，而背上箩筐里的胶籽却一粒没丢……

正是有了千千万万个把橡胶看得重于生命的陈金照们，1957年春天，华南垦殖局种植的第一批橡胶树，流出了第一滴胶乳。

1960年以后，大批转业官兵加入海南岛植胶队伍，建成第一个橡胶生产基地，还大面积种植了剑麻、香茅、咖啡等多种热带作物。同时，又有数万名转业官兵和湖南移民汇聚云南边疆，用血汗浇灌出了我国第二个橡胶生产基地。

在新疆、东北和华南三大军垦战役打响之时，其他省份也开始试办农场。1952年，在政务院关于"各县在可能范围内尽量地办起和办好一两个国营农场"的要求下，全国各地农场如雨后春笋般发展起来。1956年，农垦部成立，王震将军被任命为部长，统一管理全国的军垦农场和地方农场。

随着农垦管理走向规范化，农垦事业也蓬勃发展起来。江西建成多个综合垦殖场，发展茶、果、桑、林等多种生产；北京市郊、天津市郊、上海崇明岛等地建起了主要为城市提供副食品的国营农场；陕西、安徽、河南、西藏等省区建立发展了农牧场群……

到1966年，全国建成国营农场1958个，拥有职工292.77万人，拥有耕地面积345457公顷，农垦成为我国农业战线一支引人瞩目的生力军。

（三）

前进的道路并不总是平坦的。"文化大革命"持续十年，使党、国家和各族人民遭到新中国成立以来时间最长、范围最广、损失最大的挫折，农垦系统也不能幸免。农场平均主义盛行，从1967年至1978年，农垦系统连续亏损12年。

"没有一个冬天不可逾越，没有一个春天不会来临。"1978年，党的十一届三中全会召开，如同一声春雷，唤醒了沉睡的中华大地。手握改革开放这一法宝，全党全社会朝着社会主义现代化建设方向大步前进。

在这种大形势下，农垦人深知，国营农场作为社会主义全民所有制企业，应当而且有条件走在农业现代化的前列，继续发挥带头和示范作用。

于是，农垦人自觉承担起推进实现农业现代化的重大使命，乘着改革开放的春风，开始进行一系列的上下求索。

1978 年 9 月，国务院召开了人民公社、国营农场试办农工商联合企业座谈会，决定在我国试办农工商联合企业，农垦系统积极响应。作为现代化大农业的尝试，机械化水平较高且具有一定工商业经验的农垦企业，在农工商综合经营改革中如鱼得水，打破了单一种粮的局面，开启了农垦一二三产业全面发展的大门。

农工商综合经营只是农垦改革的一部分，农垦改革的关键在于打破平均主义，调动生产积极性。

为调动企业积极性，1979 年 2 月，国务院批转了财政部、国家农垦总局《关于农垦企业实行财务包干的暂行规定》。自此，农垦开始实行财务大包干，突破了"千家花钱，一家（中央）平衡"的统收统支方式，解决了农垦企业吃国家"大锅饭"的问题。

为调动企业职工的积极性，从 1979 年根据财务包干的要求恢复"包、定、奖"生产责任制，到 1980 年后一些农场实行以"大包干"到户为主要形式的家庭联产承包责任制，再到 1983 年借鉴农村改革经验，全面兴办家庭农场，逐渐建立大农场套小农场的双层经营体制，形成"家家有场长，户户搞核算"的蓬勃发展气象。

为调动企业经营者的积极性，1984 年下半年，农垦系统在全国选择 100 多个企业试点推行场（厂）长、经理负责制，1988 年全国农垦有 60% 以上的企业实行了这项改革，继而又借鉴城市国有企业改革经验，全面推行多种形式承包经营责任制，进一步明确主管部门与企业的权责利关系。

以上这些改革主要是在企业层面，以单项改革为主，虽然触及了国家、企业和职工的最直接、最根本的利益关系，但还没有完全解决传统体制下影响农垦经济发展的深层次矛盾和困难。

"历史总是在不断解决问题中前进的。"1992年，继邓小平南方谈话之后，党的十四大明确提出，要建立社会主义市场经济体制。市场经济为农垦改革进一步指明了方向，但农垦如何改革才能步入这个轨道，真正成为现代化农业的引领者？

关于国营大中型企业如何走向市场，早在1991年9月中共中央就召开工作会议，强调要转换企业经营机制。1992年7月，国务院发布《全民所有制工业企业转换经营机制条例》，明确提出企业转换经营机制的目标是："使企业适应市场的要求，成为依法自主经营、自负盈亏、自我发展、自我约束的商品生产和经营单位，成为独立享有民事权利和承担民事义务的企业法人。"

为转换农垦企业的经营机制，针对在干部制度上的"铁交椅"、用工制度上的"铁饭碗"和分配制度上的"大锅饭"问题，农垦实施了干部聘任制、全员劳动合同制以及劳动报酬与工效挂钩的三项制度改革，为农垦企业建立在用人、用工和收入分配上的竞争机制起到了重要促进作用。

1993年，十四届三中全会再次擂响战鼓，指出要进一步转换国有企业经营机制，建立适应市场经济要求，产权清晰、权责明确、政企分开、管理科学的现代企业制度。

农业部积极响应，1994年决定实施"三百工程"，即在全国农垦选择百家国有农场进行现代企业制度试点、组建发展百家企业集团、建设和做强百家良种企业，标志着农垦企业的改革开始深入到企业制度本身。

同年，针对有些农场仍为职工家庭农场，承包户垫付生产、生活费用这一问题，根据当年1月召开的全国农业工作会议要求，全国农垦系统开始实行"四到户"和"两自理"，即土地、核算、盈亏、风险到户，生产费、生活费由职工自理。这一举措彻底打破了"大锅饭"，开启了国有农场农业双层经营体制改革的新发展阶段。

然而，在推进市场经济进程中，以行政管理手段为主的垦区传统管理体制，逐渐成为束缚企业改革的桎梏。

垦区管理体制改革迫在眉睫。1995年，农业部在湖北省武汉市召开全国农垦经济体制改革工作会议，在总结各垦区实践的基础上，确立了农垦管理体制的改革思路：逐步弱化行政职能，加快实体化进程，积极向集团化、公司化过渡。以此会议为标志，垦区管理体制改革全面启动。北京、天津、黑龙江等17个垦区按照集团化方向推进。此时，出于实际需要，大部分垦区在推进集团化改革中仍保留了农垦管理部门牌子和部分行政管理职能。

"前途是光明的，道路是曲折的。"由于农垦自身存在的政企不分、产权不清、社会负担过重等深层次矛盾逐渐暴露，加之农产品价格低迷、激烈的市场竞争等外部因素叠加，从1997年开始，农垦企业开始步入长达5年的亏损徘徊期。

然而，农垦人不放弃、不妥协，终于在2002年"守得云开见月明"。这一年，中共十六大召开，农垦也在不断调整和改革中，告别"五连亏"，盈利13亿。

2002年后，集团化垦区按照"产业化、集团化、股份化"的要求，加快了对集团母公司、产业化专业公司的公司制改造和资源整合，逐步将国有优质资产集中到主导产业，进一步建立健全现代企业制度，形成了一批大公司、大集团，提升了农垦企业的核心竞争力。

与此同时，国有农场也在企业化、公司化改造方面进行了积极探索，综合考虑是否具备企业经营条件、能否剥离办社会职能等因素，因地制宜、分类指导。一是办社会职能可以移交的农场，按公司制等企业组织形式进行改革；办社会职能剥离需要过渡期的农场，逐步向公司制企业过渡。如广东、云南、上海、宁夏等集团化垦区，结合农场体制改革，打破传统农场界限，组建产业化专业公司，并以此为纽带，进一步将垦区内产业关联农场由子公司改为产业公司的生产基地（或基地分公司），建立了集团与加工企业、农场生产基地间新的运行体制。二是不具备企业经营条件的农场，改为乡、镇或行政区，向政权组织过渡。如2003年前后，一些垦区的部分农场连年严重亏损，有的甚至濒临破产。湖南、湖北、河北等垦区经省委、省政府批准，对农场管理体制进行革新，把农场管理权下放到市县，实行属地管理，一些农场建立农场管理区，赋予必要的政府职能，给予财税优惠政策。

这些改革离不开农垦职工的默默支持，农垦的改革也不会忽视职工的生活保障。1986年，根据《中共中央、国务院批转农牧渔业部〈关于农垦经济体制改革问题的报告〉的通知》要求，农垦系统突破职工住房由国家分配的制度，实行住房商品化，调动职工自己动手、改善住房的积极性。1992 年，农垦系统根据国务院关于企业职工养老保险制度改革的精神，开始改变职工养老保险金由企业独自承担的局面，此后逐步建立并完善国家、企业、职工三方共同承担的社会保障制度，减轻农场养老负担的同时，也减少了农场职工的后顾之忧，保障了农场改革的顺利推进。

从 1986 年至十八大前夕，从努力打破传统高度集中封闭管理的计划经济体制，到坚定社会主义市场经济体制方向；从在企业层面改革，以单项改革和放权让利为主，到深入管理体制，以制度建设为核心、多项改革综合配套协调推进为主：农垦企业一步一个脚印，走上符合自身实际的改革道路，管理体制更加适应市场经济，企业经营机制更加灵活高效。

这一阶段，农垦系统一手抓改革，一手抓开放，积极跳出"封闭"死胡同，走向开放的康庄大道。从利用外资在经营等领域涉足并深入合作，大力发展"三资"企业和"三来一补"项目；到注重"引进来"，引进资金、技术设备和管理理念等；再到积极实施"走出去"战略，与中东、东盟、日本等地区和国家进行经贸合作出口商品，甚至扎根境外建基地、办企业、搞加工、拓市场：农垦改革开放风生水起逐浪高，逐步形成"两个市场、两种资源"的对外开放格局。

（四）

党的十八大以来，以习近平同志为核心的党中央迎难而上，作出全面深化改革的决定，农垦改革也进入全面深化和进一步完善阶段。

2015 年 11 月，中共中央、国务院印发《关于进一步推进农垦改革发展的意见》（简称《意见》），吹响了新一轮农垦改革发展的号角。《意见》明确要求，新时期农垦改革发展要以推进垦区集团化、农场企业化改革为主线，努力把农垦建设成为保障国家粮食安全和重要农产品有效供给的国家队、中国特色新型农业现代化的示范区、农业对外合作的排头兵、安边固疆的稳定器。

2016 年 5 月 25 日，习近平总书记在黑龙江省考察时指出，要深化国有农垦体制改革，以垦区集团化、农场企业化为主线，推动资源资产整合、产业优化升级，建设现代农业大基地、大企业、大产业，努力形成农业领域的航母。

2018年9月25日，习近平总书记再次来到黑龙江省进行考察，他强调，要深化农垦体制改革，全面增强农垦内生动力、发展活力、整体实力，更好发挥农垦在现代农业建设中的骨干作用。

农垦从来没有像今天这样更接近中华民族伟大复兴的梦想！农垦人更加振奋了，以壮士断腕的勇气、背水一战的决心继续农垦改革发展攻坚战。

1. 取得了累累硕果

——坚持集团化改革主导方向，形成和壮大了一批具有较强竞争力的现代农业企业集团。黑龙江北大荒去行政化改革、江苏农垦农业板块上市、北京首农食品资源整合……农垦深化体制机制改革多点开花、逐步深入。以资本为纽带的母子公司管理体制不断完善，现代公司治理体系进一步健全。市县管理农场的省份区域集团化改革稳步推进，已组建区域集团和产业公司超过300家，一大批农场注册成为公司制企业，成为真正的市场主体。

——创新和完善农垦农业双层经营体制，强化大农场的统一经营服务能力，提高适度规模经营水平。截至2020年，据不完全统计，全国农垦规模化经营土地面积5500多万亩，约占农垦耕地面积的70.5%，现代农业之路越走越宽。

——改革国有农场办社会职能，让农垦企业政企分开、社企分开，彻底甩掉历史包袱。截至2020年，全国农垦有改革任务的1500多个农场完成办社会职能改革，松绑后的步伐更加矫健有力。

——推动农垦国有土地使用权确权登记发证，唤醒沉睡已久的农垦土地资源。截至2020年，土地确权登记发证率达到96.3%，使土地也能变成金子注入农垦企业，为推进农垦土地资源资产化、资本化打下坚实基础。

——积极推进对外开放，农垦农业对外合作先行者和排头兵的地位更加突出。合作领域从粮食、天然橡胶行业扩展到油料、糖业、果菜等多种产业，从单个环节向全产业链延伸，对外合作范围不断拓展。截至 2020 年，全国共有 15 个垦区在 45 个国家和地区投资设立了 84 家农业企业，累计投资超过 370 亿元。

2. 在发展中改革，在改革中发展

农垦企业不仅有改革的硕果，更以改革创新为动力，在扶贫开发、产业发展、打造农业领域航母方面交出了漂亮的成绩单。

——聚力农垦扶贫开发，打赢农垦脱贫攻坚战。从 20 世纪 90 年代起，农垦系统开始扶贫开发。"十三五"时期，农垦系统针对 304 个重点贫困农场，绘制扶贫作战图，逐个建立扶贫档案，坚持"一场一卡一评价"。坚持产业扶贫，组织开展技术培训、现场观摩、产销对接，增强贫困农场自我"造血"能力。甘肃农垦永昌农场建成高原夏菜示范园区，江西宜丰黄冈山垦殖场大力发展旅游产业，广东农垦新华农场打造绿色生态茶园……贫困农场产业发展蒸蒸日上，全部如期脱贫摘帽，相对落后农场、边境农场和生态脆弱区农场等农垦"三场"踏上全面振兴之路。

——推动产业高质量发展，现代农业产业体系、生产体系、经营体系不断完善。初步建成一批稳定可靠的大型生产基地，保障粮食、天然橡胶、牛奶、肉类等重要农产品的供给；推广一批环境友好型种养新技术、种养循环新模式，提升产品质量的同时促进节本增效；制定发布一系列生鲜乳、稻米等农产品的团体标准，守护"舌尖上的安全"；相继成立种业、乳业、节水农业等产业技术联盟，形成共商共建共享的合力；逐渐形成"以中国农垦公共品牌为核心、农垦系统品牌联合舰队为依托"的品牌矩阵，品牌美誉度、影响力进一步扩大。

——打造形成农业领域航母，向培育具有国际竞争力的现代农业企业集团迈出坚实步伐。黑龙江北大荒、北京首农、上海光明三个集团资产和营收双超千亿元，在发展中乘风破浪：黑龙江北大荒农垦集团实现机械化全覆盖，连续多年粮食产量稳定在 400 亿斤以上，推动产业高端化、智能化、绿色化，全力打造"北大荒绿色智慧厨房"；北京首农集团坚持科技和品牌双轮驱动，不断提升完善"从田间到餐桌"的全产业链条；上海光明食品集团坚持品牌化经营、国际化发展道路，加快农业

"走出去"步伐，进行国际化供应链、产业链建设，海外营收占集团总营收 20％左右，极大地增强了对全世界优质资源的获取能力和配置能力。

千淘万漉虽辛苦，吹尽狂沙始到金。迈入"十四五"，农垦改革目标基本完成，正式开启了高质量发展的新篇章，正在加快建设现代农业的大基地、大企业、大产业，全力打造农业领域航母。

（五）

八十多年来，从人畜拉犁到无人机械作业，从一产独大到三产融合，从单项经营到全产业链，从垦区"小社会"到农业"集团军"，农垦发生了翻天覆地的变化。然而，无论农垦怎样变，变中都有不变。

——不变的是一路始终听党话、跟党走的绝对忠诚。从抗战和解放战争时期垦荒供应军粮，到新中国成立初期发展生产、巩固国防，再到改革开放后逐步成为现代农业建设的"排头兵"，农垦始终坚持全面贯彻党的领导。而农垦从孕育诞生到发展壮大，更离不开党的坚强领导。毫不动摇地坚持贯彻党对农垦的领导，是农垦人奋力前行的坚强保障。

——不变的是服务国家核心利益的初心和使命。肩负历史赋予的保障供给、屯垦戍边、示范引领的使命，农垦系统始终站在讲政治的高度，把完成国家战略任务放在首位。在三年困难时期、"非典"肆虐、汶川大地震、新冠肺炎疫情突发等关键时刻，农垦系统都能"调得动、顶得上、应得急"，为国家大局稳定作出突出贡献。

——不变的是"艰苦奋斗、勇于开拓"的农垦精神。从抗日战争时一手拿枪、一手拿镐的南泥湾大生产，到新中国成立后新疆、东北和华南的三大军垦战役，再到改革开放后艰难但从未退缩的改革创新、坚定且铿锵有力的发展步伐，"艰苦奋斗、勇于开拓"始终是农垦人不变的本色，始终是农垦人攻坚克难的"传家宝"。

农垦精神和文化生于农垦沃土，在红色文化、军旅文化、知青文化等文化中孕育，也在一代代人的传承下，不断被注入新的时代内涵，成为农垦事业发展的不竭动力。

"大力弘扬'艰苦奋斗、勇于开拓'的农垦精神，推进农垦文化建设，汇聚起推动农垦改革发展的强大精神力量。"中央农垦改革发展文件这样要求。在新时代、新征程中，记录、传承农垦精神，弘扬农垦文化是农垦人的职责所在。

（六）

随着垦区集团化、农场企业化改革的深入，农垦的企业属性越来越突出，加之有些农场的历史资料、文献文物不同程度遗失和损坏，不少老一辈农垦人也已年至期颐，农垦历史、人文、社会、文化等方面的保护传承需求也越来越迫切。

传承农垦历史文化，志书是十分重要的载体。然而，目前只有少数农场编写出版过农场史志类书籍。因此，为弘扬农垦精神和文化，完整记录展示农场发展改革历程，保存农垦系统重要历史资料，在农业农村部党组的坚强领导下，农垦局主动作为，牵头组织开展中国农垦农场志丛编纂工作。

工欲善其事，必先利其器。2019年，借全国第二轮修志工作结束、第三轮修志工作启动的契机，农业农村部启动中国农垦农场志丛编纂工作，广泛收集地方志相关文献资料，实地走访调研、拜访专家、咨询座谈、征求意见等。在充足的前期准备工作基础上，制定了中国农垦农场志丛编纂工作方案，拟按照前期探索、总结经验、逐步推进的整体安排，统筹推进中国农垦农场志丛编纂工作，这一方案得到了农业农村部领导的高度认可和充分肯定。

编纂工作启动后，层层落实责任。农业农村部专门成立了中国农垦农场志丛编纂委员会，研究解决农场志编纂、出版工作中的重大事项；编纂委员会下设办公室，负责志书编纂的具体组织协调工作；各省级农垦管理部门成立农场志编纂工作机构，负责协调本区域农场志的组织编纂、质量审查等工作；参与编纂的农场成立了农场志编纂工作小组，明确专职人员，落实工作经费，建立配套机制，保证了编纂工作的顺利进行。

质量是志书的生命和价值所在。为保证志书质量，我们组织专家编写了《农场志编纂技术手册》，举办农场志编纂工作培训班，召开农场志编纂工作推进会和研讨会，到农场实地调研督导，尽全力把好志书编纂的史实关、政治关、体例关、文字关和出版关。我们本着"时间服从质量"的原则，将精品意识贯穿编纂工作始终。坚持分步实施、稳步推进，成熟一本出版一本，成熟一批出版一批。

中国农垦农场志丛是我国第一次较为系统地记录展示农场形成发展脉络、改革发展历程的志书。它是一扇窗口，让读者了解农场，理解农垦；它是一条纽带，让农垦人牢记历史，让农垦精神代代传承；它是一本教科书，为今后农垦继续深化改革开放、引领现代农业建设、服务乡村振兴战略指引道路。

修志为用。希望此志能够"尽其用"，对读者有所裨益。希望广大农垦人能够从此志汲取营养，不忘初心、牢记使命，一茬接着一茬干、一棒接着一棒跑，在新时代继续发挥农垦精神，续写农垦改革发展新辉煌，为实现中华民族伟大复兴的中国梦不懈努力！

中国农垦农场志丛编纂委员会

2021 年 7 月

甘肃黄羊河农场志

GANSU HUANGYANGHE NONGCHANGZHI

序言

　　存史资政，以史鉴今。在中国农垦农场志丛编纂委员会的精心指导下，在甘肃黄羊河农工商（集团）有限责任公司（原甘肃省黄羊河农场，以下简称黄羊河集团公司或集团公司）党委领导支持下，《甘肃黄羊河农场志》（2013—2022）在甘肃省黄羊河农场建场70周年之际付梓，可喜可贺！

　　黄羊河集团公司是1953年经政务院批准建设的甘肃第一家国营机械化农场，是由国家调配干部、复转军人、支边青年、大专院校的知识分子在共同完成"屯垦戍边，建设河西"的历史使命中开垦建成。

　　2013年，在黄羊河农场建场60周年之际，黄羊河集团公司组织人员进行了第一次修志。《黄羊河农场志》（1953—2012）记载了黄羊河农场60年的发展历史，反映了各个历史阶段的得失利弊，总结了方方面面的经验教训。

　　《甘肃黄羊河农场志》主要记载了2013年以来的十年里，黄羊河集团公司的重大事项。十年时间，在历史的长河中转瞬即逝，而黄羊河集团公司的经济发展却一波三折，实属不易。

　　2012年，黄羊河集团公司实现营业收入2.64亿元，利润总额1128万元。

2013 年以来的十年里，黄羊河集团公司先后经历了持续发展、历史性亏损、恢复性发展、高质量发展四个时期。

2013—2016 年，是黄羊河集团公司持续发展时期。集团公司坚持"特色农业，持续发展"八字方针和"5643"发展战略，按照"五化"发展模式，实施"三大"战略，以建设"四个示范区"为重点，与时俱进，开拓创新，励精图治，本着"产业调优、产品调特、效益调高"的目标，依托自身优势，坚定不移走农业产业化发展之路，营业收入逐年上升，集团公司持续盈利。2016 年，实现营业收入 4.25 亿元，利润总额 930 万元。

2017 年，黄羊河集团公司出现历史性亏损。由于弱化了对订单种植和农产品统一经营的引导和管理，集团公司内部大宗作物订单面积大幅缩减，多年形成的产业化、集约化、组织化、规模化经营模式受到严重冲击，导致集团公司经济效益大幅下滑，当年亏损 2449 万元，黄羊河集团公司面临前所未有的困境和挑战。这是黄羊河集团公司"十三五"时期经济发展的惨痛教训。

2018 年以来的五年，黄羊河集团公司提出并坚持"134"（2021 年调整为"1＋3＋N"）发展战略，强化农业"三大一化"管理，规范资源统一经营，调整优化产业结构，加大体制机制改革，实现了从经济恢复性发展到高质量发展的新跨越。

——农业资源方面。土地资源全部实行统一经营，大宗作物订单面积占比 96％以上，耕地全面积安装滴灌节水设施，农业种植区"大条田"改造完成率 100％，农业种植 100％实现水肥一体化，农业亩均产值达到 8400 元，亩均利润达到 800 元。

——服务保障方面。节水材料公司、农机合作社、水电站等服务单位职能实现了由经营型向服务保障型的转变，滴灌肥、滴灌带内部供应实现全覆盖，农业整体耕、种、收全程机械化率达 86％，农田灌溉得以有序保障。

——产业发展方面。黄羊河集团公司坚持"产业调优、产品调特、效益调高"的目标，依托自身优势，培育壮大特用玉米、蔬菜、马铃薯三大优势产业，配合剥离制种产业，整合主业相同的农资供应产业，淘汰麦芽、亚麻两个低效无效产业，龙头企业的产业带动能力有效集聚，发展体系更加精简高效，发展思路更加清晰，发展成效不断显现。

2022 年，黄羊河集团公司实现营业收入 7.55 亿元，利润总额 7151 万元，创黄羊河集团公司经济发展历史新高。2018—2022 年，五年间黄羊河集团公司年均主营业务收入递增 6240 万元左右，累计实现营业收入 31.75 亿元，减亏增盈共计 1.86 亿元；连续五年被甘肃省农垦集团公司确定为"先进单位"，集团公司发展重新步入快车道。

黄羊河集团公司在加快自身发展，不断增强内生动力、发展活力和整体实力的同时，切实发挥示范引领作用，以加工企业为龙头，带动周边农村种植基地 20 万亩左右，每年带动农户增收 2 亿元以上；公司各龙头企业每年为周边农户提供就业岗位 40 余万人次，支付农民工工资 7000 余万元；周边农户每年在各种植基地务工 70 余万人次，劳务收入 1 亿元以上。黄羊河集团公司的持续发展，为当地现代农业建设和生态文明建设起到了良好的示范带动作用，特别是在农业产业化、高效节水农业、农业生产社会化服务等方面成效显著，每年共带动周边农户就业增收 4 亿元以上。

事虽难，干则必成。《甘肃黄羊河农场志》记载的虽然只是黄羊河集团公司十年的发展历程，但编纂目的仍离不开存史、资治、育人、兴业。在集团公司领导和编纂人员的共同努力下，参加编修志书的工作人员以对历史和人民高度负责的态度，多方搜集资料，精心筛选，披沙拣金，反复推敲，多次易稿，付出了大量而艰辛的劳动，对公司政治、经济、文化、社会、生态等诸多方面取得的成就和发展的曲折历程做了回顾，如期完成了《甘肃黄羊河农场志》编纂这项繁重的文化系统工程工作，这也是为甘肃农垦诞辰和黄羊河农场建场 70 周年呈上的一份沉甸甸的文化贺礼。

在此，对关心支持本志编修的所有领导，以及帮助搜集和考证资料、修改审核的所有人员表示诚挚敬意与衷心感谢！

希望今天工作和生活在黄羊河集团公司的全体干部职工，能继续秉承"艰苦奋斗，勇于开拓"的农垦精神和"挑战自我，追求卓越"的黄羊河精神，踔厉奋发，笃行不怠，在中国式现代化建设的进程中主动作为，全面推进黄羊河集团公司经济社会高质量发展！

甘肃黄羊河农场志编纂委员会

2022 年 12 月

凡例

甘肃黄羊河农场志
GANSU HUANGYANGHE NONGCHANGZHI

一、宗旨

《甘肃黄羊河农场志》（简称本志）坚持以马克思列宁主义、毛泽东思想、邓小平理论、"三个代表"重要思想、科学发展观和习近平新时代中国特色社会主义思想为指导，运用辩证唯物主义和历史唯物主义的基本原理，实事求是地记述黄羊河农场自然、政治、经济、文化和社会的阶段性发展情况与现状，体现行业特色和时代特点，力求反映本场经济社会发展情况，做到思想性、科学性、资料性的有机统一。

二、年限

本志记载时间从 2013 年至 2022 年，记述内容重点突出以经济建设为中心。

三、体例

本志以"志"为主，综合运用"述、记、志、传、图、表、录"等形式。全志采用编、章、节、目 4 个层次结构，依据需要，目下设子目。横排门类，纵述发展，纵横交织，据实直书，分层记述。

在编纂中，内容出现交叉重复时，采用此详彼略、各有侧重的方法处理。整体交叉以专业志文记载为主，"大事记"为辅，"概述"力求精简；点与面交叉以面记载为主，详略互见。

四、文体

本志采用记述体。以《地方志质量规定》为标准，力求语言严谨、简洁。计量单位统一用汉字表述。历史上习用的计量单位，记述引用时照录其旧，统一不作换算；甘肃（武威）国际陆港建设、百事（中国）公司合资合作、企业办社会职能移交等重大事项所涉数据按资料录入，不作换算，以保证资料的真实性和严谨性；尊重多数读者的阅读习惯，全志对"亩"不作统一换算。

五、机构名称

机构名称首次出现时用全称，后用简称。黄羊河农场因体制原因，本志在记述时，主体采用甘肃黄羊河农工商（集团）有限责任公司，简称为"黄羊河集团公司"或"集团公司"。利用"黄羊河农场"这一名称开展的工作，直接按"黄羊河农场"记述。

六、数据

本志用公元纪年，凡表示年代、时间、年龄、数量、百分比的一律用阿拉伯数字，习惯用语、专门名称中的数字则用汉字。

入志数据一般取自本场历年《财务决算报表》《统计年报》。在没有报表统计数据时，首先采用本场档案资料，其次选用相关业务部门、所属单位保存的资料。

七、人物

人物坚持"生不立传"原则，采用以事系人的方法。

本志"人物简介"范围为场级正职和获得省部级以上表彰奖励的先进个人。在写法上只记叙其简历，不作业绩评述。"人物表录"和"人物名录"收录的人物是本志记述期间对黄羊河农场的建设和发展做出一定贡献的代表人物。

八、参考资料

本志文字资料及图片主要来源于黄羊河集团公司及所属部门、单位相关档案资料、制度汇编、工作总结、报告等，以及相关网站、志书和出版物。采用知情人口述资料的，经多方考证后入志。

九、其他

编纂内容以黄羊河集团公司行政管辖范围为区域界限。对期间撤销或划出的单位，记述至撤销或划出时期；期间并入的单位，简要述写其并入前情况，突出并入后改革发展、生产经营管理情况。

企业办社会职能移交系企业发展进程中的重大事项，除在各有关章节略加记述外，在对应编中设专章，重点进行记述。

目　录

第三编　经营管理

第四编　组织建设

第五编　文　　化

第六编　社　　会

中国农垦农场志

概　　述

甘肃省黄羊河农场即现甘肃黄羊河农工商（集团）有限责任公司（简称黄羊河集团公司或集团公司），是 1953 年经政务院批准建设的甘肃第一家国营机械化农场，是由国家调配干部、复转军人、支边青年、大专院校的知识分子在共同完成"屯垦戍边，建设河西"的历史使命中开垦建成。建场初期，黄羊河农场实际拥有土地总面积约 30 万亩①。2022 年，黄羊河集团公司拥有土地面积 129375.29 亩。其中：农用地 109278.5 亩，建设用地 8803.03 亩，未利用地 11293.76 亩。

黄羊河农场位于北纬 37°30′—37°42′、东经 103°15′—103°19′，地处河西走廊东端、祁连山北麓、腾格里沙漠南缘，坐落于武威市凉州区东部，跨凉州区、古浪县两区县。场区海拔 1565～1720 米，气候温凉干旱，年平均气温 7.7℃，无霜期 125～158 天。全年日照 2915.1 小时，日照率 67%。年降水量 190～210 毫米，年蒸发量约 2130 毫米。

场区交通便利，兰新铁路、兰新公路侧旁而过，干武铁路、金大公路横穿场区，辖区内设有园墩火车站、甘肃（武威）国际陆港集装箱货场，连接兰新铁路、干武铁路和兰新公路的柏油公路纵贯全场。

建场以来，黄羊河农场数次更名。1954 年，定名为"甘肃省国营黄羊河机械农场"；1958 年 10 月，更名为"甘肃省国营黄羊河农场"；1965 年 7 月 1 日，更名为"中国人民解放军生产建设兵团农业建设第十一师第五团"；1970 年 3 月 14 日，更名为"中国人民解放军兰州军区生产建设兵团第十四团"；1971 年 11 月 5 日，更为"中国人民解放军兰字九二四部队"代号；1975 年 1 月，移交武威地区管辖后改名为"甘肃省武威地区国营黄羊河农场"；1979 年 12 月，重新启用"甘肃省国营黄羊河农场"名称；1993 年 5 月，更名为"甘肃省黄羊河实业公司"，原"甘肃省国营黄羊河农场"名称继续保留；1997 年 9 月，更名为"甘肃黄羊河农工商（集团）有限责任公司"，"甘肃省国营黄羊河农场"名称仍然保留；2006 年，将留存的"甘肃省国营黄羊河农场"更名为"甘肃省黄羊河农场"。

---

① 亩为非法定计量单位，1 亩≈667 米²。——编者注

经过几代人 70 年的接续奋斗，黄羊河集团公司已成为农工商并举、产加销一体的现代农业企业集团，注册资本 1 亿元，隶属于甘肃省农垦集团有限责任公司（以下简称甘肃省农垦集团公司）。先后被评定为"全国文明单位""首批国家级农业产业化重点龙头企业""全国无公害农产品示范基地""国家级出口农产品质量安全示范区""全国农业先进集体""全国农垦现代农业示范区""全国农垦农机标准化 AAA 级示范农场""国家级生态示范农场"。

2022 年，黄羊河集团公司下设 7 个子公司、9 个分公司，有正式员工 830 人。对外参股单位 3 个，分别为甘肃莫高实业发展股份有限公司（简称莫高股份）、青岛啤酒（甘肃）农垦股份有限公司、甘肃武港食品有限公司。生产经营的主要产品有甜糯玉米、蔬菜、马铃薯、果品、节水材料、畜产品等。集团公司拥有资产总额 78711.42 万元，资产负债率 48.27%，固定资产净值 35551.72 万元。全年实现营业收入 7.55 亿元，利润 7151 万元。

一、1953—2012 年发展历程

2013 年，黄羊河农场建场 60 周年之际，黄羊河集团公司组织人员进行了第一次修志。《黄羊河农场志》（1953—2012）对黄羊河农场建场至 2012 年的发展历程作了梳理回顾。该期间的发展分为勘查建立、艰苦创业、振兴发展、高速发展四个阶段。

（一）勘查建立阶段（1952—1954 年）

1952 年 9 月，甘肃省农林厅根据西北农林局指示，组成国营机械农场勘查团对黄羊河灌区下游的部分荒滩进行了初步勘查。1953 年 5 月，依照中央人民政府农业部于 1952 年公布的《国营机械农场建场程序暂行办法》，甘肃省农林厅在省委、省人委的支持下，从省级有关单位临时抽调有关方面的技术干部 18 人，组成以郝龙为团长的黄羊河机械农场勘查团，对黄羊河、杂木河下游的内铧尖滩、外铧尖滩、满家滩、新墩子滩、九墩滩、新河滩、新地滩等彼此相连的荒地进行了详细勘查，勘查团成员住地窝、睡帐篷、啃窝头，在仪器设备简陋、交通工具缺乏、极为艰苦恶劣的环境条件下，至 9 月 20 日完成勘查工作，勘查总面积 26.55 万亩。

1954 年 5 月，成立国营黄羊河机械农场筹建处，在西北农林局工作组的协助下进行建场规划设计。同年底，甘肃省农林厅经西北行政委员会报政务院批准，成立"甘肃省国营黄羊河机械农场"。场区设计总面积近 20 万亩（其中：耕作地 10.2 万亩，林地、牧场 6 万亩，道路、渠系、场站建筑等用地 3.6 万亩），职工 1500 名。其以生产谷物为主，适当发展园艺和畜牧生产。其使命是采用最先进的农业科学技术及新的工作方式，利用机械耕作，进行集体劳动，完成国家生产任务，并以此启发引导个体的小农经济走向机械化、集体化的道路。

（二）艰苦创业阶段（1954—1978 年）

黄羊河机械农场建场初期，伴随着国家政治局势变化和农场体制机制改革，大批国家干部、当地农民、转业官兵、支边青年、知识分子肩负使命，陆续投入开垦建设黄羊河农场的广阔天地。他们住地窝、啃窝头、抗风沙、战严寒、斗酷暑，在戈壁荒滩上建房筑路，开荒造田，兴修水利，植树造林，改善生态环境，发展农业生产。

这一阶段，农场区划反复调整。

黄羊河机械农场经过近两年的勘测、设计、筹建，于 1954 年底正式成立。1958 年 10 月，先锋农场（土地 9.64 万亩）并入。

1960 年，附近的土塔村生产队（土地 2 万亩）划入黄羊河农场。1961 年，古浪白石坊农场职工并入黄羊河农场，将土塔村生产队又退回当地公社管辖。

1964 年 4 月，勤锋农场（土地 4.3 万亩，耕地 5100 亩）、一条山农场（土地 14.16 万亩，耕地 7000 亩）合并到黄羊河农场。同年 10 月，武威炮校所属的九条岭牧场（亦称皇城牧场，共有大小牲畜 3000 头左右）移交黄羊河农场管理（后于 1969 年 12 月撤销，人员调入场并安排在各连队）。

1965 年，根据省人委指示，农建十一师将五团原新墩分场（下辖第九作业站、第十作业站、第十一作业站）管辖的原十站、十一站共 41500 亩土地划给甘肃农业大学作实验基地。1966 年将待建的原十七站（现十一队南面）一带土地划给黄羊糖厂开办农场。

1966 年 7 月，一条山农场从五团划出，与北湾农场、五大坪农场组合为农建十一师第十一团。

1968 年，经农建十一师批准，五团原二十站部分土地划给武威专区开办"五·七"干校（现为劳改农场）。

1969 年，一条山农场再次并归五团建制，成为五团下属的分场。

1971 年 1 月，在十四团二营十一连举办毛泽东思想学习班，就解决团社土地纠纷问题达成协议，十四团给清源、长城公社划出土地 8500 亩。

1972 年 2 月，四营（原一条山农场）从十四团划出，成立兰州军区生产建设兵团第十六团。

1973 年 9 月 12 日，依据农二师指示，十四团将十一连东北部共计 600 亩土地划至一一五部队经营。

这一阶段，安置了大量社会人员就业。

1958年1月，根据甘肃省委决定，省农林厅农垦局在新河滩建立先锋农场。该场土地面积9.64万亩，场长刘志友，共有职工1000余人，基本为"历史上有问题、在反右派斗争中立场不坚定"，从省、地、县机关精简下放、进行劳动改造的干部（后来绝大部分被陆续调回）。4月，黄羊河机械农场接收安置从省文联、省人委办公厅、省委财贸部、省委农村工作部、省粮食厅、省教育厅、省编委、省工商联、政协甘肃省委员会等55个单位下放的"右派分子"233人。其中包括原西藏军区战斗文工团作家、诗人高平，原省党校马列主义教研室主任司国权等高级知识分子和高、中级干部。

1960年，场安置河南支建（支援甘肃社会主义建设）青年1548人、随迁干部5人、随迁家属7人，共计1560人。1961年1—2月，因为粮食短缺，根据"移工就食"的政策，场安置河南支建青年大部分被调走，其余因条件艰苦而返回。1963年10月，场实有河南支建青年仅剩2人。

1965—1969年，先后安置天津、济南、青岛、淄博、兰州等城市的支边（支援边疆）知识青年2042人；20世纪60年代末至70年代末，共安排当地上山下乡知识青年226人。

1960年，先后接受武威大柳公社移民1300多人、社会盲流人员21人。1960年7月，土塔村两个生产队并入黄羊河农场，共并入670户，2400人。1961年，因多种原因将其退回当地政府管辖。

这一阶段，机械农场基本建成。

1. **机械装备**　1954年11月，正在筹建中的国营黄羊河机械农场开进第一台拖拉机，拉开农场机械化装备序幕。1955年，在当地政府的帮助下，农场第一任场长郝龙亲自带领干部群众大干20多天，在农场北边紧靠清源公社、长城公社的边沿营造了一条长6千米、宽50米的边界大型防沙林带。省水利厅、武威县水利局、黄羊河机械农场共同组成黄羊河机械农场水利工程委员会，启动黄羊河机械农场的水利工程建设工作。同年，农业部调拨给黄羊河机械农场2台拖拉机（一台是从苏联进口的斯大林80号，另一台是从德国进口的KS-070），从匈牙利进口给农场第一台联合收割机。至1960年，农场有拖拉机13混合台（27.2标准台），康拜因4台（自动式2台，拖拉式2台），播种机10台，农用载重汽车7辆，选种机、玉米脱粒机、青贮切割机各1台。当时国内尚无大、中型拖拉机的生产，所配农机具全部从苏联、东德、匈牙利等当时的东欧社会主义国家进口。1961—1963年，农场对不适于国营农场使用、性能质量较差、故障多、技术状态不良而又难以修复的进口机型实行淘汰，并开始购入国产东方红-54链轨式拖拉机。

1964年，农场拥有的农机具为：拖拉机16台、联合收割机5台、农用汽车4辆。机械作业由原来的耕、耙、播、镇压、耱地、收割等项目发展到中耕、开沟、筑埂、破埂、苗期耙地、条施化肥、播种和施肥一条龙复式作业及茎秆还田等作业，农业基本实现了机械化。粮油主要作业项目的机械化程度达 80% 左右。

至 1974 年，农场淘汰了全部进口机械，实现了国营农场农业机械全部国产化。1976 年，农场各类拖拉机达 54 台，联合收割机 15 台（其中自动式 2 台），机引农机具 187 部（台），机动脱粒机 9 台，农产品加工机械 22 部（台），农用排灌和农产品加工动力合计达 140 台/4521 马力*。

2. 开荒造田　1954 年，场筹建处一边设计一边开荒，至年底开荒 500 亩。

1955 年，按照规划设计开始铺图实施，主要任务是开荒、修渠、建房、植树，当年开荒 8000 亩。此后几年以同样的或更快的速度继续开荒，至 1963 年已开垦出大片土地。但因缺乏土地开发投资，加之"大跃进"时期一味追求速度，突击开荒，所垦荒地多为粗垦，其中土质较好、具备灌溉条件的耕地只有 3.65 万亩。

1964 年以后，扭转盲目开荒局面，开荒造田更趋理性，更注重质量，根据新修的农田水利设施，结合地力实际情况有选择性地进行开荒造田。1964—1974 年累计开荒 4.27 万亩（包括当时下辖的勤峰农场在内），其中 1973 年开荒最多，达到 12000 亩。

1975—1978 年，工作重点转移到耕地的复平和标准条田的整理上。

3. 修渠打井　1955 年，建成直达黄羊河机械农场的黄羊河三干八支渠（土渠），该渠在 1979 年前叫黄羊河九干渠。1976—1980 年，改建为卵石浆砌梯形断面渠，长 4.2 千米，流量 2～3.5 立方米/秒。

1956—1958 年，修建杂木河三干十六支渠（土渠），将杂木河水引入场内新墩、新河场区解决灌溉问题。1964 年 6 月至 1966 年底，将十六支渠自九墩庙至头坝河段整修成高标准防渗水渠。

1959 年 11—12 月，积极响应党兴修水利和大搞农田基本建设的号召，新修建渠道 25 千米。

1963 年 5—11 月，完成各类渠道建设工程 89000 立方米，修理渠道建筑物 29 座。

1966 年，在新河灌区八连打出第一口井，开发地下水资源的工作由此开展起来。

1967 年，新华分场新修满家滩东一支渠 2.5 千米，新河分场新修二支渠 5 千米，垫修旧渠 20 千米，改变了过去地渠不分的状况，勤峰分场新修支渠 2.5 千米。

1970 年 2—5 月，新修农渠 23 千米。同年 8—9 月，学习贯彻北方地区农业会议和全

---

* 马力非法定计量单位，1 马力≈735W。——编者注

国生产建设兵团会议精神，开展农业学大寨群众运动。以集中兵力大会战的形式，修建支农渠41千米。

1971—1973年，在井灌区修建防渗渠道6.3千米。

1977年，农场有机井85眼。

4. 修建房舍　1955年2月，场部设立建房职能小组，开始在戈壁荒滩上建造房屋。至1955年10月，场部8幢土木结构的宿舍和1座食堂兼礼堂建成，这是黄羊河农场最早建成的房屋（此前筹建人员均借住在附近农村康家庄）。几年后，场部成立建房队，通过逐年修建，到1963年累计建成房屋4.26万平方米，其中生产性用房2.27万平方米、非生产性用房1.99万平方米，分别为该期总建房面积的53％、47％。房屋种类多为"地窝子""干打垒"，只在场部有少量土木结构房。

1964—1974年，为解决大量职工的住房问题，在场部已有建房队的基础上，各基层生产单位成立房建班，进行大规模建房。其间累计建造房屋5.17万平方米。职工住房和办公房屋基本为土木结构平房，各生产单位牲畜圈舍以"干打垒"为主。

1975—1978年，随着经济状况的好转，房屋标准提高。房屋类型主要为土木结构挂瓦平房，少数为砖木结构挂瓦平房。

5. 植树造林　1955年，在郝龙场长的带领下，干部群众连续苦干，在场北边紧靠清源公社、长城公社的边沿营造了一条边界大型防沙林带，该林带长6千米、宽50米。1956年，栽种防护林木98000株。截至1960年底，共造林3409亩。1961—1969年，累计造林4000余亩。但是，由于干旱缺水等自然灾害和缺乏管理经验等原因，真正存活下来的林木面积不足30％。实际存活林木面积1962年为1729亩，1965年为1232亩，1968年为1866亩，1962—1969年实际保存的防护林面积每年平均只有1500亩上下。

20世纪70年代，黄羊河农场是国家营造"三北"（西北、华北、东北）防护林带的前哨，以营造农田防护林带为主、"四旁"（村旁、宅旁、路旁、水旁）植树为辅，进行林网布局，最终实现农田防护林的建立和住宅区域的绿化。平均每年造林755亩，营造的林带主要是用材林。由于重农轻林、重栽轻管，栽植的林木成活率不高。存活的防护林面积1970年为1820亩，1975年跨进3000亩；1978年最多，达4700亩。

6. 架设电网　1964年，由黄羊供电所通往黄羊河农场场部的6.5千伏供电线路架设起来，主线长12千米，分支线合计长20千米，变压器总容量为2100千伏安/23台。新华电网自此建起，结束了建场以来自行发电供电的历史。

1968年，架设从黄羊供电所到新河场区长16.7千米、电压为6.5千伏的农电线路，并建立新河变电站（现十队西南部），变压器容量为3700千伏安/53台。自此黄羊河新河场区电网形成。

7. 生产管理 1956 年，黄羊河农场实行生产劳动定额管理，积极开荒、修渠、建房、植树。1959 年，农场在定额管理的基础上实行"超产奖励"，调动职工生产积极性。1962 年，在农林业、工程建设中推行包工、包产、包成本、超产奖励的"三包一奖"责任制，并为从事农技、农机、畜牧、园林、工程建筑等技术岗位工作的 220 名工人评定了技术等级，激励职工积极投身农业生产。

农建十一师成立以后，实行"评工记分，多劳多得"的生产责任制度。农业生产上，进行轮作倒茬、种植牧草绿肥、加强积肥工作、提高地力，坚持农牧结合、以农养牧、以牧补农方针，大力发展畜牧业，实行机农合一，推行"机械化生产队"。并试行小畦灌溉，节约用水。

1971 年，十四团党委决定进行经营管理革命，实行团、营、连三级管理，团、连两级核算制度；实行劳动定额管理，加强岗位责任制，实行评工计分、按劳分配制度；走"五·七"道路，组织家属参加集体生产，实现粮、油、肉、菜"四自给"；搞好工副业生产，提倡有条件的连队举办小油坊、小磨坊、小粉坊、小醋坊、小酒坊等"五小"工副业。

1974 年，十四团全团一律实行经费包干、计划亏损弥补的办法，以单位生产、财务收支计划为依据，亏损单位按计划亏损指标弥补，盈利单位按核定的利润指标上交。落实定额管理，实行班组核算，建立健全物资采购、验收、保管、领发、使用和销售等制度。

到 1978 年，黄羊河农场的房屋建筑面积达 5 万多平方米，房屋标准从"地窝子""干打垒"逐步变成土木结构房和砖木结构房。道路从无到有，从不规则的自然便道逐步变成人工铺设沙石路。耕地面积达 54190 亩，是建场第一年耕地面积 1305 亩的 42 倍。建成引水入场的黄羊河三干八支渠、杂木河十六支渠 2 条主渠及内部农田灌溉渠系，机井 86 眼。先后建成新华、新河 2 个电网，建成防护林 4700 亩，果园 1182 亩。路渠林配套的农场基本建成。但创业阶段，农场自然条件恶劣，基本建设投入大，农业设施条件差，至 1978 年底，累计亏损达 2114.86 万元。

（三）振兴发展阶段（1979—1994 年）

跟随着国家改革开放的步伐，黄羊河农场以改革为动力，以解放和发展生产力为目标，积极发展农业生产。

这一阶段，农场区划小幅调整。

1979 年 1 月，在中共武威地委安排下，勤锋分场从黄羊河农场划出，成立武威地区国营勤锋农场。

1982年2月22日，武威供电所将自办农场（资产净值5.96万元）委托黄羊河农场新河分场代管。同年4月1日，水泵厂农场调拨、移交给黄羊河农场。水泵厂农场共有土地500亩（其中可耕地140亩），账面固定资产净值7.8万元。

这一阶段，莫高葡萄酒业开始起步。

1983年起，在原国家轻工部高级工程师郭其昌和原西北农业大学博士李华的精心指导下，在甘肃黄羊河农场建设甘肃省唯一干型高档葡萄酒生产企业及酿酒葡萄基地。最初定植酿酒葡萄2000亩。1986年，年生产能力为1000吨的葡萄酒厂开始建设，1988年1月正式投产。

这一阶段，生产管理初见成效。

1979年，黄羊河农场总结多年生产实践经验，利用科学技术推进农业生产。制定《农业技术纲要（试行草案）》，对农业耕作、施肥、灌溉、播种、田间管理、收获、种子工作、基础建设等提出管理技术规范；全面推行"五定两保一奖"〔定劳力、定土地、定任务、定生产费用、定生产技术措施，保主要产品产量、保财务收支和盈亏指标，超定额和超计划盈利（或减亏）的给予物质奖励〕生产经济责任制，提出黄羊河农场扭亏增盈的设想目标、经营方针、经营管理和企业整顿举措。设想目标是：通过两年多时间的努力，到1981年，全面实现扭亏增盈。生产经营方针是：以粮食和种植业为主，实行农林牧三者结合，有计划、按比例地全面发展。经营管理和企业整顿举措是：在经营管理上，主要生产项目和主要产品实行统一计划，对定员编制、管理定额和主要劳动定额实行统一制定，对主要产品坚持统一管理和销售，在物资上实行统一分配和采购，并根据工作性质的不同，分别试行"基本工资加奖励""提成工资""计件工资"3种办法；在企业整顿上，整顿各级领导班子，加强职工队伍建设，精简机构，压缩非生产人员，进一步完善企业管理制度。

1981年，黄羊河农场建立健全联产联责经济责任体系，实行财务分级分项包干，将场统一负责盈亏改为分级负责盈亏，对各核算单位实行经济大包干，当年实现盈利5.17万元，在甘肃农垦率先扭亏为盈。

1984年，黄羊河农场在甘肃农垦率先兴办职工家庭农场，推行家庭农场联产承包责任制，实行大农场套小农场的经营体制，变"大锅饭"为"小锅饭"，当年实现产值640万元，盈利55.5万元，职均收入1406元。到1985年底，全场已办起家庭农场736个，占农业户数的97%；家庭农场职工1497人，承包土地4.5万亩；家庭林场102个，职工181人，承包果园、片林4668亩。畜牧业也开始由企业经营变为私人经营，兴办家庭养殖专业户22个。机修、机电、打井、工副业、商业等单位根据实际情况组成各种经济承包联合体 195 个。

1991 年 6 月，黄羊河农场被列为甘肃农垦系统"放开经营、配套改革"试点企业。在家庭农场的发展中逐步建立和完善了管理、技术、农机、水电、供销等服务体系。在干部使用上变"终身制"为"聘任制"，以效益论英雄，凭政绩定去留，严格考核，优胜劣汰。在用工制度上，率先在甘肃农垦系统内推行全员劳动合同化管理，变固定工为合同工。在分配制度上，采用多种分配形式，变标准固定工资为岗位浮动工资、计件含量工资、承包效益工资等。通过不断深化改革，解放了生产力，推动了企业经济稳步快速发展，职工生活水平不断提高。

到 1994 年，企业年营业收入达 3511 万元，实现利润 265 万元，职工收入达 3688 元，分别是兴办家庭农场前一年，即 1983 年的 5.3 倍、4.9 倍和 5.8 倍；全员劳动生产率达 13882 元，分别是 1983 年 2362 元的 5.9 倍、1973 年 471 元的 29.5 倍、1963 年 427 元的 32.5 倍。

其间获得的主要奖项有：1982 年被甘肃省政府授予"模范单位"称号，1984 年被甘肃省委、省政府树为"甘肃省种草种树先进典型"，1986 年被甘肃省委授予"党风端正先进单位"称号，1990 年被甘肃省政府授予"科技兴农先进集体"称号，1991 年被甘肃省委、省政府评为"全省经济体制改革先进集体"，1992 年被农业部授予"全国农垦系统思想政治工作先进单位"称号。

（四）高速发展阶段（1995—2012 年）

进入"九五"时期以后，随着买方市场的形成，黄羊河农场提出"以改革为动力，以市场为导向，以种植业为基础，以加工业为突破口，以经济效益为中心，走产加销一条龙、贸工农一体化的农业产业化经营之路"的发展战略。

这一阶段，现代企业制度建立完善。

1996 年 5 月，黄羊河实业公司被农业部、甘肃省政府列为建立现代企业制度试点企业。1997 年 9 月，将黄羊河实业公司改制为国有独资有限责任公司——甘肃黄羊河农工商（集团）有限责任公司，"甘肃省国营黄羊河农场"名称仍然保留。建立了符合现代企业制度要求的法人治理结构，设置了董事会、监事会和经理层，开始按现代企业管理制度运行。

1999 年 1 月，为进一步推进现代企业制度试点工作，走集团化发展路子，经省工商局审批，登记为"甘肃黄羊河农工商集团"（简称甘肃黄羊河集团）。甘肃黄羊河集团由母公司甘肃黄羊河农工商（集团）有限责任公司（注册资本 41600 万元），5 个子公司甘肃莫高葡萄酒业有限责任公司（注册资本 3425.4 万元，简称莫高酒业）、甘肃黄羊河农工商

（集团）武威果品有限公司（注册资本 452.3 万元）、甘肃黄羊河农工商（集团）武威铁合金有限公司（注册资本 123.1 万元）、甘肃黄羊河农工商（集团）武威汽车运输有限公司（注册资本 116.74 万元）、甘肃黄羊河农工商（集团）武威工业有限公司（注册资本 53.4 万元），以及参股公司、其他成员企业组成，初步形成以母、子公司为核心的集团结构模式。

2006 年 12 月，以产权制度改革和国有职工身份转换为重点，以实现投资主体多元化为核心，将原国有独资性质的甘肃黄羊河农工商（集团）有限责任公司改造为国有法人股、企业法人股和自然人股构成的股份制性质的有限责任公司。

这一阶段，区划管理继续调整。

2000 年 11 月，加油站（评估原值 38.1 万元，净值 24.6 万元）转让给甘肃省石油分公司武威公司。

2001 年 2 月，莫高酒业（含葡萄种植园区）和贸易公司从集团公司划出，以莫高酒业为主组建甘肃莫高实业发展股份有限公司，黄羊河集团占其总股本 8240 万股的 45.74%。同年 8 月 1 日，黄羊河集团公司将古浪制药厂（实有资产总额 2244.34 万元，负债总额 2922.81 万元）整体收购接管过来，成为黄羊河集团下属的具有法人资格的国有企业。

2007 年，黄羊河集团公司按照甘肃省财政厅、国资委文件精神，将中学和 2 所小学整体移交给凉州区管辖。

2009 年 2 月 9 日，依照甘肃省农垦集团公司决定，由黄羊河集团公司、勤锋农场、武威农垦公司 3 家企业组建"甘肃农垦黄羊河集团有限责任公司"，2010 年 11 月撤销，恢复原建制。

2012 年 2 月，黄羊河集团公司将所属的古浪制药厂整体转让给甘肃天域工程建设有限公司，转让价格 2500 万元。

这一阶段，企业文化体系初步建成。

1999 年 6 月，在党中央提出"再造一个山川秀美的大西北"和甘肃省委、省政府提出"再造河西"战略的推动下，黄羊河集团公司聘请北京思想者策划公司、深圳明天策划公司对企业进行全方位的策划，全面导入企业形象战略——CIS，形成企业理念识别、行为识别和视觉识别三大识别系统。"黄羊河"企业标志随之设计确立。此后，逐步形成了"创造财富，奉献精品"的企业使命、"挑战自我，追求卓越"的企业精神、"以品牌树形象，以形象闯市场，向市场要效益"的经营理念。

2003 年，在黄羊河农场建场 50 周年时，职工集资建成总面积 14270 平方米的黄羊河文化广场，成为职工群众休闲娱乐的主要场所。改建成场史展览馆 1 座，以图片、文字和实物相结合的形式展现着黄羊河农场艰辛而光辉的创业、发展历程。同年开办《黄羊河报》，以简报的形式进行不定期刊发。2009 年 1 月改版，由中共甘肃黄羊河集团公司委员会主办，每月 1 期，截至 2012 年底共出版发行 48 期。

2007 年，建立了黄羊河集团公司企业网站，分新闻中心、企业风采、现代农业、产品介绍、企业文化、招商引资、生态旅游 7 个版块展示企业发展情况。

与此同时，职工阅读场所也不断增加。至 2012 年，集团公司机关设有图书室、藏书室、阅览室各 1 个，共藏图书 10000 余册，还有大量报纸杂志。在武威市凉州区文体局的大力支持下，在各农林业单位和社区建立农家书屋 21 个，配送政治、经济、法律、医药、技术、文学、艺术、生活等各类图书 29500 余册。

这一阶段，培育成就了莫高实业发展股份有限公司。

伴随着中国西部大开发的号角，莫高葡萄酒产业获得难得的发展机遇。1997 年 5 月，按照组建企业集团的目标和以产权连接为纽带、以资产经营为中心的模式，将原有的凉州葡萄酒厂和葡萄场合并，组建甘肃黄羊河集团凉州葡萄酒业有限责任公司（1999 年 3 月更名为甘肃莫高葡萄酒业有限责任公司）。1998 年，莫高葡萄酒项目被甘肃省政府列为再造河西农业产业化重点建设项目和省"一把手"项目。在上级领导的高度重视和大力支持下，莫高酒业确立了"依托资源优势，塑造中国名牌"的发展战略，并将 CIS 企业形象策划迅速付诸实践，开始了第二次创业。原母公司（黄羊河集团公司）投入上亿元的资金，大范围地扩建基地，大幅度地提高酒厂的产能。在 1997 年、1998 年连续两年的时间里，莫高葡萄基地种植面积扩展到 12000 亩。莫高葡萄酒厂在加大市场开拓的同时，于 1997 年进行一期扩建工程，扩建发酵车间 3000 平方米，制作 30 立方米发酵罐 196 台，并先后从意大利引进先进的灌装线、葡萄破碎机、真空式气囊压榨机、硅藻土过滤机等关键设备，使葡萄酒生产能力达到 5000 吨的产量标准，发酵贮酒能力增加至 10000 吨。酒厂在加大市场开拓和科研攻关的同时，于 1998 年 4 月成立了由国内知名专家作技术指导的莫高葡萄酒业研究所。2001 年 2 月，葡萄酒厂从黄羊河集团公司划出，以莫高酒业（先后更名为甘肃莫高实业发展股份有限公司莫高葡萄酒业分公司、甘肃莫高实业发展股份有限公司葡萄酒厂）为主组建甘肃莫高实业发展股份有限公司。2004 年 3 月 24 日，莫高股份在上海证券交易所成功上市，首次公开发行人民币普通股（A 股）5600 万股，募集资金 3 亿多元。

这一阶段，集团内部经营体制机制不断改革。

一是农业上全面推行租赁经营，先交钱，后种地，实行"两自四到户"，彻底解决了少数职工负盈不负亏、吃企业"大锅饭"的弊端，使职工家庭农场真正成了自主生产、自主经营、自负盈亏的经济实体，充分调动了广大职工生产经营的积极性。对机井、大中型农机具等主要生产资料则全部实行出售或租赁经营，使其参与公平的市场竞争，进一步提高了服务质量，降低了生产成本。二是林果业全面推行果园 10 年经营权的转让，调动了职工投资改造低产劣质果树品种、参与市场竞争的积极性，使园艺业步入了自我完善、自我发展的良性循环轨道。三是对场办打井队等小工业企业全面实行租赁经营，盘活了场办小工业企业资产。四是对商业、娱乐场所实行竞价售让或租赁，鼓励和引导职工发展非公有制经济。五是在分配上全面实行经营管理者年薪制，根据各级经营管理者受托经营国有资产的规模、效益水平和所承担的岗位责任、工作业绩确定年薪收入，严格考核，奖罚分明，进一步打破了收入分配上的"大锅饭""平均主义"，充分调动了各级经营管理者的积极性，确保了企业各项经济指标的完成。六是集团内部坚持新建与改组、改造齐驱，发展农业产业化经营。先后以股份制形式建成了麦芽公司、食品公司、种业公司、亚麻公司、商贸公司、蔬菜公司、节水材料公司等子公司，采用"公司＋基地＋农户"的产业化模式运行。

通过一系列综合措施的实施，黄羊河集团公司年营业收入由 1994 年的 3511 万元增加到 2012 年的 26368 万元，利润由 1994 年的 265 万元增加到 2012 年的 1127.6 万元。

其间获得的主要奖项有：1995 年，黄羊河实业公司被农业部农垦局评为"全国农垦系统农机管理标准化优秀单位"；2001 年，黄羊河集团公司党委被中共甘肃省委评为"先进基层党组织"；2001 年，黄羊河集团公司被甘肃省委、省政府树为"省级文明单位"；2005 年 10 月，黄羊河集团公司被中央文明委树为"全国精神文明建设工作先进单位"；2006 年，黄羊河集团公司被农林水利工会全国委员会授予"劳动奖状"。

二、2013—2022 年发展情况

2013 年以来的十年里，黄羊河集团公司经济先后经历了持续发展、历史性亏损、恢复性发展和高质量发展时期。

2013—2016 年，是黄羊河集团公司经济持续发展时期。集团公司坚持"特色农业，持续发展"八字方针，提出以"坚持经营方式产业化、组织形式股份化、生活方式城镇化、企业文化个性化、生态环境良性化的黄羊河'五化'模式，实施科技兴企、人才强企、品牌助企、诚信立企、文化塑企、项目带企'六大'战略，积极培育全国现代农业建设示范区、国家级生态农业休闲旅游区、省级特色农产品加工集散物流示范区、武威市高

效节水生态循环农业示范区等'四个示范区'，努力争创区域经济社会发展中农业产业化、现代农业、城镇化建设的三个典范"为核心内容的"5643"发展战略，依托自身优势，坚定不移走农业产业化发展之路，营业收入逐年上升，企业持续盈利。2015年，黄羊河集团公司被中央文明委授予"全国文明单位"荣誉称号。2016年，实现营业收入4.25亿元，利润总额930万元。

2017年，由于放松了对订单种植和农产品统一经营的引导和管理，放松了对设施资源的统一经营，黄羊河集团公司内部大宗作物订单面积大幅缩减，多年形成的产业化、集约化、组织化、规模化经营模式受到严重冲击，导致企业经济效益大幅下滑，当年亏损2449万元，黄羊河集团公司陷入前所未有的发展困境。这是黄羊河集团公司"十三五"时期经济发展的惨痛教训。

2018年初，黄羊河集团公司领导班子认真分析企业存在的困难和问题，提出"夯实一个基础，落实三个保障，靠实四个抓手"的"134"发展战略。"一个基础"就是要夯实土地资源基础，加快现代农业建设与发展；"三个保障"是指落实农资、农机、水电等三个服务保障；"四个抓手"是指靠实制种玉米、蔬菜、甜糯玉米、果品等产业抓手。还明确提出要坚定不移地走产业化发展之路，加快产业优化升级，推进现代农业持续发展，努力实现企业效益止滑稳增。2018年，实现营业收入5.05亿元，当年扭转了2017年大额亏损局面，并实现利润总额215万元。

随后的五年里，黄羊河集团公司紧扣"134"（2021年调整为"1＋3＋N"）发展战略，积极应对国内国际市场，实现了从经济恢复性发展到高质量发展的新跨越。2018—2022年，黄羊河集团公司累计实现营业收入31.76亿元，利润减亏增盈1.86亿元，并连年被甘肃省农垦集团公司评为"先进单位"。

这五年，黄羊河集团公司坚持深化改革，全面提升发展活力动力。一是推进企业体制机制改革。先后完成了食品公司、蔬菜公司、节水材料公司、物流公司等单位的股权改革，实现了国有控股；按照"主业相同、产业相近、行业相关、优势互补"的原则，对商贸公司、节水材料公司进行了整合重组，注销了商贸公司；按照甘肃省农垦集团公司整体产业布局和战略规划，配合完成了黄羊河种业公司的整合重组和股权转让；积极与地方政府协调，及时注销了武威黄羊河亚麻公司，完成了"僵尸企业"的出清处置；撤销了黄羊河工程建筑公司和内部派出所建制，对园艺场队级机构进行了精简；成立了马铃薯事业部，与百事（中国）公司合作，培育发展马铃薯产业，为企业农业团队化经营积累了经验。二是稳步推进食品公司"尖兵行动"综合改革。2020年，按照省国资委实施"国有企业综合改革示范工程"安排部署，积极推进内部子公司黄羊河集团食品公司体制机制综合改革，以债转股形式将黄羊河集团公司 11000 万元债权转为股份，食品公司注册资本由 2000 万元增加到 13000 万元，资产负债率由 149.25％降至 75.24％，下降 74.01 个百分点，最大限度减轻了食品公司经营资金压力。食品公司当年扭亏为盈，实现利润总额 194.13 万元，较 2019 年亏损 1044.74 万元减亏增盈 1238.87 万元，也扭转了食品公司 2015 年以来连年亏损的局面。三是全面完成企业办社会职能移交，减轻经营负担。2017—2018 年，完成了企业职工医院、"三供一业"等企业办社会职能的分离移交，2020 年完成了 1311 名退休人员移交社会化管理工作。四是持续深化"三项制度"改革。进一步建立健全了人事、劳动用工、分配制度体系，全面规范干部员工管理，提升全员工作的积极性和主动性。2018 年以来，公司提拔中层干部 55 人，引进并留住各类人才 57 名；实行管理人员内部退养制度，有 27 名管理人员因年龄较大、身体状况不好等原因实行了内部退养；全面推行集团公司及二级子公司经理层契约化改革与管理；改革考核分配机制，机关工作人员实行"岗位工资＋奖金"、子公司实行"基础薪＋绩效薪"、分公司实行"基础薪＋绩效薪＋综合管理薪"的分配方式。通过"三项制度"改革，集团公司干部队伍结构明显改善，工作积极性显著提高。

这五年，黄羊河集团公司坚持产业结构调整，提升发展效能。一是农业基础管理明显加强。近年来，进一步强化"三大一化""三统一化"经营管理，土地资源实现统一经营全覆盖，机井管理、滴灌管理、农机作业管理进一步规范，为种植结构战略性调整、实现提质增效奠定了坚实基础。至 2022 年，集团公司农业种植区 100％完成"大条田"改造，大宗作物实现 100％大农机作业，农业种植 100％推行水肥一体化技术。二是产业结构进一步优化。以甜糯玉米种植、加工为主的食品公司，以辣椒种植为主的蔬菜公司，以马铃薯合作种植为主的马铃薯事业部，成为黄羊河集团公司产业架构的支柱。节水材料公司、水电站、农机合作社等单位的职能实现了由经营型向服务保障型的转变，集团公司滴灌肥、滴灌带等农资实现全面积统一供应，整体耕、种、收全程机械化率达 86％。

这五年，黄羊河集团公司坚持科学投资，加快现代农业发展进程。一是加强主业类项目投资与建设，全面改善农业基础设施条件。2018 年以来，集团公司围绕主责主业，积极争取和实施重点建设项目 12 项，总投资 1.53 亿元，其中争取到财政补助资金 1.14 亿元、企业自筹及职工实物投资和投劳 0.39 亿元。利用项目资金完成高标准农田建设和土地整治 6.89 万亩，企业生产基础设施条件逐年改善。2022 年，被确定为"国家级生态示范农场"。二是加强科技创新与技术改造，切实提升企业创新发展能力。共申报并立项省农垦集团公司科技项目 8 项，实施各类科技试验示范项目 44 项。重点开展了农作物新品种引进、综合植保技术推广，对农艺技术提升起到了有效促进作用。对生产加工设备进行升级改造和技术改进，进一步提高了生产效率，降低了生产成本，缓解了用工紧张局面。至 2022 年末，集团公司共获得国家授权发明专利 3 项、实用新型专利 37 项、外观设计专利 6 项。

这五年，黄羊河集团公司坚持文化体系建设，提升企业软实力。一是全面推进现代企业制度体系建设。2018 年以来，先后修订完善各类制度 100 多项，出台改革方案 10 余项。2020 年组织对企业现行各类规章制度进行全面梳理，开展废改立工作，新整理、出版了《黄羊河集团公司制度汇编》，为企业高质量发展提供了制度保障。二是加强品牌培育及市场宣传。2018 年以来，"黄羊河"牌甜糯玉米先后荣获第二十届中国绿色食品博览会金奖、甘肃农业博览会金奖，荣登"甘味"农产品企业商标品牌榜单；黄羊河食品公司被中国鲜食玉米、速冻果蔬大会组委会评为全国鲜食玉米产业加工三十强企业，被中国绿色食品发展中心评为"最美绿色食品企业"。甜糯玉米系列产品基本覆盖全国地县级以上城市，其中速冻甜玉米粒产品供应麦当劳、华莱士，部分产品出口日本、中东、新西兰、澳大利亚等国家或地区。

这五年，黄羊河集团公司坚持加强党的建设，以高质量党建引领企业高质量发展。2018 年黄羊河集团公司对章程进行了修订，实现党建入章。公司运行中，把加强党的领导和完善公司治理统一起来，党委围绕把方向、管大局、保落实开展工作。"三重一大"事项均由党委会前置研究。基层党组织标准化建设稳步推进，党建与生产经营不断融合，为企业高质量发展提供了强有力的政治保证和组织保证。

70 年栉风沐雨，70 年砥砺奋进。70 年来，几代黄羊河人在戈壁滩上发扬"艰苦奋斗，勇于开拓"的农垦精神，以功成不必在我、功成必定有我的奉献精神，谱写了一曲曲可歌可泣的奋进赞歌。正如著名诗人、作家高平先生于 1959 年创作的《黄羊河农场之歌》中所唱的"我们用优良的服务报答人民，把优良的产品运向四方"那样，今天的黄羊河人，秉承"奉献精品，创造财富"的企业使命，在黄羊河这片热土上踔厉奋发，勇毅前行，继续谱写着企业高质量发展的新篇章。

大　事　记

● **2013 年**　1 月 10 日　根据甘肃省农垦集团公司《关于黄羊河集团公司党委纪委换届选举结果的批复》，同意：李大宏、李宗文、吴伯成、李松山、马金义、王宗全、冯国强、黄斌、南永胜任黄羊河集团公司党委委员，李大宏任党委书记，李松山任党委副书记；李松山、王生兴、张惠兰、施忠年、高长策任黄羊河集团公司纪委委员，李松山任纪委书记。

1 月 21 日　黄羊河集团公司党政联席会决定：设立黄羊河集团公司企业技术中心办公室、农机专业合作社党支部、节水材料科技有限责任公司党支部。

1 月 30 日　黄羊河集团公司召开八届三次职工代表大会。

2 月 1 日　黄羊河集团公司被甘肃省农垦集团公司评为"2012 年度农垦工作先进单位"。

2 月 6 日　黄羊河集团公司制定《2013 年土地流转实施方案（试行）》，土地流转工作拉开序幕。

3 月　根据武威市人民政府《关于全市玉米制种企业资源配置实施意见》、凉州区人民政府《关于全区玉米制种企业资源配置实施意见》文件精神，黄羊河集团种业公司通过增资扩股，注册资本由 3000 万元扩至8100 万元，并完成工商变更登记手续。

3 月 15 日　甘肃省农垦集团公司委派杨五江任黄羊河集团公司经理助理（挂职半年）。

3 月 19 日　黄羊河集团党委制定《黄羊河集团公司"四费"管理办法》，推出"四费"支出实行党政负责人联签制度。

4 月 18 日　因部分省份发现禽流感疫情，为做好黄羊河集团公司禽流感疫情防控工作，制定《黄羊河集团公司禽流感防控应急预案》。

4 月 25 日　甘肃省国土资源厅农垦国土资源局局长厍运涛一行，到黄羊河集团公司考察项目建设。

4月27日　甘肃省重大项目稽查办主任王学军一行，到黄羊河集团公司对特色玉米系列产品加工生产线技术改造项目、黄羊河集团脱水蔬菜系列产品生产线技术改造项目进行稽查。

5月　农业二分场二队4.9万立方米蓄水池开工建设，标志着黄羊河集团公司河灌区大田滴灌建设拉开序幕。

5月16日　国家农村经济与地区发展部地区发展与生态处、国家发展改革委农经司、农业部种子管理局、农业部规划设计院、中国农业大学、河南省农科院、新疆水利设计院等专家组，到黄羊河集团国家级玉米制种基地调研。

6月5日　《黄羊河农场志》（1953—2012）通过武威市地方志编纂委员会终审，同意出版并公开发行。

7月15日　黄羊河集团公司成立黄羊河养殖技术指导服务中心，标志着黄羊河肉羊养殖开始步入标准化、规范化、集约化发展的轨道。

7月16日　吴伯成任武威市环境保护产业协会副会长及理事会常务理事，黄羊河集团公司、黄羊河麦芽公司、黄羊河亚麻公司为理事单位。

7月20日　甘肃农业大学农学院、甘肃省农科院畜草与绿色农业研究所、武威市农牧局、武威市农技推广中心、武威市农机中心专家组一行12人，到良种场就肉羊标准化养殖、秸秆青贮、饲料配方进行调研指导。

7月24日　黄羊河集团公司获武威市农家书屋知识竞赛一等奖。

8月　黄羊河集团公司编印《甘肃黄羊河集团公司规章制度汇编》。该汇编涉及企业党务管理、综合管理、战略管理、财务管理、劳资管理、安全生产、生产管理、土地管理、社会事业管理等制度。

8月　黄羊河集团公司公租房项目开工建设。

8月1日　黄羊河集团食品公司召开首届经销商座谈会，全国30个城市50名经销商参加。

8月26日　黄羊河集团公司召开"甘肃农垦创建暨黄羊河农场建场60周年"大会。

9月10日　甘肃省人大环境资源委员会主任委员、甘肃省委党的群众路线教育实践活动第十九督导组组长刘洪泽一行，到黄羊河集团检查指导党的群众路线教育实践活动。

9月12日　甘肃省国有企业第一监事会工作交流及培训会在黄羊河集团公司召开。

10月　黄羊河集团食品公司甜糯玉米生产车间、成品库、冷藏库、玉米糁车间等特色玉米系列产品加工生产线技改项目建成并投产运行。

10月17日　黄羊河集团公司与甘肃省农垦农业研究院在黄羊河集团公司座谈院企合作事宜。

10月26日　甘肃省农垦集团公司党委副书记李金有一行，对黄羊河集团公司危房改造、公租房建设、小型农田水利建设3个项目和"场容场貌建设、绿化美化家园"工作进行检查考核。

12月20日　甘肃省农垦集团公司党委会决定：李昌任黄羊河集团公司党委委员，聘任为副总经理。

12月　黄羊河集团公司被农业部评为"全国农业先进集体"。

12月　王宗全被农业部评为"全国农业先进个人"。

当年　黄羊河集团食品公司、种业公司、蔬菜公司、果品公司获得国家授权专利12项，其中实用新型专利8项、外观设计专利4项。

● **2014年**

1月19日　黄羊河集团公司设立黄羊河集团公司医保中心和果品公司园艺七队、八队，撤销黄羊河集团公司政策研究室。

1月19日　黄羊河集团公司党政联席会决定：成立黄羊河集团公司养殖合作社筹建领导小组。

1月24日　黄羊河集团公司被农业部办公厅确定为第一批"全国农垦农机标准化示范农场"。

2月　黄羊河集团被甘肃省农垦集团公司评为"2013年度农垦工作先进单位"。

2月28日　黄羊河集团公司召开八届四次职工代表大会。

3月20日　甘肃省农垦集团公司党委会决定：李松山任条山分公司党委书记；王卫任黄羊河集团公司调研员、党委委员，南永胜任黄羊河集团公司副调研员。免去：李松山黄羊河集团公司的党委副书记、委员、纪委书记、职代会主任职务。

4月15日　农业五分场养殖小区项目开工。

4月18日　黄羊河集团公司成立凉州区黄羊河农产品质量安全监管检测中心。

5月8日　甘肃省委副书记欧阳坚、副省长王玺玉一行，到黄羊河观摩10万亩大田节水示范点。

5月12日　甘肃省农垦集团公司董事会决定，委派：杨树军任黄羊河集团公司董事长，何宗仁任黄羊河集团公司副董事长，杨英才、张金虎、李开斌、魏国斌、毕晋、李宗文、吴伯成任黄羊河集团公司董事，李金有任黄羊河集团公司监事会主席，李大宏任黄羊河集团公司监事会副主席。聘任：李宗文为黄羊河集团公司总经理，吴伯成为副总经理（正县级）。推荐王凤鸣、安霞任黄羊河集团公司监事。免去：李宗文的黄羊河集团公司董事长职务，吴伯成的黄羊河集团公司总经理职务，李大宏、马金义、安霞、王宗全、冯国强、黄斌、王新潮的黄羊河集团公司董事职务，姚尚明的黄羊河集团公司监事职务。

5月30日　甘肃省农垦集团公司党委会决定：王卫任黄羊河集团公司职代会主任，杨轩任黄羊河集团公司党委委员、副书记、纪委书记。

6月　甘肃省农垦集团公司党委会决定：王赟任甘肃亚盛实业（集团）下河清农场党委委员，聘任为下河清分公司副经理。

6月30日　黄羊河集团食品公司被武威市科学技术局批准为武威市特用玉米工程技术研究中心。

7月　甘肃省农垦集团公司董事会决定：王生兴任条山分公司经理助理（挂职）。

7月1日　河西学院在黄羊河集团公司合作创建实习、实训暨创业就业基地。

7月10日　甘肃农垦产业化项目考察观摩会在武威市举办，黄羊河集团公司承办，甘肃农垦系统各单位主要负责人共计60人参加。

8月19日　新疆生产建设兵团第二师党委常委、副师长王木森一行，到黄羊河集团公司考察。

9月16日　甘肃省农牧厅、甘肃省农垦集团公司联合主办的全省主要农作物生产全程机械化机具现场演示会在黄羊河集团公司召开。甘肃省农牧厅、甘肃省发改厅、甘肃省财政厅、甘肃省科技厅、甘肃省农垦集团公司、甘肃省农机局及武威市区两级领导、全省各市县农机部门、全省农垦农牧企业主要负责人共200人参加。

10月11日　兰维集团公司党委书记、总经理张进国一行35人，到黄羊河集团公司参观芦笋出口食品安全示范区。

11 月　黄羊河农机专业合作社获"全国三十佳优秀示范农机合作社"荣誉称号。

11 月 6 日　黄羊河集团公司向双联扶贫点古浪县新堡乡尖山村捐助 3.5 万元，用于改善人饮环境。

11 月 17 日　甘肃省农垦集团公司党委会决定：南永胜任黄羊河集团公司副总经理，李昌任黄羊河集团公司党委副书记、纪委书记，杨轩任临泽农场场长。免去：黄斌的黄羊河集团公司党委委员、副总经理职务，南永胜的黄羊河集团公司副调研员职务，杨轩的黄羊河集团公司党委副书记、纪委书记、委员职务。

11 月　甘肃省农垦集团公司党委会决定：黄斌任亚盛黄花农场党委委员，聘任为亚盛黄花分公司经理。

11 月 18 日　甘肃省农垦集团公司决定，委派：何宗仁任黄羊河集团公司董事长，杨树军任黄羊河集团公司副董事长。免去：杨树军的黄羊河集团公司董事长职务，何宗仁的黄羊河集团公司副董事长职务。

11 月 25 日　李昌任武威职业学院第二届校企合作理事会副理事长。

当年　黄羊河农场完成 1766 户危房改造及其基础设施建设改造项目，其中：2012 年完成 814 户，2013 年完成 734 户，2014 年完成 218 户。

● **2015 年**　1 月 1 日　黄羊河集团公司在职及退休（职）人员参加武威市城镇职工基本医疗保险，同时参加城镇职工大额互助医疗保险和城镇职工生育保险，享受相应退休人员医疗保险政策。

1 月 5 日　黄羊河集团麦芽公司、黄羊河集团亚麻有限公司、黄羊河集团武威亚麻有限公司、建材公司依《公司法》进行解散和清算。

2 月 9 日　黄羊河集团公司成立甘肃黄羊河从玉蔬菜有限责任公司。

2 月 28 日　中央文明委授予黄羊河集团公司"全国文明单位"荣誉称号。

3 月 9 日　黄羊河集团公司召开九届一次职工代表大会。

3 月 23 日　农业部畜牧业司副司长王俊勋、畜牧处处长左玲玲一行，到黄羊河集团公司对畜牧养殖业进行参观考察。

3 月 25 日　甘肃省农垦集团公司党委会决定，聘任：吴伯成为黄羊河集团公司党委书记，李大宏为正县级调研员。免去：李大宏的黄羊河集团公司党委书记、委员职务，吴伯成的黄羊河集团公司副总经理职务。

3月26日　黄羊河集团公司工会成立暨第一次会员代表大会召开，选举王卫为工会主席。

4月24日　甘肃省农垦集团公司决定：安霞任黄羊河集团公司副调研员。免去：安霞的黄羊河集团公司财务总监、监事职务。

5月6日　台湾富贵集团、台湾长久国际实业股份有限公司总裁郑俊彦一行，到黄羊河集团公司考察有机果蔬种植基地。

5月8日　甘肃省农垦集团公司决定：王生兴任黄羊河集团公司监事、财务总监。

5月12日　日本养殖业考察组到黄羊河肉羊养殖专业合作社考察。

5月15日　黄羊河集团食品公司与张掖市永鲜食品包装有限责任公司签约5000吨天然无公害休闲食品（速冻真空干燥马铃薯条、果品、蔬菜制品）加工项目。

6月27日　黄羊河集团公司党委会决定：赵大荣为驻尖山村工作队队长，李江为驻尖山村工作队队员。

6月　水景公园（润泽园）西侧10万立方米调蓄水池建设项目开工。

7月　甘肃省农垦集团公司决定：蒋永祥任皖垦茶叶集团公司副总经理（挂职）。

7月7日　黄羊河集团公司畜产品交易市场正式开业运营，当日交易羔羊21只，交易金额10080元。

7月23日　陕西农垦朝邑农场总经理雷剑利一行9人，到黄羊河参观考察。

8月22日　种业公司玉米剥皮生产线项目建成投产。

8月27日　黑土洼农场管理人员及职工代表一行，到黄羊河集团公司考察学习。

9月　黄羊河集团公司被武威市科技局认定为武威市科技特派员创业示范基地。

10月22日　黄羊河集团食品公司甜糯玉米、芦笋基地，被国家质量监督检验检疫总局（简称国家质检总局）批准为国家级出口食品农产品质量安全示范区。

11月21日　甘肃省农垦系统工会调研组一行5人，到黄羊河集团公司调研。

12月7日　甘肃省国土资源厅农垦国土资源局局长顾兴泉一行6人，到黄羊河集团公司调研国土资源利用情况。

12月9日　黄羊河集团食品公司被武威市工信委、科技局、财政局联合认定为市级企业技术中心。

12月25日　黄羊河集团公司印发《甘肃黄羊河集团公司党风廉政建设签字背书实施办法（试行）》。

● 2016年　2月28日　黄羊河集团公司召开九届二次职工代表大会暨一届二次工会会员代表大会。

2月　甘肃黄羊河从玉蔬菜有限责任公司因供港蔬菜项目建设停滞而注销。

5月10日　甘肃省农垦集团公司董事会决定：李宗文任黄羊河集团公司董事长，李有宝、王鑑、马金义、王宗全、冯国强任黄羊河集团公司董事，李昌任黄羊河集团公司监事、监事会主席。免去：何宗仁的黄羊河集团公司董事长、董事职务，杨树军的黄羊河集团公司副董事长、董事职务，杨英才、张金虎、李开斌、魏国斌、毕晋的黄羊河集团公司董事职务，李金有的黄羊河集团公司监事会主席、监事职务。

5月22日　"黄羊河"牌苹果、真空保鲜甜糯玉米系列产品获第十六届中国绿色食品博览会金奖。

6月29日　甘肃省农垦集团公司董事会委派：杨轩任黄羊河集团公司董事、董事长（法定代表人）、总经理。免去：李宗文的黄羊河集团公司董事长（法定代表人）、总经理、董事职务。

6月29日　甘肃省农垦集团公司党委会决定：杨轩任黄羊河集团公司党委委员，郭珉任黄羊河集团公司工会主席、党委委员、职代会主任，王卫任黄羊河集团公司调研员。免去：李宗文的黄羊河集团公司党委委员职务，王卫的黄羊河集团公司工会主席、党委委员、职代会主任职务。

6月　甘肃省农垦集团公司党委会决定：殷乐成任甘肃武威农垦公司党委委员，聘任为甘肃武威农垦公司副经理。

7月　甘肃省农垦集团公司党委会决定：蒋永祥任勤锋农场党委委员，聘任为勤锋分公司副总经理。

7月1日　黄羊河集团公司举行庆祝建党95周年表彰大会暨文艺汇演。

7月7日　甘肃省14个市（州）、48个重点县（区）农技中心（站）主要负责人、黄羊河集团公司专业技术人员共100人，在黄羊河集团公司参加由甘肃省农业推广总站主办的农技推广社会化服务观摩会。

7月30日　甘肃省全省绿色防控与专业统防统治融合试点现场会在甘肃黄羊河集团公司良种场召开。

8月26日　湖北农垦管理总局党组书记、局长朱汉桥一行，到黄羊河集团公司考察。

9月2日　甘肃省农垦集团公司委派：任伟任黄羊河集团公司董事，聘任为黄羊河集团公司副总经理。

9月2日　甘肃省农垦集团公司党委会决定：任伟任黄羊河集团公司党委委员。

9月18日　黄羊河集团公司召开第三次党员代表大会，选举产生新一届党委、纪委领导班子。吴伯成为第三届党委书记，李昌为党委副书记，王宗全、冯国强、杨轩、李昌、吴伯成、南永胜、郭珉为党委委员；李昌为第三届纪委书记，李文盛为纪委副书记，王仰峰、王晶、李文盛、李昌、施忠年为纪委委员。

12月1日　根据甘肃省农垦集团公司《关于农垦集团所属基层党委换届选举结果的批复》，同意：王宗全、冯国强、李昌、杨轩、吴伯成、南永胜、郭珉为黄羊河集团公司第三届党委委员，吴伯成任党委书记，李昌任党委副书记、纪委书记。

12月19日　黄羊河集团公司成立集团公司第三次全国农业普查办公室，主要负责黄羊河集团公司范围内的第三次全国农业普查组织和实施工作。

12月30日　甘肃省农垦集团公司党委会决定：马金义任黄羊河集团公司党委委员。

12月　王开虎被农业部评为"全国农业先进个人"。

12月　黄羊河集团亚麻有限责任公司注销。

当年　黄羊河集团麦芽公司新厂区改建5000吨恒温库项目开工建设，改建恒温库面积3130平方米，设计库存果品容量为5000吨。

当年　黄羊河集团场史展览馆被甘肃省博物馆协会认定为甘肃省第二批文化遗产"历史再现"工程博物馆。

2017 年　1月9日　甘肃省农垦集团公司党委决定，聘任：杨轩为黄羊河农场场长。免去：李宗文的黄羊河农场场长，黄羊河集团公司党委副书记、委员职务；李大宏、吴伯成、马金义的黄羊河农场副场长、党委委员职务。

2月　撤销黄羊河集团建材有限责任公司管理建制。

2月10日　黄羊河集团公司获"2012—2016年度全省档案工作先进集体"荣誉称号。

2月13日　黄羊河集团公司成立档案管理工作领导小组。

2月17日　黄羊河集团公司成立档案鉴定销毁领导小组。

2月21日　甘肃省农垦集团公司决定，委派：慕自发任黄羊河集团公司董事。聘任：吴伯成为黄羊河集团公司调研员。免去：慕自发的玉门市宏远实业有限公司调研员职务，吴伯成的黄羊河集团公司董事职务。

2月21日　甘肃省农垦集团公司党委会决定：慕自发任黄羊河集团公司党委委员、书记。免去：吴伯成的黄羊河集团公司党委书记、委员职务，王卫的党建工作巡察组三组组员职务。

2月28日　黄羊河集团公司撤销建材公司党支部。

3月　黄羊河集团麦芽公司注销。

3月13日　黄羊河集团公司设立党委办公室。

3月20日　黄羊河集团公司召开九届三次职工代表大会。

3月21日　黄羊河集团公司成立黄羊河集团公司社会职能分离移交工作领导小组。

4月14日　黄羊河集团公司为双联点古浪县新堡乡尖山村101户搬迁户提供帮扶资金，每户3000元，共30.3万元。

6月1日　甘肃省农垦集团公司决定，免去：任伟的黄羊河集团公司副总经理、董事职务。聘任：任伟为永昌农场党委书记。

6月12日　甘肃省农垦集团公司决定：秦春海任黄羊河集团公司总经理助理（挂职半年）。

7月30日　中国农业大学滴灌肥一体化技术培训会在武威市凉州区东河镇中国农业大学石羊河实验站举办，黄羊河集团公司46名技术人员参加。

8月17日　甘肃省农垦集团公司党委书记、董事长谢天德一行5人，到黄羊河集团公司调研。

8月31日　甘肃省农垦系统工会在黄羊河集团公司召开困难职工解困脱

困工作现场推进会。甘肃省总工会副主席丁光动出席会议，农垦系统 36 个单位的工会主席和工会骨干代表共 60 人参加，会议由甘肃省农垦系统工会主席王海清主持。

9 月 8 日　农业部农垦改制第五督察组组长、农业部产业政策与法规司司长张天佐一行，到黄羊河集团公司对改革与发展工作进行督查。

9 月 11 日　"黄羊河"牌甜糯玉米获首届农业博览会金奖。

11 月 22 日　"黄羊河"牌金冠苹果获第十八届中国绿色食品博览会金奖。

11 月 28 日　甘肃省农垦集团科技处主办、甘肃黄羊河集团公司承办的甘肃农垦科技专题培训会在黄羊河农场召开，甘肃农垦垦区 29 家单位的 68 位技术骨干参加。

11 月 29 日　甘肃省农垦集团公司董事会决定，委派：李国忠任黄羊河集团公司董事，建议李国忠任黄羊河集团公司董事长、总经理。聘任：李国忠任黄羊河农场场长。免去：杨轩的黄羊河集团公司董事、董事长、总经理，黄羊河农场场长职务。

11 月 29 日　甘肃省农垦集团公司党委会决定：李国忠任黄羊河集团公司党委委员。免去：杨轩的黄羊河集团公司党委委员职务。

12 月　甘肃省农垦集团公司董事会决定：杨轩任甘肃亚盛实业（集团）有限责任公司黄花分公司副经理。

12 月 7 日　黄羊河集团公司启用"甘肃黄羊河农工商（集团）有限责任公司报关专用章"。自此黄羊河集团公司逐步开展对外出口业务。

12 月 8 日　黄羊河集团公司档案管理通过甘肃省档案局档案工作规范化管理"省特级"测评。

12 月 22 日　黄羊河集团种业公司党支部副书记王生德获得"全国农业劳动模范"表彰。

当年　种业公司被农业部批准为"第一批全国农垦农作物良种展示示范基地"。

● **2018 年**　2 月 28 日　黄羊河集团公司撤销工业管理部、农业管理部，设立企业管理部（内设企业技术中心办公室）。

3 月 16 日　黄羊河集团公司召开十届一次职代会。

5 月 3 日　甘肃省农垦集团公司党委会决定，免去：安霞副调研员职务，退休。

9月　黄羊河集团公司职工医院移交凉州区卫生和计划生育局管理。

10月15日　甘肃省农垦集团公司党委会决定：李国忠任黄羊河集团公司党委书记，慕自发任黄羊河集团公司党委副书记（正职），马金义任黄羊河集团公司党委副书记。免去：李昌的黄羊河集团公司党委副书记、纪委书记、党委委员职务，慕自发的黄羊河集团公司党委书记职务，郭珉的黄羊河集团公司党委委员、工会主席、职代会主任职务；李大宏的黄羊河集团公司调研员职务，退休。

10月16日　甘肃省农垦集团公司董事会决定，委派：王凤鸣任黄羊河集团公司监事会主席。聘任：李昌为黄羊河集团公司副调研员。免去：李昌的黄羊河集团公司监事会主席、监事职务。

10月16日　甘肃省农垦集团公司董事会决定，聘任：马金义为黄羊河集团公司总经理。免去：李国忠的黄羊河集团总经理职务，马金义的副总经理职务。

10月　甘肃省农垦集团公司董事会决定：郭珉任甘肃亚盛实业（集团）有限责任公司勤锋分公司党委委员、分公司副经理。

10月　黄羊河集团公司棚户区改造项目开工。

当年　黄羊河集团公司与甘肃皇台实业制糖有限公司签订8年的甜菜合作种植协议，当年种植订单甜菜1万亩。年底因甘肃皇台实业制糖有限公司设备提升改造升级，甜菜原料库存较大，无法承接下年甜菜原料，该合作终止。

当年　水电站职工李庆军获全国安康杯知识竞赛三等奖。

当年　黄羊河集团公司被甘肃省农垦集团公司授予"先进单位"荣誉称号。

● **2019年**　3月19日　黄羊河集团公司同意食品公司、种业公司、蔬菜公司、节水材料公司、物流公司、农机合作社章程修订。至此，黄羊河集团公司及所属子公司全部实现党建入章。

3月22日　黄羊河集团公司撤销工程建筑公司单位建制，资产移交水电站管理；撤销派出所单位建制；设立黄羊河集团公司内部保安部，隶属总经理办公室管理。

3月23日　黄羊河集团公司召开十届二次职工代表大会暨一届五次工会

会员大会。

4月19日　甘肃省农垦集团公司董事会委派：李国忠担任甘肃莫高实业发展股份有限公司监事；建议出任监事会主席职务。

6月4日　黄羊河集团公司邀请全国劳动模范、白银市靖远县乌兰镇党委委员、东关村党支部书记李常有，全国劳动模范、秦安县兴国镇郑川村果农协会理事长靳志强，全国先进工作者、陇原工匠、兰州市农业科技研究推广中心农作站站长谢成俊，全国五一劳动奖章获得者、兰州鑫源现代农业科技开发有限公司董事长尹建敏，到黄羊河集团公司开展以"弘扬劳模精神、助推脱贫攻坚"为主题的劳模事迹报告会，党员干部500余人参与。

7月12日　黄羊河集团公司撤销职工医院党支部。

7月19日　甘肃黄羊河农工商（集团）武威果品有限公司名称变更为甘肃黄羊河农工商（集团）有限责任公司园艺场。

9月　甘肃省农垦集团公司党委会决定，免去：王卫的黄羊河集团公司调研员职务，退休。

9月20日　黄羊河集团公司制定了《甘肃黄羊河集团食品有限公司综合改革示范工程实施方案》《甘肃黄羊河食品有限公司综合改革示范性工程工作台账》。

9月28日　黄羊河集团公司、甘肃农垦药物碱厂有限公司、甘肃普安制药股份有限公司联合举办"壮丽七十载·奋进新时代·我和我的祖国"大型文艺汇演。

11月10日　黄羊河集团食品公司完成债转股，注册资本由2000万元增至13000万元。

12月23日　甘肃省农垦集团公司党委会决定：牟访任黄羊河集团公司党委委员、纪委书记。

12月　"黄羊河"牌糯玉米获第二十届中国绿色食品博览会金奖。

当年　黄羊河集团公司被甘肃省农垦集团公司授予"先进单位"荣誉称号。

● **2020年**　1月1日　黄羊河集团公司自来水供水移交甘肃水务凉州供水有限责任公司管理。

2月1日　根据甘肃省农垦集团公司党委《关于加强党的领导为打赢疫

情防控阻击战提供坚强政治保证的通知》精神，黄羊河集团公司将打赢新冠疫情防控阻击战作为重大政治任务，加强党的领导，配合黄羊河街道开展疫情防控工作。

2月　甘肃省农垦集团公司党委会决定：王开虎任黄羊河集团公司党委委员、副总经理。

3月9日　黄羊河集团公司撤销内部保安部，设立马铃薯事业部。

3月20日　黄羊河集团公司召开十届三次职工代表大会暨二届一次工会会员大会。

3月30日　黄羊河集团公司党委成立退休党员一支部、二支部、三支部委员会，便于社会化移交和管理。

5月25日　黄羊河集团食品公司获"最美绿色食品企业"荣誉称号。

6月11日　黄羊河集团公司撤销纪检监查部，设立纪委办公室。

7月8日　成立黄羊河集团公司劳动争议调解委员会。

7月8日　黄羊河集团公司党委通过《甘肃黄羊河集团公司贯彻落实"三重一大"决策制度监督检查办法》。该办法适用于黄羊河集团公司纪委对集团公司及集团公司所属分公司、子公司"三重一大"决策制度实施情况的监督检查。

8月11日　黄羊河集团公司党委撤销社区党支部、退休党员一支部、退休党员二支部、退休党员三支部。

8月25日　甘肃省农垦集团公司董事会决定，聘任：李昌为黄羊河集团公司调研员。免去：李昌的副调研员职务。

9月30日　黄羊河集团公司召开第四次党员代表大会，选举牟访为黄羊河集团公司纪委书记，李文盛为黄羊河集团公司纪委副书记。

10月26日　黄羊河集团种业有限责任公司被甘肃亚盛种业有限责任公司收购。

11月　"黄羊河"牌金冠苹果获第十四届中国国际有机食品博览会金奖。

11月12日　根据甘肃省农垦集团公司《关于所属企业党组织换届选举结果的批复》，同意：李国忠、马金义、慕自发、牟访、王宗全、冯国强、南永胜、王开虎为黄羊河农场第四届党委委员，李国忠任党委书记，马金义、慕自发任党委副书记，牟访任纪委书记。

12月1日　黄羊河集团公司李国忠、马金义、慕自发的《农垦现代农业企业 13N 管理模式的建立与实践》作品，获甘肃省版权局颁发的作品登记证书。

12 月 20 日　黄羊河集团蔬菜公司育苗基地建设项目开工。

12 月 30 日　黄羊河集团公司制定《甘肃黄羊河农工商（集团）有限责任公司党委"第一议题"制度》。"第一议题"制度是指把学习贯彻习近平总书记重要讲话和指示精神作为党内各类会议理论学习的第一议题。

12 月　黄羊河集团公司编印《甘肃黄羊河农工商（集团）有限责任公司制度汇编》。该汇编是在 2013 年《甘肃黄羊河集团公司规章制度汇编》基础上进行修订增补，涉及党务管理、综合管理、战略管理、财务管理、劳资管理、安全生产、生产管理、土地管理、社会事业管理等制度。

当年　黄羊河集团公司与百事（中国）公司合作，达成 6 年期加工型马铃薯种植合作协议，当年种植马铃薯 11200 亩。

当年　黄羊河集团公司被甘肃省农垦集团公司授予"先进单位"荣誉称号。

● **2021 年**　1 月　甘肃省农垦集团公司决定：甘肃农垦武威农业有限责任公司整建制划转交由黄羊河集团公司作为子公司经营管理，甘肃武威水泵厂整建制划转交由黄羊河集团公司作为下属企业管理，甘肃武威离退休工作站交由黄羊河集团公司代管。

2 月　甘肃省农垦集团公司董事会决定：李贵斌任金昌农场监事会主席、监事。

3 月 3 日　黄羊河集团食品公司、甘肃莫高实业发展股份有限公司污水处理站改扩建合建项目开工。

3 月 20 日　黄羊河集团公司召开十届四次职工代表大会暨二届二次工会会员大会。

3 月 25 日　黄羊河集团公司制定《黄羊河集团公司管理人员内部退养实施方案》《黄羊河集团公司机关业务人员职级标准及晋级管理办法（试行）》。

4 月 14 日　黄羊河集团公司制定《甘肃黄羊河集团公司经理层成员任期制和契约化管理工作方案》，根据甘肃省农垦集团公司要求，在黄羊河集团公司及所属子公司进行经理层任期制和契约化管理。

5月25日　甘肃省农垦集团公司董事会决定，聘任：王宗全为黄羊河集团公司总经理，马金义为黄羊河集团公司调研员。免去：马金义的黄羊河集团公司董事、总经理职务，王宗全的黄羊河集团公司副总经理职务。

5月25日　甘肃省农垦集团公司党委会决定：王宗全任黄羊河集团公司党委副书记。

6月　甘肃省农垦集团公司董事会决定：牟访任黄羊河集团公司监事会主席。免去：王凤鸣黄羊河集团公司的监事会主席职务。

6月16日　黄羊河集团公司制定《黄羊河集团公司紧缺急需专业技术人才管理办法（试行）》。

6月28日　黄羊河集团公司召开庆祝建党100周年暨"两优一先"表彰大会。

7月19日　黄羊河集团公司与甘肃农业大学农学院合作，共建科研教学基地和农学院创新创业人才培养基地。

7月23日　黄羊河集团食品公司被凉州区人力资源和社会保障局确定为"青年就业见习基地"。

10月9日　甘肃省农垦集团公司党委会决定：刘文鸿为甘肃省农牧投资发展有限公司党委委员。

11月5日　黄羊河集团公司制定《黄羊河集团公司劳动用工管理（试行）办法》。

11月23日　凉州区农业农村局将2015年国家玉米制种基地建设项目设施，整体移交黄羊河集团公司使用和管护。

12月31日　甘肃省农垦集团公司董事会决定：施忠年为黄羊河集团公司财务总监。聘任：王生兴为黄羊河集团公司副总经理，冯国强为黄羊河集团公司副调研员。免去：王生兴的黄羊河集团公司监事、财务总监职务，冯国强的黄羊河集团公司董事、副总经理职务。

12月31日　黄羊河集团公司根据甘肃省农垦集团公司相关工作安排制定《黄羊河集团公司"三重一大"决策事项清单（试行）》、"三会一层"职权清单（试行），公司各类重大事项实施党委会决策，或党委会前置研究，董事会、经理办公会决策。

当年　黄羊河集团公司被甘肃省农垦集团公司授予"先进单位"荣誉称号。

2022 年

1 月 26 日　甘肃省农垦集团公司董事会决定，委派：李有宝、王鑑、黄斌、张连忠、陈胜利任黄羊河集团公司外部董事。

2 月 25 日　黄羊河集团公司修订完善《黄羊河集团公司管理人员离岗退养制度》。

3 月 10 日　黄羊河集团公司召开十届五次职工代表大会暨二届三次工会会员代表大会。

4 月 26 日　黄羊河集团公司党委决定成立组织人事部，撤销党群工作部，相关职能分别并入党委办公室和组织人事部。

5 月　开展黄羊河集团公司人居环境提升整治工程，完成围墙粉刷 12.5 万平方米、彩钢屋面油漆喷涂 9.1785 万平方米。

5 月 5 日　黄羊河集团公司制定《甘肃农垦黄羊河集团公司"六位一体"大监督工作格局实施方案》，构建起党委领导，纪委、监事会、财务、审计、法务、巡察"六位一体"的内部监督体系。

5 月 19 日　甘肃省武威水泵厂企业化改制，变更为甘肃武威腾利机械制造有限责任公司。

5 月 19 日　黄羊河集团公司制定《甘肃黄羊河集团公司所属企业公司章程制定管理办法》。

5 月 25 日　甘肃黄羊河集团公司 2022 年高标准农田建设项目开工。

6 月 1 日　甘肃省农科院蔬菜研究所与黄羊河集团公司举行蔬菜绿色高效生产示范基地签约挂牌仪式。

6 月 22 日　甘肃农业大学、武威市委组织部、武威市农业农村局组织武威市高效节水蔬菜生产专题实用技术提升培训班 120 名学员，到黄羊河集团公司马铃薯高效节水示范点观摩。

6 月 24 日　甘肃省农垦集团公司党委会决定：于志辉任黄羊河集团公司党委委员，牟访任甘肃亚盛实业（集团）有限责任公司党委委员。免去：牟访的黄羊河集团公司党委委员、纪委书记职务。

6 月 29 日　黄羊河集团公司印发《甘肃农垦黄羊河集团公司对外捐赠管理办法》《甘肃农垦黄羊河集团公司担保管理办法》《甘肃农垦黄羊河集团公司债务风险管理办法》。

7 月 4 日　甘肃省农垦集团公司董事会决定，委派：慕自发为黄羊河集团公司监事。推荐慕自发为黄羊河集团公司监事会主席，推荐于志辉为黄羊河集团公司副总经理。免去：慕自发的黄羊河集团公司董事职务，牟访的黄羊河集团公司监事会主席、监事职务。

7月8日　黄羊河集团公司制定《甘肃黄羊河农工商（集团）有限责任公司监事会（监事）监督检查工作制度》。

7月11日　成立黄羊河农场志编纂工作领导小组，设立场志编纂办公室，《黄羊河农场志》（2013—2022）编纂工作正式启动。

7月26日　成立甘肃农垦黄羊河集团公司党员突击队。

8月1日　黄羊河集团公司制定《甘肃黄羊河农工商（集团）有限责任公司董事会向经理层授权管理办法（试行）》《甘肃黄羊河农工商（集团）有限责任公司董事会向经理层授权事项清单》。

8月26日　甘肃省农垦集团公司党委会决定：施忠年任黄羊河集团公司党委委员。

8月30日　黄羊河集团公司成立农用地利用整改领导小组，进一步规范公司农用地的利用与管理。

9月5日　甘肃省农垦集团公司董事会决定，聘任：王仰峰为甘肃省农垦集团公司审计部副部长。推荐施忠年为黄羊河集团公司副总经理。

9月7日　黄羊河集团公司制定《"合规管理推进年"落实方案》，从遵守法律法规情况、企业法人治理体系建设及运行情况等16个方面开展合规管理检查督导。

10月12日　黄羊河集团公司获中国质量认证中心良好农业规范一级认证。

11月20日　甘肃省农垦集团公司董事会决定，聘任：董治军、侯海彬为黄羊河集团公司外部董事。免去：王鑑、黄斌、张连忠的黄羊河集团公司外部董事职务。

12月　黄羊河集团公司被农业农村部农业生态与资源保护总站、中国农业生态环境保护协会联合评定为"2022年度国家级生态农场"。

当年　黄羊河集团公司被甘肃省农垦集团公司授予"先进单位"荣誉称号。

第一编

区域与建置

中国农垦农场志丛

第一章　区域变化

第一节　农场边界

甘肃省黄羊河农场即现甘肃黄羊河农工商（集团）有限责任公司，地处河西走廊东端、祁连山北麓、腾格里沙漠南缘，地跨武威市凉州区、古浪县两区县。

2013年，黄羊河农场东与凉州区吴家井乡的四方墩村、新建村，古浪县永丰滩乡的三墩槽村毗邻；东南和南面与古浪县土门镇新丰村、胡家边村、满家滩相连；西南和西面与凉州区黄羊镇的土塔村、长丰村、唐沟村、李宽寨村，河东乡的达家寨村、上腰墩村，东河乡的王景寨村，农垦研究院试验农场、兰石研究所农场、地毯厂农场等农村和农场倚靠；北与凉州区清源镇的新西村、新东村，长城乡的西湖村、红水村接壤。

截至2022年底，黄羊河农场周边接壤情况变更为：东与凉州区吴家井镇的四方墩村、新建村，古浪县永丰滩镇的三墩槽村毗邻；东南和南面与古浪县土门镇新丰村、甘肃（武威）国际陆港相连；西南和西面与凉州区黄羊镇的土塔村、长丰村、唐沟村、李宽寨村、荣昌村，东河镇的王景寨村，农垦研究院试验农场、兰石研究所农场、地毯厂农场等农村和农场倚靠；北与凉州区清源镇的新西村、新东村，长城镇的西湖村、红水村接壤。

场区南北长约20千米，东西宽约5千米，土地总面积106.67平方千米。西北距武威市城区50千米，西南离黄羊镇13千米，兰新铁路和兰新公路侧旁而过。

第二节　土地变更

黄羊河集团公司于1999年6月在武威市土地管理局办理了"国有土地使用证"，证载面积157172.4亩；于2002年由甘肃省人民政府换发了"国有土地使用证"，证载总面积146369.07亩。

2013年6月，凉州区政府无偿收回变电所东侧487亩国有土地使用权，用于安置张义镇移民。

2013年，经武威市人民政府、甘肃省农垦集团公司批准，凉州区政府无偿收回位于一分场五队西侧及变电所东侧共 5502.77 亩国有土地使用权，用于安置天祝县及张义镇移民。

2014 年，因干武铁路二线项目建设，收回铁路既有用地 515.56 亩。

2014 年，凉州区政府无偿收回原锅炉房 2.87 亩国有土地使用权，用于黄羊河派出所办公场所用地。

2015 年，向武威明珠牧业有限公司出让设施农用地 100 亩。

2016 年 1 月 4 日，黄羊河集团公司与甘肃莫高实业发展股份有限公司协商，将位于黄羊河三分场六队 6 号地的 147.52 亩土地与莫高生态农业示范种植园区 3 宗共计 147.52 亩土地进行了转换。具体为：位于集团公司场部一马路以南、黄吴公路以东 135.34 亩葡萄基地，位于一环路以北、莫高园区葡萄基地以东 7.50 亩葡萄基地，位于三马路以北、莫高园区葡萄基地以东 4.68 亩土地。

2016 年 9 月 30 日，因甘肃（武威）国际陆港建设需要，凉州区政府有偿收回国有土地 7624.63 亩。其中：耕地 3741.79 亩，其他农用地 430 亩，建设用地 158.68 亩，未利用地 3294.16 亩。

2020 年，甘肃（武威）国际陆港退还了原凉州区国土资源局与黄羊河集团公司于 2016 年 9 月 30 日签订的《国有土地使用权收回合同》中收回土地范围内未建设的 1036.85 亩土地（耕地 763.17 亩，建设用地 100.58 亩，未利用地 173.1 亩）。

2021 年 1 月，甘肃农垦武威农业有限责任公司（简称武威农业公司）、甘肃武威水泵厂整建制划交由黄羊河集团公司作为子公司管理，涉及土地等产权划入公司管理。其中：甘肃农垦武威农业有限责任公司涉及商服住宅用地 5.88 亩，甘肃武威水泵厂涉及工业用地 164 亩。

2022 年 5 月 24 日，因甘肃（武威）国际陆港木材口岸铁路专用线建设，征用黄羊河集团公司土地 12.32 亩。

2013—2022 年，共划出土地 13239.72 亩，划入土地 169.88 亩。

依据全国第三次土地调查数据，2022 年 8 月，黄羊河集团公司实际拥有土地面积 129375.29 亩。其中：农用地 109278.5 亩，包括耕地面积 91362.46 亩、园地 4663 亩、林地 3783.94 亩、设施农用地 1907.97 亩、沟渠及坑塘水面 7561.13 亩；建设用地 8803.03 亩，包括建制镇及住宅用地 4523.27 亩、交通用地 3925.13 亩、采矿用地 195.47 亩、风景名胜及特殊用地 159.16 亩；未利用地 11293.76 亩。

第三节　土地确权

2002 年，甘肃省人民政府颁发了甘肃黄羊河集团公司"国有土地使用证"。

2014 年，黄羊河集团公司与凉州区国土资源局签订了所有权、承包权、经营权三权发证协议。

2015 年，《中共中央　国务院关于进一步推进农垦改革发展的意见》（中发〔2015〕33号）中明确提出："用 3 年左右时间，基本完成农垦国有土地使用权确权登记发证任务"。据此，甘肃省农垦集团公司要求，进一步推进垦区土地确权登记发证工作步伐。

2016 年 9 月 23 日，黄羊河集团公司成立了土地确权登记发证领导小组，马金义任组长，王宗全任副组长，组织开展集团公司土地确权登记发证工作。

至 2017 年底，完成黄羊河集团公司职工住宅、分公司、子公司、公共建设用地的测绘、登记填表等工作，并开始建立数据库。同时，与凉州区国土资源局积极协商国有土地使用权变更调查、登记工作。但因凉州区、古浪县最新的行政界线与 1975 年武威地区行署民政局确立的行政界线不符，导致黄羊河集团公司部分土地在古浪县行政区内，确权发证工作没能正常推进。具体为：1999 年黄羊河集团公司在武威市凉州区国土资源局（1998 年前为武威市土地管理局）办理了"国有土地使用权证"，黄羊河集团公司与古浪县的土地权属界线为 1975 年武威地区行署民政局确定的两县行政界线，但 1995 年凉州区民政局与古浪县民政局签订的行政界线协议却将黄羊河集团公司部分土地权属划入古浪县行政范围，并在古浪县不动产登记中心办理了古浪县范围内全部地块的"不动产权登记证书"，面积约 1600 亩。凉州区农业农村局给这部分土地上的农民颁发了"土地承包经营权证"。这部分土地权属存在争议。

2018 年 9 月 21 日，接甘肃省农垦集团公司通知，要求对黄羊河集团公司土地办理授权经营。一是要求办理授权经营相关手续。按照国家和省级主管单位办理授权经营有关规定，加快办理授权经营相关手续。以不动产登记要求为出发点，对黄羊河集团公司权属界线土地进行重新测绘，换发不动产权证到黄羊河集团公司，同时土地使用权人由黄羊河集团公司变更为甘肃省农垦集团公司，土地性质变更为授权经营。二是要求加快换发证工作。积极沟通凉州区国土资源局，对黄羊河集团公司权属界限无争议土地进行换发证，有争议土地暂时搁置，争议地界保留在前期发证的证书中，待争议解决后再继续完成换证工作。

2018 年 9 月 25 日，黄羊河集团公司董事会决定，指定副总经理王宗全负责，黄羊河集团公司国土资源所配合办理公司土地授权经营相关手续。

2018 年 9 月底，根据甘肃省农垦集团公司土地确权相关工作安排，黄羊河集团公司委托甘肃寰宇数字遥感信息有限公司对黄羊河集团公司所属区域权属界线及区域内地类分布情况进行了专项调查测绘。此次调查测绘以当时权属为基础，通过内外业核实、实地调查，完成界线核实工作，并签订界线协议书。但吴家井镇四方墩村、新建村和长城镇前营村拒签土地权属界线协议书，其理由为村民在黄羊河集团公司权属范围内耕种的土地已耕种了多年，并办理了"土地承包经营权证"。本次调查统计，黄羊河集团公司需办理不动产的宗地约7宗，办理面积为351709.9平方米。

2018年10月25日，黄羊河集团公司积极向古浪县国土资源局、武威市国土资源局、武威市民政局报告，申请协调古浪县国土资源局办理黄羊河集团公司国有土地授权经营不动产证。

2019年10月，黄羊河集团公司就该土地权属争议一事起诉至凉州区人民法院，经法院到凉州区农业农村局调查，颁发给古浪县村民的"土地承包经营权证"与黄羊河集团公司"国有土地使用证"重叠。因黄羊河集团公司持有的"国有土地使用证"在先，并有明确的土地权属界线协议书，凉州区农业农村局颁发给农民的"土地承包经营权证"属重复发证。

2019年12月23日，黄羊河集团公司书面向凉州区人民政府报告，申请撤销在黄羊河集团公司土地权属内颁发的"土地承包经营权证"。

另外，2015年，由于干塘至武威南铁路二线建设项目，铁路沿线回收铁路既有用地515.56亩。2018年黄羊河集团公司开展换发"不动产权登记证书"工作，同时兰州铁路局也在进行此项工作，在此过程中，双方作为相邻宗地，对接后发现双方所持有的"国有土地使用证"的土地权属中有3451亩重合。兰州铁路局的"国有土地使用证"是1993年颁发的；黄羊河集团公司的"国有土地使用证"是1998年武威市颁发，2002年甘肃省人民政府换发的。黄羊河集团公司先后多次与兰州铁路局对接，协商按照黄羊河集团公司耕地现状界线及2015年铁路北干武二线回收地界线划定与铁路的权属界线，但未达成一致意见。

2021年，黄羊河集团公司遵照甘肃省农垦集团公司《关于上报土地清查相关问题整改落实情况的通知》精神，本着"尊重历史、正视现实"的宗旨，先行办理无争议土地的"不动产权证登记证"。

截至2022年12月，黄羊河集团公司在凉州区不动产登记中心办理"不动产权登记证书"1宗，地块面积为527.56亩，属四分场十一队种植管理，该地块北至王景寨八队耕地、东至北京鼎太有限责任公司、南至福泉村耕地、西至王景寨八队村落。黄羊河集团公司与古浪县的土地权属争议问题仍未解决，其他宗地尚未办理"不动产权登记证书"。

第二章　建制　体制

2013 年，黄羊河集团公司以股权转让形式，改制成为甘肃省农垦集团公司全资子公司。公司住所：甘肃省武威市黄羊镇新河街 1 号。注册资本：人民币 1 亿元整。经营范围：农业，农副产品、机电产品（不含小汽车）、建筑材料、包装材料的批发、零售。

第一节　建制沿革

一、隶属关系

2013 年，黄羊河集团公司隶属于甘肃省农垦集团公司，截至 2022 年底，隶属关系再未发生变化。

二、机构沿革

（一）机关职能部门沿革

2012 年，黄羊河集团公司机关职能部门有：综合管理办公室、审计监察部、人力资源部、财务资产部、农业管理部、工业管理部、项目开发部、国土资源所、政策研究室、社会事业工作部。

2013 年，设立黄羊河集团公司企业技术中心办公室。政策研究室继续存在。

2014 年，撤销政策研究室，设立黄羊河集团公司医保中心。黄羊河集团公司机关设置综合管理办公室、审计监察部、人力资源部、财务资产部、农业管理部、工业管理部、项目开发部、国土资源所、社会事业工作部、企业技术中心、医保中心等职能管理部门。

2015 年 4 月 9 日，撤销黄羊河集团公司医保中心。

2016 年，黄羊河集团公司机关增设信访办公室，其他内部单位等机构未变。

2017 年 2 月 28 日，设立党委办公室、总经理办公室，撤销综合管理办公室。

2018 年 2 月 28 日，撤销工业管理部、农业管理部，设立企业管理部（内设企业技术中心办公室）。

2019年3月22日，设立黄羊河集团公司内部保安部，隶属总经理办公室管理。

2020年3月9日，黄羊河集团公司撤销内部保安部。结合甘肃省农垦集团公司部室设置，对黄羊河集团公司机关部室进行了调整。设党委办公室（与董事会办公室、经理办公室合署办公）、党群工作部（与人力资源部合署办公）、纪检监查部（与审计部、信访办公室合署办公）、项目开发部（与国土资源所合署办公）、企业管理部（下设企业技术中心）、财务资产部、社会事业工作部。共计大科室7个，总体科室14个。

2020年6月11日，根据《关于农垦所属企业纪检监察内设机构统一更名的通知》（甘垦集团党发〔2020〕74号）要求，黄羊河集团公司召开党委会议研究决定，撤销纪检监查部。设立纪委办公室，在甘肃省农垦集团公司纪委、监察专员办公室和集团公司党委领导下开展工作，主要职责为纪律检查、纪委日常业务及甘肃省农垦集团公司纪委、监察专员办公室和集团公司党委、纪委安排的其他工作。机关大部室7个，分别为党委办公室、纪委办公室、党群工作部、企业管理部、财务资产部、项目开发部、社会事业工作部。2020年8月，随着企业办社会职能移交，黄羊河集团公司撤销社会事业工作部。

2021年8月3日，成立行政管理办公室。

2022年4月26日，集团公司党委对机关部室设置及工作职责进一步调整优化，成立组织人事部，撤销人力资源部、党群工作部。机关部室分为：党委办公室、组织人事部、纪委办公室（审计部、信访办公室）、项目开发部（国土资源所）、企业管理部（下设企业技术中心）、财务资产部、行政管理办公室。共计大科室7个，总体科室11个。

（二）下属单位沿革

2013年初，黄羊河集团公司下辖以下单位：农业一分场（辖五队、牧场）、二分场（辖一队、二队、三队、四队）、三分场（辖六队、八队）、四分场（辖九队、十一队、十三队）、五分场（辖十队、牧场）、良种场（辖七队、良种队）、果品公司（辖园艺一队、园艺二队、园艺三队、园艺四队、园艺五队、园艺六队）、食品公司、种业公司、麦芽公司、蔬菜公司、亚麻公司、甘肃武威黄羊河亚麻有限责任公司（简称武威黄羊河亚麻公司）、商贸公司、节水材料公司、物流公司、建材公司、工程建筑公司、水电站（辖水管所、新华变电所、新河变电所）、打井队、农机合作社、黄羊河宾馆（招待所）、职工医院、派出所。

2014年，果品公司增设园艺七队、八队。

2014年，撤销打井队建制。

2015年，设立黄羊河集团公司养殖合作社。

2016 年 12 月，工商注销亚麻公司。

2017 年 2 月 28 日，撤销建材公司。

2017 年 3 月，工商注销麦芽公司。

2018 年 8 月 30 日，职工医院移交凉州区卫生和计划生育局。

2018 年，果品公司园艺八队与园艺一队合并，下辖单位调整为园艺一队、园艺二队、园艺三队、园艺四队、园艺五队、园艺六队、园艺七队。

2018 年，商贸公司整体并入节水材料公司。

2018 年，黄羊河宾馆（招待所）实行个人承包经营。

2018 年，黄羊河集团公司养殖合作社转为养殖户个体管理的专业合作社。

2019 年 3 月 22 日，撤销工程建筑公司、派出所单位建制。

2019 年 5 月 30 日，果品公司精简机构，原园艺一队和园艺七队合并，组建园艺一队；原园艺二队和园艺四队合并，组建园艺二队；园艺三队未调整；原园艺五队和园艺六队合并，组建园艺四队。

2019 年 7 月，果品公司更名为园艺场，下辖单位为园艺一队、园艺二队、园艺三队、园艺四队。

2020 年 3 月 9 日，设立马铃薯事业部。

2020 年 10 月，种业公司整体被甘肃亚盛种业有限责任公司收购。

2020 年 12 月，武威黄羊河亚麻公司完成工商注销。

2020 年，热力站移交黄羊河街道办事处管理。

2021 年 1 月，武威农业公司划入黄羊河集团公司。

2021 年 1 月，甘肃武威水泵厂划入黄羊河集团公司。

2022 年 5 月，甘肃武威水泵厂更名为甘肃武威腾利机械制造有限责任公司（简称腾利公司）。

2022 年 12 月，黄羊河集团公司下辖单位有：农业一分场（辖五队、牧场）、二分场（辖一队、二队、三队、四队）、三分场（辖六队、八队）、四分场（辖九队、十一队、十三队）、五分场（辖十队、牧场）、良种场（辖七队、良种队）、园艺场（辖园艺一队、园艺二队、园艺三队、园艺四队）、食品公司、蔬菜公司、水电站、农机合作社、节水材料公司、物流公司、马铃薯事业部、武威农业公司、腾利公司。

（三）常设委员会沿革

2013 年，黄羊河集团公司常设委员会和领导小组有：企业发展战略委员会、企业财经审计委员会、企业薪酬与考核委员会、企业人才提名委员会、企业品牌战略管理委员会、企业诚信建设活动领导小组、特种药材管理领导小组、安全生产管理委员会、社会治安综合治理委员会、绿化委员会、妇女委员会、技术进步委员会、企业应急维稳领导小组、工程招投标领导小组、工程质量监督管理领导小组、工程验收领导小组、保密领导小组、黄羊河国家安全小组、专业技术职务考核推荐领导小组及各专业技术考评小组。

2017年，黄羊河集团公司常设委员会和领导小组有：企业品牌战略管理委员会、企业诚信建设活动领导小组、安全生产管理委员会、社会治安综合治理委员会、绿化委员会、妇女工作领导小组、技术进步委员会、企业应急维稳领导小组、工程招投标及质量管理领导小组、工程验收领导小组、保密领导小组、黄羊河国家安全小组、专业技术职务考核推荐领导小组及各专业技术考评小组。

2019—2021年，黄羊河集团公司常设委员会和领导小组有：董事会专门委员会（下设战略委员会、提名委员会、薪酬与考核委员会、审计与风险控制委员会）、企业品牌战略管理领导小组、安全生产管理委员会、社会治安综合治理委员会、绿化委员会、妇女工作领导小组、企业应急维稳领导小组、工程招投标及质量管理领导小组、工程验收领导小组、环境综合治理领导小组、保密工作领导小组、年度薪酬考核领导小组、专业技术职务考核推荐领导小组及各专业技术考评小组。

2022年，黄羊河集团公司常设委员会和领导小组有：董事会专门委员会（下设战略投资委员会、提名委员会、薪酬与考核委员会、审计委员会）、改革领导小组、宣传思想和意识形态工作领导小组、企业品牌战略管理领导小组、安全生产管理委员会、社会治安综合治理委员会、绿化委员会、劳动争议调解委员会、联合监督委员会、违规经营投资责任追究工作领导小组、妇女工作领导小组、企业应急维稳领导小组、工程招投标及质量管理领导小组、工程验收领导小组、环境综合治理领导小组、年度薪酬考核领导小组、保密领导小组、专业技术职务考核推荐领导小组及各专业技术考评小组。

（四）对外参股单位沿革

1994年，黄羊河实业公司对外参股单位为甘肃武港食品有限责任公司。

1997—2002年，黄羊河实业公司对外参股单位有兰州啤酒［后兰州啤酒并入青岛啤酒，更名为青岛啤酒（甘肃）有限责任公司］、甘肃武港食品有限责任公司、啤酒花颗粒加工厂、苏武山酿造葡萄种植场。

2004年以来，黄羊河集团公司对外参股单位有甘肃莫高实业发展股份有限公司、青岛啤酒（甘肃）农垦股份有限公司、甘肃武港食品有限公司。

第二节 体制改革

一、领导体制改革

(一)现代企业法人治理结构

2006年12月—2013年8月,黄羊河集团公司为国有控股的有限责任公司,建立了股东会、董事会、监事会、经理层相互制衡的法人治理结构,按现代企业制度运行。

2013年9月,黄羊河集团公司改制为甘肃省农垦集团公司全资子公司,不设股东会,由出资人依法单独行使职权。甘肃省农垦集团公司为黄羊河集团公司出资人,依照《公司法》《企业国有资产法》等法律法规,对公司依法享有资产收益、参与重大决策和选择管理者等出资人权利,依照法律、行政法规以及公司章程履行出资人职责,保障出资人权益,依法规范行权履责,防止国有资产损失。

董事会是公司的决策机构,对出资人负责,并向其报告工作,维护公司和出资人的利益,负责公司发展目标和重大经营活动的决策。

监事会是公司的监督机构,对公司财务、战略规划、经营管理情况等进行监督检查,对公司重大风险、重大问题提出预警和报告。

经理层是公司的执行机构,实行总经理负责制,总经理负责落实董事会决议,完成其年度、任期经营业绩考核指标和公司经营计划。

2018年10月9日,经甘肃省农垦集团公司批复同意,黄羊河集团公司对章程进行了修订。本次章程修订,实现党建入章。规定:把加强党的领导和完善公司治理统一起来,建设中国特色现代国有企业制度。集团公司党委发挥领导核心和政治核心作用,围绕把方向、管大局、保落实开展工作。保证监督党和国家的方针、政策在本公司的贯彻执行,确保坚持正确的改革发展方向;在大局下行动,议大事、抓重点,加强集体领导,推进科学决策,支持出资人、董事会、监事会和总经理依法行使职权,推动公司全面履行经济责任、政治责任、社会责任;全心全意依靠工人阶级,支持职工代表大会开展工作;加强党组织自身建设,管干部聚人才、建班子带队伍、抓基层打基础,领导公司思想政治工作、精神文明建设和工会、共青团、妇委会等群众组织并发挥其作用,凝心聚力完成公司中心工作。

2022年12月,黄羊河集团公司党委会由8人构成,董事会成员7人,监事会成员3人,经理层成员6人。2013—2022年黄羊河集团公司法人治理结构情况见表1-2-1。

表 1-2-1　2013—2022 年黄羊河集团公司法人治理结构变更情况统计表

时间	董事会	监事会	经理层
2013 年	李宗文（董事长）、李大宏、李金明、王宗全、李昌、马金义、安霞	李松山、高长策	吴伯成、马金义、王宗全、冯国强、黄斌
2014 年	杨树军（董事长）、何宗仁、杨英才、张金虎、李开斌、魏国斌、毕晋、李宗文、吴伯成	李金有、李大宏、王凤鸣、安霞	吴伯成、马金义、李昌、王宗全、冯国强、黄斌
2015 年	杨树军（董事长）、何宗仁、杨英才、张金虎、李开斌、魏国斌、毕晋、李宗文、吴伯成	李金有、王凤鸣、王生兴	吴伯成、马金义、王宗全、冯国强、南永胜
2016 年	杨轩（董事长）、李有宝、王鑑、马金义、王宗全、冯国强、任伟	李昌、王凤鸣、王生兴	马金义、王宗全、冯国强、南永胜、任伟
2017 年	李国忠（董事长）、慕自发、王宗全、马金义、冯国强、郭珉、李有宝、王鑑	李昌、王凤鸣、王生兴	马金义、王宗全、冯国强、南永胜、任伟
2018 年	李国忠（董事长）、慕自发、王宗全、马金义、冯国强、郭珉、李有宝、王鑑	李昌、王凤鸣、王生兴、施忠年	马金义、王宗全、冯国强、南永胜
2019 年	李国忠（董事长）、慕自发、王宗全、马金义、冯国强、李有宝、王鑑	王凤鸣、王生兴、施忠年	马金义、王宗全、冯国强、南永胜
2020 年	李国忠（董事长）、马金义、慕自发、李有宝、王鑑、王宗全、冯国强	王凤鸣（主席）、王生兴、施忠年、李文盛	马金义、王宗全、冯国强、南永胜、王开虎
2021 年	李国忠（董事长）、王宗全、慕自发、李有宝、王鑑、冯国强	牟访（主席）、施忠年、李文盛	王宗全、冯国强、南永胜、王生兴、王开虎
2022 年 9 月	李国忠（董事长）、王宗全、李有宝、王鑑、黄斌、陈胜利、张连忠、张廷彦	慕自发（主席）、李金浩、王小亮	王宗全、南永胜、王生兴、王开虎、施忠年、于志辉
2022 年 12 月	李国忠（董事长）、王宗全、李有宝、陈胜利、董治军、候海彬、张廷彦	慕自发（主席）、李金浩、王小亮	王宗全、南永胜、王生兴、王开虎、施忠年、于志辉

（二）"三重一大"议办事程序

"三重一大"是指重大决策、重要人事任免、重大项目安排和大额度资金使用。

2013 年 7 月 15 日，根据《中国共产党章程》《党政领导干部选拔任用工作条例》《甘肃省农垦集团有限责任公司关于重大事项请示报告的管理办法》等规定，修订了《甘肃黄羊河集团公司"三重一大"议事规则实施细则》。

重大决策主要是：贯彻落实公司重大决策部署的方案、举措等事关全局的重要事项，集团公司发展规划、经营方针、年度计划和财务预决算，涉及金额在 50 万元以上的合资合作方案，各种贷款、借款、担保及重大融资方案，涉及员工切身利益的重大问题，领导班子分工、机构调整、集团内部重大事件的应对方案。

重要人事任免主要是：集团公司队级以上干部的任免，对违反党纪政纪的队级以上党员干部的处理意见。

重大项目安排主要是：年度经费预算及需追加的经费开支，经批准的年度单位预算在执行中的重大变动事项，10 万元以上的生产性开支或 5 万元以上的非生产性开支等相关事项。

大额度资金使用主要是：固定资产及重要资产的购置，已经预算列支的 50 万元以上的资金调度（或开支），非预算资金 5 万元以上的调度（或开支），对外借出款 2 万元以上（含 2 万元）。

"三重一大"决策的原则：坚持个别酝酿、集体讨论、民主集中、会议决定的原则，由集体作出决定。"三重一大"事项按议事内容确定会议形式。涉及重大人事问题需提交党委会集体讨论。涉及重大决策、重大项目、大额度资金使用者需提交董事会集体讨论。

2017 年，修订完善了《甘肃黄羊河集团公司"三重一大"议事规则实施细则》，明确了"三重一大"事项议办事程序。在重大事项议事决策方面提出，凡属于"三重一大"的事项，全部实行党委会前置研究，通过后再按管理权限，提交董事会或经理层议定后执行，需要甘肃省农垦集团公司报批的事项经报批同意后方可实施。

2018 年 10 月 9 日，黄羊河集团公司章程修订时，同步报批执行的有：《甘肃黄羊河农工商（集团）有限责任公司党委会议事规则（试行）》《甘肃黄羊河农工商（集团）有限责任公司董事会议事规则》《甘肃黄羊河农工商（集团）有限责任公司监事会议事规则》《甘肃黄羊河农工商（集团）有限责任公司经理层工作规则》。

2020 年 7 月 8 日，出台《甘肃黄羊河集团公司贯彻落实"三重一大"决策制度监督检查办法》，推动集团公司重大决策事项、重要人事任免、重大项目安排和大额度资金使用决策制度的贯彻落实，强化决策执行情况的监督检查，增强监督检查的针对性，促进集团公司规范决策行为。

2021 年 12 月 20 日，为加快实施国企改革三年行动，完善中国特色现代企业制度，发挥董事会"定战略、做决策、防风险"作用，黄羊河集团公司制定了《甘肃黄羊河集团公司落实董事会职权实施方案》。成立甘肃黄羊河集团公司董事会职权落实领导小组，由公司党委书记、董事长任领导小组组长，成员为公司领导班子成员、董事会秘书和人力资源部、项目开发部、财务资产部、企业管理部负责人。明确细化了董事会的中长期发展决策权、经理层成员选聘权、经理层成员业绩考核权、经理层成员薪酬管理权、职工工资分配管理权、重大财务事项管理权六大职权，通过规范董事会建设推进公司建立健全法人治理结构，发挥董事会在公司重大决策和选聘、激励、约束管理人员等方面的作用。

2021 年 12 月 31 日，黄羊河集团公司结合公司章程，制定了黄羊河集团公司"三重一大"决策事项清单（试行）和黄羊河集团公司党委会、董事会、监事会、经理层职权清单（试行），进一步明晰了"三会一层"在企业法人治理结构中的责权。

二、经营体制改革

（一）集团公司股权改制

甘肃黄羊河集团公司于 2006 年进行了企业改制，为工商行政管理局注册登记的有限责任公司，注册资本 1 亿元。股本结构为：甘肃农垦特药集团有限公司持股 59.4%，甘肃省黄羊河农场持股 30%，王宗全、李昌、马继、王威和、马金义、王生兴、丁贵生、冯国强、殷乐成、焦发源、李金明、蒋永祥、汪海洋、张爱、陈学艺、李华斌、高长智、高鑫基等 18 名自然人持股 10.6%。

2005 年，国务院国资委《关于进一步规范国有企业改制工作的实施意见》（国办发〔2005〕60 号）规定，改制为国有控股企业的，改制后企业继续履行改制前企业与留用的职工签订的劳动合同，原企业不得向继续留用的职工支付经济补偿金。

2013 年 9 月 5 日，甘肃省农垦集团公司召开董事会，根据国务院国资委《关于进一步规范国有企业改制工作的实施意见》（国办发〔2005〕60 号）规定及黄羊河集团公司《关于上报甘肃黄羊河农工商（集团）有限责任公司改制涉及职工股问题处置的请示》，结合甘肃省农垦集团公司发展需要，经研究，同意由甘肃省农垦集团公司以 0 元价格受让黄羊河集团公司其他 18 名个人股东合计持有的 10.6% 股权，同时将甘肃农垦特药集团有限公司和甘肃省黄羊河农场分别持有的黄羊河集团公司 59.4% 股权和 30% 股权无偿划转给甘肃省农垦集团公司。2013 年 9 月，18 名自然人自愿将个人所持股份以 0 元的价格转让给甘肃省农垦集团公司，并签订股份转让协议。自此黄羊河集团整体改制为国有独资的有限责任公司。黄羊河集团公司以实物（土地使用权）方式出资，注册资本 1 亿元，董事长为公司法定代表人。

（二）集团公司经营体制

2013 年以来，黄羊河集团公司采取董事会领导下的总经理负责制。总经理行使下列职权：主持公司的生产经营管理工作，组织实施董事会决议，并向董事会报告工作；拟订公司中长期发展规划、重大投资项目方案，拟订公司年度生产经营计划、年度财务预决算方案，拟订公司税后利润分配方案、弥补亏损方案；拟订公司改革、重组方案，增加或减少注册资本方案，重大融资和风险管控方案；拟订公司内部经营管理机构设置方案，拟订公司员工工资方案和奖惩方案、年度用工计划方案；组织实施公司年度生产经营计划和投资方案，拟订公司的基本管理制度；根据甘肃省农垦集团公司任免建议，提请董事会聘任或者解聘公司副经理及其他高管人员；决定聘任或者解聘除应由董事会决定聘任或者解聘以外的管理人员；按照甘肃省农垦集团公司有关规定，在董事会授权的额度内，决定公司贷款、担保、资产处置、固定资产购置等事项；对经董事会审定的预算内资金调度和支出进行审批；根据董事授权，代表公司对外洽谈、处理重要业务、签署合同和协议；签发日常行政、业务等文件，公司章程或董事会授予的其他职权。

2021年4月初，为深入贯彻落实甘肃省委、省政府、省政府国资委关于推行国有企业经理层成员任期制和契约化管理、建立职业经理人制度的决策部署，指导农垦各级企业全面推进相关工作，甘肃省农垦集团公司党委下发了《甘肃农垦集团关于推行经理层成员任期制和契约化管理实施方案》《甘肃农垦集团关于推行经理层成员任期制和契约化管理的实施意见》《甘肃农垦集团关于推行职业经理人制度的实施意见》，要求甘肃省农垦集团公司所属各企业党组织进一步明确工作职责，健全工作机制和督促考核机制，确保高质量完成经理层任期制和契约化管理目标任务。

2021年4月15日，黄羊河集团公司制定《甘肃黄羊河集团公司经理层成员任期制和契约化管理工作方案》，在黄羊河集团公司及所属子公司开始执行经理层成员任期制和契约化管理。

《甘肃黄羊河集团公司经理层成员任期制和契约化管理工作方案》由指导思想、基本原则、工作目标、权限职责、实施范围、实施方式、任期期限、岗位职责、权利义务、契约管理、考核管理、薪酬管理和兑现、退出管理、监督管理、工作要求等内容构成。实施范围包括集团公司总经理、副总经理，各子公司经理、副经理，以及公司章程规定的由董事会（未建立董事会的由集团公司授权企业执行董事）聘任的其他高级经营管理人员（不含出资人委派的集团公司财务总监和各子公司会计）。实施方式以固定任期和契约关系为基础，由董事会或未设董事会的控股股东根据合同或协议约定开展年度和任期考核，并根据考核结果兑现薪酬和实施聘任（或解聘）管理。

经理层成员的任期期限由公司董事会（或未设董事会的控股股东）确定，一般为3年。签订契约情况为：由董事会（授权执行董事）与现有经理层成员签订岗位聘任协议和经营业绩责任书（年度和任期），依法依规建立契约关系。新聘任的经理层成员，不论是组织考察提名的，还是市场化选聘的，都须在履行决策审批程序后，由董事会与新聘任的经理层成员签订岗位聘任协议和经营业绩责任书（年度和任期）。一般董事会授权董事长与总经理（经理）签订协议，董事会可以授权总经理（经理）与其他经理层成员签订协议。未建立董事会的，设执行董事，且执行董事与总经理（经理）分设的，由执行董事确定相关签约程序并组织实施；执行董事与总经理（经理）由一人担任的，由集团公司与总经理（经理）签订年度和任期经营业绩责任书，授权总经理（经理）与其他经理层成员签订年度和任期经营业绩责任书。

经理层成员薪酬按照"业绩与薪酬双对标"原则，根据行业特点、企业发展战略目标、经营业绩、市场同类可比人员薪酬水平等因素确定。薪酬结构包括基本年薪、绩效年薪、任期激励等。年终按签订的经理层成员经营业绩目标责任书对经理层成员进行考核后，经理层成员可享受对应年薪。

2021年4月15日，黄羊河集团公司完成集团公司及所属子公司食品公司、节水材料公司、蔬菜公司、武威农业公司、物流公司、农机合作社等6家单位经理层聘任，共有对应单位经理层成员25人（其中集团公司4人）依照黄羊河集团公司经理层成员聘任协议和经营业绩目标责任书签订程序和方式同步完成本单位经理层成员聘任协议和经营业绩目标责任书（年度和任期）签订落实工作。

2021年，依照甘肃省农垦集团公司推进市场化选聘和现代国有企业制度相适应的职业经理人要求，黄羊河集团公司在食品公司内实行市场化选聘职业经理人工作。食品公司制定了《甘肃黄羊河集团食品有限责任公司市场化选聘职业经理人实施方案》，该实施方案由总体思路、遵循原则、适用范围、权限职责、职数和任期、条件及资格、选任方式及程序、契约化管理、考核评价、考核实施、退出机制等内容组成，并在报请黄羊河集团公司审核后实施。

按照《甘肃黄羊河集团食品有限责任公司市场化选聘职业经理人实施方案》，食品公司对其职业经理人进行市场化选聘，王亮为食品公司第一位职业经理人（营销总监）。市场化选聘的职业经理人纳入经理层契约化管理，实行目标管理，参与企业经营管理。

2022年，黄羊河集团公司经理层成员任期制和契约化管理工作纳入常态化管理范围。年初根据经理层成员调整情况，签订聘任协议和经理层成员经营业绩目标责任书，年终对标进行考核兑现。2022年集团公司及所属子公司食品公司、节水材料公司、蔬菜公司、武威农业公司、物流公司、农机合作社等6家单位经理层成员22人（其中集团公司6人）纳入契约化管理。

（三）二级单位股权经营与改革

2013年初，黄羊河集团公司所属的二级股份制单位有11家：麦芽公司、食品公司、武威黄羊河亚麻公司、亚麻公司、种业公司、商贸公司、蔬菜公司、物流公司、建材公司、节水材料公司、农机合作社。

2013—2014年，二级股份制企业按经营情况，法人股和自然人股按同股同利原则每年进行分红，比例0～20％不等。

2018年4月17日，经报请甘肃省农垦集团公司批复，同意黄羊河集团公司所属部分二级参股企业进行股权调整和产业整合。黄羊河集团公司与甘肃省农垦集团公司财务部联系，按程序开展了资产审计评估，报甘肃省农垦集团公司备案后，按"一企一策"的原则制订改制方案；报甘肃省农垦集团公司审批后，进行了股权调整和产业整合。

麦芽公司成立于 1996 年 3 月，注册资本 1624.23 万元，其中集团公司法人股占 30％、职工个人股占 70％。黄羊河集团公司于 2015 年 12 月将自然人股东出资按每股 0.816 元以现金方式进行收购。收购后麦芽公司为黄羊河集团公司全资子公司，2017 年 3 月完成工商注销。

食品公司成立于 1999 年 5 月，注册资本 52.6 万元。后经增资扩股，2010 年 10 月注册资本扩大至 2000 万元，其中集团公司持股 30％、职工个人持股 70％。2019 年 11 月 10 日，黄羊河集团公司与食品公司签订债转股协议，将 1.1 亿元的债转为股份，食品公司资本由 2000 万元增加到 1.3 亿元。完成转股后黄羊河集团公司占比 89.23％。

武威黄羊河亚麻公司成立于 2001 年 5 月，主要经营亚麻的生产和销售以及麻副产品。2001 年，股本总额 100 万元，其中黄羊河集团公司股份占 70％、甘肃省爱雅纺织有限责任公司（简称爱雅公司）股份占 30％。2008 年，注册资本增至 130 万元，其中：甘肃黄羊河集团公司出资 100 万元，持股比例 76.9％；甘肃省爱雅纺织有限责任公司以货币和实物出资 30 万元，持股比例 23.1％。2018 年，武威黄羊河亚麻公司被甘肃省农垦集团公司列为"僵尸企业"进行了处置。

亚麻公司成立于 2004 年，注册资本 429 万元，其中：集团公司法人股 215.8 万元，占 50.3％；职工个人股 213.2 万元，占 49.7％。2015 年 11 月，亚麻公司完成解散、清算。

种业公司成立于 2003 年 8 月，注册资本 500 万元，其中集团公司股权占 51％、职工股权占 49％，主要经营玉米杂交种的生产、销售，主要农作物种子的批发、零售，属于化学危险品的农药销售。2013 年，种业公司注册资本增至 8100 万元。2014 年 12 月，集团公司收购部分自然人股权后，黄羊河集团公司占比 83.38％，自然人占比 16.62％。2020 年 10 月，甘肃农垦种业类资产整合重组，种业公司法人股、自然人股全部由甘肃亚盛种业有限责任公司收购。

商贸公司成立于 2003 年 1 月，注册资本 60 万元，其中集团公司投资持股 20 万元、职工出资入股 40 万元。2013 年 6 月商贸公司注册资本增至 70 万元，其中：甘肃黄羊河集团公司出资 21 万元，持股比例 30％；自然人出资 49 万元，持股比例 70％。因与节水材料公司主业相同，2018 年，黄羊河集团公司通过股权收购方式，按每股 1∶1 的比例，全额收购了商贸公司自然人股份，后将商贸公司业务并入节水材料公司，进行工商注销。

蔬菜公司成立于 2006 年 10 月，注册资本 210 万元，其中：集团公司投资入股 63 万元，占 30％；集团公司内部员工入股 147 万元，占 70％。2011 年蔬菜公司注册资本增至 300 万元，其中：黄羊河集团公司出资 90 万元，持股比例 30％；自然人出资 210 万元，持股比例 70％。2019 年 1 月，黄羊河集团公司通过股权收购方式，按 1∶1 的比例，全额收购了蔬菜公司自然人股份，蔬菜公司成为黄羊河集团公司全资子公司。

物流公司成立于 2010 年 3 月，注册资本 50 万元。2012 年初，进一步完善股权结构，其中集团公司法人股占 30％、自然人股占 70％。2022 年 6 月，黄羊河集团公司通过股权收购方式，按每股 1 元的价格，全额收购了物流公司自然人股份。

建材公司成立于 2010 年 5 月，注册资本 70 万元，其中集团公司股权占 30％、内部员工股权占 70％。2015 年 11 月完成解散、清算。

节水材料公司成立于 2012 年 10 月，注册资本 300 万元，其中集团公司持股 30％、集团公司内部职工持股 70％。2013 年 5 月，注册资本增至 500 万元，其中集团公司持股 30％、集团公司内部职工持股 70％。2019 年 5 月，黄羊河集团公司通过股权收购方式，按 1∶1 的比例，全额收购了节水材料公司自然人股份，节水材料公司成为黄羊河集团公司全资子公司。

农机合作社成立于 2011 年 6 月，注册资本 200 万元，其中集团公司股权占 30％、经营管理人员个人股权占 70％。2019 年 1 月，农机合作社退还了原自然人所有出资；5 月，完成股权整体变更，农机合作社成为黄羊河集团公司全资子公司。

2021 年 1 月，武威农业公司整建制划入黄羊河集团公司，成为黄羊河全资子公司，注册资本 92.8 元。

2021 年 1 月，甘肃武威水泵厂整建制划入黄羊河集团公司，注册资本 198 万元。2022 年 5 月，甘肃武威水泵厂更名为甘肃武威腾利机械制造有限责任公司。

截至 2022 年 12 月，集团公司所属子公司有食品公司、节水材料公司、蔬菜公司、武威农业公司、物流公司、农机合作社、腾利公司等 7 家。黄羊河集团公司按《公司法》及"三重一大"议办事程序，对子公司进行经营管理。

（四）经营管理者风险抵押制度

2009 年 1 月 1 日起，各级经营管理者（含机关工作人员）按各自不同的岗位缴纳风险金，其标准为：集团公司总经理 50000 元，副总经理（正县级）45000 元，其他副职 36000 元，总经理助理 28000 元，机关职能部门主任 15000 元，副主任 12000 元，主办 11000 元，业务员 10000 元，助理业务员 8000 元，办事员 6000 元。各级经营管理者（含编制内业务人员）按以上标准对应缴纳，独立核算的队级经营管理者按主办标准缴纳。不缴纳者不得参与经营管理。风险金由集团公司统一管理，主要用于未完成经营任务时的罚扣。

2009—2017 年，黄羊河集团公司各级经营管理者（含机关工作人员）只要完成各项经济指标及工作任务后，年终参照企业资本金利润率或银行贷款利率给付利息。2018—2021 年，未给付利息。2022 年 9 月，取消经营管理者风险金制度，各级经营管理者（含机关工作人员）风险金全额退回。

（五）家庭农场承包（租赁）经营制

2013 年以来，黄羊河集团公司在农林单位继续实行家庭农场经营制度，自负盈亏。

2013—2018 年，员工通过承包（租赁）土地的形式，年初按面积、土地类型缴纳土地租赁费。集团公司引导，农业分场具体组织落实订单面积，并负责农产品收获时产品的管理和上交，由龙头企业支付服务费。

2019 年以来，集团公司进一步强化土地、农资、农产品"三统一"经营。种植内部龙头企业订单的土地，按土地类型正常收取土地承包（租赁）费；不种植内部订单的土地，除收取正常的土地承包（租赁）费外，另行收取滴灌设施使用等设施资源费，每亩300～500 元。

中国农垦农场志丛

第二编

经　济

中国农垦农场志丛

第一章　经济总情况

2013—2016 年，集团公司坚持"特色农业，持续发展"八字方针和"5643"发展战略，按照"五化"发展模式，实施"六大"战略，以建设"四个示范区"为重点，以争创"三个典范"为目标，精心打造"龙"型经济，走出了一条"以市场为导向，加工为龙头，农业为基础"的农业产业化经营之路。营业收入从 2013 年的 3.23 亿元增至 2016 年的 4.25 亿元，增加 1.02 亿元，增长 31.58％。2013 年，实现利润总额 2831 万元。2014—2016 年，利润总额保持在 1000 万元左右。

2017 年，因集团公司层面放松了对订单种植和农产品统一经营的引导和管理，致使大宗作物订单面积大幅缩减，对外无序放开种植造成耕地掠夺性生产，多年形成的产业化、集约化、组织化、规模化经营模式受到严重冲击，导致企业经济效益大幅下滑，当年亏损 2449 万元。

2018 年，新一届领导班子提出并坚持"134"发展战略，深化体制机制改革，强化"三统一"经营管理，凝心聚力，实现企业恢复性发展。

2018—2020 年，集团公司累计实现营业收入 17.35 亿元，利润总额较 2017 年减亏增盈 7250 万元。2018 年，实现利润总额 215 万元，较 2017 年减亏增盈 2664 万元，较计划提前一年实现扭亏为盈。2019 年，实现利润总额 1268 万元，较 2018 年增加 489.8％，较计划提前一年实现千万元利润指标。2020 年，实现利润总额 3318 万元，较 2019 年增加 161.7％。2018—2020 年，三年累计利润总额达 4801 万元。

2021 年起，集团公司将"134"发展战略调整为"1＋3＋N"发展战略，推进企业高质量发展。2021 年，实现营业收入 6.86 亿元，利润总额 4196 万元、较 2020 年增加 26.5％。2022 年，实现营业收入 7.55 亿元，利润总额 7151 万元，达到了 10 年来的最高水平。

第一节　战略定位

2013—2022 年，集团公司先后施行两大发展战略，分别为"5643"发展战略和"134"（"1＋3＋N"）发展战略。

一、"5643"发展战略

2013年1月30日，在黄羊河集团公司八届三次职工代表大会上，总经理吴伯成所作的题为《紧扣目标定位　加快跨越发展》的经济工作报告中提出"5643"的企业发展战略，即：坚持"五化"模式（经营方式产业化、组织形式股份化、生活方式城镇化、企业文化个性化、生态环境良性化），实施"六大"战略（科技兴企、人才强企、品牌助企、诚信立企、文化塑企、项目带企），培育"四个示范区"（全国现代农业建设示范区、国家级生态农业休闲旅游区、省级特色农产品加工集散物流示范区、武威市高效节水生态循环农业示范区），争创"三个典范"（区域经济社会发展中农业产业化、现代农业、城镇化建设）。

2013—2017年，黄羊河集团公司坚持"5643"发展战略，组织开展经济建设。

二、"134"发展战略

2018年3月16日，在黄羊河集团公司十届一次职工代表大会上，董事长、总经理李国忠所作的题为《凝心聚力　改革创新　促进企业恢复性发展》的经济工作报告中提出，以深化企业管理体制机制改革和农业供给侧结构性改革为主线，认真落实高质量发展要求，加快转变农业发展方式，坚持"134"发展战略，即：夯实土地资源基础，加快现代农业建设与发展；落实农资、农机、水电等三个服务保障；靠实制种玉米、蔬菜、甜糯玉米、果品等产业抓手。2018年起，用两年时间实现扭亏为盈，到2020年力争实现千万元利润目标。

2021年，根据甘肃省农垦集团公司产业整合重组带来的新形势和新变化，集团公司将"134"发展战略调整为"1＋3＋N"发展战略，即：夯实土地资源基础，加快现代农业建设与发展；落实农资、农机、水电等三个服务保障；靠实玉米、蔬菜、马铃薯、果品、特药等产业抓手。

第二节　经济发展水平

黄羊河集团公司自2013年以来，先后经历了持续发展、历史性亏损、恢复性发展、高质量发展四个阶段。

一、持续发展时期（2013—2016 年）

在这一时期，集团公司坚持"特色农业，持续发展"八字方针和"5643"发展战略，以龙头加工企业为依托，充分挖掘资源优势，逐步培育形成制种玉米、甜糯玉米、蔬菜、果品等优势特色产业种植与加工链条，坚定不移走农业产业化、现代农业发展之路。种植业、林果业和农产品加工业发展迅速，完成麦芽公司、亚麻公司的清算解散，建材公司清算解散接近尾声。

其间，总种植面积由 2013 年的 7.38 万亩增至 2016 年的 7.74 万亩。2013 年总种植面积达 7.38 万亩，集团公司内部订单占 90.4%。其中：玉米 5.17 万亩，产量 2223 万千克；蔬菜 1.05 万亩，其中辣椒 5213 亩、产量 619 万千克，洋葱 1809 亩、产量 1020 万千克；果园 6150 亩，生产果品 417.68 万千克；其他作物 5470 亩。2013 年实现营业收入 3.23 亿元、较 2012 年增长 22.4%，利润总额 2831 万元、较 2012 年增长 151%，职均收入 3.75 万元、较 2012 年增长 25%。

至 2016 年，总种植面积达 7.74 万亩、较 2013 年增长 4.8%，集团公司内部订单占 62%、较 2013 年下降 31.4%。其中：玉米 3.91 万亩、较 2013 年下降 24.4%，产量 2887 万千克、较 2013 年增长 29.9%；蔬菜 1.32 万亩，较 2013 年增长 25.8%，其中辣椒 1582 亩、较 2013 年下降 69.7%，辣椒产量 443 万千克、较 2013 年下降 28.4%，洋葱 2237 亩、较 2013 年增长 23.7%、洋葱产量 1521 万千克、较 2013 年增长 49.1%；果园 5951 亩，生产果品 436.49 万千克；其他作物 1.91 万亩。2016 年实现营业收入 4.25 亿元、较 2013 年增长 31.6%，利润总额 930 万元、较 2013 年下降 67.1%，职均收入 4.23 万元、较 2013 年增长 12.8%。

二、历史性亏损时期（2017 年）

2017 年，总种植面积 8.9 万亩，集团公司内部订单占 51%。其中：玉米 3.06 万亩，产量 2049 万千克；蔬菜 2.1 万亩，其中辣椒 5454 亩、产量 1418 万千克，洋葱 2221 亩、产量 1777 万千克；果园 5524.6 亩，生产果品 399.01 万千克；其他作物 3.19 万亩。2017 年实现营业收入 4.59 亿元，职均收入 4.3 万元，亏损 2449 万元。食品公司、种业公司、蔬菜公司、果品公司 4 个产业化单位中，3 个单位亏损 3060 万元，其中食品公司亏损 1929 万元、种业公司亏损 666 万元、果品公司亏损 465 万元。

三、恢复性发展时期（2018—2020年）

2018年开始，新的领导班子攻坚克难，提出"134"发展战略，以减亏脱困为重点，深化体制机制改革，将主业相同的商贸公司并入节水材料公司，撤销工程建筑公司单位建制，加强生产经营管理。当年黄羊河集团公司实现扭亏为盈。此后的几年，集团公司盈利逐年增加，实现了恢复性发展。

2018年，总种植面积8.82万亩，集团公司内部订单占79%，较2017年增长55%。主要种植作物为：玉米3.85万亩，产量3073万千克；蔬菜2.99万亩，其中辣椒5658亩、产量1476万千克，洋葱2659亩、产量1715万千克，甜菜1万亩、产量5220万千克；果园5515.3亩，生产果品465.7万千克；其他作物1.43万亩。2018年实现营业收入5.05亿元，利润总额215万元，较计划提前一年实现扭亏为盈。在4个产业化单位中，3个实现减亏（增盈）目标。其中：食品公司实现营业收入7609万元，亏损1071万元，较2017年减亏858万元；种业公司实现营业收入6034万元，利润总额544万元，较2017年增盈666万元；蔬菜公司实现营业收入4120万元，利润总额150万元，较2017年增盈119万元。

2019年，是集团公司近年来改革力度最大的一年。集团公司土地实现统一经营全覆盖，总种植面积8.66万亩，内部订单面积占82%，主导作物占总播种面积的92%，各类订单作物产量和效益达到了新高，职工对订单的认可度明显提高。主要种植作物为：玉米4.5万亩，产量4028万千克；蔬菜2.59万亩，其中辣椒7495亩、产量1991万千克，洋葱2013亩、产量1345万千克；果园4554.4亩，生产果品473.65万千克；其他作物1.11万亩。2019年实现营业收入5.66亿元，职均收入4.91万元，利润总额1268万元，较2018年增加1053万元，较计划提前一年实现千万元利润指标。

2020年，是极尽考验的一年。在甘肃省农垦集团公司的坚强领导下，在广大干部职工的共同努力下，战疫情、保生产、强基础、稳保障、促抓手，不断践行初心使命，在攻坚克难中展现责任担当，始终坚持疫情防控和生产经营两手抓、两手硬，持续推进"134"发展战略，取得了新冠疫情有效控制和生产经营成绩卓越的"双胜利"。按照甘肃省农垦集团公司统一部署与安排，完成了种业公司的移交出让。注销武威黄羊河亚麻公司，完成"僵尸企业"的出清处置。成立了马铃薯事业部，为促进公司团队化经营作出实质性探索。以玉米、蔬菜、马铃薯为主的三大产业格局已基本形成，在实现订单种植的同时为作物轮作倒茬和农产品质量提升提供了有力保障。总种植面积8.75万亩，集团公司内部订单占96%。主要种植作物为：玉米4.49万亩，产量4251万千克；蔬菜2.02万亩，其中辣椒

1.12 万亩、产量 1515 万千克，洋葱 1185 亩、产量 770 万千克；马铃薯 1.19 万亩，产量 4565 万千克；果园 3718.5 亩，生产果品 418.33 万千克；其他作物 6746.5 亩。2020 年实现营业收入 6.64 亿元、较 2017 年增长 44.6%，利润 3318 万元、较 2017 年增长 235%，职均收入 5.38 万元、较 2017 年增长 25.1%。

四、高质量发展时期（2021—2022 年）

2021 年起，集团公司审时度势，将"134"发展战略升级为"1＋3＋N"发展战略，推进黄羊河集团公司经济高质量发展。

2021 年 1 月，按照甘肃省农垦集团公司统一部署与安排，武威农业公司整建制划转交由黄羊河集团公司作为其子公司经营管理，原由武威农业公司托管的甘肃武威水泵厂整建制划转交由黄羊河集团公司作为其下属企业管理。

2021 年，总种植面积 8.9 万亩，集团公司内部订单占 82%。主要种植作物为：玉米 3.2 万亩，产量 2973 万千克；蔬菜 2.72 万亩，其中辣椒 1.12 万亩、产量 1751 万千克，洋葱 3157 亩、产量 2241 万千克；马铃薯 1.57 万亩，产量 6501.9 万千克；果园 3403.5 亩，生产果品 456.06 万千克；其他作物 1.07 万亩。2021 年实现营业收入 6.86 亿元、较 2020 年增长 3.3%，利润 4196 万元、较 2020 年增长 26.5%，职均收入 5.78 万元、较 2020 年增长 7.4%。

2022 年，黄羊河集团公司营业收入、利润总额、职均收入创历史新高。总种植面积达 9 万亩，主要种植作物为：玉米 3.02 万亩，产量 2761 万千克；蔬菜 3.3 万亩，其中辣椒 4758 亩、产量 734 万千克，洋葱 8738 亩、产量 6291 万千克；马铃薯 1.7 万亩，产量 6597.4 万千克；果园 2669.3 亩，生产果品 249.58 万千克；其他作物 7086.7 亩。2022 年实现营业收入 7.55 亿元、较 2021 年增长 10%，利润总额 7151 万元、较 2021 年增长 70.4%，职均收入 7.65 万元、较 2021 年增长 32.4%。2013—2022 年集团公司利润总额见表 2-1-1，2013—2022 年各主导产业企业经济效益见表 2-1-2。

表 2-1-1 2013—2022 年集团公司利润总额

年份	利润总额（万元）	年份	利润总额（万元）
2013 年	2830.99	2018 年	214.92
2014 年	1296.91	2019 年	1268.25
2015 年	1023.19	2020 年	3317.99
2016 年	930.09	2021 年	4195.9
2017 年	－2449	2022 年	7151

备注：利润总额中 2013 年、2017 年、2020 年含莫高股份投资收益分别是 141 万元、337.69 万元、111.09 万元。

表 2-1-2　2013—2022 年各主导产业企业经济效益

单位	指标	2013 年	2014 年	2015 年	2016 年	2017 年	2018 年	2019 年	2020 年	2021 年	2022 年
种业公司	营业收入（万元）	14062.44	8267.33	6508.47	7600.15	4358.3	6033.68	4514.07	4887.9		
	利润总额（万元）	2142.42	869.41	606.14	501.33	−665.95	543.64	466.97	266.36		
食品公司	营业收入（万元）	3902.65	6152.59	6259.06	5862.44	6815.79	7609.32	7466.91	7189.11	9463.38	8936.47
	利润总额（万元）	301.21	67.25	−2395.6	−2095.94	−1928.65	−1071.31	−1044.74	194.13	618.38	665.59
蔬菜公司	营业收入（万元）	1777.02	3843.82	3044	2465.41	3974.36	4119.77	6573.7	6329.24	7937.93	3879.62
	利润总额（万元）	43.92	−221.23	−90.96	92.48	30.87	149.61	430.71	−315.51	256.21	733.18
园艺场	营业收入（万元）	1925.63	2965.5	3404.24	3330.16	3134.73	3428.68	3800.29	4500.59	5001.95	5500.95
	利润总额（万元）	60	63	60	−289.7	−465.12	−476.35	11.6	−192.51	47.62	121.53
马铃薯事业部	营业收入（万元）								1736.66	3007.71	4258.95
	利润总额（万元）								684.53	1125.6	1409
武威农业公司	营业收入（万元）									1311.56	2052.55
	利润总额（万元）									208.91	275.59

第三节　产业结构

一、2013—2016 年的产业结构

这一时期，集团公司进一步壮大龙头加工集群，完善优势特色产业发展体系。从现有龙头企业达产达标、资源整合、产业链延伸等方面入手，进一步做强了食品、制种、果蔬等产业，逐步淘汰和转产了麦芽、亚麻、建材产业，新培育了养殖产业。形成了以食品、种业、蔬菜、果品、商贸旅游、养殖业、节水材料 7 个农产品加工贸易企业为龙头的农业产业化经营模式，产业链条不断延伸。2013—2016 年产业结构年平均比例为：第一产业产值占总产值的 37.72％，第二产业产值占总产值的 52.36％，第三产业产值占总产值的 9.92％。在第一产业产值中，种植业年平均占 57.74％，畜牧业年平均占 21.65％，园林业年平均占 20.61％；在第二产业产值中，工业年平均占 98％，建筑业年平均占 12％；在第三产业产值中，流通业年平均占 39.33％，服务业年平均占 60.67％。

二、2017 年的产业结构

2017 年，集团公司产业结构由食品、种业、蔬菜、果品、商贸旅游、养殖业、节水

材料等产业组成。第一产业产值占总产值的 55.28%，第二产业（工业）产值占总产值的 37.41%，第三产业产值占总产值的 7.31%。在第一产业产值中，种植业占 72.17%，畜牧业占 15.48%，园林业占 12.35%；在第三产业产值中，流通业占 34.95%，服务业占 65.05%。

三、2018—2020 年的产业结构

2018 年，集团公司优化调整产业结构，在食品、种业、蔬菜、果品、商贸旅游、肉羊养殖、节水材料等产业结构基础上，发展特色农业经济，培植新的经济增长点，调整经营模式，在二分场种植扦插种苗甜叶菊 500 亩，与甘肃皇台实业制糖有限公司签订种植订单甜菜 1 万亩。第一产业产值占总产值的 53.59%，第二产业（工业）产值占总产值的 40.56%，第三产业产值占总产值的 5.85%。在第一产业产值中，种植业占 70.17%，畜牧业占 17.16%，园林业占 12.67%；在第三产业产值中，流通业占 23.46%，服务业占 76.54%。

2019—2020 年，按照《甘肃黄羊河集团公司推动高质量发展五年（2019—2023 年）行动方案》，加大千万元利润企业达标计划落实，推进一、二、三产业融合发展。优化产业结构布局，打造特色制种、食品、蔬菜、果品四大优势特色主导产业，培育马铃薯产业，农业全面实现订单种植。这一时期产业结构年平均比例为：第一产业产值占总产值的 60.02%，第二产业产值占总产值的 34.88%，第三产业产值占总产值的 5.1%。在第一产业产值中，种植业年平均占 77.55%，畜牧业年平均占 11.2%，园林业年平均占 11.25%；在第三产业产值中，流通业占 20.72%，服务业占 79.28%。

四、2021—2022 年的产业结构

这一时期，种业公司从黄羊河集团公司划出，武威农业公司、甘肃武威水泵厂划入，集团公司通过产业结构调整，形成农业"三统一"经营，由龙头企业带动食品、蔬菜、马铃薯、果品、特药产业融合发展的一、二、三产业化经营模式。2021—2022 年产业结构年平均比例为：第一产业产值占总产值的 66.61%，第二产业产值占总产值的 29.34%，第三产业产值占总产值的 4.05%。在第一产业产值中，种植业年平均占 78.42%，畜牧业年平均占 12.14%，园林业年平均占 9.44%；在第三产业产值中，流通业占 13.35%，服务业占 86.65%。黄羊河集团公司历年营业收入及产业结构情况见表 2-1-3。

表 2-1-3　黄羊河集团公司历年营业收入及产业结构情况

年份	营业总收入（万元）	第一产业					第二产业			第三产业			
		种植业收入（万元）	畜牧业收入（万元）	园林业收入（万元）	合计（万元）	占总收入比例（%）	工业收入（万元）	占总收入比例（%）	流通业收入（万元）	服务业收入（万元）	合计（万元）	占总收入比例（%）
2013 年	32285.88	2964.33	1533.36	1925.63	6423.32	19.9	22771.97	70.53	1289.28	1801.31	3090.59	9.57
2014 年	35504.94	7858.72	2700.04	2965.5	13524.26	38.09	18497.07	52.1	1673.78	1809.83	3483.61	9.81
2015 年	39322.15	7223.92	5181.11	3404.24	15809.27	40.2	18945.57	48.18	1475.62	3091.69	4567.31	11.62
2016 年	42502.55	14529.55	2801.17	3330.16	20660.88	48.61	18128.53	42.65	1404.54	2308.6	3713.14	8.74
2017 年	45916.16	18317.33	3930.05	3134.73	25382.11	55.28	17175.09	37.41	1173.89	2185.07	3358.96	7.31
2018 年	50511.19	18995.48	4645.05	3428.68	27069.21	53.59	20486.5	40.56	693.34	2262.14	2955.48	5.85
2019 年	56575.85	24777.41	3941.44	3800.29	32519.14	57.48	21330.09	37.7	558.58	2168.04	2726.62	4.82
2020 年	66375.68	32448.55	4323.5	4500.59	41272.64	62.18	21551.33	32.47	742	2809.71	3551.71	5.35
2021 年	68598.29	33184.57	5603.89	5001.95	43790.41	63.83	21792.22	31.77	504.97	2510.69	3015.66	4.4
2022 年	75471	42073.42	6047.92	4055.46	52176.8	69.13	20480.66	27.14	273.41	2540.13	2813.54	3.73

备注：第二产业工业收入中，2013—2016 年含建筑业收入（分别为 424.64 万元、186.54 万元、106.35 万元、259.83 万元）。

第四节　千万元利润企业培育

一、2013—2015 年千万元利润企业培育

2013 年 10 月 22 日，根据《甘肃省农垦集团有限责任公司关于上报 2013—2015 年千万元利润企业和千万元利润项目的通知》（甘垦集团计〔2013〕109 号）文件精神，黄羊河集团公司结合企业经营现状，提出争取到 2015 年实现利润千万元以上的企业为黄羊河集团公司、种业公司、食品公司 3 家。

（一）黄羊河集团公司

1. **千万元利润企业发展方向**　在 2012 年营业收入 2.6 亿元、利润总额 1127.6 万元基础上，至 2015 年，主营业收入、企业利税、员工收入三项主要指标比"十二五"时期相应指标翻一番。

2. **千万元利润企业培育完成情况**　从现有龙头企业达产达标、资源整合、产业链延伸等方面入手，做强了食品、制种、果蔬等产业，逐步淘汰和转产了麦芽、亚麻、建材产业，新培育了养殖产业。截至 2015 年底，实现营业收入 3.93 亿元、利润总额 1023 万元，完成了千万元利润企业培育目标。

（二）种业公司

1. **千万元利润企业发展方向**　至 2015 年，实现利润 1200 万元以上，将黄羊河建设

成 5 万亩国家级"四化"玉米制种基地。

2. 千万元利润企业培育完成情况 种业公司通过增资扩股，注册资本达到 8100 万元；通过加大自主研发力度，收购制种产销权和种质资源，走育繁推一体化之路。2015 年，引进玉米剥皮生产线一条，实现制种玉米统播、统抽、统收、统剥全程机械化。截至 2015 年，种业公司种植基地面积达 2.9 万亩，完成规划的 58%；实现利润 606.14 万元，完成规划的 50.5%。

（三）食品公司

1. 千万元利润企业发展方向 发展特用玉米综合加工项目，至 2015 年基地种植面积达到 4 万亩，生产速冻玉米产品 1500 万穗，速冻玉米粒 3000 吨以上，其他速冻产品 6000 吨以上，特色小杂粮 6000 吨左右，实现营业收入 1 亿元，利润 1000 万元以上。

2. 千万元利润企业培育完成情况 食品公司通过不断地技改扩建，逐步扩大产能。截至 2015 年，食品公司产能稳定在年可生产甜糯玉米果穗 5000 万穗，生产速冻蔬菜 5000 吨，分别比"十一五"末翻了一番；在甜糯玉米系列产品基础上，引进培育发展了芦笋、小杂粮等新产品。2015 年，种植基地面积达 2.47 万亩，完成计划的 61.8%；生产真空保鲜及速冻甜糯玉米棒 1564 万穗，完成规划的 104.3%；速冻玉米粒 4126 吨，完成规划的 137.5%；芦笋等其他速冻蔬菜 395 吨，完成规划的 6.6%；玉米糁等特色小杂粮 3175 吨，完成规划的 52.9%；实现营业收入 0.63 亿元，完成规划的 63%，亏损 2395.6 万元。

二、2019—2021 年千万元利润企业培育

2019 年 3 月 20 日，根据《关于报送"三统一"经营"亩节本增效 100 元""千万元利润企业"（2019—2021）三年行动实施方案的通知》（甘垦集团科〔2019〕2 号）文件精神，集团公司制订了黄羊河集团公司、种业公司、食品公司《"千万元利润企业"（2019—2021）三年行动实施方案》。

（一）黄羊河集团公司

1. 千万元利润企业发展方向 经过 2019—2021 年三年努力，逐步实现千万元利润企业目标。至 2021 年，实现营业收入 5.8 亿元，利润总额 1000 万元，主导产品玉米良种销售数量 7000 吨，营业收入 8000 万元；甜糯玉米销售数量 2.05 万吨，营业收入 1 亿元；蔬菜销售数量 12.5 万吨，营业收入 3.39 亿元；果品销售数量 4500 吨，营业收入 2000 万元，其他营业收入 4102 万元。

2．千万元利润企业培育完成情况　截至 2021 年，实现营业收入 6.86 亿元、完成规划的 118％，利润总额 4196 万元、完成规划的 420％，高质量完成千万元利润企业培育目标。甜糯玉米销售数量 1.18 万吨、完成规划的 57.5％，营业收入 0.95 亿元、完成规划的 95％；蔬菜销售数量 6.8 万吨、完成规划的 54.6％，营业收入 0.79 亿元、完成规划的 23％；果品销售数量 4560.7 吨、完成规划的 101％，营业收入 5002 万元、完成规划的 250％；其他营业收入 4.62 亿元（注：因农垦种业资源整合，种业公司于 2020 年由甘肃亚盛种业有限责任公司收购，以上数据不含种业公司营业收入、利润）。

（二）种业公司

1．千万元利润企业发展方向　经过 2019—2021 年三年努力，至 2021 年实现种植面积 3 万亩，实现营业收入 8000 万元，利润总额 1000 万元。

2．千万元利润企业培育完成情况　2019 年，种植面积 1.47 万亩，产成品种子 5399.8 吨，实现营业收入 4514 万元，利润总额 467 万元。培育的 2 个玉米新品种甘垦 130、甘垦 95 通过甘肃省审定。2020 年，种植面积 1.46 万亩，产成品种子 6234 吨，实现营业收入 4888 万元，利润总额 266.4 万元。

（三）食品公司

1．千万元利润企业发展方向　经过 2019—2021 年三年努力，至 2021 年实现营业收入 1 亿元，实现盈亏平衡，产销真空保鲜甜糯玉米 700 万穗，速冻甜糯玉米 800 万穗，速冻甜玉米粒 3500 吨，速冻蔬菜 600 吨，糯玉米糁及杂粮 3500 吨。

2．千万元利润企业培育完成情况　截至 2021 年，食品公司开拓海外市场，实现甜糯玉米出口 85 万美元。营业收入 0.95 亿元、完成规划的 95％，利润总额 618.4 万元，较 2018 年减亏增盈 1689.7 万元。

2021 年，种植面积 1.63 万亩，生产真空甜玉米 168.04 万穗，完成规划的 24％；加工速冻糯玉米 729.6 万穗，完成规划的 91％；加工速冻甜玉米粒 3524.1 吨，完成规划的 100.6％；生产糯玉米糁 2600 吨，完成规划的 74.3％；生产真空糯玉米粒 8.22 万袋，真空甜玉米粒 8.11 万袋，真空甜加糯籽粒 6.96 万袋。

销售真空玉米 608 万穗、完成规划的 86.9％，销售速冻玉米棒 978 万穗、完成规划的 122％，销售速冻甜玉米粒 4706 吨、完成规划的 134％，销售速冻蔬菜 58 吨、完成规划的 9.7％，销售糯玉米糁 3002 吨、完成规划的 85.8％。

三、2021—2025 年千万元利润企业培育

2021 年 1 月 11 日，根据甘肃省农垦集团公司《关于印发〈甘肃农垦集团千万元利润

企业培育提升方案〉的通知》（甘垦集团〔2020〕255 号）文件精神，集团公司筛选制订了黄羊河集团公司马铃薯事业部、蔬菜公司千万元利润培育方案。

2021 年 6 月 11 日，甘肃省农垦集团公司召开千万元利润企业培育提升达标推进会议，将黄羊河集团公司整体列为千万元利润企业进行培育和考核。7 月 21 日，根据《甘肃农垦集团千万元利润企业培育提升方案》，集团公司制订《千万元利润企业培育提升工作方案》。

（一）马铃薯事业部

1. 千万元利润企业发展方向 经过 2021—2025 年五年努力，将种植面积稳定至 2 万亩左右，将马铃薯产业作为黄羊河集团公司"十四五"时期产业结构调整的重点措施之一，成为企业新的经济增长点。到 2025 年，实现营业收入 5000 万元，利润总额 1050 万元。

2. 千万元利润企业培育完成情况 2021 年，马铃薯事业部充分发挥资源优势，加强与百事（中国）公司合作，扩大马铃薯项目团队统一经营面积，与百事（中国）公司合作种植马铃薯 1.04 万亩，实现利润总额 1125.59 万元，提前完成集团公司 2021—2025 年千万元利润培育目标任务。

2022 年，与百事（中国）公司合作种植马铃薯 1.34 万亩，实现利润总额 1409 万元。

（二）蔬菜公司

1. 千万元利润企业发展方向 经过 2021—2025 年五年努力，到 2025 年末蔬菜公司实现营业收入 11550 万元，利润总额 1000 万元以上。

2. 千万元利润企业培育完成情况 2021 年，蔬菜公司推进基地落实、开拓试验基地和公司团队经营面积，扩大辣椒订单种植面积，蔬菜公司自主育苗 1500 万株，共种植辣椒 1.12 万亩，其中团队经营种植辣椒 0.1 万亩。实现辣椒产品销售 20246 吨，营业收入 7938 万元、完成规划的 104%，利润总额 256 万元、完成规划的 48%。

2022 年，蔬菜公司育苗基地育苗 1450 万株。种植辣椒订单面积 4758 亩，其中团队种植辣椒 0.2 万亩，实现辣椒产品销售 7342 吨，营业收入 3879.62 万元、完成规划的 42.27%，利润总额 733.18 万元、完成规划的 107%。

（三）黄羊河集团公司

1. 千万元利润企业培育提升工作发展方向 2021 年，实现利润总额 1600 万元以上，其中马铃薯事业部 1000 万元以上，蔬菜公司 350 万元以上。2022 年，实现利润总额 1800 万元以上，其中马铃薯事业部 1100 万元以上，蔬菜公司 450 万元以上。到 2025 年，将可耕种土地全面积建设成为集中连片、旱涝保收、高产稳产、生态友好、适宜机械化作业的高标准农田。大宗农作物耕种收综合机械化率达到 90% 以上。实现利润总额

3000万元以上，其中马铃薯事业部1500万元以上，蔬菜公司1000万元以上。

2.**千万元利润企业培育完成情况**　2021年，实现利润总额4196万元，高质量完成2021年度千万元利润指标。其中：马铃薯事业部实现利润总额1125.59万元，完成规划的113％；蔬菜公司扭转了2020年的不利局面，实现利润总额256万元，完成规划的73％。

2022年，实现利润总额7151万元，高质量完成2022年度千万元利润指标。其中：马铃薯事业部实现利润总额1409万元，完成规划的128％；蔬菜公司实现利润总额733.18万元，完成规划的163％。

第二章　基础设施

第一节　基本建设

一、基本建设资金来源

黄羊河集团公司2013—2022年基本建设的资金来源主要有三部分：第一部分是国家投资资金，第二部分是自筹资金，第三部分是其他资金。

国家投资资金主要为通过项目争取的各类财政补助资金。一是用于农田基础设施建设的款项，如"2013年中央农田水利建设资金项目""2014—2015年高效节水灌溉示范项目""2014年、2016年、2019—2022年高标准农田建设项目""2013年土地整治项目"等。二是支持农业产业化发展类的补助资金，如"2013—2015年食品、蔬菜、种子产业生产线技改项目""2016年省级现代农业示范区农业产业化项目""2017年现代农业产业园以奖代补试点资金项目"等。三是用于生产生活类民生改造资金，如"2013—2014年的公租房、危改项目""2014年医院急救中心建设项目""2014年农村饮水安全项目""2018年棚改项目"等。

自筹资金为企业自行筹集的资金，包括公司多年积累的资金、包干结余资金、从固定资产折旧中提留的更新改造资金等。

其他资金包括：1978年以后由国家将原计划内的投资拨款改为企业贷款，定期收回；由企业直接向银行贷款，按期还本付息；向内部职工借款筹集的资金等。

二、基本建设投资项目

基本建设投资项目有农田建设、农机建设、水利建设、电力建设、道路建设、房屋建设、园林建设、畜牧业建设、工业建设、农资供应建设、物流运输建设、医疗建设及其他建设。

（一）2013—2022年黄羊河集团公司基本建设重大投资项目

2013年5月，黄羊河集团公司2013年中央农田水利建设资金项目开工，该项目经甘肃省水利厅、财政厅文件（甘水农水发〔2014〕110号）和凉州区水务局文件（凉水发〔2014〕76号）批复建设。项目主要完成高效节水灌溉工程10113亩，二分场二队修建4.9万立方米蓄水池1座。项目总投资1189.56万元，其中财政资金700万元。

2013年8月，黄羊河集团公司2013年公共租赁住房建设项目开工，该项目经武威市发展改革委批复建设，2014年6月竣工，2015年11月分配入住。该项目新建公租房404套，建筑面积26881.6平方米。项目总投资4888.8万元，其中财政资金2038.73万元。

2013年10月，黄羊河集团公司特色玉米系列产品加工生产线技改项目建成投产运行，该项目经甘肃省发展改革委、省工信委文件（甘发改投资〔2012〕1230号）批复建设，于2010年5月开工。项目主要完成甜糯玉米、玉米糁生产线等5条，生产车间、成品库、冷藏库、贮粮仓等8座。总投资9579万元，其中农发行贷款5000万元、中央预算内专项资金887万元、企业自筹3692万元。

2013年，完成甘肃省黄羊河农场2012年追加危房改造及配套基础设施建设项目，该项目经甘肃省发展改革委、省农牧厅、省住房和城乡建设厅文件（甘发改投资〔2012〕1616号）批复，项目完成追加黄羊河集团公司辖区734户危房改造工程。项目总投资2436.44万元，其中中央预算内财政资金1380万元、省级配套资金440.4万元、企业自筹616.04万元。

2014年7月15日，黄羊河集团公司10000吨辣椒生产线建设项目开工，该项目经甘肃省农垦集团公司批复建设，2015年7月竣工。项目完成建设辣酱池59座，配套建设配料房1座、职工宿舍1栋等附属设施。项目总投资682万元，其中项目建设投资482万元、铺底流动资金200万元，资金全部为企业自筹。

2014年8月，甘肃省国营黄羊河农场2014年农村饮水安全项目开工，该项目经《甘肃省发展与改革委员会 甘肃省水利厅关于省农垦集团2014年农村饮水安全项目实施方案的批复》（甘发改农经〔2014〕845号）批复建设，2014年9月竣工。该项目解决了黄羊河农场场部、果品公司及6个农业分场共649户、3300人的饮水安全问题。项目完成各类输水管道28.1千米，修建检查井26座、排气阀井14座，建设50立方米水塔2座，安装入户设施633套。总投资194万元，其中中央财政资金170万元、省级配套资金21万元、企业自筹3万元。

2014年10月28日，黄羊河集团公司2014年高效节水灌溉示范项目工程开工，该项目经甘肃省财政厅、省水利厅文件（甘水农水发〔2014〕264号）批复建设，2015年4月22日竣工并投用，项目主要完成滴灌工程20801亩。项目总投资1941.71万元，其中中央补助资金1400万元、企业自筹541.71万元。

2014 年，甘肃省黄羊河农场 2013 年基本农田建设项目开工，2015 年 6 月竣工并投用。该项目主要完成土地平整 2075.87 亩，新增耕地 565.67 亩，新建机井 1 眼，完成滴灌工程 900 亩。总投资 300 万元，资金为省级财政资金。

2014 年，甘肃省黄羊河农场 2014 年危房改造及配套基础设施建设项目实施，该项目根据《甘肃省发展和改革委员会关于甘肃省农垦集团有限责任公司危房改造及配套基础设施建设项目 2014 年度实施方案的批复》（甘发改农经〔2014〕1009 号）、《甘肃省农垦集团有限责任公司关于下达 2014 年危房改造项目建设任务的通知》（甘垦集团计〔2014〕30号）文件要求，对场辖区 218 户危房进行改造。项目总投资 953.18 万元，其中中央预算内财政资金 549 万元、省级配套资金 348.8 万元、企业自筹 55.38 万元。

2014 年，黄羊河职工医院急救中心建设项目实施。项目总投资 87.78 万元，其中财政资金 56.86 万元、自筹资金 30.92 万元。

2015 年 6 月，黄羊河集团公司河灌区滴灌 10 万立方米调蓄水池建设项目开工，该项目于 2014 年 11 月 7 日经甘肃省农垦集团公司批复。该项目在场部临近水景公园西侧修建 10 万立方米蓄水池 1 座。总投资 476.65 万元，资金全部为企业自筹。

2015 年 9 月 5 日，黄羊河集团公司 2015 年高效节水灌溉项目（第五批重点县）工程开工，该项目经武威市水务局文件（武水发〔2014〕396 号）批复，2016 年 5 月 31 日竣工并投用，项目完成高效节水灌溉工程建设面积 10241 亩。总投资 1246.24 万元，其中中央预算内财政资金 500 万元、省级配套资金 200 万元、企业自筹 546.24 万元。

2015 年，黄羊河集团种业公司玉米剥皮生产线建设项目建设制种玉米全自动高性能的剥皮系统 1 套，包括计量输送装置、震动喂料装置、自动剥皮主装置等设备的购置及安装，同时建设原料输送通道及厂房等配套设施。总投资 912.43 万元，资金为种业公司自筹。

2015 年，黄羊河集团公司高标准基本农田建设项目开工，项目区建设规模为 7432.95 亩，新增耕地 1899.75 亩。总投资为 400 万元，资金来源为省级配套。

2015 年，黄羊河食品公司新建库房及原料大棚建设项目建成原料大棚 1340 平方米，材料库房 887 平方米。总投资 181.29 万元，资金为食品公司自筹。

2015 年，黄羊河食品公司芦笋基地附属设施建设项目修建 20 立方米水塔 4 座，宿舍、食堂 1720 平方米，硬化地坪 2455 平方米。总投资 130 万元，资金为食品公司自筹。

2016 年，凉州区 2015 年国家玉米制种基地建设项目开工，该项目经凉州区发改局文件（凉发改发〔2016〕132 号）批复建设，主要建成平整土地 10180 亩，配套滴灌工程 2406 亩。2020 年 12 月 4 日，该项目完成武威市市级竣工验收，验收合格。2021 年 11 月

23 日，凉州区农业农村局与黄羊河集团公司签订《凉州区 2015 年国家玉米制种基地建设项目工程移交管护协议》，凉州区农业农村局将项目区形成固定资产的设施整体移交黄羊河集团公司使用和管护。总投资 1743 万元，其中中央预算内投资 1200 万元、地方投资 296 万元、企业自筹 247 万元。

2016 年，麦芽公司新厂区改建 5000 吨恒温库项目开工，该项目在黄羊河集团麦芽公司新厂区改建恒温库 3130 平方米，设计库存果品容量为 5000 吨。总投资 660.8 万元，其中厂房等基建工程投资 195 万元、设备投资 360 万元、辅助设施 96.3 万元、前期费用 9.5 万元，资金为企业自筹。

2016 年，黄羊河农机合作社购置多功能玉米收割机 1 台，投资 315 万元，资金为企业自筹；黄羊河种业公司建成原料存储大棚 1 座，面积 4019 平方米，投资 209 万元，资金为企业自筹。

2016 年，黄羊河集团公司省级现代农业示范区重点建设和改革试点项目经甘肃省农垦集团公司批复建设。该项目主要完成采购与安装太阳能杀虫灯 400 台、昆虫性诱电子测报系统 1 套，采购粘虫板 150000 张、棉铃虫诱捕器（含 2 枚诱芯）2000 套、小地老虎诱捕器（含 2 枚诱芯）500 套、梨小食心虫（迷向丝）12500 根，并完成改造安装节水滴灌首部过滤系统（离心＋碟片式全自动）地埋式滴灌采购安装工程等。总投资 200 万元，资金为财政资金。

2017 年 4 月 12 日，甘肃省黄羊河农场高标准基本农田建设项目开工，该项目经甘肃省国土资源厅批复建设。2017 年 8 月进行了重大变更，2017 年 12 月 22 日该项目经甘肃省国土资源厅变更批复建设，2018 年 5 月 2 日竣工并投用。该项目完成土地平整 34.56 万立方米，一分场五队修建 6 万立方米蓄水池 1 座，新打机井 1 座。总投资 800.66 万元，其中中央补助资金 800 万元、企业自筹 0.66 万元。

2017 年，黄羊河集团公司省级现代农业园以奖代补试点项目经甘肃省农垦集团公司《关于拨付 2017 年现代农业产业园以奖代补试点资金的通知》（甘垦集团农〔2017〕10 号）、《关于〈甘肃黄羊河农工商（集团）有限责任公司现代农业产业园以奖代补试点项目实施方案〉的批复》（甘垦集团农〔2017〕15 号）文件批复。该项目由黄羊河集团食品公司负责完成，购置每小时 2.5 吨双螺旋速冻机 1 套，新建芦笋罐头生产线 1 条，2018 年 11 月 10 日完成验收。总投资 157.56 万元，其中财政补助资金 50 万元、企业自筹 107.56 万元。

2017 年，甘肃省 10 万亩以上水肥一体化项目经《甘肃省农牧厅关于印发 2017 年旱作农业推广（水肥一体化）项目实施方案的通知》（甘农牧财发〔2017〕77 号）批复，在甘肃省黄羊河农场良种场七队及良种队、五分场十队实施面积 5000 亩，其中良种场建设自动化控制的施肥、灌水、测墒等为一体的自动控制物联网系统和高标准辣椒千亩水肥一体化示范区，五分场十队建设高标准甜糯玉米千亩水肥一体化示范区，2017 年完成验收。总投资 150 万元，资金为财政资金。

2017 年，黄羊河集团公司 2017 年高产优质苜蓿示范建设项目经甘肃省农垦集团公司《关于 2017 年高产优质苜蓿示范项目的批复》（甘垦集团农〔2017〕26 号）批准。该项目 2017 年完成 1700 亩、2018 年完成 1335 亩苜蓿种植任务。总投资 235.46 万元，其中财政补助资金 180 万元。

2017 年，黄羊河集团公司热力站采暖锅炉脱硫除尘提标改造工程项目经《凉州区发展和改革局关于甘肃黄羊河农工商（集团）有限责任公司申请锅炉提标改造项目登记备案的通知》（凉发改备〔2016〕433 号）批准，2017 年 1 月凉州区环保局监测站检测达标，2 月完成内部验收和环保部门验收。总投资 74.8 万元，其中凉州区环保局补助资金 20 万元、企业自筹 54.8 万元。

2018 年 10 月，黄羊河集团公司 2018 年棚户区改造项目开工建设，2019 年 11 月 20 日完工，该项目完成 1205 户居民厨卫改造任务。其中：完成场部、农业二分场一队、园艺场林一队共计 491 户居民自建厨房、卫生间及排水管网改造，完成各农业分场 714 户居民安装 1 座微生物降解环保厕所。总投资 2638.85 万元，资金为中央财政城镇保障性安居工程专项资金。

2018 年，黄羊河集团公司 2018 年省级现代农业示范区重点建设与改革试点项目经《关于〈甘肃黄羊河农工商（集团）有限责任公司省级现代农业示范区重点建设与改革试点项目实施方案〉的批复》（甘垦集团规〔2018〕28 号）批准，完成科技创新转化中心建设、农业产业化提升技术改造项目和甜菜新品种引进推广项目。总投资 203.61 万元，其中财政补助资金 200 万元。

2019 年 10 月 1 日，黄羊河集团公司 2019 年高标准农田建设项目开工，该项目经甘肃省农垦集团公司文件（甘垦集团规〔2019〕57 号）批复。该项目新建高标准农田 1.46 万亩，新建蓄水池 2 座，分别为二分场三队 9.9 万立方米的蓄水池 1 座和二分场四队 5 万立方米的蓄水池 1 座。2020 年 5 月 30 日竣工并投用。总投资 2185.99 万元，其中中央补助资金 1559.04 万元、省级补助资金 180.96 万元、企业自筹 847.99 万元。

2020 年 5 月 13 日，黄羊河集团公司 2020 年高标准农田建设高效节水灌溉项目开工，该项目经甘肃省农垦集团公司文件（甘垦集团规〔2020〕22 号）批复建设，又于 2020 年 6 月经文件（甘垦集团规函字〔2020〕第 19 号）优化调整批复。该项目新建高标准农田

1.5 万亩，主要新建引水渠道 2.48 千米（上口宽 1.7 米）、蓄水池 2 座（分别在林二队、牧场各修建蓄水量 9.9 万立方米蓄水池 1 座），2021 年 5 月 30 日竣工并投用。总投资 2689.39 万元，其中中央补助资金 1640 万元、省级补助资金 201.4 万元、企业自筹 847.99 万元。

2020 年 11 月 1 日，凉州区黄羊河农场二分场土地综合整治项目开工，该项目由凉州区自然资源分局牵头实施，黄羊河集团公司配合、协调现场实施工作。该项目完成平整土地面积 1715.7 亩，新建蓄水池 1 座（二分场二队修建 5 万立方米蓄水池），2021 年 6 月 10 日竣工并投用。总投资 600 万元，资金为财政资金。

2020 年 12 月 20 日，黄羊河集团蔬菜公司育苗基地建设项目开工，建设规模约 149 亩，建成单坡（A 型）育苗大棚 10 座、拱形（B 型）育苗大棚 17 座，2021 年 12 月 20 日完工。总投资 617.5 万元，资金为企业自筹。

2021 年 3 月，黄羊河集团公司 35 千伏新河变电所 10 千伏配电开关柜更新改造项目开工，主要完成水电站二营变电所旧开关柜更新及智能化改造。总投资 86.8 万元，资金为企业自筹。

2021 年 5 月，黄羊河集团公司特药安防系统建设项目开工，该项目经甘肃省农垦集团公司批复立项，主要完成武威农业公司特药基地安防基础设施和监控信息化工程建设。总投资 293.06 万元，资金为企业自筹。

2021 年 8 月，黄羊河集团公司 2021 年高标准农田建设项目开工，该项目经甘肃省农垦集团公司文件（甘垦集团规〔2021〕36 号）批复，完成高标准农田 1.88 万亩，2022 年 4 月 30 日竣工并投用。总投资 2250.21 万元，其中中央补助资金 1588.84 万元、省级补助资金 288.11 万元、企业自筹 373.26 万元。

2021 年 12 月，黄羊河集团食品公司污水处理站改扩建项目建成投用。该项目由黄羊河集团食品公司、甘肃莫高实业发展股份有限公司合建，主要为改扩建现有污水处理站，使日处理污水能力达 800 立方米，新建集水池、初沉池、调节池、活性污泥池、二沉池、PEIC 厌氧反应器各 1 座及配套辅助设施。总投资 726.39 万元，其中黄羊河集团食品公司 481.94 万元、甘肃莫高实业发展股份有限公司 244.45 万元。

2022 年 4 月 25 日，2022 年欠发达国有农场巩固提升黄羊河集团食品公司设备自动化提升改造项目开工，该项目主要为黄羊河集团食品公司购置安装 2～2.5 吨/小时光学分拣设备 1 套、一次称量范围 14～1000g 定量称重设备 1 套，2022 年 9 月 30 日完成并试运行。总投资 424.11 万元，其中中央财政资金 318 万元、企业自筹资金 106.11 万元。

2022 年 5 月，2022 年人居环境整治提升工程开工，完成围墙粉刷 12.5 万平方米、彩钢屋面油漆喷涂 9.1785 万平方米。总投资 281 万元，资金为企业自筹。

2022 年 5 月 25 日，黄羊河集团公司 2022 年高标准农田建设项目开工。该项目建设高标准农田规模 18000 亩，五分场十队新建蓄水池（9.9 万立方米）1 座，园艺场林一队新建蓄水池（5 万立方米）1 座。总投资 2520 万元，其中中央和省级财政农田建设补助资金 2139.075 万元、企业自筹资金 380.925 万元。

（二）甘肃（武威）国际陆港项目建设情况

甘肃（武威）国际陆港是甘肃省"十三五"重点建设的三大国际陆港之一。2016 年甘肃省政府批准《甘肃（武威）国际陆港发展战略规划（2016—2030)》。甘肃（武威）国际陆港位于"一带一路"黄金节点，距离武威市区东南约 50 千米，规划面积 170 平方千米，涉及凉州区和古浪县的 5 个乡镇、26 个行政村，涉及人口 8.7 万人。

2014 年 1 月 29 日，经海关总署、财政部、国家税务总局、外汇管理局联合发文批准，武威市设立甘肃省首家保税物流中心——武威保税物流中心，位于甘肃省武威市黄羊河农场满家滩，占地面积 734 亩，建筑面积 5.58 万平方米，其中仓库 5.17 万平方米、办公等附属用房 0.35 万平方米，堆场面积 10.2 万平方米。这是国家在甘肃省批准设立的第一个海关特殊监管区域、甘肃（武威）国际陆港的核心。

在甘肃（武威）国际陆港建设之际，由于黄羊河集团公司地处甘肃（武威）国际陆港规划核心区，为了进一步加快企业经济转型跨越发展，调整产业结构，抓住保税物流园区建设的机遇期，黄羊河集团公司积极谋划在甘肃（武威）国际陆港投资建设"甘肃黄羊河集团国际陆港投资建设项目"，发挥甘肃农垦企业在区域经济建设中的引领、示范、带动作用，在甘肃实现两个"率先"目标。

2013 年 2 月 20 日，武威市人民政府办公室成立武威市欧亚大陆新通道暨武威保税区项目建设协调小组。武威市委常委、常务副市长任组长，黄羊河集团公司董事长为协调小组成员。

2014 年以来，随着甘肃（武威）国际陆港快速建设，黄羊河集团公司积极抢抓陆港建设契机，加快企业转型升级，创造新的经济增长点。先后筹划了黄羊河集团公司废旧塑料回收再利用及液态肥生产项目、黄羊河集团公司商贸综合服务中心建设项目等大型投资项目。后期由于资金不足、陆港建设起伏不定等原因，集团公司除保税区 3 号库建设外，其他筹划项目均未实施。

2014 年 4 月 15 日，经甘肃省农垦集团公司批复同意，武威保税物流中心 3 号库开工建设，建筑面积 13767.35 平方米，其中常温库 9229.85 平方米、恒（低）温库 4537.5 平方米，总投资约 3500 万元，2014 年 11 月 15 日竣工。该项目建成后至今没有营运。

2016 年 9 月 30 日，凉州区国土资源局与黄羊河集团公司签订《国有土地使用权收回合同》，约定总征地面积 7624.63 亩，其中耕地 3741.79 亩、其他农用地 430 亩、建设用地 158.68 亩、未利用地 3294.16 亩。

2017 年 1 月 11 日，经甘肃省农垦集团公司批准，拟建甘肃黄羊河集团国际陆港投资建设项目，建设期限为 2017—2019 年，项目主要建设酒店、厂房等，规划建设用地面积 18.9 万平方米（约 300 亩），总建筑面积 2.9 万平方米，概算投资 17365 万元，资金由企业招商和自筹解决。2017 年 7 月 11 日，黄羊河集团公司停止建设该项目。原因是集团公司与武威市国土部门经多次交涉与商议，对土地出让金的价格无法达成一致，所有项目前期工作都无法正常开展，影响了项目建设进度，加之土地出让价格过高，投资超出预算，集团公司无力承担出让费用。

2017 年，武威市政府筹建甘肃（武威）国际陆港绿地景观系统紫荆花海建设项目。项目建设地点为黄羊河集团公司二分场四队，黄羊河集团公司以流转方式为该项目提供土地面积 2346.45 亩（其中紫荆花海用地面积 1860.1 亩、边角地面积 486.35 亩，不包括 254.19 亩的未利用地及建设用地），期限为 3 年，按每亩每年 800 元支付土地流转费，每年流转费合计 187.72 万元。3 月 28 日，武威市林业局组织凉州区林业局、陆港管委会、黄羊河集团公司及各中标施工单位在陆港管委会召开会议，安排施工单位于 4 月 11 日完成放线、撒线工作。4 月 27 日，凉州区国土资源局与黄羊河集团公司签订《土地流转协议》，由于未按协议时间拨付土地流转费，项目未启动实施。黄羊河集团公司在面对良田荒废的不利局面下，组织人员抢种了部分食葵等作物。10 月 11 日，凉州区国土资源局支付给黄羊河集团公司土地流转费 187.72 万元。12 月 21 日，凉州区国土资源局发文通知解除紫荆花海项目建设用地流转协议。2018 年，经凉州区政府同意，将紫荆花海项目流转土地退还黄羊河集团公司，不再续签协议，该项目终止。

2020 年，甘肃（武威）国际陆港退回未使用土地 1036.85 亩。

2022 年 5 月，甘肃（武威）国际陆港木材口岸铁路专用线建设征用土地 12.32 亩。

第二节　农　　田

一、大条田改造

2013 年以来，黄羊河集团公司按照甘肃省农垦集团公司提出的"三大一化"工作要求，结合节水灌溉工程、土地整理项目、高标准农田建设等机遇，进行了大条田改造，配套建设了田间砂石道路、农田防护林、滴灌设施，公司所有农业土地逐步建成"路林管"配套完整的高标准大条田。

大条田改造工作是建场以来进行的第二次大规模的平田整地行动，因地制宜，在整体规划的基础上，根据不同地形、灌溉条件及发展的要求，结合各分场具体情况统筹考虑，宜大则大，整片推进，稳步实施，确保质量。通过大条田平整改造，取消田间地埂、毛渠，取消不必要的机耕道和林带，有条件的对相邻不同地号的地块进行联通整平，提高机械作业质量和效率，降低生产成本，实现大条田、大基地、大农机作业，使土地资源进一步产生更大的效益。

大条田改造具体方法：一是对需要进行大条田改造的农渠，先进行杂草喷药防除；二是对上下地条坡度落差较小的地块，将毛渠直接利用机械整平，清除杂草，然后利用大型机械进行犁地、整平；三是对上下地条坡度落差较大的地块，首先利用挖掘机就地挖去杂草，清除杂草后再利用大型机械整平，减小坡度落差；四是对地势平坦、落差较小的相邻地块，统筹规划，将几个滴灌系统的地块联通整平，建成更长的大型条田；五是根据不同条田具体情况，积极探索创新平整方法，本着节约成本、提高质量和效率的原则，灵活应用不同的方法。

2012年10月，按照《黄羊河集团公司大条田建设实施方案》，确定大条田建设目标、原则、内容和步骤，计划在6个农业分场利用3年时间完成大条田建设项目，对地势比较平坦的田间地埂、毛渠全部铲平，对不必要的机耕道和林带予以取消，对上下坡度较大的地块利用机械进行平整，对落差较小的相邻不同地号的地块进行联通整平，建成大型条田。当年取消地埂401条（埂长245764米），增加可耕面积1105亩；建成大型条田11814亩，占计划实施总面积的16%。

2013年，进行大条田改造13595亩。其中：三分场2995亩，四分场4284亩，五分场2210亩，良种场4106亩。

2014年，黄羊河集团公司通过推行先建后补的方式，新平整大条田1.1万亩。截至2014年，累计完成大条田改造3.7万亩，新增耕地3700亩。

2015年，完成大条田改造1.7万亩，累计改造面积7.3万亩。

二、高标准农田建设

2004年中央1号文件提出："支持农业土地开发，建设高标准基本农田"。高标准农田建设是落实藏粮于地和藏粮于技战略、保障国家粮食安全和重要农产品供给的关键举措，也是甘肃省补齐"三农"领域短板、改善农业基础条件、加大农业投资的重大支撑项目。2014—2022 年，黄羊河集团公司共争取高标准农田建设任务 8.6 万亩，总投资 26876 万元，其中国拨资金 21354 万元。高标准农田项目的实施，从根本上打破了制约黄羊河集团公司农业发展的瓶颈，有力推进了以"三大一化"（大产业、大农机、大条田、水肥一体化）为主要内容的现代农业建设步伐，真正意义上建成了"田成方、林成网、路相通、渠相连、节水设施配套"的高标准农田。高标准农田的管护按照"谁使用、谁管护"原则执行。

（一）高标准农田建设标准

根据《高标准农田建设通则》，结合高标准农田限制性因素和"缺啥补啥"原则，进行针对性的建设布局，确定工程建设内容为土地平整工程、土壤改良工程、灌溉与排水工程、田间道路工程、农田输配电工程、农田防护与生态环境保持工程。

（二）高标准农田建设情况

2014 年，黄羊河集团公司高标准基本农田建设项目总投资为 300 万元。建设规模为 2075.87 亩，项目完成后新增耕地 565.67 亩，新增耕地率为 27.25％。

2015 年，黄羊河集团公司高标准基本农田建设项目总投资为 400 万元。建设规模为 7432.95 亩，其中：耕地占 6982.8 亩，道路占地 374.55 亩，水利设施占地 75.6 亩。项目完成土地平整土方量为 39.66 万立方米，项目完成后新增耕地 1899.75 亩，新增耕地率为 25.56％；修建田间道路 8.29 千米，修建生产道路 8.25 千米；栽植杨树 28872 株。2016 年竣工并验收通过，项目运行单位为农业一分场牧场、五分场十队。

2017 年，甘肃省黄羊河农场高标准基本农田建设项目投资为 800.66 万元。主要完成土地平整土方量 34.56 万立方米，修建 6 万立方米蓄水池 1 座及配套设施，敷设各类滴灌管道 55.02 千米及配套水利设施，变压器 1 台及附属设施，改建 4 米、6 米宽田间道路 12 千米，种植新疆杨 9190 株。2018 年 5 月 2 日竣工并投用。项目运行单位为一分场五队、二分场四队、三分场八队、四分场九队。

2019 年，黄羊河集团公司 2019 年高标准农田建设项目总投资为 2185.94 万元。主要完成平整土地 775.05 亩，平整土方量 11.08 万立方米，拆除废弃渠道 12.78 千米，新建蓄水池 2 座（蓄水量分别为 9.9 万立方米和 5 万立方米，位于二分场四队和三队）及附属设施，拆除旧机井房 18 座，更新机井首部管理房 23 座，敷设各类滴灌管道 26.34 千米及附属设施；安装变压器 2 座，10 千伏电力线路 0.75 千米等设施；改建Ⅰ型田间道（6 米宽砂砾石路面）21.79 千米，改建Ⅱ型田间道（4 米宽砂砾石路面）7.07 千米，栽种防护林 3870 株。2020 年 5 月 30 日竣工并投用。项目运行单位为农业二、三、四、五分场和良种场。

2020 年，黄羊河集团公司 2020 年高标准农田建设高效节水灌溉项目总投资为 2689.39 万元。主要完成田块修筑 25.25 万立方米，新建引水渠道 2.48 千米（上口宽 1.7 米），新建蓄水池 2 座（蓄水量均为 9.9 万立方米，分别位于一分场牧场和园艺场林二队）及配套设施，敷设各类滴灌管道 64.5 千米，改建Ⅰ型田间道（6 米宽砂砾石路面）20.76 千米，改建Ⅱ型田间道（4 米宽砂砾石路面）1.39 千米，安装变压器 2 台及附属设施，种植刺槐 1599 株、樟子松 500 株、新疆杨 780 株。2021 年 5 月 30 日竣工并投用。项目运行单位为农业一、三、五分场和园艺场。

2021 年，黄羊河集团公司 2021 年高标准农田建设项目总投资为 2250.2 万元。主要完成田块平整 25.5 万立方米，更新机井（140 米深）6 座，更新机井（180 米深）1 座，新建机井沉砂池 41 座，敷设各类滴灌管道 102.15 千米及配套水利设施，改建 6 米机耕道 14.35 千米，整修 6 米机耕道 5.67 千米，改建 4 米生产路 5.73 千米，安装变压器 20 台及附属设施，种植刺槐 2593 株、新疆杨 880 株等。2022 年 4 月 30 日竣工并投用。项目运行单位为农业三、四分场、良种场和武威农业公司。

2022 年，黄羊河集团公司 2022 年高标准农田建设项目总投资为 2520 万元。建设规模 18000 亩，分别在五分场十队、园艺场林一队新建 9.9 万立方米、5 万立方米蓄水池各 1 座；新建引水涵管（直径 800 毫米）3.5 千米，敷设各类管道 53.43 千米等配套设施，整修 6 米机耕道 1.2 千米，新建 6 米机耕道 9.6 千米，栽植刺槐 1384 株，架设变压器 6 台等配套设施。

第三节 水 利

黄羊河农场发展历程中，水资源短缺、土地面积大，长期存在水少而耕地多的矛盾，成为公司发展的主要制约因素。

地表水：主要依靠张义境内黄羊河峡口建成的黄羊水库，控制流域面积 828 平方千米，年平均径流量 1.33 亿立方米，总库容 5644 万立方米，设计灌溉面积 24 万亩。该水库水源为黄羊河，发源于天祝县境内的祁连山北麓，全长约 105 千米。公司地表水主要用于新华地区农业灌溉和生态用水，分布在农业一分场、二分场、园艺场等。

地下水：2022 年集团公司有机井 152 眼，是公司农业灌溉的重要水源，占公司农业灌溉 80％ 以上。地下水依靠黄羊河水源和杂木河水源涵养补给，杂木河发源于祁连山冷龙岭北坡。公司地下水灌溉分布点多面广，部分机井担负着生活用水、工业用水及生态用水。

2013 年以来，随着水资源紧缺和地下水开采限制，耕地面积大、水权不足等问题凸显，缺水问题成为公司现代农业的发展瓶颈。公司及时向农业节水灌溉领域转型，通过借助土地整改、高标准农田建设、高效节水灌溉等项目契机兴修水利工程，在发展新华地区地表水蓄水池的同时，逐步延伸至新河井灌区，替代地下水水权的不足。

一、灌溉方式

黄羊河集团公司灌溉方式先后经历大水漫灌、管灌、滴灌 3 种灌溉模式。其中以滴灌应用最为广泛，是比较先进且节水效果最好的灌溉方法，也是公司现代农业发展的重要抓手。随着滴灌设施的不断改进和发展，通过实践探索，滴灌带依次从 2.0 升/时、3.0 升/时向 1.1～1.38 升/时的流量发展演变，滴灌高效节水模式现已形成"膜下滴灌＋作物宽窄行种植＋小流量滴灌带＋滴灌田间精细化管理＋首部过滤系统改造＋滴灌灌水配额管控制度"的体系。

2008 年起，通过石羊河流域重点治理、甘肃省小型农田水利高效节水灌溉等项目，建设大田滴灌节水工程。至此，滴灌应用拉开序幕。通过不断实践和摸索，田间精细化管理和灌水配额管控制度也不断完善，各项节水措施相继推广。

2009 年，随着大田滴灌节水工程不断建设，开始推广膜下滴灌技术。同步使用滴头流量 2.0 升/时的滴灌带，使用过程中发现部分含沙量较大的机井会产生滴头堵塞的问题。

2013 年 5 月，借助 2013 年中央农田水利建设资金项目，二分场二队 4.9 万立方米蓄水池开工建设，标志着黄羊河集团公司河灌区大田滴灌建设拉开序幕。

2014 年，由于部分机井含沙量大的原因，滴头流量 2.0 升/时的滴灌带使用过滤系统无法彻底过滤水中的沙子，于是开始使用滴头流量 3.0 升/时的滴灌带。虽解决了滴头堵塞的问题，但大流量滴灌带地表径流严重，水资源浪费大，滴水不均匀，影响作物产量。

2017 年，为进一步提高滴灌节水效果，改进膜下滴灌技术，推广作物宽窄行种植。通过"一膜单管双行"窄膜（0.7 米）种植，形成了膜面行距 30 厘米、膜间行距 70 厘米的宽窄行种植模式。

2018 年，集团公司利用项目资金及自筹资金，通过改造滴灌首部系统，建设前置沉沙池，并将原网式过滤器逐步改造为自动反冲洗碟片过滤器，为推广使用 1.1～1.38 升/时的小流量滴灌带奠定了基础。小流量滴灌带的使用能达到"膜下湿润、膜间干燥"的效果，能减少地表水分蒸发，节水效果明显。至 2022 年，公司共修建沉沙池 79 个，购置大型废旧油罐（作用同沉沙池）9 套（每套 2 个），同时配套更换自动反冲洗碟片过滤器。

2022 年 6 月，凉州区调蓄工程黄羊片区调蓄水池工程项目开工。该项目修建大型蓄水池 2 座及配套设施，分别在黄羊河集团公司园艺二队修建 48 万立方米、园艺四队修建 184 万立方米。该项目由甘肃省水务投资有限责任公司中标投资建设，负责项目融资、建设运营维护。项目建成后，可进一步优化凉州区水资源调度，实现丰蓄枯用、跨灌区调剂作用。

至 2022 年，集团公司共有 11 座蓄水池（含人工湖），容量 78 万立方米。

二、生活用水供给

2013 年以来，公司辖区居民及单位的生活用水是由辖区机井水塔供给，以及上游黄羊水厂和陆港水厂供给。

1. **机井水塔供水**　2014 年前，二营地区及二分场二队、一分场五队由机井水塔供水。2014 年饮水安全项目自来水改造后，二分场三队、一分场五队、园艺二队、园艺四队退出机井水塔供水。2019 年"三供一业"供水改造后，二分场二队、新河变电所已退出机井水塔供水。截至 2022 年底，二营地区居民 1443 户仍由机井水塔供水，但机井水塔供水规模较小、面多量大、分散不均、社会公益性强，分场管理运行和维护的费用高，同时夏季受机井维护、农业排灌高峰期的影响，水塔供水存在不连续性的特点，使得水塔供水区域的居民常有储水的习惯。

2. **黄羊水厂供水**　2005 年 8 月建成投用以来，一直为黄羊河集团公司辖区自来水用户供水。

3. **陆港水厂供水**　2018 年建成投用，在黄羊水厂供水不足的情况下，由该厂负责为黄羊河集团公司辖区补给自来水。

4. **自来水管理及建设情况**　自 1986 年起逐步供应自来水以来，场区基本上由黄羊水厂供应自来水，相较于城市自来水供水稳定的特征，公司供水不稳定的现象依然存在，主要原因是公司地处黄羊水厂供水的最下游，长期受管道线路长、压力不均、供水覆盖面广的影响，断水、缺水现象时常发生。集团公司于 2010 年在场部金大路南侧附近建设了 35 米高的水塔及水管所水塔作为自来水应急水源。2013 以来，场区自来水供应一直由水电站管护运维，同时负责联系黄羊水厂进行供水调配，进行日常压力检测调整、管道维修维护、收费管理等业务。2020 年起，"三供一业"供水移交改造完毕后，由甘肃水务凉州供水有限责任公司陆港水厂具体负责场区自来水供应管理。

2014 年 8 月，甘肃省黄羊河农场 2014 年农村饮水安全项目开工建设，项目总投资 194 万元，2014 年 9 月竣工。该项目是在黄羊河农场场部、果品公司以及 6 个农业生产队实施饮水安全建设工程，共解决 649 户、3300 人的饮水安全问题。引水工程共铺设各类输水管道 28.1 千米，其中干支管道 15.4 千米、入户管道 12.7 千米，修建检查井 26 座、排气阀井 14 座，建设 50 立方米水塔 2 座，安装入户设施 633 套。

2019 年 6 月，根据"三供一业"供水移交改造协议，甘肃水务凉州供水有限责任公司对集团公司 1203 户供水户更换了智能水表，改造了部分管网，增加了部分闸阀井、减压阀井等设施。

2020 年 1 月，甘肃水务凉州供水有限责任公司接管了黄羊河集团公司自来水管理业务。

2020 年 8 月，黄羊河集团公司向甘肃水务凉州供水有限责任公司移交人员 3 人，"三供一业"自来水供水移交改造工作彻底完成。

三、水资源（水权）管理

2013 年以来，黄羊河集团公司水资源管理工作具体由水电站负责。黄羊河农场水资源隶属于石羊河流域，分别是杂木河、黄羊河水系，其中杂木河径流量 2.56 亿立方米、黄羊河径流量 1.31 亿立方米，共 3.87 亿立方米。灌区地下水属武威盆地地下水的一部分，其补给来源主要为杂木河、黄羊河出祁连山后通过各种形式的渗透补给。据甘肃省地矿局资料，石羊河流域总补给量多年预测为 6.221 亿立方米，其中黄羊河农场地下水补给量约为 7000 万立方米，可开采量为 3300 万立方米/年。在石羊河流域，地下水方面因地方水利部门严格管理和公司地下水水权不足，地表水方面因黄羊水库库容相对较小、降水水域面积较小而用水范围广、覆盖面积大等，所以坊间有"十年九旱"的说法。2022 年黄羊灌区配置黄羊河农场（含莫高种植园区）地下水取水量为 1254 万立方米、地表水为 1036 万立方米；根据黄羊河水利管理处 2019—2021 年实际用水量数据统计，黄羊河农场年平均地下水取水量为 2530 万立方米、地表水年平均取水量为 412 万立方米，取水量占配置计划的 201.75％、39.77％。

2013 年 7 月 15 日，印发《甘肃黄羊河集团机井管理办法》，规范机井管理行为，强化机井的服务管理。

2016 年 7 月 12 日，成立机井出水量测定工作领导小组，对全场农业灌溉机井进行测水工作。

2016 年 8 月 10 日，成立集团公司租赁、流转、占用土地及打井情况调研领导小组，规范全场土地和机井管理。

2016年8月22日，因四分场九队13号机井经营者违反《甘肃黄羊河集团机井管理办法》，集团公司对该机井经营者进行处理，收回该机井经营者所占土地、水、电、滴灌设施资源使用权，由集团公司对该机井进行更新，交由四分场直接管理。自此以后，公司每年都组织相关人员对所有农业灌溉机井进行测水检测，对达不到规定出水标准的机井，由公司统一更新，对原个人经营的机井设备进行折价补偿，同步收回经营权后由各单位统一经营、统一管理。

2016年12月22日，黄羊河集团公司同凉州区政府就甘肃（武威）国际陆港建设项目涉及黄羊河集团公司被征4172亩耕地水权保留达成了一致。经过长达4年的不断协调，2021年4月对该项目区2眼机井完成更新，水利部门对其中1眼机井水权进行了核减，核减水权水量3.15万立方米。

2020年5月，黄羊河集团公司同黄羊水管处、金塔水管处协调完成了跨区域地下水平价交易，交易量61.5万立方米，缓解了公司水权不足的压力，为解决公司水权不足问题提出了新的思路。

2020年8月6日起，机井更新以集团公司集中招标的方式办理。

2021年7月，集团公司同凉州区水务局、黄羊水管处、金塔水管处、柏树镇、高坝镇、荣华街道办等单位协调完成了跨区域地下水平价交易，交易量50.2万立方米。

2021年11月5日，根据公司现代农业发展和实际生产管理需要，修订印发《甘肃黄羊河集团公司机井管理办法》。

四、水价改革情况

（一）水价的管理

自2013年5月3日起，根据《武威市人民政府深化水价改革的实施计划意见》（武政发〔2013〕91号）文件精神，黄羊河集团公司印发《关于调整水价的通知》，地表水及自来水水价调整变化如下。

地表水水价：由原水价0.20元/立方米调整到0.26元/立方米。

自来水水价：2013—2014年居民生活用水，根据武威市政策，在城镇范围内实行一户一表计量用水的用户，均实行月定额用水和阶梯式水价。居民生活用水阶梯式水价分三级，级差为1∶2∶4。第一级水量，3立方米以内（含3立方米）按第一级水价1.80元/立方米收费；第二级水量，3立方米以上4立方米以内（含4立方米），超过部分按第一级水价的 200% 收费；第三级水量，4 立方米以上，超过部分按第一级水价的 400% 收费。

特种作业用水价：18.00 元/立方米。执行特种作业用水价单位：洗车、澡堂、理发等业务场所。

工业用水价格：2.00 元/立方米。执行工业用水价单位：麦芽厂、蔬菜公司、种业公司、恒温库、锅炉房等单位。

非居民用水价格：3.40 元/立方米。执行非居民用水价单位：商铺、饭店、学校、银行、加油站、机关、社区、商贸公司、物流公司等单位。

工程建筑用水价格：按建筑面积每平方米 5.83 元计算。一般工程（小型工程）按非居民用水价格执行。

公共设施用水价格：按非居民用水价格执行，如园林绿化、环卫等。

2015 年起，居民生活用水、特种作业用水水价分别以基础价格 1.80 元/立方米、3.40 元/立方米执行。

机井水塔供水水价：各分场、果品公司等其他连队的水价确定和水费计收，实行"有偿供水、用水定额管理"制度，由各农业分场、果品公司根据实际情况确定收取。

（二）地方部门收费标准

凉州区农业水价收费标准见表 2-2-1，甘肃省水资源费征收标准见表 2-2-2，陆港水厂自来水收费标准见表 2-2-3。

表 2-2-1 凉州区农业水价收费标准

收费项目	计费单位	收费标准	批准收费的依据
一、基本水费	亩/年	2 元	
二、计量水价			
1. 地表水	元/立方米	0.21	
2. 地下水	元/立方米	0.09	
三、分类水价	在农业用水定额内，对鼓励发展的高水效作物和实施连片规模种植、集中连片应用滴灌、管灌、喷灌、微灌等高效节水灌溉技术的作物，实行优惠水价，地表水优惠 20%，地下水优惠 30%。对压减发展和传统方式种植的低水效作物或未使用已配套高效节水灌溉设施的作物，实行上浮水价：地表水上浮 20%，地下水上浮 50%		武威市凉州区人民政府《关于印发凉州区农业水价调整意见的通知》（凉政发〔2019〕231 号）
四、分档水价	超定额 20%（含 20%）以下的，超出部分在调整后计量水价基础上加价 150%；超定额 20%（不含 20%）至 50%（含 50%）的，超出部分在调整后计量水价基础上加价 200%；超定额 50% 以上的，超出部分在调整后计量水价基础上加价 300%；因水权交易引起的水量增加，超过配水总量的部分，执行超定额累进加价		

表 2-2-2　甘肃省水资源费征收标准

收费项目	计费单位	水源	收费标准	收费范围/对象	批准收费的依据
1. 水资源费（年度实际）	元/立方米	地表水	0.15	工业、服务业、商业、建筑业、火力发电循环式等工商业用水	《甘肃省取水许可和水资源费征收管理办法》（甘肃省人民政府令第 110 号）
		地下水	0.20		
		地表水	0.005	农业用水	
		地下水	0.01		
		地表水	1.00	洗浴、洗车、滑雪场等特种行业直接取用水	
		地下水	2.00		
2. 水资源费（超过批准取水量取水的实行累进加价征收）	①超过批准的年度用水计划取水量 10%～30%的，对其超取的水量加价 1 倍征收水资源费；②超过批准的年度用水计划取水量 30%～50%的，对其超取的水量取水量加价 2 倍征收水资源费；③超过批准的年度用水计划取水量 50%以上的，对其超取的水量加价 3 倍征收水资源费				

表 2-2-3　陆港水厂自来水收费标准

居民用水（元/方米）		非居民用水（元/立方米）		特种行业用水（元/立方米）	
水费	水资源费	水费	水资源费	水费	水资源费
2.25	0.15	3.4	0.15	18	0.15

第四节　电　　力

一、电力发展现状

黄羊河农场电网从 20 世纪 60 年代始建至今，道阻且长，发展艰难。武威供电公司将 35 千伏高压电输送至 35 千伏新河、新华变电站，经 2 座变电站降压处理，通过 10 千伏高压线路配送至 10 千伏变压器，经 10 千伏变压器降压形成 400 伏/220 伏输送至用户。2013—2022 年，新河变电所占公司总供电任务的 70%左右，并承担农业排灌用电约 90%的用电量，是支撑公司农业保障的供电核心。

35 千伏新河变电站自 1993 年 4 月由公司出资新建投运以来，总容量由 1993 年的 8150 千伏安扩容至 2010 年的 9400 千伏安；35 千伏新华变电站自 2001 年 12 月建成以来，总容量 7150 千伏安。2002 年，国家电网新建和改造了大部分 10 千伏线路、0.4 千伏低压线路，其间公司及部分用户进行了小规模改造和维修。

截至 2022 年，由集团公司水电站管理新河变电所所内设施及新河、新华变电所 10 千伏高压线路及附属设施。共有 10 千伏变压器 407 台，较 2012 年 220 台增加 187 台，增加 85％；10 千伏变压器总容量 37177 千伏安，较 2012 年总容量 22434 千伏安增加了 14743 千伏安，增加 65.7％；35 千伏主变容量 16550 千伏安，较 2012 年保持不变，其中新华变电所主变容量 7150 千伏安，新河变电所主变容量 9400 千伏安。

新河变电所 35 千伏高压设备设施为 20 世纪 80—90 年代的产品，老化、腐蚀严重。2013 年以来，新河变电所供电量暴增，变电所主变容量接近 30 年几乎未变，从 1993 年的主变容量 8150 千伏安发展至 2010 年的主变容量 9400 千伏安并延续至今。2021—2022 年，连续两年对所内高压设备进行了改造、更新、换油保养。

新华变电所所内设备由武威供电公司管理，相较于新河变电所整体负荷较轻，设备较先进，供电稳定，供电质量较高，主要以生产、生活、工业用电为主。因新河变电所容量不足，新华变电所从 2017 年开始承担起新河片区部分农业排灌高峰期的排灌供电任务。

二、电力管理

1989 年 1 月，公司设立水电管理站，自此全场供电服务由水电站统一负责和管理至今。其中：新华变电所主要负责场部及附近单位的生产、生活、工业用电，以及武威保税物流中心及驻场单位的供电；新河变电所主要负责二营地区的农业、生活、少量工业用电，附带少量驻场其他单位的供电任务，主要有纤维厂农场、二拖厂农场、皇台葡萄基地、甘肃水投调蓄水池等。

2013 年以来，水电站强化内部管理，重点落实精细化管理。一是推进节本、增效、降损考核指标，对变电所各班组独立考核，奖励优先，激发才干。二是坚持持证上岗制度，所有电力从业人员全部持证上岗。三是实行日常作业分区划片包干与重大任务集中统一相结合的工作机制，确保供电稳定。四是重视每年春季检修工作，规范用电行为，加大电表核查力度，确保经营效益。五是确定服务至上原则，将水电站定位为服务单位，以服务用户为主线，兼顾经营目标任务。

2013—2022 年，公司利用高标准农田建设、高效节水等项目契机，先后为各农业灌溉机井、蓄水池等水源新架变压器 102 台，同时将更换后可再利用的变压器安装在一些负荷较低的农业排灌机井上。

2013 年 6 月，新河变电所出现超负荷供电，通过采取每天对各农业分场轮流限电 5 眼机井的措施，经过半个月限负荷供电，暂时解决了农业排灌高峰期变电所主变容量不足的问题。此后水电站每年都会根据公司农业种植结构，对各农业分场进行轮流限电，确保各农业单位供电均衡。

2017 年 6 月，水电站采取技术措施将新华变 2 号线路转供至新河变 1 号线路，解决了往年农业灌溉高峰期限电的状况，基本保障了新河片区用电平稳，该措施沿用至今。

2018 年，水电站制定节本、增效、降损考核办法。2022 年较 2017 年降损 3.8%。

2018 年 6 月，水电站 18 名电力从业人员经过培训考试，全部持高压电工操作证。

2021 年 3 月，投资 86.8 万元，对 35 千伏新河变电站 10 千伏配电开关柜进行了更新改造。

2021 年 9 月，在岗人员全部复审合格，新进 2 人全部通过考试并取得证书。

2021 年 11 月，武威供电公司对黄羊河集团公司"三供一业"居民照明供电改造项目开工建设。

2022 年 3 月，投资 7.8 万元，对新河 35 千伏变电所 3150 千伏安主变压器进行了换油处理。黄羊河农场 2013—2022 年变电所电费、电量统计见表 2-2-4。

表 2-2-4　黄羊河农场 2013—2022 年变电所电费、电量统计

年份	新华变电所			新河变电所		
	电量（千瓦时）	电费（元）	功率因数	电量（千瓦时）	电费（元）	功率因数
2013 年	6427598	3267230	0.92	24613981	5296037	0.86
2014 年	6277893	3183000	0.91	23025410	4767595	0.85
2015 年	7366322	3859674	0.92	24213272	5124625	0.85
2016 年	7863665	3928655	0.94	23892423	5512623	0.87
2017 年	7583115	3770546	0.91	24936240	5195265	0.84
2018 年	9169648	2863034	0.92	24251220	5159770	0.86
2019 年	8744233	2615797	0.92	24483682	5247029	0.87
2020 年	10059863	2908398	0.91	25819525	5308832	0.85
2021 年	11055889	3307983	0.93	25409720	5239821	0.87
2022 年	10507586	3260190	0.91	22913380	4550303	0.89
合计	85055812	32964507		243558853	51401900	

第五节　道　　路

一、道路建设

2013 年以来，黄羊河农场的交通条件得到了进一步改善，保持了原有以场部为中心、

内外相连、四通八达的场区公路网，重点发展了果园、居民点、田间等整齐划一、宽阔平坦的生产生活道路，建立了以场部为中心、金色大道为主骨架、黄吴公路为主干线、各居民点及田间道路为支线、覆盖全场、内外相连周边的道路网络，为公司现代化农业发展提供了强有力的交通基础。

2013年，甘肃省黄羊河农场基本农田建设项目开工，整修田间道1.85千米，整修生产路3.78千米，新建生产路0.72千米。

2013年6月，由甘肃省农垦集团公司及武威市交通局下达通村公路建设计划，共修建12千米，其中沙河桥至五分场6千米、二营至二队1千米、二队长城口至试验站1千米、场部至王景寨4千米。

2013年8月，甘肃省农垦集团公司下达国营黄羊河农场垦区公路建设项目，建设道路37.1千米，规格为简易铺装路面四级公路，投资1484万元。

2013年9月，完成武威市交通运输局2012年国有农林场道路工程建设项目，建设道路12.98千米，采用四级公路技术标准建设，路基宽度为6.5米，路面宽度为5.0米，投资542.63万元，其中国家补助360万元、自筹资金182.63万元。

2014年7月，黄羊河集团公司对场区中心道路（二马路）进行沥青罩面改造，改造道路总长1.8千米、宽13米，投资204万元。

2014年，凉州区交通局批复道路硬化项目22千米，涉及黄羊河集团公司（含莫高）16千米，周边农村6千米。该项目由凉州区交通局主要负责建设，黄羊河集团公司负责现场监督管理。

2014年12月，金色大道建成投用，起点位于武威市凉州区金太阳高新技术产业园，与G30连云港至霍尔果斯（甘肃段）高速公路丰乐匝道口相连，并与金昌至武威高速公路交会，终点在武威市古浪县大靖镇并与定（边）武（威）营盘水至双塔高速公路相连接。黄羊河段主线长3.46千米。

2015年，凉州区"下山入川"道路建设项目在园艺五、六队硬化道路500米，设计为四级农村公路标准，路基宽5.0米，路面宽4米，项目投资20万元，资金由政府财政支付。

二、道路分布

场区公路总长度247.07千米，其中：油路（水泥路）113.34千米，占场区公路总长度的46%；砂石路133.73千米，占场区公路总长度的54%。场内主要道路分布如下：①通往场外的主干公路总长36.66千米。其中：南入场口（即春风渠闸门）至东河乡王景寨20.9千米（含场区外1千米），途经农业二队、园艺一队、场部、农业四队、农业三队、园艺二队、园艺四队、莫高园区、农业六队、农业八队、农业九队、园艺三队、农业十一队；场部桥头至古浪县永丰滩乡7.6千米（含场区外2.8千米），途经场部、工业园区、农业一队；农业六队岔路口至吴家井乡政府3.5千米（含场区外1.5千米），农业十一队至新地滩乡1.2千米，金色大道黄羊河段3.46千米。②通往场内各单位的支干道路18条，总长51.7千米。其中：场部二马路至农业二队2.2千米，黄吴公路至农业二队2.5千米，黄吴公路至农业五队、牧场9.4千米，黄吴公路至农业三队1.2千米，黄吴公路至园艺四队1.2千米，黄吴公路至莫高园区二区0.9千米，黄吴公路至农业十队2.8千米，主干道在莫高园区五区拐弯处至农业七队0.9千米，农业九队至农业十三队2.7千米，农业九队至农业十队2.8千米，农业十队至莫高园区五区2.2千米，牧场至农业十队6.7千米，农业八队至农业七队（途经良种队）4.6千米，农业八队至吴家井乡四方墩村2.3千米，农业十三队至长城乡前营村1.8千米，良种队至吴家井乡边沟村1.2千米，农业十一队至水泵厂农场4.2千米，金色大道至亚麻公司2.1千米。

黄羊河农场到兰州市、武威市、黄羊镇等各市、县、镇的交通便利，道路状况良好，多为一级至三级油路，部分为高速公路。黄羊河农场场部至各市、县、镇里程见表2-2-5。

表2-2-5 黄羊河农场场部至各市、县、镇里程

地名	里程（千米）	地名	里程（千米）
武威市城区	49.9	张掖市城区	283.3
古浪县城	37.3	兰州市城区	251.4
天祝县城	116	中川机场	200.5
民勤县城	145	武南镇	38
金昌市城区	150	黄羊镇	13

三、道路管理

1991年12月，为加强场区内道路管理，场出台了《关于加强公路建设和管理的规定》（简称《规定》），对场内各单位公路管理路段作了明细分配，明确了各单位对所划分路段的使用、维护、管理责任。《规定》指出：公路用地和公路设施受国家法律保护，任

何单位和个人不得破坏，不得侵占路面，不得破坏道路两侧花草林木，破坏性车辆不得在公路上行驶，并定期对公路进行维修养护。各单位管理的路段要明确责任，如发现损坏情况，追究有关单位领导的责任。

2020年6月，黄羊河街道办事处挂牌成立，道路管理由集团公司及黄羊河街道相互协管。

至2022年，集团公司田间道路实行"谁使用、谁管护"制度。

第六节 房 屋

一、职工住房制度改革

2012年，公司落实人才强企战略，为引进的大中专院校学生创造宽松的工作和生活环境，促进公司"人才百千万"工程顺利实现。对2007年以后公司引进的大中专院校学生实行住房优惠政策，优惠住房是广场北侧新建7层住宅楼中的6楼、7楼，执行6楼下浮3％，7楼下浮10％的政策，其中：首付款按6种户型大小依次为7.5万元、7万元、6.5万元、6万元、5.5万元、5万元。剩余款分6年交清，第一年交10％，第二年交10％，第三年交10％，第四年交20％，第五年交20％，第六年交清余款。

2013年8月，黄羊河集团公司2013年公共租赁住房建设项目开工，2014年6月竣工，2015年11月分配入住。共建住房404套，截至2022年底，已入住270户，其中：场部公租房共建住房200户，入住200户；园艺一队共建住房60户，入住58户；园艺二队共建住房24户，入住12户；园艺五、六队公共租赁住房共建住房120户，未入住。该项目享受国家补贴4.5万元/套。

2012—2014年，根据甘肃省人民政府及甘肃省农垦集团公司关于保障性住房建设项目相关文件精神，集团公司共对1766户居民实施危房改造项目，其中2012年814户、2013年734户、2014年218户。项目总投资11943万元，其中中央预算内资金1589.4万元、省级配套资金1059.6万元、中央预算内基础设施配套资金1907万元、企业自筹1316.5万元、危房户个人自筹6070.5万元，中央及省级预算资金、企业自筹资金全部到位转入专账进行单独核算。该项目住户享受中央及省级配套资金1.5万元/户。

2018年10月，黄羊河集团公司2018年棚户区改造项目开工，完成1205户居民改造，其中：完成黄羊河集团公司场部、农业二分场一队、园艺场林一队共计491户居民自建厨房、自建卫生间的装修改造，完成黄羊河集团公司农业分场714户居民每户购置安装1

座微生物降解环保厕所。2019 年 11 月 20 日完工，总投资为 2638.85 万元，资金来源为中央财政城镇保障性安居工程专项资金。该项目住户全额按标准享受补贴。

2020 年 8 月 24 日，根据 2009 年制定的《黄羊河集团公司关于办理住房公积金的意见》有关规定，为保障政策衔接，对住房公积金制度提出了以下补充意见：一是截至 2020 年 7 月 31 日，在黄羊河集团公司管理业务岗位工作未满 5 年的已招聘大专院校毕业生，统一从 2020 年 8 月 1 日起办理参加住房公积金手续；二是截至 2020 年 7 月 31 日，由集团公司聘任到管理业务岗位的工作人员，从 2020 年 8 月 1 日起办理参加住房公积金手续；三是已办理住房公积金手续的管理业务人员中途辞职、调出、解聘（未聘任）、免职的，集团公司从停发工资之月起不再为其缴存住房公积金。

二、职工住房管理

2013 年 7 月 19 日，印发《甘肃黄羊河集团公司普通住宅小区物业管理办法》，提出建设和谐文明小区，规范小区物业管理活动。

2015 年 10 月，按照《武威市住房和城乡建设局关于印发武威市公共租赁住房共有产权管理试点工作方案的通知》（武市建发〔2014〕496 号）、《凉州区人民政府办公室关于凉州区公共租赁住房共有产权管理工作实施意见》（凉政办发〔2015〕46 号）等文件精神，制定《甘肃黄羊河集团公司公共租赁住房分配入住管理办法》，集团公司按照成本价减去国家和省级财政补贴后，售给符合条件的住户。

2015 年 11 月，印发《关于成立甘肃黄羊河集团公司公共租赁住房分配入住管理领导小组的通知》，落实黄羊河集团公司 2014 年公共租赁住房共有产权管理工作和分配入住工作。

三、职工住房现状

在经济发展的同时，坚持按照"生活方式城镇化"的发展思路，不断改善职工群众居住条件，逐年加大小城镇建设的投入，先后完成旧房改造、公租房建设、棚户区厨卫改造等住房项目。所有平房、二层楼住户家家都带有前后院，大部分单元楼附带储藏间或地下室，少量住户带有前院。场部居民住宅内自来水、暖气、卫生间、排水设施、电器等设施基本配套齐全，小城镇建设初具规模。

第七节　排水　供热

一、排水

2013 年 3 月 29 日，成立了机关营区供暖、供排水等管网改造项目领导小组。

2012—2014 年，黄羊河集团公司借助国家危房改造项目契机，对公司 1766 户居民进行了排水改造，分别对机关居民区排水管网进行分户更新改造、对农业连队居民区进行新建改造，共改造排水管道 17845 米，新建排水井 393 座，新建化粪池 3 座（60 立方米 2 座、100 立方米 1 座）。

2018 年 8 月，集团公司修建 30 立方米沉淀池，铺设了部分管道，并与甘肃莫高实业发展股份有限公司葡萄酒厂进行协商，签订了《生活污水接纳处理协议》，由甘肃莫高实业发展股份有限公司葡萄酒厂对新华社区居民生活污水进行有偿处理，处理达标后排放。

2018 年 8 月 30 日，黄羊河集团公司将区域内市政设施（含排水系统）资产及管理职能移交凉州区黄羊镇人民政府管理，并签订《市政设施移交协议》。该协议约定：从 2019 年 1 月 1 日起，黄羊河集团公司不再承担市政设施管理费用，由接收方承担。但是，黄羊河街道办事处接收后未履行区域内居民生活排水系统管理职能，又未承担其管理费用。因此，黄羊河集团公司为防止污染环境，维持区域内居民生活污水正常排放处理，2019—2021 年，每年向食品公司污水处理站支付污水处理费 24 万元。

2018 年 10 月，借助黄羊河集团公司 2018 年棚户区改造项目建设契机，更换居民室内排水管 5477 米，建造 40 立方米钢筋混凝土结构化粪池 3 座、检查井 69 座，安装排水管网 1560 米。

2018 年 12 月，投资 3.9 万元，在莫高酒厂北侧修建 40 立方米污水循环池 1 座。

2021 年 12 月，黄羊河集团食品公司污水处理站改扩建项目投用，总投资 726.39 万元，其中：黄羊河集团食品公司投资 481.94 万元，甘肃莫高实业发展股份有限公司投资 244.45 万元。该项目解决了黄羊河集团食品公司和甘肃莫高实业发展股份有限公司的工业污水排放问题。

2021 年 12 月 22 日，为严格认真落实中央、省、市、区相关政策要求，以及甘肃省农垦集团公司关于各企业不得再支付相关费用、彻底减轻公司企业办社会职能负担的要求，依据《市政设施移交协议》相关条款，黄羊河集团公司向黄羊河街道办事处函告，要求黄羊河街道办事处认真落实《市政设施移交协议》约定，尽快履行黄羊河农场区域内居民生活排水系统管理、维护及生活污水处理工作职责，妥善解决黄羊河农场区域内居民生活污水处理问题。从 2022 年 1 月 1 日起，黄羊河集团公司将不再承担黄羊河农场区域内居民生活污水处理费用。

二、供热

2013 年以来，黄羊河农场区域内 25 个家属区中有 23 个家属区因居住分散、不具备集中供热条件，属于自行供热状态。只有场部家属区和林一队家属区实现集中供热，由公司热力供应站管理运营，涉及用户共 866 户，供热管网总长度 16059 米。2013—2017 年，供热维修改造投入 680.13 万元。2019 年起，"三供一业"供暖改造移交属地政府管理；2019 年 9 月—2021 年 8 月，由政府委托黄羊河集团公司进行管理；2021 年 9 月起，黄羊河集团公司不再承担企业办社会供暖服务责任。

2013 年，黄羊河集团公司借助国家危房改造项目契机，对机关居民区的供暖进行分户改造，改造供暖管道 11700 米，受益户数 442 户。

2017 年 2 月，黄羊河集团公司完成热力站采暖锅炉脱硫除尘提标改造工程，对热力站 2 台锅炉（4 吨、6 吨）进行了脱硫、除尘改造，改造后烟气排放达到了《锅炉大气污染排放标准》（GB 13271—2014），总投资 74.8 万元，其中申请到凉州区环保局补助资金 20 万元、公司自筹 54.8 万元。

2018 年 8 月，黄羊河集团公司、凉州区黄羊镇人民政府、武威市凉州区国有资产管理局三方签订《甘肃黄羊河农工商（集团）有限责任公司供暖移交实施移交协议》，约定 2019 年 1 月 1 日起，黄羊河集团公司不再为区域内的供暖职能承担费用，分离移交范围包括甲方所属家属区内 866 户的供暖管理职能及相关资产。

2019 年 9 月，黄羊河集团公司与黄羊镇人民政府签订《2019 年供暖委托管理购买服务协议》，约定从 2019 年 9 月 1 日至 2020 年 8 月 31 日，将供热委托给黄羊河集团公司履行区域内群众的供暖业务管理及服务职能，委托管理费用 100 万元。

2020 年 9 月，凉州区黄羊河街道办事处与黄羊河集团公司签订《黄羊河街道办事处供暖委托管理购买服务协议》，约定从 2020 年 9 月 1 日至 2021 年 8 月 31 日，将供热委托给黄羊河集团公司履行区域内群众的供暖业务管理及服务职能，委托管理费用 100 万元。

2021 年 9 月起，黄羊河集团公司不再承担辖区内供暖业务管理（托管）。

第三章　农林牧业

第一节　农林牧业综合

一、农林牧业综合情况

截至 2022 年 8 月，集团公司拥有农用地 10.93 万亩，其中：耕地 9.14 万亩，园地 4663 亩，林地 3783.94 亩，设施农用地 1907.97 亩，沟渠及坑塘水面 7561.13 亩。

2013 年以来，集团公司农业种植主要由粮食作物、经济作物、其他作物三大块组成。以农业种植为主的农业分场 6 个，生产队 15 个；以果品种植为主的园艺场、生产队 4 个；以肉羊养殖为主的标准化养殖小区 8 个，建有养殖棚舍 6.8 万平方米，运动场面积 5.1 万平方米，草棚、草库面积 2.3 万平方米。

农林牧业收入从 2013 年的 0.64 亿元增至 2021 年的 4.38 亿元，占总收入比例从 2013 年的 19.9％增至 2021 年的 63.84％。2022 年，实现收入 5.22 亿元，占总产值的 69.13％，其中种植业占 80.64％、畜牧业占 11.59％、园林业占 7.77％。

二、农业组织机构

（一）农业管理机构

2013 年至 2018 年 1 月，集团公司设农业管理部，具体负责：农业生产种植结构调整，种植计划安排落实，产前、产中、产后的农业生产组织协调、管理、规范化运营等工作。2018 年 2 月，撤销农业管理部，设立企业管理部（内设企业技术中心办公室）。自此，企业管理部作为农业生产的主管部门。

（二）农业生产单位

2022 年，集团公司的农业系统共有 6 个农业分场，15 个生产队。

一分场：该分场位于场部西北方位 7.2 千米处，下辖五队、牧场队 2 个生产队。五队东至农业公司，西至荣昌村，南至李宽村，北至铁路；牧场队东至园艺二队，西至农大农场，南至铁路，北至五分场。共有耕地 16423 亩，职工 24 人，非职工 69 人。

二分场：该分场位于场部西北方位 1.5 千米处，下辖一队、二队、三队、四队 4 个生产队，东至永丰滩，西至长丰村，南至金色大道，北至林二队。共有耕地 15484 亩，职工 111 人，非职工 31 人。

三分场：该分场位于场部西北方位 11.3 千米处，下辖六队、八队 2 个生产队，东至吴家井，西至五分场，南至莫高葡萄园，北至良种场。共有耕地 10208 亩，职工 65 人，非职工 45 人。

四分场：该分场位于场部西北方位 12.7 千米处，下辖九队、十一队、十三队 3 个生产队。九队东至三分场、良种场，西至长城遗址，南至五分场，北至十三队；十一队东至长城遗址，西至金河镇，南至金河镇，北至专监农场；十三队东至良种场，西至长城遗址，南至九队，北至前营八队。共有耕地 16010 亩，职工 121 人，非职工 96 人。

五分场：该分场位于场部西北方位 13 千米处，下辖十队 1 个生产队，东至三分场八队，西至农大农场，南至一分场牧场，北至四分场九队。共有耕地 15311 亩，职工 76 人，非职工 91 人。

良种场：该分场位于场部西北方位 15 千米处，下辖七队、良种队 2 个生产队，东至吴家井四方墩村，西至四分场十三队，南至莫高园区酒花队，北至长城乡洪水村。共有耕地 7156 亩，职工 50 人，非职工 33 人。

三、农业产业化

2013 年以来，集团公司坚持"特色农业，持续发展"的经营战略，本着"产业调优、产品调特、效益调高"的目标，推进现代农业"三大一化（大条田、大农机、大产业、水肥一体化）""三统一化（土地、农产品、农资统一经营，农业技术规程标准化）"实施，加快现代农业大基地、大企业、大产业建设，构建了现代农业产业体系、生产体系和经营体系。以"公司＋基地＋农户"的产业化经营模式，依托自身优势，精心打造"龙"型经济，走出了一条"以市场为导向，加工为龙头，农业为基础"的农业产业化经营之路。

（一）现代农业三大体系

1. **产业体系** 甜糯玉米产业：年加工鲜玉米棒 5000 万穗、速冻玉米粒 4000 吨、糯玉米糁及杂粮 4000 吨，通过基地种植甜糯玉米，生产销售真空保鲜甜糯玉米、速冻甜糯玉米、速冻甜玉米粒和糯玉米糁为代表的真空保鲜、速冻和杂粮三大系列产品，开展代工代销贴牌加工业务，在水煮菜基础上继续推出真空包装土豆粉，带动西北特色产品销售。

蔬菜产业：年产脱水蔬菜1000吨、鲜食洋葱1万吨、辣椒酱2万吨，主要通过基地各类蔬菜产品的种植、收购、储藏和销售，进行辣椒种苗繁育，开展新技术、新品种引进。在公司现有项目团队经营管理的基础上，学习、对标"百事"团队管理模式，结合辣椒产业特点，探索形成辣椒项目团队经营管理模式，明确权责，提高经营管理水平。

马铃薯产业：由马铃薯项目团队经营管理，通过种植基地标准化、规模化、集约化、机械化、智能化应用，严格落实测土配肥、按亩配水、无膜栽培、化学除草、病虫害防治管理技术，实现马铃薯产业快速发展。

果品产业：按照绿色、有机食品生产技术标准及农产品质量追溯体系，建设标准化果园0.2万亩，使果品"从田间到餐桌"实现全程可追溯。利用恒温气调库的优势，进行果品保鲜储藏。

特药产业：武威农业公司团队对标马铃薯项目团队经营管理先进经验，本着"全局统筹、责任到人、分片管理"的原则，制定"四化"方针（即特药规模化、标准化、集约化、机械化）和"六统一"作业方式（即统一播种、施肥滴水、防虫防病、采收、加工、经营），推行特药团队种植管理模式，实现特药安全与高产高效的统一。

现代农业服务业：节水材料公司、农机合作社、物流公司、水电站等服务实体，围绕生产资料供应、农机作业服务、仓储物流和农业技术培训等，探索农资供应"车间-田间"全程服务模式，推行"农机＋"托管服务模式，为公司农业生产提供农机作业服务、农资（种子、农药、滴灌肥、滴灌带、农膜）的生产采购供应以及货物的发运、农业灌溉水电保障，形成较为完善的专业化服务体系和物流体系。

2. 生产体系 2019年3月20日，按照甘肃省农垦集团公司《关于报送现代农业建设"三大一化"三年行动（2019—2021年）实施方案的通知》（甘垦集团科〔2019〕5号）文件精神，集团公司制定《甘肃黄羊河集团现代农业建设"三大一化"三年行动（2019—2021年）实施方案》，巩固提升公司现代农业基础装备水平和经营方式，提高土地产出率、资源利用率和农业劳动生产率，提高农业机械化效率水平。

2021年12月31日，集团公司制定《甘肃黄羊河集团公司"十四五"现代农业"三大一化"推进实施方案》，加快现代农业大基地、大企业、大产业建设。

3. 经营体系 2018年5月20日，集团公司制定《甘肃黄羊河集团公司2018—2020年"三统一"经营规划》，通过2018—2020年三年努力，逐步规范公司农业土地、农资、产品管理，实现统一经营管理，规范农业生产种植管理，提高土地资源产出效益，促进农业产业化经营顺畅运行。

2021年12月31日，集团公司制定《甘肃黄羊河集团公司"十四五"现代农业"三统一化"推进实施方案》，推动公司现代农业产业化、标准化，走向产品安全、资源节约、环境友好的发展道路。

（二）现代农业三大体系建设成效

一是现已形成包括甜糯玉米产业、蔬菜产业、马铃薯产业、果品产业、特药产业、现代农业服务业的综合产业链条，拥有年产销农产品 20 万吨的加工贸易能力，辐射带动种植基地 30 万亩。以发展玉米、马铃薯、特药、蔬菜产业为重点，优化调整产业结构，统筹安排作物区域化布局，落实"三大一化""三统一化"面积达 8.6 万亩，占总播种面积的 100%。

二是按照绿色、有机食品生产标准，对种植基地进行规范化、标准化管理。运行农产品质量追溯体系，使产品"从田间到餐桌"实现全程可追溯。在特药、辣椒种植上推行团队化管理模式，管好生产第一车间。在特药、马铃薯、辣椒等作物种植区域推广应用 1.38 升/时小流量滴灌高效节水技术，在特药、马铃薯种植基地应用滴灌自动化控制系统，在特用玉米、制种玉米、马铃薯、特药、蔬菜等主导作物上推广应用农机智能导航自驾系统。

三是以订单和龙头为纽带，构建了"龙头企业＋基地＋家庭农场（农户）"一体化经营体系，实现了玉米、蔬菜、马铃薯、果品等大宗农产品统一经营。在现有销售网络基础上，以绿色、有机产品为主导，扩大经营范围，提升了"甘肃农垦""黄羊河"牌系列产品的市场占有率和竞争力。

（三）优质化服务

自 2013 年开始，每年都分批、分单位组织农林业员工开展现场观摩交流和新技术、新品种、新农药、新肥料的试验示范、节水灌溉、标准化生产、产业化经营等科技推广技术培训，年培训员工人数达 6000 人次以上；并充分发挥对周边基地的辐射带动作用，对基地农民进行技术培训，年培训农民人数达 2300 人次以上。

四、自然灾害

2013 年以来，自然灾害在黄羊河农场多有发生，主要有旱灾、风灾、涝灾、冻害、雹灾、病虫害。

（一）旱灾

2013 年 3 月以来，石羊河流域一直缺少降水，4—5 月气温偏高，旱情持续，黄羊水库存水量持续减少，造成河灌区（农业一分场、二分场）玉米旱灾，受灾面积 3 万亩，减产 20% 左右，直接经济损失约 450 万元。

2015 年，因干旱造成粮食作物受灾 1 万亩，直接经济损失约 57 万元。

2017 年，因干旱造成玉米作物受灾 1.2 万亩，直接经济损失约 1350 万元。

2018 年 7 月，由于持续高温干旱，黄羊水库存水严重不足，河灌区近 50 天没有得到有效灌溉。干旱缺水，造成农作物受灾 8 万亩，果园落果严重，受灾农户 768 户，直接经济损失约 4600 万元。

（二）风灾

2019 年 4 月，遭受严重的风沙灾害，造成果园受灾，直接经济损失约 346 万元。

（三）涝灾

2018 年 8 月 2 日、8 月 6 日，受强降雨影响，6 万亩的农作物遭受涝灾。其中：5500 亩辣椒正处于盛果期，出现不同程度倒伏现象，倒伏比例 70% 左右；另有玉米 3.5 万亩、甜菜 1 万亩、洋葱等作物 9500 亩受灾。直接经济损失约 1907 万元。

（四）冻害

2013 年 4 月 4 日—5 日，辖区遭遇大雪袭击，果树花蕾受冻，减产 40% 左右，直接经济损失约 800 万元。

2016 年 5 月 15 日凌晨，据黄羊镇自动站数据显示，最低温度 2.1℃，局地最低温度下降到 0℃ 以下。集团公司辖区发生霜冻，部分区域作物遭受冻害，其中苹果 875 亩、马铃薯 500 亩、葫芦 100 亩，直接经济损失约 471 万元。

2019 年 4 月，遭受冻害，造成果园受灾，直接经济损失约 346 万元。

2020 年 4 月 11 日—13 日，极端最低气温 -8.1℃，持续时间较长，果园遭受低温冻害，直接经济损失约 173 万元。

（五）雹灾

2017 年 5 月 14 日 16 时 40 分，园艺一队、园艺七队果园、梨园遭受冰雹袭击。园艺七队梨园 156.3 亩绝收，园艺一队果园 1072 亩、园艺七队果园 468.7 亩受到不同程度的损害，直接经济损失约 588 万元。

2020 年 5 月 25 日，冰雹持续时间为 20～60 秒，果园遭受严重冰雹自然灾害，受灾面积达 1800 亩，80% 的苹果果实受到损伤，树叶、树体不同程度受损，直接经济损失约 540 万元。

（六）病虫害

2015 年，2 万亩粮食作物遭受病虫害灾害，减产 1080 吨，直接经济损失约 115 万元。

2017 年，1000 亩公益林遭受病虫害灾害，直接经济损失约 650 万元。

2020 年，6000 亩马铃薯遭受病虫害灾害，直接经济损失约 20 万元。

五、农业保险

2015 年以来，每年都将种植作物纳入保险计划，进一步提高农业抗灾能力，为农业发展提供风险保障。

2016 年 1 月 16 日，中华保险公司拨付黄羊河农场 2015 年度森林（公益林和商品林）受灾理赔资金 4 万元。

2017 年 12 月 4 日，中华保险公司拨付黄羊河农场 2016 年度森林（商品林）受灾理赔资金 4 万元。

2018 年 1 月 19 日，中国人民财产保险公司对受灾情况进行理赔，理赔黄羊河集团公司 14 万元，食品公司 20 万元，种业公司 30 万元。

2018 年 11 月 29 日，甘肃省农垦集团公司拨付黄羊河集团公司 2018 年农业保险第一批理赔资金 200 万元。

2019 年 12 月 25 日，甘肃省农垦集团公司拨付黄羊河集团公司理赔资金 345.6 万元。

2021 年 2 月 25 日，甘肃省农垦集团公司拨付黄羊河集团公司理赔资金 193 万元，其中果树因冻灾理赔资金 173 万元、马铃薯因病虫害理赔资金 20 万元。

2021 年 12 月 31 日，甘肃省农垦集团公司拨付黄羊河集团公司 2021 年度农业保险受灾理赔资金 121.2 万元。其中：果树受灾理赔资金 85 万元，马铃薯受灾理赔资金 13.21 万元，露地蔬菜受灾理赔资金 11.47 万元，大田玉米受灾理赔资金 11.52 万元。

第二节　种　植　业

2013—2019 年，农场主要种植玉米、蔬菜等农作物。2020—2022 年，主要种植玉米、蔬菜、马铃薯等农作物。

一、玉米种植

玉米是农场种植的主要粮食作物。2013—2022 年，玉米种植主要以食品公司订单甜糯玉米、种业公司订单制种玉米、土地流转由承包者种植的大田玉米组成。其间，累计生产玉米 30465 万千克，年平均生产玉米 3046.5 万千克，年平均亩产玉米 797 千克。

2013—2022 年，累计生产甜糯玉米 13323 万千克，年平均生产甜糯玉米 1332.3 万千克，年平均亩产甜糯玉米 832.6 千克；累计生产制种玉米 13416 万千克，年平均生产制种玉米 1341.6 万千克，年平均亩产制种玉米 714.5 千克；累计生产大田玉米 3726 万千克，年平均生产大田玉米 414 万千克，年平均亩产玉米 845.2 千克。2019 年制种玉米亩产达 903 千克，为 10 年来亩产最高水平，2020 年甜糯玉米亩产达 1003 千克，为 10 年来亩产最高水平。2013—2022 年玉米种植情况见表 2-3-1。

表 2-3-1　2013—2022 年玉米种植情况

年份	玉米总播种面积（亩）	甜糯玉米			制种玉米			大田玉米		
		面积（亩）	总产（万千克）	亩产（千克）	面积（亩）	总产（万千克）	亩产（千克）	面积（亩）	总产（万千克）	亩产（千克）
2013 年	51699	14171	766	540	36865	1401	380	663	56	840
2014 年	40662	20414	1528	748	17307	1125	650	2941	253	859
2015 年	46677	15890	1332	838	28831	1826	633	1956	156	798
2016 年	39081	7844	510	650	30097	2287	760	1139	90	790
2017 年	30587	16559	1128	681	9472	568	600	4556	353	775
2018 年	38501	12115	1202	992	20752	1464	705	5634	407	723
2019 年	45058	18825	1673	889	14764	1333	903	11469	1022	892
2020 年	44940	17889	1794	1003	16091	1416	880	10960	1041	950
2021 年	31984	16293	1631	1001	12137	994	819	3554	348	980
2022 年	30167	17876	1759	984	12292	1002	815			

二、蔬菜种植

蔬菜是农场种植的主要经济作物。2013—2022 年，蔬菜种植包括蔬菜公司订单辣椒和产业结构调整后土地流转由承包者种植娃娃菜、洋葱等蔬菜作物。10 年来累计种植各类蔬菜作物 20.46 万亩，年均种植各类蔬菜 2.05 万亩。2013—2022 年蔬菜种植情况见表 2-3-2。

表 2-3-2　2013—2022 年蔬菜种植情况

年份	面积（亩）	年份	面积（亩）
2013 年	10497	2018 年	29850
2014 年	13742	2019 年	25883
2015 年	10080	2020 年	20209
2016 年	13208	2021 年	27163
2017 年	20973	2022 年	32961

三、马铃薯种植

（一）马铃薯事业部发展

2019年下半年，经多方考察协商，集团公司与百事（中国）公司达成马铃薯合作种植战略协议（6年），约定双方生产成本、投资收益各占50%。其中，百事（中国）公司提供部分马铃薯种植收获专用设备，采购并提供种植用的二代马铃薯、化肥和部分农药；集团公司提供合作项目所需的耕作土地及附属设施、田间水井取水水资源费，提供部分马铃薯种植动力设备及机械作业、滴灌毛管投入，提供合作项目所需的电、水、临时用工、部分农药及其他成本投入。2020年3月9日，设立马铃薯事业部，负责集团公司与百事（中国）公司马铃薯项目合作相关业务。2020年该事业部有员工14人，其中管理技术及业务人员9人、长期临时员工5人。

截至2022年底，随着种植规模的不断扩大，该事业部共有员工36人，其中管理技术及业务人员24人、长期临时员工12人。合作方百事（中国）公司有员工27人。拥有办公基地4个（物流公司院内、原十连蔬菜公司试验基地、四分场原机务队大院、原工程建筑公司），配套办公室、宿舍、餐厅、机修间、机械停放区等功能区。集团公司投入的机械设备有拖拉机5台、装载机1台、捡石机1台、皮卡车3辆。合作方百事（中国）公司投入的拖拉机、收获机等机械设备共82台。

（二）生产经营管理

在生产管理上采用全程机械化、全面积无膜化、水肥一体化的综合高效栽培技术。在管理机制上将农艺师分配到片，分片包干，责任到人。种植面积由2020年的0.62万亩增至2022年的1.34万亩，产量由2020年的2.36万吨增至2022年的5.16万吨，三年平均亩产3.94吨。2020—2022年分别实现利润总额684.53万元、1125.6万元、1409万元。

2021年8月，合作农场获得百事（中国）公司农业可持续发展中国马铃薯农场认证。2022年，黄羊河集团公司"自制滴灌铺毛管间隔覆土设备"和"压垄机碎土块技术"分别获百事（中国）公司农业部2022年度"金点子项目"二等奖、三等奖。马铃薯事业部生产经营情况见表2-3-3。

表2-3-3 马铃薯事业部生产经营情况

年份	种植面积（亩）	产品产量（吨）	亩产（吨）	利润（万元）
2020年	6150	23554.5	3.83	684.53

（续）

年份	种植面积（亩）	产品产量（吨）	亩产（吨）	利润（万元）
2021 年	10417	43022.2	4.13	1125.6
2022 年	13400	51590	3.85	1409

四、农作物种植结构和产量

农作物种植面积从 2013 年的 7.4 万亩扩大到 2022 年的 9 万亩以上，这一时期平均每年种植面积 8.31 万亩。其中：粮食作物年均种植面积 4.76 万亩，占年均种植面积的 57.3％；经济作物年均种植面积 2.9 万亩，占年均种植面积的 34.8％；其他作物年均种植面积 0.66 万亩，占年均种植面积的 7.9％。其间随着种植结构的不断调整，种植的粮食作物有小麦、玉米、马铃薯等，经济作物有甜叶菊、食葵、甜菜、娃娃菜、洋葱、辣椒、芦笋、特药等，其他作物（牧草绿肥）有苜蓿、青贮草、燕麦草等。2013—2022 年农作物种植结构见表 2-3-4。

表 2-3-4　2013—2022 年农作物种植结构

年份	种植面积（亩）				种植比例（％）		
	总种植面积	粮食作物	经济作物	其他作物	粮食作物占总播种面积的比例	经济作物占总播种面积的比例	其他作物占总播种面积的比例
2013 年	73816	51699	20050	2067	70	27.2	2.8
2014 年	74306	41947	25520	6839	56.5	34.3	9.2
2015 年	75618	50185	19069	6364	66.4	25.2	8.4
2016 年	77383	44205	27186	5993	57.1	35.1	7.7
2017 年	89000	37869	30536	20595	42.5	34.3	23.1
2018 年	88205	44357	36781	7068	50.3	41.7	8
2019 年	86600	52582	31535	2483	60.7	36.4	2.9
2020 年	87533	57307	24219	6007	65.5	27.7	6.9
2021 年	88985	47727	35947	5311	53.6	40.4	6
2022 年	90020	47955	38729	3336	53.3	43	3.7

备注：粮食作物包括小麦、玉米、马铃薯等，经济作物包括辣椒、洋葱、娃娃菜、芦笋、食葵、甜菜、特药等，其他作物包括苜蓿、青贮草等。

（一）各类粮食作物产量

2013—2022 年，累计生产粮食 36604 万千克，年平均生产粮食 3660.4 万千克，年平均亩产粮食 769 千克。2018 年亩产达 933 千克，为 10 年来亩产最高水平。2013—2022 年粮食作物种植面积及产量见表 2-3-5。

表 2-3-5　2013—2022 年粮食作物种植面积及产量

年份	面积（亩）	总产量（万千克）	单产（千克）	年份	面积（亩）	总产量（万千克）	单产（千克）
2013 年	51699	2306	446	2018 年	44357	4139	933
2014 年	41947	3142	749	2019 年	52582	4412	839
2015 年	50185	3679	733	2020 年	57307	4837	844
2016 年	44205	3205	725	2021 年	47727	4157	871
2017 年	37869	2632	695	2022 年	47955	4095	854

（二）经济作物（辣椒、洋葱）产量

2013—2022 年，累计生产辣椒、洋葱 33463 万千克。其中：生产辣椒 12989 万千克，年平均生产辣椒 1298.9 万千克，年平均亩产辣椒 2219 千克，2015 年亩产达 3065 千克，为 10 年来亩产最高水平；生产洋葱 20474 万千克，年平均生产洋葱 2047.4 万千克，年平均亩产洋葱 6758 千克，2017 年亩产达 8000 千克，为 10 年来亩产最高水平。2013—2022 年辣椒、洋葱种植面积及产量见表 2-3-6。

表 2-3-6　2013—2022 年辣椒、洋葱种植面积及产量

年份	辣椒			洋葱		
	面积（亩）	总产（万千克）	亩产（千克）	面积（亩）	总产（万千克）	亩产（千克）
2013 年	5213	619	1188	1809	1020	5638
2014 年	7734	2165	2800	2707	1814	6700
2015 年	2862	877	3065	3046	1980	6500
2016 年	1582	443	2800	2237	1521	6800
2017 年	5454	1418	2600	2221	1777	8000
2018 年	5658	1476	2609	2659	1715	6452
2019 年	7495	1991	2656	2013	1345	6684
2020 年	11161	1515	1357	1185	770	6502
2021 年	11151	1751	1570	3157	2241	7100
2022 年	4758	734	1543	8738	6291	7200

五、植物保护

（一）植保方针

植保工作继续坚持"预防为主，综合防治"的方针，牢固树立"公共植保""绿色植保"理念，以职工增收、农业增效为目标，抓好各类作物病虫草害的测报与综合防治，以及植保新品种、新技术的试验、示范与推广工作。

（二）主导作物病虫害的综合防治

1. 常见的病虫害 地老虎、棉铃虫、玉米螟、红蜘蛛、叶螨、蚜虫、金针虫、蛴螬、瘤黑粉病、顶腐病锈病、白粉病、细菌性青枯病、根茎基腐、病褐斑病、疫病。

2. 综合防治措施 防治措施包括：农业防治，如轮作、清园压低虫源，使用抗性品种；物理防治，如利用害虫的趋光性、趋化性、性信息素等来控制害虫；生物防治，如增加农田植被多样性培育保护天敌，种植蜜源植物诱集天敌，人工繁殖和释放天敌，引进天敌等；化学防治，适量合理施用化学农药来防治病虫害。

第三节 林 果 业

一、防护林

（一）植树造林情况

2013—2022 年，集团公司植树造林总面积 832.5 亩，其中新建和补栽各类林木 404.2 亩、高标准农田建设项目林 428.3 亩。

2013 年，在农业各分场、水电站、果品公司、社区栽植林木 60 亩，其中新栽 42 亩、补栽 18 亩，树种为新疆杨、白蜡、侧柏、刺槐、刺柏球、国槐、馒头柳、榆树、云杉。在一分场牧场栽植项目林 18.9 亩，树种为新疆杨。

2014 年，在农业各分场、果品公司栽植林木 92.7 亩，其中栽植环境林 6.2 亩、新栽行道林和边界林 86.5 亩，树种为新疆杨、馒头柳、刺槐、国槐、金丝柳、榆树、云杉、小叶榆。在一分场牧场、五分场十队栽植项目林 129.9 亩，树种为新疆杨。

2015 年，在农业各分场、果品公司栽植林木 87.7 亩，其中新栽防护林 73.5 亩、环境林 14.2 亩，树种为新疆杨、馒头柳、刺槐、榆树、樟子松、国槐。

2016 年，在一分场、良种场、果品公司新栽、补栽林木 92.7 亩，树种为杨树、榆树。在五分场十队、三分场六队栽植项目林 82.1 亩，树种为新疆杨。

2017 年，在各单位新栽、补栽林木 6.9 亩，其中在良种场、三分场与吴家井乡四方墩村交界处栽植林木 0.4 亩，栽植所用树苗由吴家井乡政府免费提供。在一分场五队、三分场六队、四分场九队栽植项目林 41.3 亩，树种为新疆杨。

2018 年，在四分场栽植防护林 2.4 亩，树种为新疆杨。

2019 年，在四分场、社区三马路栽植防护林 22.2 亩，树种为新疆杨、刺槐、樟子松、榆树。在二分场三队、三分场八队、四分场九队栽植项目林 52.2 亩，树种为刺槐。

2020 年，在四分场、良种场、社区补栽林木 5.1 亩，树种为新疆杨、刺槐、樟子松。在一分场牧场、园艺四队栽植项目林 38.3 亩，树种为新疆杨、刺槐、樟子松。

2021 年，在四分场、节水材料公司、园艺场补栽林木 11 亩，树种为刺槐、国槐、樟子松、榆树。在三分场六队、四分场十三队栽植项目林 46.9 亩，树种为新疆杨、刺槐。

2022 年，在农业各分场、园艺场、食品公司、节水材料公司补栽林木 23.5 亩，树种为杨树、刺槐、云杉。在二分场二队栽植项目林 18.7 亩，树种为刺槐。2013—2022 年植树造林面积见表 2-3-7。

表 2-3-7　2013—2022 年植树造林面积

年份	造林面积（亩）	年份	造林面积（亩）
2013 年	78.9	2018 年	2.4
2014 年	222.6	2019 年	74.4
2015 年	87.7	2020 年	43.4
2016 年	174.8	2021 年	57.9
2017 年	48.2	2022 年	42.2

（二）林木分布覆盖现状

2013 年以来，秉承"植树造林，造福后代"的宗旨，集团公司不断巩固绿化成果，构建生态防护林体系。防护林网由历年栽植农田防护林、道路林、绿化林三部分组成，总面积 4599.92 亩。其中：防护林 3470.67 亩，占到林木总面积的 75.5％；道路林 600.52 亩，占到林木总面积的 13.1％；绿化林面积 528.73 亩，占到林木总面积的 11.5％。2022 年林木分布情况见表 2-3-8。

表 2-3-8　2022 年林木分布情况

单位	总面积（亩）	防护林面积（亩）	道路林面积（亩）	绿化林面积（亩）	树种
一分场	759.81	672.81		87	柳树、白蜡、云杉、馒头柳、椿树、槐树、杨树、沙枣树、榆树、柏树
二分场	498.78	391.78	86	21	柳树、白蜡、槐树、杨树、沙枣树、榆树、松树、杏树
三分场	495.19	347.37	90.32	57.5	柳树、白蜡、槐树、杨树、沙枣树、榆树、松树
四分场	752.38	558.75	97.87	95.76	柳树、白蜡、槐树、杨树、沙枣树、榆树、松树、樟子松
五分场	927.8	907.8		20	柳树、槐树、杨树、沙枣树、榆树、柏树、松树

（续）

单位	总面积（亩）	防护林面积（亩）	道路林面积（亩）	绿化林面积（亩）	树种
良种场	263.76	263.76			柳树、白蜡、云杉、馒头柳、槐树、杨树、榆树、松树
园艺场	367.38	316.88	12	38.5	白蜡、云杉、槐树、杨树、沙枣树、榆树、樟子松
水电站	401.85		288.3	113.55	柳树、白蜡、槐树、杨树、松树
蔬菜公司	1.59		1.59		柳树、槐树、杨树、松树
食品公司	1.8		1.8		云杉
物流公司	0.1			0.1	樟子松
节水材料公司	95.09		5.09	90	柳树、槐树、杨树、榆树、柏树、松树
武威农业公司	30.16	11.52	13.32	5.32	柳树、国槐、沙枣树
腾利公司	4.23		4.23		柳树、白蜡、槐树、杨树、榆树、松树
合计	4599.92	3470.67	600.52	528.73	

（三）林木管理

2013年以来，集团公司每年都制定下发《关于加强春季林木管护工作的通知》，从老林带林木整枝修剪、灌水、垃圾清理、修整树沟和渠道、病虫害防治、林木防火禁牧、新建林带栽植管理技术措施、明确对林木管护责任等方面进行了规定，规范签订林木分片管护责任书。同时，绿化委不定期对各单位林木管理工作进行检查，检查结果作为年底林木管护工作考核依据，保证新栽林木的成活率和老林带的保存率。

2013—2022年，集团公司投入37.38万元，采购各类农药6651.5千克，用于林木病虫害防治。

2013年7月15日，集团公司下发《甘肃黄羊河集团林木管理办法》，林木（主要包括环境林、农田防护林、项目林）管理坚持：长期造林，全面护林，伐育结合，防盗滥伐，建设企业生态文明，打造生态环境良性化的"五化"经营模式。12月12日，集团公司对农业6个分场、水电站、果品公司及莫高园区林木管护费实施补贴，2013年补贴面积为4011亩，按照50元/亩进行补贴。

2014年开始，林木管护费补贴面积按照各单位每年植树造林面积和采伐更新后的实有面积确定。绿化委对各单位林木管护情况进行年度检查考核合格后，由财务资产部拨付。

2016年12月6日，集团公司对6个农业分场、水电站、果品公司2016年林木管护实施补贴，补贴面积4490.9亩，补贴资金22.45万元。

2019年8月，集团公司投入2.85万元，对辖区杨树叶锈病采用进口药剂进行防治。

2020年4月，集团公司制定《甘肃黄羊河集团公司林地野外火源专项治理实施方案》，自 4 月 3 日至 6 月 15 日集中利用两个半月的时间，在 6 个农业分场、园艺场、水电站、社区、食品公司、种业公司、蔬菜公司、节水材料公司和莫高园区等单位对农事用火、祭祀用火、林业生产用火等容易引发火灾的主要顽疾进行集中排查整治。

2020—2022 年，集团公司在枯死树木安全隐患排查整治行动中共清理枯死树木 5105 棵，截杆复壮 1673 棵。

二、经济林

（一）园艺场的发展

2013 年至 2019 年 7 月，由果品公司负责果园的生产、技术和销售服务。2013 年果品公司由园艺一队、二队、三队、四队、五队、六队 6 个生产队组成。2014 年 1 月 19 日，设立园艺七队（原果树试验站）、园艺八队（原金色大道两旁林果）。2014 年开始，果品公司由园艺一队、二队、三队、四队、五队、六队、七队、八队 8 个生产队组成。

2015 年 4 月，果品公司与天水长城果汁集团股份有限公司签订合作共建欧盟认证有机果园意向性协议，该有机认证由北京爱克赛尔认证中心（ECOCERT CHINA）提供 ECOCERT 有机标准认证（简称 EOS）。

2016 年，在原麦芽公司新厂区改造建成 4000 吨恒温库 1 座。同年，将 937 亩果园对外租赁给甘肃恒瑞生物科技有限公司，签订租期 10 年《果园租赁经营合同》。租赁期间，甘肃恒瑞生物科技有限公司拒不按《果园租赁经营合同》约定支付相关费用。2018 年 10 月，通过司法途径追缴甘肃恒瑞生物科技有限公司欠款，该合同终止。

2018 年，园艺八队合并到园艺一队，果品公司由园艺一队、二队、三队、四队、五队、六队、七队 7 个生产队组成。

2019 年 5 月 17 日，果品公司机构精简，将原园艺一队和园艺七队合并，组建为园艺一队；原园艺二队和园艺四队合并，组建为园艺二队；园艺三队不调整；原园艺五队和园艺六队合并，组建为园艺四队。

2019 年 7 月 19 日，将果品公司名称变更为园艺场。自此，由园艺场负责果园的生产、技术和销售服务。

（二）果园建设情况

2013—2015 年，原地更新果园 647.2 亩。2016 年开始，对无效益、无保留价值的果园进行采伐，采伐后改种农业地。

1. 果园更新 2013—2015 年，未扩建发展新果园，只是对老龄化、病害严重的果园进行采伐，采伐后在原地更新果园。三年来，在园艺一队、园艺二队、园艺三队、园艺四队、园艺七队共更新果园 647.2 亩，采用 3 米×4 米或 3 米×5 米的株行距，亩栽 44～55 株，定植品种以早酥梨、富士苹果、金冠苹果为主。2015 年，探索引进新的种植品种，在园艺四队种植樱桃 18.8 亩，采用 3 米×4 米的株行距，亩栽 55 株，该品种因气候原因生长不良、抽条严重、保存率低。2019 年，挖除改种农业地。2013—2015 年果园定植情况见表 2-3-9。

表 2-3-9 2013—2015 年果园定植情况

年份	位置	定植树种	果园定植情况			主要品种
			规格（米）	面积（亩）	亩栽株数	
2013 年	园艺三队	梨	3×4	76.7	55	早酥梨
	园艺四队	梨	3×4	99	55	早酥梨
2014 年	园艺一队	苹果	3×5	20	44	富士、金冠苹果
	园艺二队	梨	3×4	80	55	早酥梨
	园艺三队	梨	3×4	79.7	55	早酥梨
	园艺四队	梨	3×4	41.1	55	早酥梨
2015 年	园艺一队	苹果	3×5	40	44	富士、金冠苹果
	园艺四队	梨	3×4	131.9	55	早酥梨
		樱桃	3×4	18.8	55	
	园艺七队	苹果	3×5	60	44	富士、金冠苹果
合计				647.2		

2. 果园采伐 2016 年以来，由于品种结构老化、病害严重，加之国内水果产品极大丰富，果品公司经营困难逐年增大。集团公司据此决策，逐年对无效益和无保留价值的果园进行采伐，共计采伐果园 3480.74 亩，采伐后改种农业地。2013—2022 年果园采伐情况见表 2-3-10。

表 2-3-10 2013—2022 年果园采伐情况

年份	果园总面积（亩）	果园采伐情况		备注
		采伐面积（亩）	地点	
2013 年	6150	76.7	园艺三队	原地更新
		99	园艺四队	
2014 年	6150	20	园艺一队	原地更新
		80	园艺二队	
		79.7	园艺三队	
		41.1	园艺四队	

（续）

年份	果园总面积（亩）	果园采伐情况		备注
		采伐面积（亩）	地点	
2015 年	6150	60	园艺七队	
		40	园艺一队	原地更新
		150.7	园艺四队	
2016 年	5951	48.5	园艺一队	
		138.54	园艺四队	
		11.96	园艺八队	
2017 年	5524.6	280	园艺一队	
		36	园艺二队	
		32.8	园艺三队	
		77.6	园艺四队	
2018 年	5515.3	9.3	园艺三队	
2019 年	4554.37	116.65	园艺一队	
		661.16	园艺二队	
		103.65	园艺三队	
		79.47	园艺四队	
2020 年	3718.52	49.4	园艺一队	
		405.6	园艺二队	
		162.15	园艺三队	
		218.7	园艺四队	
2021 年	3403.47	210.56	园艺二队	
		104.49	园艺四队	
2022 年	2669.26	262	园艺一队	
		65	园艺二队	
		174.5	园艺三队	
		232.71	园艺四队	

（三）果园分布与水果产量

2022 年底，现存果园总面积 2669.26 亩。其中：园艺一队 961.98 亩（包括原园艺七队、八队果园），园艺二队 623.09 亩（包括原园艺二队、园艺四队果园），园艺三队 144.6 亩，园艺四队 939.59 亩（包括原园艺五队、园艺六队果园）。2022 年果园分布情况见表 2－3－11。

表 2－3－11　2022 年果园分布情况

单位	果园总面积（亩）	苹果面积（亩）	梨面积（亩）	地点
园艺一队	961.98	738.48	223.5	原园艺一、七、八队
园艺二队	623.09	434.99	188.1	原园艺二、四队

（续）

单位	果园总面积（亩）	苹果面积（亩）	梨面积（亩）	地点
园艺三队	144.6	17	127.6	
园艺四队	939.59	689.44	250.15	原园艺五、六队
合计	2669.26	1879.91	789.35	

果园受大小年和自然因素的影响较大，水果产量时高时低。2013—2022 年累计生产果品 4196.5 万千克，年均生产果品 419.6 万千克。2019 年，总产量达到最高水平 473.65 万千克，单产从 2013 年的 920 千克提高到 2019 年的 1040 千克。2020—2022 年，年亩产量分别达到 1125 千克、1340 千克、935 千克。2013—2022 年果园面积和产量见表 2-3-12。

表 2-3-12　2013—2022 年果园面积和产量

年份	果园面积（亩）	结果面积（亩）	总产量（万千克）	亩产（千克）
2013 年	6150	4540	417.68	920
2014 年	6150	4564	465.53	1020
2015 年	6150	4229	414.44	980
2016 年	5951	4157	436.49	1050
2017 年	5524.6	4866	399.01	820
2018 年	5515.3	4954.25	465.7	940
2019 年	4554.37	4554.37	473.65	1040
2020 年	3718.52	3718.52	418.33	1125
2021 年	3403.47	3403.47	456.06	1340
2022 年	2669.26	2669.26	249.58	935

（四）果园经营方式

1. 生产经营模式

（1）员工承包经营。2013 年，果品公司制定《黄羊河集团果树租赁经营试行办法》，明确了承租原则、承租期限、承租形式、承租合同等内容。2013 年开始，每年都与员工签订承包合同或租赁合同。

（2）管理人员经营管理。2018—2021 年，对无人承租和职工退休退地的果园，将地块集中连片的果园由园艺场各队统一经营，地块分散的果园由园艺场管理人员采用"自负盈亏"承包经营模式进行经营管理。

2. 果园标准化管理
在果园的管理中，按照绿色、有机食品生产技术标准和要求，为种植者提供产前、产中、产后一条龙服务。

（1）果园实行"六统一"管理。统一更新品种、统一施肥、统一浇水、统一病虫害防治、统一修剪、统一储藏销售。

（2）果园实施"八项技术"措施。2014 年，针对果园"三密两低一弱"现状，果品公司制定《果品公司关于大力实施果园"八项技术"的意见》。通过间伐和树形改造、增施有机肥、涂杆清园、疏花保果、果实套袋、改良品种、病虫害综合防治、铺反光膜等措施提升果品品质，增加商品果率，提高经济效益。

（3）果品公司修订完善《黄羊河集团果园标准化管理办法》，从果园承租、订单管理、员工管理、产品管理等方面细化生产管理各个环节并逐一落实，果园管理逐步迈入产业化发展局面。

（4）完善农产品质量安全管理体系建设，实施农产品质量全程追溯。从种植、收获到商品化处理、储藏、销售，全程进行质量追溯，确保生产健康、安全果品。

3. 恒温库经营管理　园艺场运营着黄羊河集团恒温库和麦芽厂恒温库，恒温库采用果品贮藏销售、租赁经营和多种经营为主的经营模式，在库体管理上全面推行"6S"管理，制定了《黄羊河集团果品公司恒温库经营管理办法》，完善出入库、现场理货管理、销售、采购、日常管理等制度，使恒温库经营管理工作趋于公司化管理。

（五）获奖与认证

1. 获奖　2014 年 11 月，第十五届中国绿色食品博览会上"黄羊河牌"苹果、梨获金奖。

2015 年 11 月，第十六届中国绿色食品博览会上"黄羊河牌"苹果、梨获金奖。12 月，红富士苹果在"甘肃银行杯"2015 届"陇原农保"暨"农业产业化十大领军人物"推选活动中，获"陇原农宝·武威十宝"称号。

2017 年 8 月，第十八届中国绿色食品博览会上"黄羊河牌"金冠苹果获绿博会金奖。

2018 年 10 月，"苹果（富士）"在凉州区庆祝首届中国农民丰收节——"丰收凉州"农产品博览会上获优质农产品金奖。

2020 年 11 月，第十四届中国国际有机食品博览会上"黄羊河牌"有机金冠苹果获绿博会金奖。

2. 认证　截至 2022 年底，果品生产基地绿色、有机食品认证全覆盖，其中有机基地 700 亩。通过绿色食品认证的有新红星苹果、红富士苹果、金冠苹果、皇冠梨、早酥梨等 5 个果品产品，通过有机食品认证的有新红星苹果、早酥梨、红富士苹果、金冠苹果等 4 个果品产品。

2014 年，果品公司将园艺六队 700 亩新建果园申报有机果品生产基地。12 月 9 日，取得有机转换认证证书。经过 3 年有机认证转换期，于 2017 年 12 月 6 日取得有机产品认证证书。

2015 年 6 月 4 日，取得"中华人民共和国甘肃出入境检验检疫局出境水果包装厂注册登记证证书"。

2020 年，园艺场果品纳入第九批全国扶贫产品目录。

2021—2022 年，园艺场获得省级特色优势农产品评价项目"三品一标"农产品认证补助、有机认证奖补资金共 24 万元。

（六）植物保护

1. 植保工作　坚持"预防为主，绿色环保"的病虫防治原则，专业化统防统治覆盖率 100％，绿色防控覆盖率 100％，苹果蠹蛾蛀果率小于 0.1％。

2013 年，成立果品公司统防统治机防队，被甘肃省农牧厅授予甘肃省农作物病虫害专业化统防统治"达标组织"，争取到项目资金 6 万元。

2020 年，果品基地被武威市农业技术推广中心确立为苹果蠹蛾疫情综合治理示范区。

2021—2022 年，果品基地被甘肃省植保站和武威市农业技术推广中心设立为苹果蠹蛾疫情综合防控示范区。

2021 年，果品基地安装新一代虫情测报工具远程拍照式虫情测报灯，用于病虫害监测预警，严格执行"五日一查，一周一报"制度，准确掌握病虫害发生趋势及动态，适时开展防控。开展梨树黄化病的防治技术示范与推广，通过增施有机肥、注射针剂等措施，果树黄化病得到了有效控制。

2. 常见的果树病虫害及防治措施

（1）常见病虫害。常见病虫害有腐烂病、早期落叶病、锈病、白粉病，蚜虫、叶螨、卷叶蛾、金纹细蛾、金龟子、食心虫、苹果蠹蛾等。

（2）农业防治。清除病虫果、病枯枝、落叶、杂草，刮除树干老翘皮，在指定地点集中销毁或无害化处理。秋季翻树盘，减少土壤中越冬害虫。采用果园生草、秸秆覆盖、科学施肥等措施强壮树势，增强抵御病虫害的能力。

（3）物理防治。采用杀虫灯、粘虫板、诱虫带、糖醋液等方法诱杀害虫。

（4）生物防治。人工释放赤眼蜂、捕食螨等天敌，保护和利用瓢虫、草蛉等昆虫，控制害虫（害螨）等危害。利用土壤施用白僵菌防治食心虫。利用性诱剂诱杀金纹细蛾、食心虫、卷叶蛾、苹果蠹蛾等害虫。

（5）化学防治。选用符合绿色、有机食品规定的农药，按使用标准稀释后进行喷雾防治。

第四节　畜　牧　业

一、畜牧业管理体制

2013年以来，集团公司畜牧养殖以家庭私养为主。畜牧业由集团公司农业管理部负责，黄羊河肉羊养殖农民专业合作社具体负责集团公司农林业各单位羊、牛等畜牧养殖技术指导、疾病防治、饲料供应、产品销售等有偿服务。

2013年7月15日，集团公司成立黄羊河养殖技术指导服务中心，养殖技术指导服务中心与甘肃农业大学农学院、甘肃农业大学动物医学院、甘肃省农业科学院、武威市农牧局、凉州区畜牧局、正大集团甘肃分公司建立了合作关系，并被作为科研、教学、实习、试验基地。

2013年，黄羊河肉羊养殖农民专业合作社被甘肃省农牧厅确定为省级畜禽养殖标准化示范场。

2014年1月19日，集团公司成立以吴伯成为组长，黄斌（常务）、李昌、冯国强、吴伯虎为副组长，各养殖单位行政负责人及张鸿为组员的养殖合作社筹建领导小组。研究制订养殖合作社发展规划及年度计划，负责科研项目的设计、实施，养殖项目的立项、建设、管理以及养殖技术服务、疫病防治、产品销售等工作。

2014年4月17日，集团公司成立以吴伯成为组长，李昌、冯国强、黄斌、吴伯虎为副组长，各养殖单位行政负责人及张鸿为组员的疫病防控领导小组。黄羊河肉羊养殖农民专业合作社是公司畜禽疫病防控的管理机构，依法对公司辖区所有畜禽疫病防控进行管理。

2015年1月30日，设立黄羊河集团公司养殖合作社。养殖合作社通过服务指导，提高养殖户饲养管理水平，开展优化育肥阶段日粮配比方案制定实施、疫病防控等工作。

2018年2月28日，撤销农业管理部，设立企业管理部，自此畜牧业由企业管理部负责。

二、畜牧业生产

（一）畜牧业养殖情况

2013—2022年，畜牧养殖以牛、猪、羊、鸡养殖为主。牛饲养年末存栏量平均681头，其中牛饲养2015年底存栏量最大，达到1362头。生猪饲养年末存栏量平均1026头，其中生猪饲养2013年底存栏量最大，达到1580头。羊饲养年末存栏量平均2.53万只，其中羊饲养 2017 年底存栏量最大，达到 3.08 万只。家禽饲养年末存栏量平均 4459 只，其中家禽饲养 2013 年底存栏量最大，达到 8305 只。截至 2022 年底畜牧业存栏情况：牛 507 头、猪 1137 头、羊 22470 只、鸡 2431 只。黄羊河农场 2013—2022 年牲畜年末存栏量见表 2 - 3 - 13。

表 2 - 3 - 13　黄羊河农场 2013—2022 年牲畜年末存栏量

年份	牛（头）			猪（头）	羊（只）	鸡（只）
	合计	黄牛	良种及改良乳牛			
2013 年	191	165	26	1580	24923	8305
2014 年	221	192	29	1269	29734	5897
2015 年	1362	1322	40	786	27730	5100
2016 年	1345	1315	30	619	29314	5828
2017 年	1000	1000		749	30773	4609
2018 年	982	982		627	11440	2300
2019 年	136	136		902	26889	5090
2020 年	510	499	11	1079	25024	2612
2021 年	563	560	3	1519	24740	2421
2022 年	507	504	3	1137	22470	2431

（二）畜产品生产情况

2013—2022 年，畜产品主要以猪肉、羊肉、牛肉、禽肉为主，累计生产肉类 688.15 万千克。其中：猪肉 186.93 万千克，牛肉 86.78 万千克，羊肉 401.77 万千克，禽肉 12.67 万千克。生产羊毛 8.13 万千克，鲜奶 56.3 万千克。黄羊河农场 2013—2022 年主要畜产品产量见表 2 - 3 - 14。

表 2 - 3 - 14　黄羊河农场 2013—2022 年主要畜产品产量

年份	肉类					牛奶（千克）	羊毛（千克）
	总产量（千克）	猪肉（千克）	羊肉（千克）	牛肉（千克）	禽肉（千克）		
2013 年	233110	77400	133340	14250	8120	80000	8900
2014 年	293800	73130	206750	6000	7920	75000	2970
2015 年	861540	129290	690000	30000	12250	80000	25000
2016 年	688470	104910	390720	181800	11040	40000	14660
2017 年	701720	135140	294000	260700	11880	78000	15000
2018 年	990400	166400	640000	160000	24000	18000	
2019 年	503000	68000	334000	101000		16000	
2020 年	588000	75000	473000	22000	18000	110000	
2021 年	1062000	547000	450000	48000	17000	46000	8000
2022 年	959500	493000	406000	44000	16500	20000	6800

（三）畜牧业现状

2013 年，建成面积 45 亩肉羊养殖场，1.36 万平方米养殖暖棚及附属设施。

2014 年，建成标准化养殖场 8 座及养殖暖棚 127 户，其中农业一分场 21 户、二分场 16 户、三分场 20 户、四分场 30 户、五分场 20 户、果品公司 10 户、建筑材料公司 10 户。建筑面积共 7.17 万平方米，总用地面积 713.6 亩。

三、疫病防治

养殖坚持"预防为主，防治结合，防重于治"原则，致力于防止疫病发生，提高养殖效益。

2013 年 4 月 18 日，集团公司下发《黄羊河集团公司禽流感防控应急预案》，采取以加强疫情监测、疫情发现为主导的综合性防控措施。

2014 年 1 月 27 日，集团公司下发《关于认真做好小反刍兽疫疫病防治的紧急通知》，各分场、各单位确定一名责任人，负责全面落实《小反刍兽疫防治方案》，将《小反刍兽疫防治方案》发放到每一个养殖户手中，并在单位、养殖区进行张贴宣传，组织所有养殖户（含散养户）召开专题会议，安排部署防疫工作。

2014 年 4 月 17 日，集团公司下发《黄羊河集团畜禽疫病防控管理办法》《黄羊河集团畜禽无害化处理管理办法》《黄羊河集团畜禽疫病防控应急预案》等 3 项管理制度有关文件。

第四章 农产品加工业

第一节 农产品加工业综合

一、农产品加工业综合情况

2013 年以来，集团公司根据产业结构的发展对各分、子公司的职能进行了调整，集团公司农产品加工业先后有食品公司、种业公司、蔬菜公司、麦芽公司、亚麻公司、武威农业公司 6 个农产品加工业单位，农产品加工业以生产甜糯玉米、制种玉米、洋葱、辣椒、麦芽、亚麻、特药为主。

自 2009 年开始，亚麻公司因市场因素等影响亏损停产，无法重新启动。2010 年，亚麻公司原有员工分流安置到节水材料公司。自 2010 年开始，由于麦芽国内市场疲软等原因，麦芽公司停止生产经营。2015 年，麦芽公司、亚麻公司完成资产清算、处置。2015 年 9 月，亚麻公司办理了地税税务登记注销手续。2016 年 12 月，亚麻公司通过工商部门注销登记。2017 年 3 月，麦芽公司通过工商部门注销登记。2020 年 10 月，甘肃农垦种业类资产整合重组，种业公司整合重组到甘肃亚盛种业有限责任公司。2020 年 12 月，武威黄羊河亚麻公司通过工商部门注销登记。2021 年 1 月，武威农业公司整建制划转交由黄羊河集团公司作为其子公司经营管理。

二、组织机构

（一）农产品加工业管理机构

2013 年至 2018 年 1 月，集团公司设工业管理部，具体负责农产品加工业生产组织协调、管理、规范化运营工作。2018 年 2 月，撤销工业管理部，设立企业管理部（内设企业技术中心办公室）。自此，企业管理部作为农产品加工业生产的主管部门。

（二）农产品加工业单位

截至 2022 年底，集团公司拥有以农产品种植加工为主的食品公司、蔬菜公司，以特药种植加工为主的武威农业公司 3 个农产品加工业单位。

食品公司：注册资本 1.3 亿元，拥有固定资产 7828.56 万元。以基地种植甜糯玉米、生产销售真空保鲜甜糯玉米、速冻甜糯玉米、速冻甜玉米粒和糯玉米糁为代表的真空保鲜、速冻和杂粮等产品为主。

蔬菜公司：注册资本 300 万元，拥有固定资产 1153.39 万元。以基地各类蔬菜产品的种植、收购、储藏和销售，辣椒种苗繁育，开展新技术、新品种引进为主。

武威农业公司：注册资本 92.8 万元，拥有固定资产 1791.23 万元。以基地药材种植、加工与销售为主。

第二节 食品公司

一、发展情况

食品公司成立于 1999 年 5 月，注册资本 52.6 万元。后经增资扩股，2010 年 10 月，注册资本扩大至 2000 万元，其中：集团公司出资 600 万元，参股比例为 30%；自然人出资 1400 万元，参股比例 70%。2015 年 7 月 27 日，成立兰州分公司，主要负责公司内所有产品销售、出口经营及农副产品购销工作。2019 年 11 月 15 日，经增资、股权变更，注册资本增至 1.3 亿元，其中：集团公司出资 1.16 亿元，持股比例 89.23%；自然人出资 1400 万元，持股比例 10.77%。现拥有标准化车间 9000 平方米（其中真空保鲜产品生产车间达到 10 万级净化标准），标准化仓库 5000 平方米，万吨速冻冷藏库 1 座。

2013 年以来，食品公司主要种植甜糯玉米、生产销售真空保鲜甜糯玉米棒、甜糯玉米粒、速冻甜糯玉米棒、速冻甜玉米粒、糯玉米糁、有机甜糯玉米棒、有机糯玉米糁等食品。2015 年，芦笋建园达标并投入正式生产，新增生产销售速冻芦笋、芦笋罐头、芦笋粉等产品。截至 2022 年底，食品公司形成了以真空保鲜甜糯玉米、速冻甜糯玉米、速冻甜玉米粒和糯玉米糁为代表的真空保鲜、速冻和杂粮系列产品，开展代工代销贴牌加工业务，在水煮菜基础上继续推出真空包装土豆粉，带动西北特色产品销售。

2013—2022 年，食品公司完成特色玉米系列产品加工生产线技改项目，特用玉米（粗粮）精作技改项目，芦笋引进、种植及深加工项目，绿芦笋生产加工项目，1200 吨蔬菜（芦笋）深加工技改项目，实验室技改建设项目，污水处理站改扩建项目，设备自动化提升改造项目等八大项目建设。食品公司 2013—2022 年投资建设情况见表 2 - 4 - 1。

表 2-4-1 食品公司 2013—2022 年投资建设情况

年份	投资额（万元）	主要建设内容
2013 年	700.49	速冻车间改造、金属仓安装、仓库及大棚续建、包装秤系统采购与安装、糁子车间改造、营销中心办公大楼装修、数字监控系统安装等工程
2014 年	57.6	购置安装速冻芦笋加工生产线前处理设备（分级、切断、周转工具），改造老厂基础设施（水、电、暖、气），建设芦笋地围栏 13 千米、刺绳 10 千米
2015 年	241	建设芦笋基地员工宿舍和食堂、水塔 3 座，购置速冻芦笋加工设备及采收工具，购置基地物理生物防虫设施，购置电叉车 1 台，更换周转箱 3000 只、金蝶 K3 系统
2016 年	89.89	购置巧固架 400 台、叉车蓄电池 2 组，清洗蒸发冷凝器，完成电子秤修理及配件采购，购置玉米剥皮辊 200 支，采购激光喷码机 1 台，采购周转箱 4000 只，采购蓝色、红色塑料筐共 1000 个，实施锅炉脱硫除尘改造工程
2017 年	225.96	购置螺旋速冻机及自动剥皮系统，改造速冻玉米粒生产线，建设芦笋罐头生产线，改造速冻分装车间
2018 年	96.97	污水分流及污水站改造、实验楼改造、巧固架采购、灭菌锅自动化改造、实验室净化设备
2019 年	234.4	改造速冻车间下水道，修缮糯玉米糁车间地坪、冷库分装间地坪，采购 5 台自动给袋式真空包装机、自动剥皮机
2020 年	66	采购吹气式剥皮机和分级机，改造杀菌锅、玉米糁车间平仓筛、自动包装机模具、灭菌锅组控制气路、切粒机
2021 年	801.5	改扩建污水处理站，采购喷码车间激光喷码机与封箱机，改造喷码车间更衣室及风干线通道流程、二线包装提升机，分装车间地坪重新铺设、车间分隔，更新速冻玉米粒冷链运输专用锂电瓶叉车、糯玉米干籽粒原料清选系统，采购巧固架
2022 年	734	实施锅炉煤改气项目，实施二线车间分割、雨污分离改造、欠发达农场巩固提升项目
合计	3247.81	

二、生产经营与管理

（一）生产经营

1. **甜糯玉米** 2013—2022 年，食品公司甜糯玉米种植基地由黄羊河农场基地和周边农村流转基地组成，种植作物以鲜棒和干籽为主，每年落实基地面积不等。2014 年落实基地面积最高达 2.09 万亩，2016 年最低至 1.23 万亩，年均落实种植面积 1.78 万亩，其中鲜棒年均落实种植面积 1.06 万亩、干籽年均落实种植面积 0.72 万亩。生产加工产品以甜糯玉米、糯玉米糁、甜糯玉米粒、速冻玉米、速冻玉米粒、麸皮为主，累计生产甜糯玉米 6436.44 万穗、年均生产甜糯玉米 644 万穗，累计生产糯玉米糁 27322 吨、年均生产糯玉米糁 2733 吨，累计生产甜糯玉米粒 4376.46 吨、年均生产甜糯玉米粒 437.6 吨，累计生产速冻玉米 7325 吨、年均生产速冻玉米 813 万穗，速冻玉米粒 30097 吨、年均生产速冻玉米粒 3344 吨，累计生产麸皮 18232 吨、年均生产麸皮 1823 吨。食品公司 2013—2022 年甜糯玉米生产情况见表 2-4-2。

表 2-4-2　食品公司 2013—2022 年甜糯玉米生产情况

年份	基地种植情况			产成品情况					
	鲜棒（亩）	干籽（亩）	合计（亩）	甜糯玉米（万穗）	糯玉米糁（吨）	甜糯玉米粒（吨）	速冻玉米（万穗）	速冻玉米粒（吨）	麸皮（吨）
2013 年	12500	7500	20000	942.44	2132	3569			1565
2014 年	12600	8300	20900	776	3175	25	1230	3659	2310
2015 年	11250	9175	20425	626	3175	161	938	4126	2411
2016 年	5645	6703	12348	422	2051	86	565	1213	2002
2017 年	10250	7600	17850	605	2560	100	873	2880	1704
2018 年	10001	3540	13541	494	2811	78	796	3139	1750
2019 年	10859	8963.2	19822.2	684	2248	71	721	3745	1384
2020 年	11671	7168	18839	670	2551	186	854	4304	1540
2021 年	10127	6163	16290	615	3801	59	716	3534	2182
2022 年	10926.5	6949	17875.5	602	2828	41.456	632	3497	1384

2. 芦笋

（1）基地的建设情况。2013—2015 年，食品公司建成芦笋基地 2694 亩，基地分布在二分场、三分场、五分场、良种场，总投资 1654.3 万元。

（2）芦笋生产经营情况。2015—2019 年，基地共产出毛笋 6390.28 吨，平均亩产 502 千克，主要产成品以速冻芦笋为主，累计生产速冻芦笋 2640.84 吨、芦笋罐头 123.36 吨、芦笋粉 1.68 吨，综合制成率 43.8%。自 2015 年建园达标并投入正式生产以来，到 2018 年连年亏损，逐年分别亏损 337.18 万元、167.45 万元、285.72 万元、35.77 万元，2019 年实现利润 100.03 万元。食品公司 2015—2019 年芦笋生产经营情况见表 2-4-3。

表 2-4-3　食品公司 2015—2019 年芦笋生产经营情况

项目		2015 年	2016 年	2017 年	2018 年	2019 年
基地生产情况	毛笋（吨）	1237.98	1403.23	1288.78	1433.91	1026.38
	亩产（千克）	446.68	506	465	517	575
产成品情况	速冻芦笋（吨）	397.8	551.97	555.37	666.24	469.46
	芦笋罐头（吨）			93.52	29.84	
	芦笋粉（吨）				1.68	
	综合制成率（%）	32.13	39.32	50.35	51.61	45.75
经营情况	销售收入（万元）	587.62	792.07	974.67	937.16	842
	利润（万元）	−337.18	−167.45	−285.72	−35.77	100.03

（3）芦笋管理情况。2013 年，食品公司经过多次实地考察种植区域，邀请多位专家现场指导，成立芦笋项目领导小组，制定了《芦笋定植实施方案》《田间管理技术规程》

《滴灌肥配方实施方案》。

2015年，针对芦笋弯头、散头、伤痕等难题，食品公司制定技术方案、采收标准，对田间滴水施肥、秋季清园、人员管理等工作作了详细安排部署。

2016年，试验改造机械除草设备。

2018年4月，食品公司对芦笋种植基地三队、十队等地进行了长期外包，外包面积达932亩。承包户负责采笋、锄草、打顶、滴水施肥、拆装滴灌、清园等环节所有出工工作，并按照收购标准采收、上交原料，最终以上交原料数量进行兑现。此外，在剩余的1762亩芦笋种植基地探索新的经营模式，分配到机关、农业分场、食品公司等单位和部门负责人，由负责人承包管理，自负盈亏。8月3日，集团公司第九次董事会议同意，食品公司芦笋基地在剔除无效益的种植面积后，将剩余面积（约2000亩）向职工个人转包。

2018年8月30日，食品公司请示集团公司，决定对地力条件差、产量低的部分芦笋基地进行挖除。9月5日，集团公司第十次董事会议同意，食品公司对796亩芦笋基地进行间挖，剩余1898亩芦笋基地返租至职工个人或管理团队承包经营。

2019年，集团公司集全场之力解决芦笋亏损问题，由食品公司统一基地种植变为所有管理人员分包租赁种植。4月4日，集团公司下发《黄羊河集团公司2019年芦笋考核办法》，明确各农业分场和机关各部门的考核指标。6月，对三分场六队260亩芦笋基地进行挖除。

2019年后半年，食品公司管理层进一步论证产业存续可行性，结论均为很难改变芦笋产业经营持续亏损的局面，并且芦笋基地寿命已过半，盛产期已过，继续保留更加不利于食品公司的发展。7月9日，食品公司召开相关会议决议挖除全部芦笋，并向集团公司提出书面报告。

2020年1月2日，食品公司召开董事会，同意对全部芦笋基地进行挖除，不再经营芦笋产业。1月3日，集团公司召开党委会及董事会，对经过多次论证、分析的食品公司芦笋基地事项作出挖除及相关生产性生物资产核销的决议。1月8日，集团公司将食品公司芦笋挖除及相关生产性生物资产核销具体情况上报甘肃省农垦集团公司。4月，食品公司将全部芦笋挖除，改种其他作物。

（二）标准化管理

食品公司不断完善产品种植标准、原料收购标准、生产加工标准，确保产品生产标准化、规范化。基地管理上，对农业技术人员划分管辖区域，实行分片管理，各负其责。"7S"管理工作已渗透到公司生产车间、维修车间、库房、办公室等各个区域。

2013年，制定出台了甜玉米、糯玉米、芦笋、金丝绞瓜4个标准化栽培技术规程。

2014 年 6 月 6 日，甜糯玉米标准化栽培技术规程在甘肃农垦农业标准化生产技术规程中进行了汇编，并统一发布。甜糯玉米推行宽窄行种植，分期播种管理，增加基地物理生物防虫设施设备投入，鲜食玉米基地及芦笋种植基地得到了普及。同时，食品公司制定奖励政策，激励职工加大鲜食玉米种植基地有机肥投入力度，提升产品商品性和风味，调整产品种植规格，提高亩成穗率。

2019 年，重新修订完善了《员工绩效考核管理办法》，制定下发了《中层管理人员及业务技术骨干年终考核管理办法》，对员工从成本、费用、产量、质量、安全等方面进行考核。

（三）营销管理

截至 2022 年底，食品公司所生产的产品销售遍布国内 28 个省会城市及大部分地市级城市。同时，食品公司充分利用淘宝店、京东旗舰店、微信商城等自有平台和其他第三方平台，加强产品线上线下协同销售，"黄羊河"牌产品已得到了广大消费者的认可与青睐。

2012 年上半年，食品公司在兰州组建营销中心，实现产品生产与销售的相对分离。营销中心下设国内销售部、国际销售部、杂粮项目部、餐饮项目部等部门，负责产品销售工作。

2013 年，将原有西北大区划分为西北一区和西北二区。在 6 个销售大区（西北一区、西北二区、西南、华中、华南、华东）的基础上增设杂粮项目部、直营项目部、金丝绞瓜项目部。重点投入开发北京、上海、广州、深圳、南京等一线市场，与科威特、日本、美国等国外客户建立业务联系，与科威特客户签订了首批 3700 箱真空玉米出口订单，与广州福喜签订了 500 吨速冻玉米粒供应合同，使"黄羊河"牌速冻玉米粒进入麦当劳餐饮渠道。

2014 年，食品公司代加工产品在各地食品药品监督管理部门进行备案登记，以销定产。公司网店正式入驻"淘宝特色中国甘肃馆"，建立公司淘宝网店。2014 年，签订外贸订单 539.33 万元。

2015 年，在苏宁易购开通公司旗舰店铺。7 月 27 日，成立兰州分公司，主要负责公司内所有产品销售、出口经营及农副产品收购工作。

2017 年，食品公司部分产品实现了由中低端市场向中高端市场调整的目标，产品的毛利率较上年增幅明显。开发合作沃尔玛全球采购中心、株洲方恒。

2018 年 10 月 20 日，食品公司开通了公司微信公众号，积极动员全体员工通过微信平台进行转发，让外界更加全面深入地了解公司及所有产品，以扩大品牌影响力，增强产品销售。

2019 年，"黄羊河"牌代工水煮菜产品在西北、华东区域进行销售。

2020 年，食品公司重点开发 KA 卖场、社区网点、便利店，以定西土豆粉、云南竹笋、扬州藕片和魔芋等产品进行 OEM 代工合作。

2021 年，按照食品公司综合改革方案和要求，考察、商谈、聘任职业经理人营销总监，由营销总监总体负责产品日常销售工作，下设办公室、财务室、内销部、外销部等组织架构。与天猫、七品网和武威青谷农业科技公司合作，在京东、天猫和拼多多等网销平台销售产品；与凉州方言平台合作，从种植到采收、加工、备货、装车环节进行全程拍摄，在快手、抖音热播平台做宣传售卖；此外，食品公司在武威开设专卖店 1 家。

（四）品种引进及产品研发

2013—2022 年，引进种植甜糯玉米品种 161 个、加工型菠菜品种 2 个、西兰花品种 1 个、金丝绞瓜品种 2 个、试验种植和试加工青刀豆 10 亩、试种结球生菜 22 亩，筛选出亩产量高、商品性好的甜糯玉米新品种 31 个、金丝绞瓜品种 1 个。

2018 年，试生产速冻西兰花、甜玉米粒罐头、豆类罐头，新开发芦笋粉系列产品，与宝应县绿扬食品有限公司等企业合作，让其代加工"黄羊河"牌水煮菜系列产品。

2021 年，与安徽柏馥食品公司合作开发了专供榨汁的真空甜糯玉米粒产品，新产品糯玉米粽子通过生产许可证扩项。

2022 年，开发充氮玉米粒休闲食品。

（五）优质化服务

2013 年，为甘肃农业大学、河西学院近 100 名学生提供实习岗位 20 多种，合计实习时长为 2000 多小时。

食品公司每年在芦笋、甜糯玉米生产加工期，每天为周边农村地区提供季节性就业岗位 800～1000 人次。

三、改革情况

食品公司营业收入由 2013 年的 3902.65 万元增至 2021 年的 9463.38 万元，2022 年实现营业收入 8936.47 万元。2015 年食品公司亏损 2395.6 万元。2016—2018 年，资产负债率分别达到 107.62％、124.67％、130.47％。2019 年 11 月，食品公司进行改制，当年资产负债率降至 75.24％。2020 年，实现利润总额 194.13 万元，利润总额较上年增加了 1238.87 万元，扭转了持续五年的亏损经营，资产负债率降为 69.06％。2021 年和 2022 年的利润总额分别为 618.38 万元、665.59 万元。2022 年资产负债率为 55.3％。食品公司

2013—2022 年财务状况见表 2-4-4。

表 2-4-4　食品公司 2013—2022 年财务状况

年份	营业收入（万元）	利润总额（万元）	资产总额（万元）	负债总额（万元）	资产负债率（%）
2013 年	3902.65	301.21	17001.07	13587.19	79.92
2014 年	6152.59	67.25	18700.72	15369.6	82.19
2015 年	6259.06	−2395.6	18191.48	17355.96	95.41
2016 年	5862.44	−2095.94	16537.37	17797.79	107.62
2017 年	6815.79	−1928.65	14716.58	18347.14	124.67
2018 年	7609.32	−1071.31	15730	20522.94	130.47
2019 年	7466.91	−1044.74	12706.88	9560.83	75.24
2020 年	7189.11	194.13	10795.23	7455.08	69.06
2021 年	9463.38	618.38	11062.33	7105.84	64.23
2022 年	8936.47	665.59	10341.86	5719.78	55.3

（一）股权改革

2018 年 4 月 2 日，集团公司请示甘肃省农垦集团公司关于甘肃黄羊河集团食品公司改制的事项。4 月 17 日，甘肃省农垦集团公司批复同意食品公司进行改制。

2019 年 8 月 29 日，集团公司制定《黄羊河食品公司综合改革中核心环节债转股工作方案》。9 月 20 日，根据《甘肃省政府国资委关于印发〈甘肃省国有企业综合改革示范工程工作方案〉的通知》（甘国资国企组办发〔2019〕2 号）文件要求，集团公司制定《甘肃黄羊河集团食品有限公司综合改革示范工程实施方案》《甘肃黄羊河集团食品有限公司综合改革示范工程工作台账》。9 月 27 日，根据甘肃省农垦集团公司 2019 年第九次临时董事会决议，集团公司修订完善了食品公司债转股方案。10 月 21 日，食品公司召开董事会表决通过了股权改革方案，即将食品公司注册资本由 2000 万元增加到 13000 万元，增加的 11000 万元由集团公司以债权作为投资转为股权，以债转股形式转为食品公司的实收资本。10 月 28 日，集团公司董事会对食品公司股权改革的报告及相关方案进行了表决，同意食品公司以 2019 年 6 月 30 日账面数据为基准日，在会计中介审计结果前提下，经法律中介审核见证，就基准日食品公司内部借款全额转为股份，最终使食品公司资产负债率低于 55%，并形成国有控股，在条件允许时可以引进外资合作，从而形成产权关系优化的混合所有制发展模式。11 月 1 日，根据中央和甘肃省委、省政府关于国有企业发展混合所有制经济的有关文件精神，为促进食品公司综合改革示范工程其他改革措施的实施，在多次讨论征求各方面意见的基础上，集团公司将各项改革中股权改革的相关事项及方案上报甘肃省农垦集团公司。11 月 4 日，甘肃省农垦集团公司批复，同意黄羊河集团公司对食品公司实施债转股。11 月 9 日，食品公司召开股东会，表决通过了股权改革方案。

11 月 10 日，集团公司与食品公司签订债转股协议。

（二）综合改革

2019 年，按照甘肃省政府国资委实施国有企业综合改革示范工程安排部署，食品公司制定综合改革实施方案，从股权改革、法人治理结构、制度改革、内部管理、营销管理、改革方向 6 个方面实施改革。食品公司通过综合改革工作各项措施的实施和有效推进，企业生产经营持续向好。2019 年较 2018 年减亏 26.57 万元；2020 年较 2019 年减亏增盈 1238.87 万元，年内实现扭亏为盈，盈利 194.13 万元；2021 年实现营业收入 9463.38 万元，实现利润 618.38 万元，完成当年利润指标 200 万元的 311%；2022 年实现营业收入 8936.47 万元，实现利润 665.59 万元。

四、职业经理人

为贯彻落实中央和甘肃省委、省政府对深化国企改革作出的新部署、新要求，结合食品公司综合改革，食品公司拟向社会公开选聘 1 名职业经理人（营销总监）。

2020 年 11 月 15 日，食品公司召开董事会，讨论同意制定食品公司市场化选聘职业经理人实施方案及考核管理办法，面向社会公开选聘 1 名职业经理人（营销总监），全面负责公司产品市场推广、销售及新产品的开发引进等工作。11 月 19 日，食品公司制定了《甘肃黄羊河集团食品有限公司市场化选聘职业经理人实施方案》。11 月 20 日，集团公司召开第八届 2020 年第十八次董事会，讨论并审议食品公司市场化选聘职业经理人实施方案。11 月 25 日，食品公司按照方案在公司内部网络平台及西北人才网等招聘网站发布职业经理人公开招聘信息。

2021 年，通过招聘聘任职业经理人 1 名，负责公司产品的销售、新产品开发等工作。

五、品牌建设和社会知名度

（一）获得奖项

2013 年，食品公司被甘肃省出入境检验检疫协会列为团体会员单位，获"中国出口质量诚信企业荣誉称号"，被先正达种业评为"甜玉米（脆王）推广先进单位"，被甘肃省质量协会评为 AAA 级质量信用企业，被甘肃省检验检疫局、省商务厅、省农牧厅评为"2011—2012 年度出口食品农产品质量安全先进企业"，被甘肃省现代农业发展协调推进领导小组产业化办公室评定为"甘肃省农业产业化重点龙头企业"。

2015 年，被武威市工信委、市科技局、市财政局评为"市级企业技术中心"。

2017 年，被国家质检总局评定为质量信用管理 AA 级企业，并成为武威市土畜产品进出口企业商会副会长单位。

2018 年，被中国鲜食玉米、速冻果蔬大会组委会评为"全国鲜食玉米产业加工三十强企业"。

2019 年，被黄羊工业园区评为"科技创新先进企业"。

2020 年，再次被甘肃省农业产业化办公室审定为"甘肃省农业产业化重点龙头企业"，被中国绿色食品发展中心认定为"最美绿色食品企业"之一。

（二）产品及管理体系认证

截至 2022 年，食品公司拥有有机食品认证 6 项，绿色食品认证 6 项，有机食品认证面积 1000 亩，有机转换认证面积 1130 亩，甜糯玉米系列产品企业标准 2 项，作物栽培技术规程 4 项。获得外观设计专利 4 项，实用新型专利 9 项，发明专利 2 项，并先后通过了 ISO 9001、ISO 22000、HACCP 质量管理体系认证，建立了食品安全质量管理体系、危害分析与关键控制点体系、BRC 全球食品安全标准体系。还建立了麦当劳供应商质量管理体系（SQMS），每年通过监督审核认证及 SQMS 第三方审核。

2013 年，食品公司 3000 亩芦笋基地首次通过出口原料基地备案认证，"黄羊河"牌糯玉米通过甘肃省著名商标续展认证，糯玉米系列产品被甘肃省质量技术监督局评为"甘肃省名牌产品"，酱腌菜、食用菌制品、谷物碾磨加工品、罐头通过生产许可认证。

2014 年，真空包装甜玉米、速冻芦笋首次通过了出口食品卫生注册认证，甜糯玉米种植综合标准化示范区被列为"第八批省级农业标准化示范区项目"。7 月 23 日，甘肃出入境检验检疫局联合甘肃省农牧厅、省商务厅，批准甘肃省武威市凉州区出口甜（糯）玉米及芦笋质量安全示范区为"甘肃省出口食品农产品质量安全示范区"，并向国家质检总局推荐为国家级出口食品农产品质量安全示范区。

2015 年，甜糯玉米及芦笋产品获得了 BRC 出口认证，真空及速冻甜糯玉米产品标准通过了甘肃省卫生厅备案，糯玉米被中国国际有机食品博览会组委会评为第九届中国国际有机食品博览会暨 BioFach China 2015 金奖，真空、速冻甜糯玉米及糯玉米糁系列产品被陇原农宝系列推选活动组委会评为"陇原农宝"产品。10 月，取得了甘肃省质量技术监督局定量包装生产企业计量保证能力证书。10 月 22 日，被国家质检总局批准为国家级出口食品农产品质量安全示范区，审核通过了食品安全全球标准，取得质量管理体系、食品安全管理体系、HACCP 体系认证证书。12 月，取得了武威市环境保护局颁发的甘肃省排污许可证。

2016 年，杂粮杂豆、瓜子类产品被检验检疫部门认证许可，取得出口备案认证。

2017 年，真空甜糯玉米、芦笋罐头、速冻甜糯玉米、速冻芦笋获得出口备案认证，"黄羊河"牌甜糯玉米获 2017 甘肃农业博览会金奖。

2018 年，"黄羊河"牌一颗好玉米甜玉米被中国鲜食玉米、速冻果蔬大会组委会评为优质品牌加工产品。

2019 年，借助《乡约》栏目重点推介了"黄羊河"牌甜糯玉米等系列产品。12 月，第二十届中国绿色食品博览会上"黄羊河"牌糯玉米获金奖。

2020 年，"黄羊河"甜糯玉米加入"甘味"农产品品牌目录。食品公司产品加入甘肃省扶贫产品名录。11 月，第十四届中国国际有机食品博览会上"黄羊河"牌有机甜糯玉米获金奖。

第三节　种业公司

一、发展情况

种业公司成立于 2003 年 8 月，注册资本 500 万元。2011 年，增资扩股至 1000 万元；2012 年，增资扩股至 3000 万元；2013 年，增资扩股至 8100 万元。2014 年 6 月，收购有 3 个玉米品种权的山西丰禾种业公司的全部资产。2014 年 12 月，部分自然人股权转让后，集团公司持股比例 83.38%，自然人股东持股比例 16.62%。2020 年 10 月，甘肃农垦种业类资产整合重组，甘肃亚盛种业有限责任公司与黄羊河集团公司、李金泉等 11 人自然人股东签订股权收购协议，种业公司整合重组到甘肃亚盛种业有限责任公司。

2013 年以来，种业公司投资 2926.69 万元，用于购置仪器设备、经营商铺和基建工程改造维修。种业公司 2013—2020 年投资建设情况见表 2-4-5。

表 2-4-5　种业公司 2013—2020 年投资建设情况

年份	投资额（万元）	主要建设内容
2013 年	158	购置清选机、仪器设备、办公设备、监控设备、叉车、装载机，扩建水泥地坪 200 平方米，修建彩钢棚 1 座
2014 年	29.59	购置输送机，修建二营工作站 240 围墙、除尘室、工作站锅炉房，扩建水泥地坪 200 平方米
2015 年	1019.56	新建玉米全自动高性能的剥皮系统 1 套，包括计量输送装置、震动喂料装置、自动剥皮主装置等设备的购置及安装，同时配套建设原料输送通道及厂房等配套设施；购置经营商铺 2 套
2016 年	247.6	新建原料存储大棚 1 座及附属配套设施（包括基建，围墙，场地地坪大门、门柱）
2017 年	150.4	购置安装移动式脱粒室总成、锅炉脱硫除尘设施，装修商铺
2018 年	25.5	购置办公家具、Z 型提升机、吊臂、苞叶分离机 1 台籽粒分级机 1 台
2019 年	1	基建维修
2020 年	24.2	购置复式精选机 1 台，高位码垛机 1 台

二、生产经营与管理

（一）生产经营

种业公司是武威市农业产业化重点龙头企业，主营业务为：玉米杂交种、油葵杂交种的生产、销售与主要农作物种子批发、零售。种业公司基地由黄羊河农场基地和周边农村流转基地组成，落实订单种植。2013 年，垦丰种业与种业公司合作制种面积 3.37 万亩，产成品 12433.35 吨，实现营业收入 1.41 亿元，利润总额 2142.42 万元。2015—2016 年，每年落实制种基地面积 2.8 万亩以上，利润总额分别为 606.14 万元、501.33 万元。2017 年，落实制种面积 0.89 万亩，种子市场低迷，销量减少，实现营业收入 4358.3 万元，亏损 665.95 万元。2018 年，扩大制种基地面积至 2 万亩以上，较上年增加 1.1 万亩，营业收入较上年增加 1675.38 万元，利润总额 543.64 万元。2019—2020 年，每年落实制种基地面积 1.4 万亩以上，利润总额 2019 年为 466.97 万元、2020 年为 266.36 万元。种业公司 2013—2020 年生产经营情况见表 2－4－6。

表 2－4－6　种业公司 2013—2020 年生产经营情况

年份	制种面积（亩）	产成品（吨）	营业收入（万元）	利润总额（万元）
2013 年	33699.2	12433.35	14062.44	2142.42
2014 年	14195	5152.6	8267.33	869.41
2015 年	28920.1	9234.58	6508.47	606.14
2016 年	28811.5	9849.8	7600.15	501.33
2017 年	8966.9	2723.4	4358.3	－665.95
2018 年	20047.49	6015.82	6033.68	543.64
2019 年	14663.88	5339.98	4514.07	466.97
2020 年	14584.33	6234	4887.9	266.36

（二）内部管理机制

2013 年以来，种业公司职能部门设有财务部、办公室、生产部、加工部、质检部、销售部、研发部，分别负责公司财务核算、对内对外综合业务办理、基地生产、原料加工、质量检验、销售管理和品种研发工作。

（三）标准化管理

种业公司加强基地管理，修订完善了《种子质量管理办法》《制种玉米花期质量检验制度》《春播管理办法》《制种玉米播种技术规程》《基地技术员考核管理办法》《基地技术员日常考核细则》；对各部门进行责任区划分，负责"6S"现场管理；实行分级管理制度，层层签订《岗位责任书》《安全生产责任书》《目标管理分级责任书》。依托公司"三大一化"产业优势，按照国家级玉米制种基地建设标准，推广"四化"（标准化、规模化、集约化、机械化）示范基地。

（四）优质化服务

种业公司依据种植订单，为种植户提供信息、技术、良种、销售等系列配套服务。每年在播种、间苗、去雄、加工等用工高峰期，可为周边农民提供 4 万人次的临时性工作岗位。

（五）销售管理

种业公司所生产的"黄羊河"牌玉米杂交种，通过完善销售制度，壮大销售队伍，启动种子自营业务，严格合同管理，以甘肃市场为基础，逐步推动自有品种在西北五省、内蒙古、山西等区域销售，最终实现产品畅销黄淮海、东北、西南等地区。

（六）科技研发及成效

2013 年，种业公司开展玉米新品种选育、机械去雄机试验、玉米果穗烘干项目；在种子加工机械设备方面，获得国家授权实用新型专利 5 项。

2014 年，种业公司在研发部的基础上注册成立了玉米研究所，主要负责亲本种子繁育和玉米杂交种子引进、试验、选育、示范、推广、生产、销售工作。

2014—2020 年，每年都种植试验田，开展各类试验组合，培育新品种。

截至 2020 年，种业公司已审定通过玉米新品种 9 个。

三、改革情况

2014 年 7 月 9 日，集团公司请示甘肃省农垦集团公司，拟收购种业公司部分股权，建议股权收购价为每股 1.2～1.5 元，收购股权 2000 万股左右，以达到黄羊河集团公司股权占比在 60％以上。11 月 7 日，甘肃省农垦集团公司对种业公司股权收购作出批复：同意黄羊河集团公司收购下属种业公司部分职工股权，收购完成后，黄羊河集团公司持股比例应达到 60％以上。12 月 1 日，黄羊河集团公司制定了对种业公司部分职工股权进行收购的《股权收购方案》。12 月 15 日，种业公司股东大会表决通过，以 1.29 元/股的价格转让少数股东的股权。12 月 18 日，完成少数股东的股权转让，种业公司总股本仍为 8100 万股，其中黄羊河集团公司持股比例为 83.38％、自然人股东持股比例为 16.62％。12 月 22 日，黄羊河集团公司党委会研究，推荐种业公司法人治理结构人员组成情况如下：

（1）股东会由黄羊河集团公司和自然人股东（按《公司法》规定和持股人员持股比例确定）若干名组成。

（2）董事会由 5 名董事组成，黄羊河集团公司拟委派吴伯成、冯国强、王开虎、牟访等 4 名同志为董事，另外一名董事为自然人股东。

（3）监事会由 3 名同志组成，黄羊河集团公司拟委派南永胜、施忠年为监事，另外一名为职工监事。

（4）拟继续聘任王开虎为种业公司经理。

2020 年 9 月 9 日，甘肃省农垦集团公司召开第十六次临时董事会，审议了关于甘肃农垦种业类资产整合重组方案的议案，并同意集团公司与甘肃亚盛种业有限责任公司签署《股权收购协议书》。9 月 16 日，种业公司召开股东大会，集团公司、李金泉等 11 人自然人股东同意将所持种业公司全部股权转让给甘肃亚盛种业有限责任公司，具体转让事项由转让双方订立《甘肃黄羊河集团种业有限责任公司股权转让协议书》予以确认。10 月 26 日，甘肃亚盛种业有限责任公司与集团公司、李金泉等 11 人自然人股东签订股权收购协议。11 月 27 日，甘肃省农垦集团公司召开农垦种业整合股权交割协调会议，对股权交割涉及的具体工作进行安排部署。12 月 2 日，按照甘肃省农垦集团公司统一部署与安排，并委派第三方中介机构对甘肃亚盛种业有限责任公司拟收购种业公司的全部资产、负债和权益价值进行了评估，对种业公司全部资产、负债和权益价值评估结果进行了备案。

四、社会地位与获奖

（一）社会地位

种业公司所生产的"黄羊河"牌玉米杂交种，以优良的品质、精美的包装、良好的信誉备受广大顾客青睐，产品畅销黄淮海、东北、西南等地区，先后和黑龙江垦丰种业、山西丰禾、金囤种业、安徽新创种业、安徽皖垦种业、山东鑫丰绿色通道、江西大华种业、安徽省农业科学院、安徽科技学院、山西省农业科学院等国内知名种业企业和院校建立了密切而稳固的业务关系。2019 年 1 月，种业公司加入国家区域试验新渠道——中科玉科企联合体试验联盟。

（二）获奖

2013 年，被凉州区农牧局评为玉米制种 AAA 级信誉企业。

2014 年，被凉州区农牧局评为玉米制种 AAA 级信誉企业，被中国种子协会评为"中国种子行业信用评价 A 级信用企业"，被黄羊河集团公司评为"2013 年度五星级诚信单位"，获黄羊河集团公司总经理特殊奖"一等奖"。

2015 年，被凉州区农牧局评为玉米制种 AAA 级信誉企业，获黄羊河集团公司总经理特殊奖"三等奖"。

2016 年，被新疆和田种子管理站评为"2016 年度和田地区供种信得过企业"。

2017 年，获黄羊河集团公司总经理特殊奖"二等奖"。

2019 年，获黄羊河集团公司"先进单位"。

2020 年，获甘肃省农牧渔业丰收奖"三等奖"，黄羊河集团公司"先进单位"。

第四节　蔬菜公司

一、发展情况

蔬菜公司成立于 2006 年 10 月，注册资本 210 万元。2011 年，将股本扩至 300 万元，其中：集团公司出资 90 万元，持股比例 30%；自然人出资 210 万元，持股比例 70%。2019 年 1 月，集团公司收购蔬菜公司自然人股权，使国有持股达到 100%，成为集团公司所属的全资子公司。

2013—2022 年，蔬菜公司投资 1322.73 万元，建成辣酱池 59 座、育苗大棚 27 座。

蔬菜公司现拥有 2000 多平方米脱水蔬菜加工车间和符合 HACCP 国际标准的年生产 1000 吨（烘干）脱水蔬菜生产线 1 条，辣酱池 59 座，现代化辣椒育苗棚 27 座，年育苗能力达 3000 余万株。

二、生产经营与管理

（一）生产经营

蔬菜公司主要经营辣椒、洋葱等蔬菜作物的种植及多种产品的销售，新品种、新技术的引进、推广。营业收入从 2013 年的 1777.02 万元增至 2021 年的 7937.92 万元，利润总额从 2013 年的 43.92 万元增至 2021 年的 256.21 万元。其中 2014 年、2020 年由于受气候和市场双重因素的影响，辣椒产量、产值下降，分别亏损 221.23 万元、315.51 万元。2022 年实现营业收入 3879.62 万元，利润总额 733.18 万元。

辣椒、洋葱：2013—2022 年，蔬菜公司主要以订单辣椒、洋葱种植为主，生产各类蔬菜 18.62 万吨。其中：累计种植辣椒 6.52 万亩，年均落实辣椒订单面积 6520 亩；累计种植洋葱 1.11 万亩。蔬菜公司 2013—2022 年生产经营情况见表 2-4-7。

表 2-4-7 蔬菜公司 2013—2022 年生产经营情况

年份	基地种植面积（亩）		产量（吨）		营业收入（万元）	利润总额（万元）
	洋葱	辣椒	洋葱	辣椒		
2013 年	1081.9	6414.6	6100	7620	1777.02	43.92
2014 年	1728	7942	11578	12600	3743.82	−221.23
2015 年	3199	2934	20794	10031	3044	90.96
2016 年	2131	1539	14490	4442	2465.41	92.48
2017 年	2221	5454	17768	13356	3974.36	30.87
2018 年	570	6454	3678	14290	4119.77	149.61
2019 年	215	7200	1437	8210	6573.7	430.71
2020 年		11293		14749	6329.24	−315.51
2021 年		11220		17713	7937.92	256.21
2022 年		4758		7342	3879.62	733.18

甜叶菊：2018 年，在二分场种植扦插种苗甜叶菊 500 亩。

甜菜：2018 年，集团公司与甘肃皇台实业制糖有限公司签订合同，约定了 2018—2025 年的 8 年合作期限。双方依据各自的优势条件，平等互利、相互支持，力争用 3～5 年的时间达到甜菜生产规模 3 万～5 万亩，亩产 6 吨以上，实现甜菜种植全部机械化、甜菜生产基地基础设施现代化的合作目标，其中 2018 年种植订单甜菜面积 1 万亩，按照甘肃皇台实业制糖有限公司甜菜生产技术规程规范生产。9 月 29 日，成立以李国忠为组长，慕自发、马金义为副组长，李昌、王宗全、冯国强、王生兴、张廷彦、焦发源、张爱、刘强、潘生树、王守财、李华斌、高鑫基、高长策、牟访为成员的甜菜收获专项工作领导小组，下设办公室在企业管理部，负责甜菜收获、拉运、交售、兑现等工作。共计收获甜菜 5.2 万吨，实现利润 367 万元。2019 年，因甘肃皇台实业制糖有限公司设备提升改造升级，该合作终止。

（二）生产管理

2013 年，蔬菜公司制定出台《蔬菜种植技术规程》，规范各类蔬菜种植标准化技术，指导田间生产。2018 年，进一步完善《洋葱种植技术规程》《辣椒种植技术规程》《甜菜种植技术规程》。在辣椒种植上推广宽窄行种植，在洋葱种植上使用一膜三根滴灌带技术，在甜菜种植上与分场协作，从种植、生产季节到收获交售开展全程跟踪服务。

2018 年 4 月 9 日，集团公司出台《黄羊河集团公司 2018 年甜叶菊种植管理实施方案》。

2019 年，蔬菜公司首次探索团队种植模式，种植达利园马铃薯订单 2000 亩。

2020 年，蔬菜公司进一步探索团队经营模式，4 人管理辣椒 1500 亩，实行成本管控、目标产量、有奖有罚的管理机制。

2021—2022 年，蔬菜公司育苗基地共育苗 2950 万株，移栽面积 5100 亩，团队种植辣椒 3000 亩。

（三）引进示范

2013 年，蔬菜公司引进辣椒示范品种 28 个，开展辣椒重茬栽培试验；引进洋葱试验品种 24 个，开展豆科品种和十字花科蔬菜品种品比试验；引进种植航天椒 200 亩，对品种进行改良。

2018 年，蔬菜公司引进辣椒移栽机 1 台，在五分场十队示范种植，亩节约辣椒移栽费 140 元。

2019 年，蔬菜公司引进辣椒品种 19 个，并进行试验种植。

2020 年，蔬菜公司引进种植辣椒新品种 5 个，引进辣椒移栽机 4 台，移栽辣椒面积 1270 亩。

2021 年，蔬菜公司引进辣椒新品种 30 个，筛选适宜本地区种植的优良品种。

2022 年，蔬菜公司开展辣椒新品种对比试验，共试验种植辣椒新品种 20 个，试验种植面积 30 亩，引进种植渝辣 3 号朝天椒 100 亩。

三、改革情况

2018 年 4 月 2 日，集团公司请示甘肃省农垦集团公司，由集团公司通过股权收购方式全额收购蔬菜公司自然人股权，使蔬菜公司国有持股比例达到 100％，成为集团公司的全资子公司。4 月 17 日，甘肃省农垦集团公司批复，同意黄羊河集团公司按照 1∶1 的比例，通过股权收购方式全额收购蔬菜公司自然人股东持有的 210 万元股权，使国有持股比例达到 100％，成为黄羊河集团公司的全资子公司。11 月 30 日，蔬菜公司召开股东大会，自然人股东同意进行股权出让。

2019 年 1 月，集团公司按原始出资额 1∶1 的比例，以股权收购方式全额收购蔬菜公司自然人股权。

四、品牌建设情况

蔬菜公司利用网络平台、走访客户、开拓市场等方式提高黄羊河蔬菜品牌知名度。洋葱、辣椒分别取得了绿色食品认证，鲜食洋葱、脱水洋葱远销美、日、韩等国家，在洋葱包装袋上印有"黄羊河"标志，提升了黄羊河洋葱的知名度。

第五节　麦芽公司

一、生产经营与管理

麦芽公司始建于1996年，由黄羊河集团公司与内部职工集资建成，原名黄羊河麦芽厂，注册资本1624.23万元，其中：集团公司持股486.95万元，占总股本的30%；自然人股东327名持股1137.28万元，占总股本的70%。自2010年开始，由于麦芽国内市场疲软等原因，麦芽公司停止生产经营。2013年，销售库存麦芽5034.41吨，大麦3486.95吨。2015年，麦芽公司完成资产清算、处置和职工安置。2017年3月，麦芽公司通过工商部门注销登记。

二、改革情况

2015年1月5日，集团公司董事会审议决定，麦芽公司依《公司法》进行解散和清算，合理处置资产。9月，甘肃广合会计师事务有限公司对麦芽公司全部资产及负债进行审计，并出具审计报告（甘广合会审〔2015〕第248号），经审计后麦芽公司净资产为1651.65万元，甘肃百诚资产评估事务所和甘肃新方圆不动产评估咨询有限责任公司在此基础上对麦芽公司净资产进行评估，评估值为1326.02万元（评估每股净资产0.82元）。10月10日，集团公司就关于麦芽公司解散、清算方案向甘肃省农垦集团公司进行请示。10月16日，甘肃省农垦集团公司对麦芽公司解散、清算方案作出批复，同意麦芽公司解散、清算。10月21日，麦芽公司召开股东会，决定成立以李金明为组长，王生兴为副组长，冯国强、施忠年、王仰峰为组员的清算领导小组，负责麦芽公司解散、清算工作。12月11日，麦芽公司召开股东会，一致同意将麦芽公司资产全部由集团公司收回，变成集团公司全资公司。集团公司以0.816元/股现金收购自然人股东出资，收购后集团公司持股比例100%，麦芽公司成为集团公司全资公司。12月22日，集团公司对麦芽公司职工进行分流安置。12月29日，完成资产清算工作。12月30日，完成股权收购工作。

第六节　亚麻公司

一、亚麻公司经营与管理

（一）甘肃武威黄羊河亚麻有限责任公司

甘肃武威黄羊河亚麻有限责任公司（武威黄羊河亚麻公司）成立于 2001 年，注册资本 100 万元，是由爱雅公司和集团公司在原黄羊镇亚麻厂基础上合资组建的股份制有限责任公司。2008 年，注册资本增至 130 万元，其中：集团公司持股 100 万元，占总股本的 76.9%；爱雅公司持股 30 万元，占总股本的 23.1%。

（二）甘肃黄羊河集团亚麻有限责任公司

甘肃黄羊河集团亚麻有限责任公司（亚麻公司）成立于 2004 年，是由集团公司及职工共同出资新建的股份制有限责任公司，注册资本 429 万元，共 421 名股东。其中：集团公司持股 215.8 万元，占总股本的 50.3%；自然人股东 420 名持股 213.2 万元，占总股本的 49.7%。

两公司均主营亚麻打成麻及副产品的生产、销售。

2009 年开始，因市场因素等影响，亚麻公司亏损停产，无法重新启动。

2010 年，亚麻公司原有员工分流安置到节水材料公司。

2013 年 9 月 17 日，根据《工业和信息化部 财政部关于做好 2013 年中央财政关闭小企业补助资金有关工作的通知》和《武威市工业和信息化委员会 武威市财政局关于组织申报 2013 年中央财政关闭小企业补助资金的紧急通知》要求，亚麻公司实施行政性关闭。2013 年，根据武威市财政局《关于拨付 2013 年关闭小企业中央财政补助资金的通知》（武财企〔2013〕51 号），武威市财政局拨付亚麻公司 2013 年度全国关闭小企业补助资金 243 万元，用于职工安置补助。

2015 年，武威黄羊河亚麻公司完成历年库存长麻的销售。9 月，亚麻公司办理了地税税务登记注销手续。

2016 年 12 月，亚麻公司通过工商部门注销登记。

2020 年 12 月，武威黄羊河亚麻公司通过工商部门注销登记。

二、改革情况

2013 年 7 月 9 日，凉州区委副书记、区长洪元涛主持召开黄羊工业园区申请划拨原黄羊镇亚麻厂土地事宜现场办公会议。会议议定：由凉州区国有资产管理局负责，提出将原黄羊镇亚麻厂土地整体划拨至黄羊工业园区的意见，原黄羊镇亚麻厂土地涉及的债权债务由黄羊工业园区管委会承担，报凉州区政府同意后，于7月15日前划拨园区。7月31日，凉州区国有资产管理局就划转原黄羊镇亚麻厂资产一事向黄羊镇政府作出批复，根据凉州区政府《黄羊工业园区现场办公会议纪要》，将原黄羊镇亚麻厂整体资产划转黄羊工业园区，其中：土地123596.8平方米（约185.38亩），房屋建筑物3709.59平方米、评估值58.42万元，机器设备评估值16.77万元。原亚麻厂名下债权债务由黄羊镇政府负责清理，经双方认定后按现场办公会议精神移交黄羊工业园区管委会。8月2日，黄羊镇政府将上述资产及原黄羊镇亚麻厂名下债权债务一并清理移交黄羊工业园区。

2015年1月5日，集团公司董事会审议决定，依据《公司法》和亚麻公司章程相关规定，亚麻公司进行解散和清算，合理处置资产。11月，甘肃东方民富会计师事务所对亚麻公司进行了清产核资审计，并出具了审计报告（甘东方审报字〔2015〕第1542号），经审计后净资产为495.24万元。亚麻公司将其所属固定资产（房屋建筑物、机器设备）按评估净值出售给节水材料公司，出售价款143.59万元；将投资款按每股1元价格退还给投资方，并将账务进行核销。12月30日，完成亚麻公司股权变更。

2016年5月，原黄羊镇人民政府与爱雅公司签订的租赁合同到期。依据合同约定，将原黄羊镇亚麻厂固定资产移交给黄羊工业园区管委会。6月，集团公司依据《公司法》和公司章程相关规定，对武威黄羊河亚麻公司进行清算。

2020年12月30日，完成武威黄羊河亚麻公司资产清算、处置。

第七节　武威农业公司

一、改革情况

武威农业公司原为武威农垦，始建于1953年。1953—1962年，由省地直接管理。1963—1974年，由生产建设兵团管理。1975年，由武威地委管理。1979年7月，武威地区将武威农垦移交给甘肃省农垦局管理，成立甘肃省农垦局武威分局，作为甘肃省农垦局派出机构，直接管理原武威地区农垦企事业单位。1984年1月，甘肃省农垦局武威分局改为甘肃省农垦总公司武威农垦分公司。1988年8月，武威农垦分公司改为武威农垦公司，仍在总公司的领导下，承担垦区协调服务职能。2005年，甘肃省人民政府将武威农垦公司的事业职能改为甘肃农垦事业管理办公室武威办事处，协调垦区各单位事业职能，保留甘肃省武威农垦公司，实行两块牌子、一套班子的管理模式，逐步取消作为公司管理垦区其他企业的职能。2010年，甘肃省政府对农垦进一步进行改革，将甘肃农垦事业管理办公室武威办事处改为甘肃省武威离退休工作站。2019年1月，甘肃省武威农垦公司改为甘肃农垦武威农业有限责任公司。2021年1月，甘肃农垦武威农业有限责任公司整建制划转交由黄羊河集团公司作为其子公司经营管理，甘肃省武威离退休工作站交由黄羊河集团公司代管。

二、生产经营与管理

（一）基本情况

2021年1月26日，集团公司党委会议研究通过，武威农业公司接收后属黄羊河集团二级子公司，甘肃省农垦武威离退休工作站托管后其财务管理工作由集团公司财务资产部代管。武威农业公司内设综合办公室、财务部、特药生产部等3个部门。主营业务包括：药材种植与销售，房屋租赁，农副产品加工与销售，农业机械及配件销售，预包装食品购销及网上销售，乳制品生产、加工及销售。

（二）生产经营

2021年，落实基地种植面积5523.05亩，实现营业收入1311.56万元，利润总额208.92万元，职均收入7.22万元。

2022年，落实基地种植面积3584亩，实现营业收入2052.55万元，利润总额275.59万元。

（三）标准化管理

2021年，在田间精细化管理方面，武威农业公司制定丰产栽培技术方案，实行统一滴水、施肥、防病、防虫、除草作业，实现亩节本增效50元。

2022年，武威农业公司修订完善管理制度、丰产栽培技术方案、田间管理办法、滴水方案、销售办法、安全管理办法等。在上年特药种植的基础上组建了武威农业公司团队，团队由11人组成，其中管理及业务人员10人、机井管理人员1人。武威农业公司团队对标马铃薯项目团队经营管理先进经验，本着"全局统筹、责任到人、分片管理"的原则，制定"四化"方针（即特药规模化、标准化、集约化、机械化）和"六统一"作业方式（即统一播种、施肥滴水、防虫防病、采收、加工、经营），以"目标管理、阶段考核、统一分工"的经营模式进行团队化管理，成立生产部、质检部、后勤部，组建春播、安防、收获、加工、运输领导小组。

武威农业公司团队经营成效明显，自主研发设计高 3.6 米、宽 2.5 米、长 5.2 米、直径 2 米的滚筒去秆机，经对比计算，去除秸秆费用可节省 200 元/吨，全年加工完成后可节省人工费用 20 万元以上。全面积采用全球定位系统（GPS）导航种植，提升了农机作业质量和效果。探索白膜种植改为黑膜种植，抑制了杂草的生长，效果明显。

第五章　服务型产业

第一节　服务型产业综合

一、服务型产业综合情况

2013年以来，集团公司根据产业结构的发展对各分公司、子公司的职能进行了调整，服务型产业单位先后由商贸公司、农机合作社、物流公司、节水材料公司、水电站、工程建筑公司、建材公司、腾利公司以及餐饮服务业、旅游业的相关单位等组成。

2013年底，建材公司因国家对黏土开采限制、焙烧砖企业对环保的影响及市场等原因，产品销售困难，被迫停产。2015年，建材公司依《公司法》进行解散和清算，合理处置资产。2016年开始，工程建筑公司因业务单一、业务量少，无法保证单位和员工收入，被迫停止经营。2017年2月，撤销建材公司管理建制。2018年1月，商贸公司并入节水材料公司。2019年3月22日，撤销工程建筑公司单位建制。2019年8月26日，商贸公司通过税务部门税务注销登记。2019年9月30日，商贸公司通过工商部门注销登记。2021年1月，甘肃武威水泵厂整建制划转交由集团公司管理。2022年5月27日，甘肃武威水泵厂变更为腾利公司。

2015年以来，黄羊河旅游景区为全面开放式景区，无游乐设施和经营性摊点。2021年，根据《旅游景区质量等级划分与评定》国家标准，黄羊河AAA级旅游景区因不具备AAA级旅游景区功能和条件，申请"退出"AAA级旅游景区。

二、组织机构

（一）管理机构

2013年至2018年1月，集团公司农业、工副业管理部门为农业管理部、工业管理部，具体负责相关分公司、子公司生产组织协调、管理、规范化运营工作。2018年2月，撤销农业管理部、工业管理部，设立企业管理部。自此，企业管理部作为服务型产业单位的主管部门。

（二）服务型产业单位

截至 2022 年底，集团公司服务型产业单位由农机合作社、物流公司、节水材料公司、水电站、腾利公司、黄羊河宾馆（餐饮）等 6 个单位组成。

农机合作社：该社利用现有大中型综合机械，保障犁地、耙地作业率 100％，甜糯玉米、制种玉米、特药等作物整体耕、种、收全程机械化率达 86％。

物流公司：该公司在主导作物备耕、收获和各龙头企业产品发运期间，及时组织社会车辆开展货物配载、配送、中转、运输等业务，服务能力和水平逐年提升。

节水材料公司：该公司在节水材料及农资供应上遵循"同质量产品价格不高于市场，同价格产品质量不低于市场"的服务理念，从原料采购、配方改良、工艺改进、服务优化等关键环节入手，提升产品和服务质量，实现了滴灌肥、滴灌带内部供应全覆盖。

水电站：该站为集团公司项目建设提供电力、灌溉用水支持，在水量紧缺的情况下加强管理与协调水资源。

腾利公司：该公司主要开展农业机械制造，环境保护专用设备制造，商业、饮食、服务专用设备销售。

黄羊河宾馆（餐饮）：该单位主要为黄羊河集团公司的往来人员提供餐饮、住宿服务，以及为近年来公司招聘的大中专毕业生、机关工作人员和各分公司、子公司班子成员提供工作餐。

第二节　商贸公司

一、生产经营与管理

商贸公司成立于 2003 年 1 月，注册资本 60 万元，其中集团公司投资持股 20 万元、职工出资入股 40 万元。2013 年 6 月，注册资本增至 70 万元，其中：集团公司出资 21 万元，持股比例 30％；自然人出资 49 万元，持股比例 70％。主要经营农副产品购销，农药、化肥、农膜销售。2018 年，商贸公司业务并入节水材料公司。2018 年 12 月，集团公司对原商贸公司自然人股东持有的 49 万元股权按照 1∶1 的比例 100％ 收购。2019 年 8 月 26 日，商贸公司通过税务部门税务注销登记。9 月 30 日，商贸公司通过工商部门注销登记。

2013 年，实现营业收入 1244.15 万元，利润总额 81.42 万元。销售化肥 3106.71 吨，销售农药 7 万瓶（袋），销售地膜 96.16 吨。

2014 年，实现营业收入 1623.77 万元，利润总额 94.82 万元。销售化肥 4622.67 吨，销售农药 7.02 万瓶（袋），销售地膜 62.66 吨。

2015 年，实现营业收入 1233.5 万元，利润总额 63.78 万元。销售化肥 3920.83 吨，销售农药 1.42 万瓶（袋），销售地膜 28.2 吨。

2016 年，实现营业收入 1203.24 万元，利润总额 29.88 万元。1 月，商贸公司购置 1.5 排量的微型厢式客货车一辆，用于农资配送。

2017 年，实现营业收入 871.06 万元，利润总额 40.99 万元。

二、改革情况

2018 年 4 月 2 日，集团公司请示甘肃省农垦集团公司，因商贸公司与节水材料公司主业相同，拟对商贸公司进行清算、注销，人员进行分流安置。4 月 17 日，甘肃省农垦集团公司印发《关于同意黄羊河农工商（集团）有限责任公司所属部分二级参股企业股权调整和产业整合的批复》（甘垦集团资〔2018〕3 号），同意商贸公司现有人员、资产和业务合并到节水公司后注销。11 月 7 日，商贸公司召开股东大会，决定对公司进行清算、注销。成立由王宗全为组长，施忠年、张健、马继、张廷彦、马国军、马景辉、焦发源、霍玉成为成员的清算小组，按照《公司法》有关规定进行清算。12 月 10 日，集团公司请示甘肃省农垦集团公司，对自然人股东持有的 49 万元股权由集团公司按照 1∶1 的比例 100％收购吸收合并后再行清算解散。

2019 年 1 月，甘肃省农垦集团公司 2019 年第一次临时董事会召开，研究同意集团公司收购商贸公司参股职工股权，按原始出资额 1∶1 的比例，以股权收购方式全额收购自然人股份。9 月 15 日，商贸公司召开股东大会，决定对商贸公司进行注销。

第三节 农机合作社

农机合作社成立于 2011 年 6 月，为集团公司下属服务型单位，是甘肃省登记注册的第一家农机专业合作社，注册资金 200 万元，其中：集团公司入股 60 万元，占 30％；员工入股 140 万元，占 70％。2019 年 5 月，农机合作社完成股权变更，集团公司持股 100％，成为集团公司全资子公司。拥有国内外先进农机具 38 台，机车总动力 2200 千瓦。2014 年 11 月，在第五届"精耕杯"农业机械行业评选中获"全国三十佳优秀创新示范农机合作社"称号。2016 年，被评为国家级示范农机合作社。

农机合作社营业收入从 2013 年的 677.51 万元增至 2021 年的 833.31 万元，利润总额从 2013 年的 85.82 万元降至 2021 年的 32.45 万元。2022 年实现营业收入 1149.13 万元，利润总额 65.41 万元。2017—2019 年亏损，各年度亏损额分别为 195.34 万元、78.81 万元、112.72 万元。截至 2022 年底，资产总额 1075.65 万元，负债总额 679.39 万元，资产负债率 63.16%。农机合作社 2013—2022 年经营情况见表 2-5-1。

表 2-5-1　农机合作社 2013—2022 年经营情况

年份	营业收入（万元）	利润总额（万元）	资产总额（万元）	负债合计（万元）	资产负债率（%）
2013 年	677.51	85.82	963.17	657.67	68.28
2014 年	832.32	165.8	1686.49	1275.19	75.61
2015 年	1328.4	201.09	1853.7	1321.31	71.28
2016 年	660.44	5.45	2181.75	1643.91	75.35
2017 年	537.01	−195.34	1813.71	1471.42	81.13
2018 年	717.3	−78.81	1215.54	952.08	78.33
2019 年	614.06	−112.72	1030.34	879.64	85.37
2020 年	1168.55	147.69	963.33	664.89	69.02
2021 年	833.31	32.45	958.79	627.95	65.49
2022 年	1149.13	65.41	1075.65	679.39	63.16

一、农机装备情况

2013—2022 年，农机合作社引进各类农机具 27 台，总价 1321.45 万元。截至 2022 年 12 月，农机合作社拥有农机具设备 38 台。

2013 年，引进纽荷兰青贮机 1 台、M954 久保田拖拉机 1 台、商丘液压翻转四铧犁 1 台、雷肯 4 米动力驱动耙 1 台、雷肯 4 米缺口圆盘灭茬耙 1 台、施肥开沟专用机 1 台、精量铺膜机 1 台（以上农机具总价 286.29 万元），享受国家农机补贴 5.58 万元。

2014 年，引进 OXBO 多功能收获机 1 台、打捆机 1 台、1104 青贮机 1 台、穴播机 7 台（以上农机具总价 546.08 万元），享受国家农机补贴 18.47 万元。

2015 年，引进喷药机 1 台（总价 28.7 万元）。

2016 年，引进 2475 多功能收获机 1 台、2 号喷药机 1 台、格兰高速圆盘耙 1 台（以上农机具总价 371.5 万元）。

2019 年，引进甜叶菊脱叶机 1 台（总价 2.28 万元）。

2020 年，引进残膜回收机 3 台（总价 40.5 万元）。

2021 年，引进辣椒移栽机 1 台、TS-130 捡石机 1 台（总价 46.1 万元）。农机合作社拥有的农机设备见表 2-5-2。

表 2-5-2 农机合作社拥有的农机设备

年份	农机设备名称	型号	数量（台）
2011 年	玉米收获机	4YZ-5（Y215）	2
	法国液压翻转五铧犁		1
	T1804 拖拉机	T1804	1
2012 年	库恩 4004D 动力驱动耙	HR4004D	1
	撒肥机	2F1200	1
	T2104 拖拉机	T2104	1
	T1404 拖拉机	T1404	1
	压捆机	BC5070	1
	液压翻转四铧犁	N10535	1
	液压翻转六铧犁	N10535（5+1）	1
2013 年	雷肯 4 米缺口圆盘灭茬耙		1
	精量铺膜机	2MBJ-2/12	1
	雷肯 4 米动力驱动耙		1
	M954 久保田拖拉机		1
	商丘液压翻转四铧犁	435	1
	纽荷兰青贮机	FR9040	1
	施肥开沟专用机		1
2014 年	OXBO 多功能收获机	2470	1
	穴播机	2MBJ-4/8，3/6	7
	打捆机	MC1000	1
	1104 青贮机	4QZ-8	1
2015 年	喷药机		1
2016 年	格兰高速圆盘耙		1
	2 号喷药机	125 马力	1
	2475 多功能收获机	2475	1
2019 年	甜叶菊脱叶机		1
2020 年	残膜回收机		3
2021 年	辣椒移栽机		1
	TS-130 捡石机		1

二、农机作业

2013 年以来，农机合作社机械作业有犁地、耙地、播种、旋耕灭茬、起垄、覆膜、播肥、打药、旋耕镇压、收获、收草、打草、开沟、残膜回收、机械移栽、深松、运输等。2013—2022 年，农机合作社累计犁地面积 52.52 万亩，年平均犁地面积 5.25 万亩；

累计耙地面积 46.01 万亩，年平均耙地面积 4.6 万亩；累计打药 17.24 万亩，年平均打药 1.92 万亩（2015 年未打药）；累计收获玉米 39.53 万亩，年平均收获玉米 3.95 万亩。农机合作社 2013—2022 年部分机械作业情况见表 2-5-3。

表 2-5-3　农机合作社 2013—2022 年部分机械作业情况

年份	犁地（亩）	耙地（亩）	收获玉米（亩）	打药（亩）
2013 年	28000	33000	29614.2	6200
2014 年	27800	35600	13000	8000
2015 年	64000	42600	39700	
2016 年	59000	49000	59700	18100
2017 年	58000	35000	54100	35500
2018 年	43800	34200	42700	15400
2019 年	45500	38000	39400	17600
2020 年	72000	65000	46700	18600
2021 年	51300	52400	41600	18300
2022 年	75800	75300	28800	34700

三、农机保养、维修与更新

按各农机具说明书，农机合作社制定了各类机车维修保养规程，按单车分类完善维修保养记录。以"三分使用，七分保养"的原则，实行车长、驾驶员负责，技术人员监督制。

（一）农机具保养和维修标准

农机具保养、维修要达到"三灵活"，即操作灵活、转动灵活、升降灵活；要达到"六不"，即不松动、不旷动、不钝刃、不变形、不锈蚀、不缺件；要达到"一完好"，即技术状态完好。

农机具保管要做到"包、涂、卸、封、支、垫"六字要求，达到外观整洁，无油污、无泥土、无变形、无脱漆、无锈蚀，摆放整齐。

农机具工作部件锋利、阻力小，传动、转动零部件之间运转正常，无噪声和发热现象，操纵机构作用正常。

（二）农机具的报废更新

根据农业生产发展的要求，农机具不断更新换代，逐步提高机械化水平。采用的折旧办法是：农机具从使用当年开始按月提取折旧，折旧率为每年提取原值的 9.5%。为保证在旧的农机具报废后有购置新的农机具的资金，所采用的主要方法是在规定使用的年限内逐年提取折旧费。农机具更新换代的资金除提取折旧外还有以下来源：第一个来源是从利润留成中提取一定数量的资金，作为农机具更新资金不足的补充；第二个来源是在必要时可以从各单位或收益职工中筹集部分资金。农机具更新资金按照"谁投资、谁提取、谁使用"原则。凡由场投资的农机具，折旧费由场提取并统一安排更新使用；凡由分场投资的农机具，折旧费由分场提取和更新使用。

随着农业机械化程度的提高，国家大力推进农业机械化，实施农机购置补贴政策，推进农机具报废更新。2013 年以来，农机合作社累计办理农机购置补贴资金 946.28 万元，补贴农机具数量 1095 台，补贴户数 479 户。2013—2022 年农机购置补贴统计情况见表 2-5-4。

表 2-5-4　2013—2022 年农机购置补贴统计情况

年份	补贴（万元）	补贴机具数量（台）	补贴户数（户）
2013 年	159.76	105	96
2014 年	129.86	106	64
2015 年	49.07	107	21
2016 年	103.43	108	32
2017 年	27.71	109	15
2018 年	44.58	110	24
2019 年	88.98	111	43
2020 年	126.85	112	64
2021 年	98.70	113	43
2022 年	117.34	114	77

四、农机管理

2013 年 7 月 15 日，集团公司印发《甘肃黄羊河集团农机管理办法》，凡在公司区域内从事农机管理、生产、销售、推广、维修、使用的单位和个人，必须遵守本办法。

2014 年 7 月 14 日，甘肃省农垦集团公司下发《甘肃农垦农机管理办法》指出，各农业企业要明确管理组织、管理人员，落实安全责任，农场要与下属各生产单位（包括农机合作社）签订安全责任书。

2015 年，农机合作社成立安全生产领导小组，负责制定合作社农机安全生产管理目标及工作计划。建立了农机入社安全评审制度，新社员入社前必须由合作社安全生产领导小组进行安全鉴定，在符合合作社入社标准后方可入社，入社后签订安全责任书，明确双方安全责任。建立了农机安全作业考核制度、细则，将农机安全与生产经营工作同布置、同比较、同考核。建立了农机安全隐患排查制度，定期和作业高峰期不定期开展安全检查，消除安全隐患，确保农机安全作业零事故。

2020 年 8 月 7 日，集团公司印发《关于加强农机统一作业的通知》，要求全场农机作业实行统一调度管理、统一质量标准、统一收费结算。

2021 年 8 月 20 日，集团公司下发《关于做好全公司作业机车安装卫星定位自动导航驾驶系统工作的通知》，要求 2022 年全场作业机械全部安装卫星定位自动导航驾驶系统。

五、农机队伍

（一）人员组成

2013 年以来，农机队伍由在职人员、入社社员、雇用驾驶员及机修人员组成。2020 年开始，因马铃薯合作种植，全场农机队伍不断壮大，最高达到 54 人，入社社员最多达到 84 户。

2019—2022 年，共招聘农机人员 13 人，其中 2019 年招聘驾驶员 4 人、2022 年招聘 9 人。

截至 2022 年底，全场共有农机人员 54 人（含马铃薯事业部），其中管理技术人员 30 人、农机工人 24 人。农机管理技术人员中具有职称的技术人员有 11 人。

（二）技术培训

在农机队伍管理方面，建立岗位工作标准，每年定期开展农机人员岗位培训工作，农机维修从业人员持证上岗。对机务人员的培训主要以操作培训和安全教育培训为主，在农闲季节结合农机具维修保养开展培训，培训内容侧重于理论培训和实践操作，在理论与实践的结合中提高农机人员的素质。通过上下结合、讲练并用的集中培训，要求农机人员必须达到"三懂"（懂机具构造、性能、原理）、"四会"（会操作、会保养、会维修、会排除故障）的要求，必须能够严格执行机务规章制度，规范操作农机具，确保机械和人员安全。

六、改革情况

2018 年 12 月 10 日，集团公司请示甘肃省农垦集团公司，对农机合作社自然人股东持有的 140 万元股权由集团公司按照 1∶1 的比例 100％收购。

2019 年 1 月，甘肃省农垦集团公司 2019 年第一次临时董事会召开，建议由农机合作社按照章程规定，退还所有自然人原始出资，完成后国有持股比例达到 100％。5 月，农机合作社完成股权变更，成为集团公司全资子公司。

第四节　物流公司

一、发展情况

甘肃黄羊河集团物流有限责任公司（简称物流公司）成立于 2010 年 3 月，注册资本 50 万元。2012 年初，进一步完善股权结构，其中：集团公司出资 15 万元，持股 30％；自然人出资 35 万元，持股 70％。物流公司代管原黄羊河集团公司汽车队固定资产。2022 年 6 月，物流公司完成股权改制，集团公司持股 100％，物流公司成为集团公司全资子公司和下属服务型单位。物流公司依托黄羊河集团公司、莫高股份两大企业集团，以黄羊工业园区为运营基地，建立起公路、铁路、集装箱、散货、大型拖挂车、冷藏专用车辆、城市配送的综合多联物流运输平台，同时建立了以货运网络信息管理系统和网络技术为先导的物流信息平台，成为贯通甘肃河西走廊的第三方专业物流服务链。

物流公司现有停车场地 2 万平方米，仓储能力 5 万吨，黄羊镇车站专用货仓 10 个。2013 年 7 月，物流公司被认定为中国物流与采购联合会会员单位。2013 年 8 月，被中国物流与采购联合会认定为 AA 级信用物流企业。2015 年 7 月，获国家 AAA 级信用物流企业荣誉。2017 年 8 月，通过 AAA 级信用综合型企业复评。

2013—2022 年，物流公司累计发运物流量 58.73 万吨，年均物流量 5.9 万吨。营业收入从 2013 年的 45.13 万元增至 2021 年的 504.96 万元，利润总额从 2013 年的 7.12 万元增至 2021 年的 16.84 万元，职均收入由 2013 年的 3.68 万元增至 2021 年的 5 万元。2022 年实现营业收入 273.41 万元，利润总额 6.97 万元，职均收入 5.13 万元。物流公司 2013—2022 年物流量、经营情况见表 2-5-5。

表 2-5-5　物流公司 2013—2022 年物流量、经营情况

年份	物流量（万吨）	营业收入（万元）	利润总额（万元）	职均收入（万元）
2013 年	9.8	45.13	7.12	3.68
2014 年	8.1	50	14.88	3.53
2015 年	5.43	241.12	12.46	4.22
2016 年	5.47	201.3	6.42	4.8
2017 年	3.6	302.83	13.92	4.3
2018 年	6.98	535.17	15.08	5.8

（续）

年份	物流量（万吨）	营业收入（万元）	利润总额（万元）	职均收入（万元）
2019 年	4.85	558.58	21.35	4.65
2020 年	5.5	742	23.06	4.65
2021 年	5	504.96	16.84	5
2022 年	4	273.41	6.97	5.13

二、管理机构

2013 年至 2018 年 1 月，物流公司由工业管理部管理。2018 年 2 月开始，由企业管理部管理。

三、产权制度改革

2021 年 6 月 16 日，集团公司董事会研究决定，对物流公司 2020 年末在册股东以现金方式每年（2016—2020 年）按股本金 50 万元的 10％分配股利，每股每年分配股利 0.1 元。12 月 6 日，物流公司召开股东会，王卫等 15 名自然人股东同意将所持有的 70％股权（35 万元），以评估后价值确定的转让价格转让给集团公司。12 月 7 日，集团公司 2021 年第十九次董事会同意集团公司收购物流公司 15 名自然人股东所持股权，使物流公司成为集团公司所属的全资子公司。12 月 13 日，集团公司请示甘肃省农垦集团公司关于物流公司自然人股东所持股权转让事宜。

2022 年 6 月 22 日，物流公司召开股东大会，按原始出资额 1∶1 的比例，以股权收购方式全额收购自然人股份。

第五节　节水材料公司

一、发展情况

甘肃黄羊河集团节水材料科技有限责任公司（简称节水材料公司）成立于 2012 年 10 月，注册资本 300 万元，其中集团公司持股 30％、集团公司内部职工持股 70％。2013 年 5 月，注册资本增至 500 万元，其中集团公司持股 30％、集团公司内部职工持股 70％。

2018 年，商贸公司并入节水材料公司。2019 年 5 月 17 日，集团公司收购节水材料公司参股职工股权，按原始出资额 1：1 的比例全额收购自然人股份，使国有持股达到 100％，节水材料公司成为集团公司的全资子公司。

现已建成生产加工车间 5000 平方米，滴灌肥生产线 1 条，滴灌带生产线 8 条，配套 SJDYG－60 单翼迷宫式滴灌带制造机 7 台、内镶贴片式滴灌带制造机 1 台和废旧管带清洗造粒线 2 条。年生产滴灌带可达 2 亿米，水溶性肥料 5 万吨，废旧管带造粒 2000 吨，可供 8 万多亩耕地节水材料的需要。节水材料公司 2013—2022 年投资建设情况见表 2－5－6。

表 2－5－6　节水材料公司 2013—2022 年投资建设情况

年份	投资额（万元）	主要建设内容
2013 年	9.27	购置自动喂料机、电机、叉车
2014 年	41.19	引进滴灌带生产线，购置搅拌机、监控设备、空调、电脑
2015 年	8.2	购置造粒机、切割机
2017 年	65.76	购置除尘设备、装载机、破碎造粒机、成型模具、变压器增容、减速机、实验室设备、电缆线
2018 年	33.83	购置塑料管制造机、切粒机、水管试压设备，新建环保技改土建工程
2019 年	6.6	购置炒料罐、拖拉机
2021 年	81.86	购置叉车，引进镶片式滴灌带生产线
2022 年	87.56	新建地坪，造粒车间清洗生产线改造提升

二、生产经营与管理

（一）生产经营

节水材料公司以企业服务保障为定位，坚持"同等价格质量不低于市场，同等质量价格不高于市场"的原则，为集团公司农业生产提供滴灌底肥、追肥、滴灌带。主要业务为：生产、销售节水灌溉设备和水溶性肥料，兼营废旧聚乙烯的收购、加工开发利用。节水材料公司现有的 5 个滴灌肥配方通过实验验证和农业农村部审批。

2013 年以来，节水材料公司累计生产滴灌底肥约 2 万吨、追肥 1.4 万吨、滴灌带 6.38 万米。底肥从 2015 年的 1051.5 吨增至 2022 年的 2365.97 吨；2015 年开始追肥的加工生产，追肥从 2015 年的 1430.88 吨增至 2022 年的 2159.81 吨；营业收入由 2013 年的 1728.32 万元增至 2022 年的 3298.48 万元，利润总额由 2013 年的 217.6 万元降至 2022 年的 81.15 万元，职均收入从 2013 年的 3.37 万元增至 2022 年的 5.19 万元。2022 年，拥有固定资产 482.43 万元。节水材料公司 2013—2022 年生产经营情况见表 2－5－7。

表 2－5－7　节水材料公司 2013—2022 年生产经营情况

年份	产成品情况			企业经营情况		
	底肥（吨）	追肥（吨）	滴灌带（米）	营业收入（万元）	利润总额（万元）	职均收入（万元）
2013 年	2071.98		3570	1728.32	217.6	3.37
2014 年	2856.36		3504.46	2040.68	290.11	4.44
2015 年	1051.5	1430.88	7810	1830.9	39.71	2.97
2016 年	1426.35	1426.75	5216.17	1831.23	38.53	2.97
2017 年	1442.5	902.13	4407	2004.78	146.61	3.37
2018 年	2116.4	2372.3	6592.5	2709.8	496.67	6.83
2019 年	2101.56	2036.06	8688	2725.22	458.82	4.55
2020 年	2342.6	1995.39	7263.6	2739.4	507.02	5.56
2021 年	2194.95	1997.45	10298.54	3051.12	383.02	5.77
2022 年	2365.97	2159.81	6482.35	3298.48	81.15	5.19

（二）生产管理

节水材料公司修订完善质量管理制度，细化工艺要求，优化原料配比方案，产品合格证标识按国家标准执行，落实生产记录台账，建立质量追溯制度和质量检测仪器定期校准、出库质量跟踪管控的管理体系，按照以"整理、整顿、清扫、清洁、素养、安全、节约"为内容的"7S"管理模式进行生产管理。对标行业优秀企业天津华旭盛达机械制造有限责任公司，学习管理方式、生产技术及制度规程，不断提高管理水平。

2022 年，在特药、部分蔬菜、甜糯玉米团队种植面积上，开展农资供应"从车间到田间"一站式服务。

（三）原料管理

节水材料公司在生产物料采购方面，根据生产计划及原料需求，采购前对有资质的原料供应商进行考察，召开采购领导小组会议，筛选出符合质量条件的供应商，报集团公司相关部门组织公开招标后按流程购入原料，原料入库采取现场抽检和查验的方式保证原料的质量。

2017 年 9 月 29 日，集团公司审议通过《节水材料公司废旧滴灌带收购实施方案》，明确了废旧滴灌带回收和以旧换新标准。

2019 年 8 月 23 日，集团公司下发《黄羊河集团公司大宗农资统一采购供应管理办法（试行）》，规范公司大宗农资采购流程。

（四）试验示范和培训

2013 年以来，节水材料公司广泛开展各类试验。每年定期组织开展滴灌肥操作规程、滴灌带操作规程、造粒工艺安全教育培训。

2013—2022 年，在不同作物、不同区域，开展大量元素水溶肥试验、滴灌专用肥料配比试验、大田玉米水肥一体化技术应用推广示范试验、配方改良试验、内镶式滴灌带试验、有机无机肥配施试验。

三、改革情况

（一）技术改造

2013—2022 年，节水材料公司在技术改造方面，安装自动喂料机台、自动清洗机、自流风机、炒料机、成型轮、集气罩、脉冲布袋除尘设备、切粒机、VOC 处理系统、滴灌带生产线、滴灌肥生产线，改造冷却水循环系统、设备自动清洗等。

（二）股权改革

2018 年 4 月 2 日，黄羊河集团公司请示甘肃省农垦集团有限公司，由黄羊河集团公司通过股权收购方式全额收购节水材料公司自然人股份，使节水材料公司国有持股比例达到 100％，成为黄羊河集团公司全资子公司，保障黄羊河集团公司农业生产。4 月 17 日，甘肃省农垦集团公司印发《关于同意黄羊河农工商（集团）有限责任公司所属部分二级参股企业股权调整和产业整合的批复》（甘垦集团资〔2018〕3 号），同意节水材料公司对原商贸公司所有人员、业务和资产进行吸收合并后，黄羊河集团公司通过股权收购方式全额收购自然人股份，使国有持股比例达到 100％。12 月 3 日，节水材料公司召开临时股东大会，讨论通过自然人股东股权转让事宜。12 月 10 日，黄羊河集团公司请示甘肃省农垦集团有限公司，对自然人股东持有的 451 万元股权由黄羊河集团公司按照 1∶1.1 的比例 100％收购。

2019 年 1 月，甘肃省农垦集团公司 2019 年第一次临时董事会召开，研究同意黄羊河集团公司收购节水材料公司参股职工股权，按原始出资额 1∶1 的比例，以股权收购方式全额收购节水材料公司自然人股份。5 月 17 日，节水材料公司通过股权变更成为黄羊河集团公司全资子公司。

四、品牌建设和社会知名度

节水材料公司不断进行技术创新，加强对产品应用性能的研究及专用型产品的研发。截至 2022 年底，节水材料公司共获授权专利 23 项。节水材料公司树立"质量第一、以质取胜"的经营理念，增强管理人员和员工的质量意识和品牌意识，不断引进新技术、新工艺和新产品，在滴灌产品上进行喷码标识"黄羊河"牌名称，提高"黄羊河"牌滴灌产品市场知名度。"黄羊河"牌滴灌肥、滴灌带产品销往金昌、内蒙古。

2016年，在金昌、天祝、内蒙古西滩、实现外销滴灌带875万米，滴灌肥560吨，实现销售收入335万元。

2017年，在四坝镇、双城镇、武南镇、党寨乡、永昌镇等地，实现外销滴灌带875万米，滴灌肥300吨。

2019年12月，节水材料公司被评为"武威市市级科技创新型企业"。

2020年，在邓马营湖、民勤野马泉村各100亩土地，开展大田玉米水肥一体化技术应用推广示范试验，配套使用滴灌带、滴灌肥、农药、农膜。凉州区邓马营湖示范田大田玉米果穗亩产达到1513千克，较农户习惯用肥增产187.4千克；民勤野马泉村示范田大田玉米果穗亩产达到1123千克。示范效果明显，得到种植户广泛认可。

2021年，开展滴灌水肥一体化技术应用推广示范试验，配套使用滴灌带、滴灌肥、农药、地膜，示范效果明显，农户反映良好。其中：五分场种植户58亩甜玉米试验地产量为1.39吨/亩，较周边农户增产约0.29吨/亩；野马泉360亩大田玉米试验地产量为1.1吨/亩，较往年增产0.3吨/亩；节水材料公司后院16亩辣椒试验地产量为1.76吨/亩（干椒），四坝镇5个芹菜大棚最终农户以1万元/棚的利润采收。6月，节水材料公司被评为企业信用评价为AAA级信用企业。12月，取得"知识产权管理体系认证证书"。

2022年2月，被黄羊工业园区评为"高质量发展先进企业"。

第六节　水　电　站

一、发展情况

水电站设立于1989年1月，为集团公司下属服务保障型单位，水电站内设变电所、水管所、财务室、监督办。截至2022年底，有工作人员31人。主要任务是：通过武威电力局供电线路及黄羊水管处河水、自来水供给，保证集团公司项目建设供电，提供农业灌溉用电、用水和生活用电服务。

2019年3月22日，工程建筑公司资产移交水电站管理。

2013—2022年，累计供电3.28亿千瓦时，年均供电0.33亿千瓦时，累计供给河水5197.9万立方米，年均供水519.8万立方米。2013—2019年，累计供应自来水154.6万立方米，年均供水22万立方米。该站年主营业收入从2013年的1364.09万元增加至2021年的1572.14万元。2022年，实现营业收入1400.8万元，拥有固定资产91.78万元。

2022年11月，原工程建筑公司资产移交马铃薯事业部，改建马铃薯合作农场。

二、改革情况

2018 年 5 月，集团公司制定《甘肃黄羊河农工商（集团）有限责任公司办社会职能分离移交实施方案》，提出将黄羊河农场 25 个职工家属区 2646 户的供水、供电管理，以及供电资产 459.49 万元、供水资产 571.34 万元（不含水井、水塔资产 493 万元），全部移交当地政府管理。

2020 年 1 月，黄羊镇政府接管黄羊河农场 25 个职工家属区 2646 户的供水管理及供水资产。8 月 1 日，供水从业人员 3 人移交至甘肃水务凉州供水有限责任公司。

2022 年 3 月，武威供电公司施工队到黄羊河农场开始供电改造。

第七节　工程建筑公司

工程建筑公司设立于 2007 年 2 月，为集团公司内部服务型单位，占地面积 43 亩。主要开展业务为：承担黄羊河集团公司内部建筑工程的监理，小型农机具改造、加工，宣传牌制作安装，屋顶平改坡、饮水管道等的修建和改造业务。

2013—2015 年，分别实现营业收入 424.64 万元、186.54 万元、106.35 万元。

2016 年开始，因黄羊河集团公司内部业务不断减少，工程建筑公司员工年龄偏大、工作技能单一、工作效率低，无建筑施工机械设备，无能力保证单位和员工收入，被迫停止经营。

2019 年 3 月，集团公司对工程建筑公司职工进行分流安置。3 月 22 日，根据黄羊河集团公司党委《关于实行干部一年一任（聘）制度的决定》（甘黄集团党〔2018〕6 号）文件规定，撤销工程建筑公司单位建制，资产移交水电站管理。

第八节　建材公司

一、发展情况

建材公司成立于 2010 年 5 月，为集团公司内部服务型单位，注册资金 70 万元。主要经营：红砖（含特种砖）、水泥等建筑装饰材料的生产、经营和零售。

2013 年，生产出新型 12 孔烧结砖，销售收入 155.2 万元。2013 年末，因国家对黏土开采限制、焙烧砖企业对环保的影响及市场等原因，产品销售困难，被迫停产。2014 年 4 月 9 日，建材公司书面征求集团公司大股东及其他股东意见，决定对建材公司停产出售。2017 年 2 月，撤销建材公司管理建制。

二、改革情况

2014 年，建材公司在农业种植和畜牧养殖两方面安置员工 18 人，开垦土地 400 亩，新建养殖棚 10 座。

2015 年 1 月 5 日，黄羊河集团公司董事会审议决定，建材公司依《公司法》进行解散和清算，合理处置资产。1 月 15 日，建材公司股东会研究决定，对建材公司进行解散、清算。成立以马金义为组长，冯国强为副组长，施忠年、赵立军、陈学艺、徐设荣、张天虎为组员的清算领导小组，负责建材公司解散、清算工作。2015 年，经与自然人鲁奋红协商，黄羊河集团公司以 85 万元（生产厂区的设施设备及建筑物、轮窑，不含场地、住宅区的建筑物、机井等）出售建材公司并与其签订出售合同，对剩余财产处理移交。

2017 年 2 月 28 日，撤销建材公司管理建制，单位人员及资产划归农业四分场管理。

第九节　腾利公司

一、改革情况

甘肃武威水泵厂（原名：兰州军区生产建设兵团水泵厂、国营黄羊镇水泵厂）是由国家和甘肃省政府相关文件批准兴建的专业化生产水泵的工业企业。注册资本 198 万元人民币，实收资本 181.3 万元，出资人为甘肃省农垦集团公司。2000 年，由甘肃省武威农垦公司托管。2021 年 1 月，整建制划转，交由黄羊河集团公司作为其下属企业管理。

2022 年 5 月 27 日，甘肃武威水泵厂变更为甘肃武威腾利机械制造有限责任公司（简称腾利公司），注册资本 198 万元，出资人为黄羊河集团公司，持股比例 100%。经营范围为：金属结构制造，农业机械制造，环境保护专用设备制造，燃煤烟气脱硫脱硝装备制造，物料搬运装备制造，大气环境污染防治服务，租赁服务（不含许可类租赁服务），商业、饮食、服务专用设备销售，农作物秸秆处理及加工利用服务等。

二、管理情况

2021 年 1 月 26 日，集团公司党委会议研究决定，接收甘肃武威水泵厂后由集团公司直属管理。

2021 年，集团公司积极协调解决甘肃武威水泵厂退休职工医保问题，通过补贴住院差额和按照年龄划分等级补贴门诊费用两种方式，妥善解决了该厂 98 名退休职工的医疗保险问题。按照确定的 3 个等级完成了门诊费补贴的发放，共计发放 2021 年度门诊费补贴 11.45 万元，总计支付退休职工相关费用 12.62 万元。

2022 年 5 月 19 日，集团公司召开第八届董事会会议，同意甘肃武威水泵厂企业化改制方案，改制后名称为甘肃武威腾利机械制造有限责任公司；同意甘肃武威腾利机械制造有限责任公司章程；同意甘肃武威腾利机械制造有限责任公司设置执行董事 1 名、监事 1 名。委派何有为甘肃武威腾利机械制造有限责任公司执行董事兼总经理（法定代表人），任期 3 年；委派李金浩为甘肃武威腾利机械制造有限责任公司监事，任期 3 年。

2022 年 5 月 27 日，由全民所有制企业改制为集团公司全资子公司，名称由甘肃武威水泵厂变更为腾利公司。

截至 2022 年底，腾利公司有在职职工 2 人，退休人员 111 人（其中 95 人享受企业医保补贴）。

第十节　餐饮服务业

一、黄羊河宾馆

黄羊河宾馆（原黄羊河招待所）位于黄羊河集团公司场部，始建于 1990 年，占地面积 5697 平方米。

宾馆现有客房 41 套，其中标准间 36 套、套间 5 套、餐包厢 5 套，建筑面积 160.74 平方米。餐厅面积 278.5 平方米，一次最大可容纳 280 人同时就餐；厨房面积 188.64 平方米；活动室 2 间，建筑面积 229.5 平方米；接待室 1 间，建筑面积 77.92 平方米。拥有高质量的音响、多媒体和宽带等设备设施，可接待大小旅行团队，可承办婚礼、大型会议、订货会及各种商务活动。

随着集团公司产业化结构的调整，黄羊河宾馆作为集团公司的服务型保障单位，现主要为黄羊河集团公司往来人员提供餐饮、住宿服务，以及为近年来公司招聘的大中专毕业生、机关工作人员和各分公司、子公司班子成员提供工作餐。

2013—2017年，由职工承包经营，营业收入由2013年的260.89万元减少至2017年的143.19万元。2018年，原招待所经营权发包给个人承包经营，独立核算、依法纳税、自负盈亏。机关工作人员餐补按实际餐费的50％由集团公司补贴。

2019—2021年，投资45.5万元，改造上下水、暖气管道铺设、室内外电气、彩钢屋顶外墙保温、客房装修、酒店设施及用品购置等。

2021年开始，对近年来入职大学生等员工招待所就餐实施补贴。

2022年，黄羊河集团公司将招待所现有资产设施及经营权出租给个人，自主经营、独立核算、自负盈亏、依法纳税。

二、个体经营服务业

个体经营服务业是指场辖区的个人或家庭在国家法律和政策允许的范围内，独立享受民事权利，承担民事责任，专门或主要从事餐饮、加工、修理、建筑安装、交通运输、农机服务、商品零售等小型的经营服务业。

现涉及的个体经营服务业行业有商品零售、餐饮服务、交通运输、加工修理、理发、快递超市等。

第十一节　旅　游　业

一、旅游资源

黄羊河休闲农业旅游景区是黄羊河集团公司（甘肃省黄羊河农场）依托"全国无公害农产品示范基地农场""全国现代农业示范区"和周边旅游资源开发和建设的旅游景区，拥有中心服务区、现代农业展示区、葡萄长廊观光区、现代农产品加工物流集散区、餐饮娱乐区、明汉长城遗址沙漠旅游区、时令果蔬采摘区、葡萄酒庄游览区、高效节水农业示范区等功能区。

莫高酒庄及葡萄长廊：以莫高酒庄、18千米葡萄长廊、现代农业为代表的旅游品牌。

明汉长城遗址：景区内有明汉长城交汇处，也是南北东西两条长城交汇处。景区内明长城遗址保存完好，绵延20千米。

新中国屯垦文化：甘肃黄羊河集团是新中国成立不久后设立的甘肃省第一家国营农场，是农垦在甘肃诞生发展的缩影。

特种药材生产基地：黄羊河集团公司是国家定点生产特种药材的种植基地，药材因身份特殊而具有独特的观赏价值，该基地有条件发展成省内独具特色的禁毒教育基地。

现代化农产品加工景观：可参观农产品从田间到车间再到餐桌的过程，主要是以黄羊河甜糯玉米加工厂为代表的农产品加工线。

现代集体农庄及现代农民生活方式：有以二层别墅式小楼为主的职工住宅楼群、文化广场、水景公园，可享受有城市生态气息的小城镇生活。

现代农业示范区：集农业科技示范、产业辐射带动、员工教育培训、生态观光旅游为一体的现代农业示范区。

二、AAA 级旅游景区

商贸公司依托葡萄长廊、农业大田风光、古长城等独具特色的旅游资源，开发农业观光旅游。2005 年 3 月，开始向社会开放运营。2009 年，黄羊河集团公司辖区被甘肃省旅游局确定为甘肃旅游新景点，被武威市确定为"天马旅游节"重点旅游线路。随着特色林果业的发展和现代农业示范区、职工住宅楼、文化广场、润泽园、场区街道、宾馆、商店、集贸市场等的建设，已经形成兼具农垦特色、城市气息的生态、环保、绿色的旅游环境和能够基本满足游人"行、游、住、食、购、娱"六大需求的旅游综合服务体系。2011年，黄羊河休闲农业旅游景区被确定为国家 AAA 级生态农业旅游景区。每年接待来场游客达 3000 人左右；同时，承办场内外出考察学习和观光旅游者 200 多人。

2015 年以来，黄羊河休闲农业旅游景区为全面开放式景区。2021 年，对照《旅游景区质量等级划分与评定》国家标准，因已不具备 AAA 级旅游景区功能和条件，故申请凉州区文体广电和旅游局"退出"AAA 级旅游景区。

第三编

经营管理

中国农垦农场志丛

第一章　财务管理

第一节　财务管理体系

1997 年以来，黄羊河集团公司本部设立财务资产部，负责集团财务管理，从集团层面加强内部经营单位财务监管，规范财务核算。集团下属核算单位均有专职或兼职财会人员，行政上归所在单位领导，业务上由集团财务资产部管理。集团公司法定代表人为财务第一责任人。

2009 年 4 月以来，甘肃省农垦集团公司在所属单位中配备财务总监，具体负责所在单位财务管理工作。财务总监受甘肃省农垦集团公司、黄羊河集团公司双重组织领导。集团财务实行统一管理，分级核算。

2019 年，甘肃省农垦集团公司组织开展集团所属企业财务管理提升年活动。坚持依法合规与立足实际相结合、重点突破与全面提升相结合、规范管理与内部管控相结合，推进公司财务管控体系建设。

至 2020 年，黄羊河集团公司以会计核算为基础，以全面预算管理为手段，以资金管理为核心，以资产管理为纽带，以队伍和制度建设为保障，以所属分公司、子公司财务管理为依托，建立了全面预算控制、资金集中管理的财务集中管理体系。集团公司为财务中心，分公司、子公司为利润中心和成本费用控制中心。

2013 年，黄羊河集团公司有会计人员 22 人，其中助理会计师及以上职称 13 人，会计员 1 人，无职称 8 人。本科以上学历 3 人，大专学历 13 人，40 岁以下人员 6 人。

至 2022 年底，黄羊河集团公司有会计人员 37 人，其中具有助理会计师及以上职称 17 人，无职称 20 人。本科以上学历 17 人，大专学历 18 人，40 岁以下人员 23 人。财会人员结构见表 3 - 1 - 1。

表 3 - 1 - 1　财会人员结构对照表

年份	总人数	性别		职称			文化程度					年龄结构			
		男	女	会计师	助理会计师	会计员	本科	大专	中专	高中	初中	30 岁以下	30~40 岁	41~50 岁	50 岁以上
2013 年	22	14	8	0	13	1	3	13	1	4	1	1	5	13	3
2017 年	23	16	7	2	12	0	7	13	1	2	0	2	4	13	4
2022 年	37	18	19	4	13	0	17	18	0	2	0	14	9	7	7

第二节 资金、资产管理

一、资金管理

2013年以来，黄羊河集团本部设立结算中心，主要对各单位资金往来进行结算，统筹规划使用，盘活存量，协调所属各单位资金余缺。

2013年，集团公司出台《甘肃黄羊河集团公司资金使用及管理办法》，该办法提出：黄羊河集团公司实行资金使用预算管理。各核算单位根据自身经营特点，编制全年资金使用预算，切实加强经济业务的管控力，防止资金使用盲目、无序、浪费。财务资产部根据各核算单位的资金使用预算，编制集团公司全年资金筹资、投资、使用、还贷预算方案，确保资金科学、高效使用。各核算单位开设账户必须向黄羊河集团公司提出申请。子公司实行内部结算中心及银行开户，分公司只在内部结算中心开设账户，各核算单位通过结算中心使用资金时，提前上报资金使用报告，结算中心汇总后上报总经理审批，审批后由财务资产部监督执行。子公司流动性资金原则上自筹。需集团公司协助筹资的，提前书面申请；需要集团公司或协调其他子公司做担保、转贷的，由子公司提出书面申请，经集团经理办公会审议以后提交董事会审批。子公司预算内资金支付，必须形成书面档案，通过子公司总经理签字后支付；预算外资金支付，必须形成书面档案，通过子公司总经理批准，上报子公司董事会批准后方可支付；预算外资金支付金额超过5万元的，必须书面形式上报集团公司，经集团公司董事会审批后方可支付；坚持收支两条线，严禁坐支。与产品销售或工程建设有关的事项必须有合同档案，合同或协议中须对资金的收付方式、收付期限、息惠条件等明确作出规定，合同或协议签订之前必须经当事人、公司经理、集团公司主管法律的业务人员及其他相关人员审核；原则上不允许采取先货后款、先支付后施工，确需特殊处理的，必须向集团公司书面报告，经集团公司分管领导及总经理批准后，上报董事会审批。

2015年5月，按照甘肃省农垦集团公司统一部署，黄羊河集团公司所属企业资金集中管理正式上线，其所属单位的所有银行账号全部纳入资金核算体系，实行收支两条线资金支付渠道。

2020年，制定了《甘肃黄羊河集团公司财务管理制度》，该办法指出：集团公司对各项财务资金实施集中统一管理，根据财务预算管理要求，全面负责集团公司资金筹措、运用和综合平衡工作。分公司、子公司具体负责本单位的资金管理，并接受集团公司的集中监管。在资金运营过程中，各分公司、子公司加快应收款项回收，降低资金成本、提高资金使用效率。对各分公司、子公司资金支付超出预算的部分必须按有关规定办理报批追加手续。各分公司、子公司加强资金审批制度，明确各项资金的审批权限。同时，各分公司、子公司按照集团公司要求加强货币资金管理。

至 2022 年，黄羊河集团公司资金管理已实现全程系统化操作。

二、资产管理

资产管理包括各类资产投入的管理、存量资产的管理、资产处置等。

2013 年，黄羊河集团公司固定资产按"谁使用谁管理"的原则进行管理。对符合固定资产报废条件的设备、设施，闲置、老化严重及无法修复的固定资产，经黄羊河集团公司工程质量验收领导小组实地查验后，提交公司董事会通过，并报省农垦集团公司批复后进行报废处理。

2018 年 11 月 23 日，制定《黄羊河集团公司软件资产管理办法》，将办公电脑操作系统、办公软件、杀毒软件列入资产进行管理。

2020 年，制定的《甘肃黄羊河集团公司财务管理制度》指出，资产管理坚持风险与收益均衡的原则，确定合理的资产结构，实施资产动态管理。集团公司依照法定程序对投资企业的分立、合并，公司审计、破产、解散、增减资本等重大事项进行审核并办理相关手续，子公司根据《甘肃黄羊河集团公司国有资产产权登记管理办法》及相关制度规定办理产权登记。分公司、子公司制定资产管理制度，加强对金融资产、应收账款、存货、固定资产、无形资产、生物资产等工作的管理，并对生产经营过程中发生的资产损失制定严格的管控审批制度。子公司合并、分立、转让、改制等，在做好可行性研究的基础上，对各项资产进行全面清查，编制清查资产负债表，财产清单和债权债务清单，与债权银行依法订立债务保全协议，制定包括职工安置、债权债务承继、转让价款结算、公司重整等方案。

2013—2022 年黄羊河集团公司资产拥有情况见表 3-1-2。

表 3-1-2　2013—2022 年黄羊河集团公司资产拥有情况表

年份	年初固定资产原值（万元）	年末固定资产原值（万元）	累计折旧（万元）	年末固定资产净值（万元）	资产总额（万元）	资产负债率（%）
2013 年	25519.32	31236.58	3759.79	27476.79	84400.23	59.59
2014 年	31236.58	31459.85	4545.20	26914.65	74733.02	57.60
2015 年	31459.85	35416.11	5675.53	29740.58	78437.81	58.65
2016 年	35416.11	38539.74	6921.50	31618.24	78321.40	57.57

（续）

年份	年初固定资产原值（万元）	年末固定资产原值（万元）	累计折旧（万元）	年末固定资产净值（万元）	资产总额（万元）	资产负债率（%）
2017 年	38539.74	39647.97	7561.78	32086.19	73765.18	57.90
2018 年	39647.97	37756.73	8319.68	29437.05	78409.18	62.58
2019 年	37756.73	44888.20	9574.74	35313.46	79912.9	65.66
2020 年	44888.20	42032.97	9746.29	32286.68	77483.42	63.62
2021 年	42549.78	46427.21	12267.24	34159.97	78478.9	57.43
2022 年	46427.21	50632.23	15080.51	35551.73	78711.42	48.27

第三节　预算管理

2013—2015 年，甘肃农垦对所属单位统一实行财务预算管理。每年底结合当年生产经营情况，编制年度财务预算，报甘肃省农垦集团公司同意后实施。黄羊河集团公司围绕下达的预算目标任务，将经济指标逐级分解、下达，组织实施，确保年度目标完成。财务预算管理采用刚性管理的原则，主要经济指标实际完成数与预算目标数偏差控制在±10%以内。办公费、差旅费和业务招待费三项费用指标，严格控制在目标预算范围内，不得超支。

2016 年，根据甘肃省农垦集团公司全面预算管理要求，黄羊河集团公司制定了《黄羊河集团公司全面预算管理暂行办法》。设立两级预算管理机构，集团公司层面成立全面预算管理委员会，为全面预算管理机构。各所属分公司、子公司设立本单位全面预算管理工作小组，负责组织预算的编制、修正、执行及分析。全面预算管理注重预算管理流程塑造，建立了以资金为核心，预算为目标，核算为基础，制度为保障，企业全员参与，各环节控制，全过程反映的预算管理体系。

2019 年 11 月，甘肃省农垦集团公司统一对所属企业进行工资总额预算管理，并纳入所属单位全面预算管理体系。即在甘肃省农垦集团公司调控下，各企业围绕发展战略，依据年度生产经营目标、经济效益情况和人力资源管理要求，对年度工资总额的确定、发放和职工工资水平的调整，做出计划安排并进行有效控制和监督。工资总额是指各企业在一个会计年度内实际支付给本企业全部职工的劳动报酬总额，主要包括工资、奖金、津贴、补贴、加班加点工资、特殊情况下支付的工资等。农业企业租赁土地的职工实际未发放工资，其工资为统计工资，这部分人员的工资总额在编报工资总额预算时单独列项。工资总额预算实行省农垦集团公司核准制。

2020 年 7 月 8 日，修订了《甘肃黄羊河集团公司全面预算管理暂行办法》，本办法明确：全面预算管理是围绕集团公司发展战略，以经营计划为基础，以年度工作任务为目标，并将目标以预算形式加以量化，对企业预算年度内各种资源和经营行为所做的预期安排，以实现内部控制的管理活动，是全过程、全方位、全员参与，对企业各种资源和经营行为全面控制的综合管理系统。集团公司董事长是公司全面预算的总责任人，各企业负责人为本企业全面预算管理的责任人，各级业务预算部门对各自制定的预算指标负责。企业负责人负责本企业的全面预算管理工作，确保对预算编制、批准、控制、调整、报告、考核等各环节的有效管理和监控，促进企业整体经营管理水平的提高。全面预算管理遵循全面性原则、平衡性原则、权变性原则、因企制宜原则。集团全面预算管理委员会为集团公司总经理、副总经理和机关各职能部室负责人。全面预算管理委员会下设预算管理委员办公室，设在财务资产部，成员为机关各职能部室预算业务人员。各所属分公司、子公司全面预算管理工作小组企业法人（或负责人）担任组长，分管财务工作的经理（场长）或会计担任副组长，财务部（室）和业务部门完成全面预算工作。

集团公司全面预算管理组织体系分为全面预算管理决策机构、全面预算管理的工作机构、全面预算管理的执行机构。

全面预算管理决策机构，由集团公司董事会、预算管理委员会、企业经理层构成。集团公司董事会为全面预算管理的法定权力机构，负责审议批准公司的年度财务预算方案；预算管理委员会为全面预算管理的专门机构，主要对董事会负责。全面预算管理的工作机构为预算管理委员会办公室，具体负责全面预算的编制、审核、控制、调整、分析、考评等工作。全面预算管理的执行机构为集团公司职能部门、所属分公司、子公司等。

全面预算由业务预算、资本预算、筹资预算、财务预算和主要指标预算组成。预算编制遵循"自上而下、自下而上、上下结合、分级编制、逐级汇总、综合平衡"原则。

2021 年起，全面预算工作由黄羊河集团公司财务资产部牵头组织，企业管理部、人力资源部（2022 年调整为组织人事部）、项目开发部按归口业务分工协作，组织编制。财务资产部组织实施全面预算管理，重点负责财务预算，审核汇总集团全面预算；企业管理部负责集团年度生产经营预算、产业预算、研发投入预算、销售预算等，并组织落实特药生产计划任务；项目开发部负责集团及直属企业年度固定资产投资预算；人力资源部（组织人事部）负责所属企业工资总额预算。通过协同配合，实现生产预算、销售预算、投资预算、薪酬预算的统一。

全面预算与 NC（财务预算管理平台）财务核算系统、资金管理系统结合，实现了财务核算数据、业务经营数据、预算数据的有效统一，形成了数据共享和传递平台，使得企业经营分析有了稳定高效、可靠翔实的数据支撑，一定程度上倒逼企业规范了基础业务、强化了过程管理、优化了业务流程及资源配置，提升了现代企业管理水平。

第四节　会计核算管理

2013 年，黄羊河集团公司内部核算单位共 25 个，具体为：农业一分场、二分场、三分场、四分场、五分场、良种场、果品公司、食品公司、种业公司、麦芽公司、蔬菜公司、亚麻公司、商贸公司、节水材料公司、物流公司、建材公司、工程建筑公司、武威黄羊河亚麻公司、水电站、打井队、农机合作社、热力供应站、黄羊河宾馆、职工医院、派出所。

2014 年 3 月 31 日，甘肃省农垦集团公司下发《甘肃省农垦集团有限责任公司账务集中核算暂行管理办法》，在甘肃农垦系统实行账务集中核算。黄羊河集团公司及所属企业和独立核算单位纳入农垦集团账务集中核算系统，运用甘肃农垦 NC 系统会计信息化集中处理平台，由农垦集团统一建账，账务集中处理、报表集中报送、资产集中管理，统一进行财务集中核算。

2017 年，根据财务集中管理要求，对黄羊河集团公司 9 个内部核算单位（6 个农业分场、工程建筑公司、结算中心、集团本部）进行了财务归并处理。

2021 年 1 月，武威农业公司、甘肃武威水泵厂（2022 年更名为甘肃武威腾利机械制造有限责任公司）整建制划入黄羊河集团公司。

至 2022 年，黄羊河集团公司会计核算采用账务集中管理，分级核算的管理模式运行。按照《甘肃省农垦集团有限责任公司账务集中核算管理暂行办法》的相关规定，运用会计信息化集中处理平台规范使用会计科目、填制会计凭证、登记会计账簿。业务上按管理权限进行业务指导，按年度进行财务决算。

2022 年，黄羊河集团内部核算单位 10 个（含本部），具体为：黄羊河集团公司、食品公司、蔬菜公司、节水材料公司、物流公司、农机合作社、园艺场、水电站、武威农业公司、腾利公司。

第五节　成本管理

2017 年，甘肃省农垦集团公司统一组织开展"成本管控、效益否决"专项行动。黄羊河集团公司研究制定了《黄羊河集团公司"成本管控、效益否决"专项行动工作方案》，以"去产能、去库存、去杠杆、降成本、补短板"（简称"三去一降一补"）为重点内容，成立了黄羊河集团公司"成本管控、效益否决"专项行动工作领导小组。从以企业董事会为核心的战略成本控制、以企业经理（场长）层为核心的经营管理成本控制和以各生产经营各环节员工为核心的生产成本控制三个层面加强全面成本管控工作。通过加强投资项目成本控制，加强成本费用预算控制、严控人工成本、严控采购成本、严控资金成本、加强现金流管理、刚性降低管理费用、销售费用、财务费用开支等三项费用等综合措施，加强全面成本管控。

2017年，甘肃省农垦集团公司结合成本管控，在农垦系统组织开展农业亩节本增效百元示范项目。按照全省农垦经济工作会议精神，黄羊河集团公司设立农业节本提质增效示范面积2.1万亩，重点通过增施有机肥、一膜单管双行种植、绿色防控、病虫害统防统治、膜下集中施肥和机械中耕除草等技术措施，使主栽作物甜糯玉米、辣椒、洋葱均实现了节本提质增效，示范区共节本359万元。

同年起，甘肃省农垦集团公司组织开展"两金"（应收款项和存货占有资金）清理压降专项工作，黄羊河集团公司制定了"两金"清理压降专项工作方案，成立"两金"清理压降专项工作小组，公司董事长任组长，开展"两金"清理压降专项工作。

2018年以来，"两金"压降指标纳入《甘肃省农垦集团公司所属企业负责人经营业绩考核办法》经营业绩考核范围。要求各企业以上年末"两金"存量余额为基础，严格按照"压存量、控增量"的原则，确保"两金"压降增幅低于收入增幅，力争"两金"占用率较高的企业"两金"占用零增长。2017—2022年"两金"压降情况见表3-1-3。

表3-1-3 2017—2022年"两金"压降情况统计表

年份	应收款项			存货占有资金		
	年初计划（万元）	实际（万元）	完成比例（%）	计划（万元）	实际（万元）	完成比例（%）
2017年	8742	6622	75.75	13745	8136	59.19
2018年	5625	3238	57.56	10754	6870	63.88
2019年	12000	7416	61.80	8293	7676	92.56
2020年	8910	4097	45.98	9334	8860	94.92
2021年	7314	6526	89.23	7602	7110	93.53
2022年	3965	3648	92.01	8329	7829	94.00

2020年，甘肃省农垦集团公司组织开展建设节约型企业活动。6月3日，制定《黄羊河集团公司开展建设节约型企业活动方案》，成立集团公司"建设节约型企业"活动领导小组。党委书记、董事长李国忠任组长。2020年6—12月，黄羊河集团公司在机关各部室及所属分公司、子公司中开展以"节约一张纸、节约一度电、节省一滴水"为主要内容的节约型企业建设。以节电、节水、节油、节材为重点，厉行勤俭节约、反对铺张浪费。

"十三五"期间，黄羊河集团公司从加强预算执行、资金管控，强化各项支出的审核流程着手，成本管控涉及的各项指标均有改善和提高，成本管控工作取得一定成效。企业管理费用由 2016 年的 5028 万元下降至 2020 年的 4322 万元，减少支出 706 万元，财务费用减少 70 万元。成本费用占营业总收入比率从 102％下降至 98％。

2020 年，修订完善了《黄羊河集团公司财务管理制度》，明确要求各分公司、子公司建立健全产品成本管理责任制。按照产品生产工艺，对生产成本费用进行合理归集与分配，客观、真实、完整的反映产品成本情况，依据相关会计制度及规定，选择制定适宜的成本核算办法。分公司、子公司制定和建立各项成本、费用支出的管理制度和实施细则，尤其要详细制定各项费用审核、审批及报销制度，并按制度严格执行。2013—2022 年黄羊河集团整体成本费用见表 3-1-4，2013—2022 年主要种植作物亩成本见表 3-1-5，2013—2022 年农产品加工（销售）成本见表 3-1-6。

表 3-1-4　2013—2022 年黄羊河集团整体成本费用统计表

年份	主营业务成本占收入比（％）	成本费用利润率（％）	百元收入负担的成本费用（元）
2013 年	75.47	9.58	91.50
2014 年	81.62	3.75	97.48
2015 年	83.40	2.57	101.17
2016 年	85.53	2.14	102.57
2017 年	91.09	−8.90	105.70
2018 年	86.97	0.43	100.22
2019 年	87.46	2.27	98.61
2020 年	88.90	4.80	97.48
2021 年	85.98	6.42	95.34
2022 年	84.09	9.96	94.84

表 3-1-5　2013—2022 年主要种植作物亩成本统计表

年份	甜糯玉米（元/亩）	制种玉米（元/亩）	辣椒（元/亩）	洋葱（元/亩）	马铃薯（元/亩）	特药（元/亩）
2013 年	1477	1727	1899	3271		2361
2014 年	1538	1659	2816	3921		2715
2015 年	1605	1773	3931	4249		
2016 年	1537	1670	3913	4128		
2017 年	1481	1737	3714	3925		
2018 年	1482	1737	3714	3925		
2019 年	1710	1718	4526	4521		
2020 年	1652	1795	4651	4773	3566	
2021 年	1739	1858	5476	5230	3644	2900
2022 年	1706	1894	5431	6251	3773	2600

表 3 - 1 - 6 2013—2022 年农产品加工（销售）成本表

产品	2013 年	2014 年	2015 年	2016 年	2017 年	2018 年	2019 年	2020 年	2021 年	2022 年
玉米棒（元/穗）	1.62	1.31	1.26	1.58	1.31	1.33	1.43	1.21	1.44	1.56
玉米糁（元/千克）	4.06	4.31	4.22	4.66	3.95	3.87	3.86	4.13	3.83	3.95
玉米粒（元/千克）	5.01	5.15	5.07	6.81	5620	6.36	5.79	5.38	6.31	7.08
玉米良种（元/千克）			8.04	9.04	7.41	7.69	6.65	6.75		

第六节 财务监督检查与风险管控

2013 年以来，黄羊河集团公司及分公司、子公司根据国家有关规定要求，建立健全内部控制制度，由审计监察部与财务资产部具体负责内控与内审工作，财务资产部对公司财务管理活动进行检查指导。

2014 年 6 月 25 日—7 月 25 日，黄羊河集团公司财务检查领导小组就财务制度的建设和执行情况，财务资金的运营情况，会计核算和会计基础的设置情况，账务集中核算和专项资金的使用等方面进行了全面的检查和清理，对公司所有核算单位 2011 年至 2013 年的账务处理、资金运营、专项资金使用等内容进行了检查。结合检查情况，制定了黄羊河集团公司相关的制度和办法，主要有：《甘肃黄羊河集团公司资金使用及管理办法》《甘肃黄羊河集团公司分子公司购销行为管控办法》《甘肃黄羊河集团公司内部会计控制规范》《甘肃黄羊河集团公司"四费"开支报销及管理办法》《甘肃黄羊河集团公司内部审计管理办法》。

2015 年 8 月 7 日，按照甘肃省农垦集团公司《关于开展财务重点事项自查工作的通知》精神，黄羊河集团公司对 2014 年企业财务重点事项进行了专项自查自纠，成立由公司党委牵头的自查自纠工作领导小组，组织开展了财务重点事项自查自纠工作。组长由吴伯成担任，副组长由李昌（常务）、马金义担任。办公室设在财务资产部，具体由财务资产部、审计监察部配合完成自查自纠工作。

2015 年 9 月 25 日—10 月 15 日，依据甘肃省农垦集团有限责任公司《关于开展财务检查的通知》精神，黄羊河集团公司财务检查小组对公司所有核算单位 2013—2015 年的账务核算、资金管理、专项资金使用和财务制度执行等内容进行了检查和整改。

2017 年 6 月，黄羊河集团公司就财务制度建设和执行情况，内部控制制度建立和执行情况，银行账户及现金管理使用情况，资产、产权管理情况等方面进行了全面的检查和督促整改。

2018年6月29日，为引导企业把握举债规模与资源资产相适应的风险管控要求，把握举债能力和风险承受能力的动态平衡，有效控制和降低债务风险，力保举债方式规范、期限结构合理，资金运行安全，负债率控制在风险预警线内，甘肃省农垦集团公司对所属企业实施负债规模和资产负债率双重管控，加强债务风险对标管理，明确债务风险预警等级，资产负债率在60%～70%的为初级债务风险，实行"重点关注"，资产负债率在70%～80%的为中级债务风险，实行"重点监控"，资产负债率在80%以上的为严重债务风险，实行"特别监管"，甘肃省农垦集团公司将按月通报。对列入"重点监控"名单的企业，要求企业财务总监（财务负责人）逐月上报《偿债能力分析报告》；对列入"特别监管"名单的企业，要求企业负责人和财务总监（财务负责人）逐月联签上报《现金流分析报告》。黄羊河集团公司当年被确定为"重点监控"企业。

2020年8月27日，按照"范围全、底数实、风险清"的原则要求和国有资产分级管理体制规定，由集团公司财务资产部具体组织，企业管理部、审计监察部、综合管理办公室等部门协同，对内部单位开展了资产清理清查、重大债务风险排查，建立了"企业债务风险自检"制度，并按照"系统性、层次性、渐进性、效率性"的工作原则及"重要性、真实性、及时性、审慎性"的业务要求，对企业各类债务风险进行识别、计量、监测和控制。

2020年10月28日，甘肃省农垦集团公司制定下发了《甘肃省农垦集团有限责任公司全面风险管理制度（试行）》，在甘肃农垦系统组织开展全面风险管理工作。全面风险管理实行分级管理，组织体系包括：董事会、审计与风险控制委员会、总经理、分管领导、风险管理主管部门、其他各职能部门及各企业。董事会是企业全面风险管理工作的领导和责任机构。

2022年5月5日，出台了《甘肃农垦黄羊河集团公司"六位一体"大监督工作格局实施方案》，积极构建党委领导，纪委、监事会、财务、审计、法务、巡察"六位一体"的内部监督体系，形成监管合力。方案提出：按照"构建党统一指挥、全面覆盖、权威高效的监督体系"要求，立足监督体制机制创新，尽快整合内部监督资源，把"六位一体"作为完善国资国企治理体系的创新探索，推进党的领导与公司治理有机统一、深度融合。加快形成上下齐动、内外联动、左右互动的"六位一体"大监督工作新格局，加快形成内部监督合力，切实推动本企业内部监督由"分兵把守"向"统筹协调"转变。通过强化主动监督、动态监督和过程监督，切实增强监督的全面性，筑牢防止国有资产流失的第一道防线，不断提升集团公司治理体系和治理能力现代化水平，推动企业高质量发展。

第七节 审计管理

一、审计机构

2013 年，黄羊河集团公司设立了审计监察部，配备专职工作人员，对集团公司本部及下属单位财务收支、财务决算、资产质量、经营绩效、建设项目相经营活动的真实性、合法性和效益性以及内部控制的适当性、合法性和有效性进行内部审计。

审计监察部主要履行以下职责：制定集团公司内部审计管理办法，编制年度内部审计工作计划；对集团本部及其下属单位的财务收支、财务决算、经营绩效、资产质量、建设项目以及其他有关的经济活动进行审计监督；对集团公司下属单位的负责人进行任期或定期经济责任审计；对发生或可能存在重大财务异常情况的下属单位进行专项经济责任审计工作；对集团本部及下属单位的基建工程和重大技术改造、大修工程依据工程决算，进行投资、建设项目、资金支付和竣工交付使用审计监督；对集团本部及其下属单位的物资采购、产品销售、工程招标、对外投资及风险控制等经济活动和重要的经济合同等进行参与或监督检查。

2019 年，审计监察部更名为审计部，与纪委办公室、信访办公室合署办公。

二、审计的类型和内容

审计类型包括对所属单位进行的离任审计（经济责任审计）、经营情况审计（经济效益审计）、日常业务审计和专项业务审计。

离任审计。按照"逢离必审"的原则，重点对已离任单位负责人在任期间的经营业绩进行审计；对经营活动中形成的各类资产及所有者权益进行审查；结合在任以前审计结果，根据审计事实，对单位负责人任职期间的工作业绩、执行国家财经法规、公司财务制度和履行党风廉政建设责任制情况予以评价。

经营情况审计。按照"子公司每年必审"的要求，对集团公司内部各有限责任公司的年度经营成果（包括利润、现金流量、所有者权益、资产负债率、资产保值增值率等相关经济指标完成情况）进行审计鉴证，为其董事会决策和实施利润分配提供依据；对各类资产特别是已列入固定资产项目的真实性进行审查；对费用计划执行情况进行审计，严控"四费"支出，提高经济效益。

日常业务审计。按照"每两年审计一次"的要求，对部分分公司和服务单位执行国家财会法规、集团公司财务制度和内部控制情况，结合会计基础工作规范化要求进行审计；对各类资产特别是已列入固定资产项目的真实性进行审查，促进会计工作更加规范化、标准化。

专项业务审计。为进一步规范集团公司工程项目建设和确保各项经营管理制度的贯彻执行，对公司已完成的重大工程建设项目投资情况依据公司招投标小组、专门会议定价、基建合同、完工验收单、会计资料等进行审计，促进基本建设项目程序更加规范、账务处理更加合规。

三、审计制度

2013年7月15日，修订完善了《黄羊河集团公司内部审计管理办法》。内容包括：内部审计机构设置、内部审计部门主要职责、内部审计工作程序、内部审计工作要求等。

2018年8月3日，对《甘肃黄羊河集团公司内部审计管理办法（试行）》进行了修订。明确内部审计工作的领导体制、机构设置、人员配备、职责权限、实施程序、经费保障、审计结果运用和责任追究等。内部审计机构在公司党委、董事会（或者主要负责人）直接领导下开展审计工作，向其负责并报告工作。

四、审计情况

内部审计方面，按照《黄羊河集团公司内部审计管理办法》的有关规定，黄羊河集团公司每年初对审计工作进行安排。其间由审计监察部工作人员具体组织落实审计工作，当年财务决算前完成离任审计、日常业务审计和专项业务审计工作，决算后一个月内完成各子公司年度经营情况审计。

外部审计方面，按照甘肃省农垦集团公司相关规定，积极配合第三方中介机构完成各项财务审计。委托的审计机构主要有甘肃广合会计师事务有限公司、甘肃天一永信会计师事务所等。

2013—2022年，累计完成内部离任审计31个，完成经营情况审计107项，日常业务审计20项，专项审计7项，累计有针对性地提出合理化意见及建议289条。2013—2022年审计情况见表3-1-7。

表 3 - 1 - 7　2013—2022 年审计情况统计表

年份	离任审计（个）	经营情况审计（个）	日常业务审计（个）	专项审计（个）	提出审计意见建议（条）
2013 年	1	11	3	3	35
2014 年	7	10	4		29
2015 年	3	9	3	1	24
2016 年	3	8	4		39
2017 年	3	8	3	1	41
2018 年	2	12	1	1	34
2019 年	3	17		1	31
2020 年		14	1		9
2021 年	6	6	1		18
2022 年	3	12			29
合计	31	107	20	7	289

第二章　人力资源和社会保障管理

第一节　人事管理

一、职工队伍状况

2013 年以来，黄羊河集团公司除从甘肃农业大学、河西学院、兰州商学院等高校引进大中专毕业生以外，2019 年 6 月从公司内部及周边农村招录农机驾驶员 4 人，2022 年初，根据产业发展需要，农机合作社和马铃薯事业部招录工人 9 人。

截至 2022 年 9 月，黄羊河集团公司共有职工 830 人，其中，男性 714 人，女性 116 人；农林单位职工 569 人，工业服务单位职工 261 人。集团公司各类管理、技术、业务人员 154 人，其中专业技术人员 132 人。

2013—2022 年职工人数见表 3-2-1；2013—2022 年职工离退休人数见表 3-2-2；2013—2022 年专业技术人员见表 3-2-3。

表 3-2-1　2013—2022 年职工人数统计表

年份	总人数	性别		年龄结构		
		男	女	40 岁以下	40~50 岁	51~60 岁
2013 年	1405	862	543	201	1025	179
2014 年	1356	849	507	185	968	203
2015 年	1308	849	459	189	862	257
2016 年	1250	836	414	159	822	269
2017 年	1195	818	377	153	743	299
2018 年	1089	780	309	130	636	323
2019 年	1010	765	245	129	521	360
2020 年	936	742	194	128	425	383
2021 年	869	729	140	125	305	439
2022 年	830	714	116	143	232	455

表 3 - 2 - 2 2013—2022 年职工离退休人数统计表

年份	干部退休	干部内退	工人退休	年份	干部退休	干部内退	工人退休
2013 年	1		55	2019 年	4	6	74
2014 年	4		46	2020 年	1	3	70
2015 年	3		58	2021 年	7	5	58
2016 年	4		52	2022 年	11	2	58
2017 年	3		54	总计	43	16	598
2018 年	5		73				

备注：2022 年为截止到当年 9 月份的数据。

表 3 - 2 - 3 2013—2022 年专业技术人员统计表

年份	高级	中级	初级	合计
2013 年	3	27	153	183
2014 年	1	34	160	195
2015 年	2	38	166	206
2016 年	2	40	165	207
2017 年	3	43	159	205
2018 年	5	35	141	181
2019 年	5	38	122	165
2020 年	5	39	118	162
2021 年	5	38	91	134
2022 年	4	33	95	132

二、职工培训

2013 年之后，职工培训主要为生产管理技术培训、专业技术培训、法制教育培训，每年年初提出培训计划，全年推进落实。

生产管理技术类培训分工农业系统进行，由主管领导负责组织。农业系统职工培训由农业管理部（企业管理部）牵头，协同龙头企业，以集中讲座、观摩交流、远程视频等方式，分季度分阶段对相关人员进行滴灌设备操作技术、主栽作物高产创建活动关键技术、肉羊规范养殖技术、新型职业农民培训等为主要内容的技术培训。果品公司自行组织，采取理论讲解、现场操作等方式对员工进行以果树栽培技术、病虫害防治等为主要内容的培训。工业单位职工培训由工业管理部（企业管理部）牵头，对员工进行以安全生产、业务技能、规章制度等为主要内容的培训。

专业技术类培训，分专业技术人员继续教育培训、财会人员培训等。专业技术人员继续教育培训由人力资源部组织。2013—2017 年，由酒泉农垦电大教师专题讲授，2018—2022 年，通过参加甘肃省专业技术人员网络教育培训，达到规定学时，由甘肃农业大学专业技术人员教育培训中心出具甘肃省专业技术人员继续教育电子合格证书。财会人员培训由财务资产部组织，通过集中讲授、外派学习、现场指导、网络自学等方式对财务人员进行以职业道德、资金集中管理、账务处理等为主要内容的培训。

法制教育培训，由承担法务工作的职能部门（先后分别为综合管理办公室、总经理办公室、党委办公室、企业管理部）牵头，围绕企业生产经营和改革发展，通过举办培训班、专题辅导、讲座、交流研讨会等方式对企业管理及业务人员进行以学法守法为主要内容的重点培训，提高依法经营、守法经营的自觉性，依法维护企业合法权益。

2021 年 9—11 月起，为全面贯彻落实甘肃省委、省政府关于加强国有企业人才队伍建设的系列安排部署，甘肃省农垦集团公司在农垦系统统一组织了职工素质提升培训活动。依托安知职业培训平台进行线上培训。要求新员工岗前培训率达 100％；企业职工通用素质培训率不低于 95％。黄羊河集团公司当年参加农垦企业职工通用素质培训 719 人。

2022 年，黄羊河集团公司共参加通用素质培训人员 145 人；新员工岗前培训 71 人。培训内容涉及企业管理、专业技能、员工素质、社交礼仪等。2013—2022 年员工培训情况见表 3-2-4。

表 3-2-4　2013—2022 年员工培训情况统计表

年份	出国考察学习（次）	省外考察学习（次）	省内培训学习（次）	聘请专家教授来公司培训（次）	培训干部（人次）	内部轮训员工（人次）
2013 年	4	10	11	8	312	3755
2014 年	2	5	6	5	324	1795
2015 年	2	8	14	15	391	2439
2016 年	2	13	26	7	434	3847
2017 年	2	12	15	21	780	4916
2018 年	2	15	13	11	525	5668
2019 年	2	10	5	8	673	6879
2020 年	0	0	26	5	830	6349
2021 年	0	0	5	6	615	5632
2022 年	0	0	3	5	660	4046
合计	16	73	124	91	5544	45326

三、职工管理

2013 年以来，黄羊河集团公司按经营管理人员、专业技术人员、生产一线职工分类，继续实行全员劳动合同制管理。

（一）经营管理人员管理

黄羊河集团公司经营管理人员实行下管一级，分级负责的原则。

2013 年 7 月 15 日，集团公司修订了《黄羊河集团公司干部日常行为规范》，对集团公司干部的政治、学习、工作、道德、廉政和交际行为进行规范。

2013—2017 年，集团公司经营管理人员根据工作需要，在内部单位间坚持"大稳定、小调整"原则发文任用。

2018 年以来，集团公司所有干部实行任期制。集团公司党务干部根据《中国共产党章程》及相关规定进行选举后，由集团公司党委发文任命。行政干部根据相关组织程序确定后，由集团公司发文聘任，凡未聘任人员，原聘任职务自行解除，保留其职工身份，由所在单位另行安排工作。

2019 年 11 月 28 日，出台《甘肃黄羊河集团公司管理业务人员年度考核管理办法（试行）》，规范管理业务人员年度考核工作。

2020 年 7 月 8 日，出台《黄羊河集团公司干部管理办法（试行）》，内容包括：经营管理单位班子职数和任期、干部选拔任用、职业发展、干部考核管理、薪酬管理、干部日常管理、干部奖惩与退出管理、干部离任管理规定、干部管理保密规定等。

2021 年，重新修订了《黄羊河集团公司干部管理办法（试行）》，增加了干部管理监督要求。办法强调：集团公司党委要严格落实全面从严治党主体责任，加强对各级领导干部履职行权、遵规守纪等情况的监督检查。强化同级监督，支部书记、纪检委员要及时提醒纠正苗头性、倾向性问题。集团公司纪委要加强对各单位领导班子成员履行职责、行使权力、遵规守纪的监督，坚持抓早抓小，有效运用监督执纪"四种形态"，严肃查处违规违纪行为，严肃追责问责，坚决惩治和有效预防腐败，及时提醒纠正苗头性、倾向性问题。集团公司职代会、工会要积极发挥作用，坚持和完善职工代表大会民主评议制度，加强职工民主监督。各分公司、子公司要坚持和完善对职工代表的管理，保障职工代表有效参与公司治理。各单位负责人要落实"三重一大"事项请示报告制度。集团公司建立容错纠错机制，鼓励探索创新，支持担当作为，允许试错，宽容失误。

（二）专业技术人员管理

集团公司每年对专业技术人员在统一培训的基础上，年终分专业技术系列进行考核。年度专业技术人员的考核，在集团公司专业技术职务考核推荐领导小组的具体安排下，各专业技术考评小组依据《甘肃省专业技术人员考核暂行规定》及《黄羊河集团公司专业技术人员管理暂行办法》，结合本系列实际情况和各专业技术人员具体的岗位责任目标及量化考核指标要求，对专业技术人员进行考评，提出考评意见，经集团公司专业技术职务考核推荐领导小组审定。考核结果分优秀、良好、称职、不称职4个等级。考核结果是专业技术人员续聘、解聘、晋升、奖惩、调资的重要依据，考核材料全部装入个人档案。

集团公司专业技术人员共分农业经济、财会、农业、工程、政工、卫生6个系列。2013—2017年，对符合条件参加年度考核的专业技术人员，按规定享受相应职称津贴。职称津贴标准按月计算，一年一发，标准为：高级职称600元/月，中级职称400元/月，初级职称200元/月。

2018年以来，对专业技术人员职称津贴发放范围进行了调整。凡实行年薪制单位的专业技术人员，不再另行发放职称津贴。

（三）生产一线职工管理

生产一线职工，实行"谁使用，谁管理"原则，由各分公司、子公司具体管理。各单位班子成员根据分工，负责职工思想教育、技术培训、经营管理、安全生产、生活关怀等工作。

四、用工制度改革

2013年以后，黄羊河集团公司主要为满足生产经营管理需要、企业可持续发展需要、保障一线生产需要组织用工。

（一）经营管理用工

经营管理用工是指为组织生产经营管理需要的企业用工。包括各单位管理业务人员、机关工作人员。

2021年11月5日，出台《黄羊河集团公司劳动用工管理（试行）办法》，明确各单位劳动用工管理按总量控制、科学效能、动态管理、分级分类管理、深化改革、用工管理与工资总额管理相结合的原则管理。各单位实行定岗、定编、定员的"三定"编制化管理。"三定"工作由集团公司人力资源部根据各单位用工总量和工作需要研究确定，核定各单位用工编制数，并根据集团公司整体发展变化的实际情况适时进行调整，一般一年调整一次。

黄羊河集团公司所属各单位用工按其资产管理权限实行分级管理。集团公司负责日常管理和监督工作。各单位按照核定的用工编制执行。先由单位提出用工计划，经集团公司党委研究通过后，制定招聘计划，报甘肃省农垦集团公司后组织招聘。各单位因发展需要，其机构、职数、人数确需增编扩编的，须报集团公司人力资源部审核，经集团公司相关会议讨论同意后核定。增编扩编必须具备下列条件：发展中产业链拉长而需注册成立新公司；产业发展需要、业务拓展、经营范围明显扩大；工作任务显著增加；其他确需增编扩编的因素。单位经营范围缩小，工作任务减少，产业缩减、资产规模明显减少的，相应缩减编制。对于停产或半停产单位，编制按照当年到龄已退休人数只减不增。各单位劳动用工，先从内部调剂，无法调剂和不能满足岗位要求的，一律实行公开招聘、择优录用。

2022年5月，修订了《黄羊河集团公司劳动用工管理（试行）办法》，对定岗、定编、定员的"三定"编制化管理进行了完善。

（二）员工招聘与管理

为改善干部队伍结构，为企业可持续发展提供人才保障，集团公司每年都从大中专院校招录毕业生。

2021年以来，员工招聘按以下程序进行：①甘肃省农垦集团公司人力资源部发布招聘公告；②由甘肃省农垦集团公司人力资源部受理应聘人员的报名，并对应聘人员资格条件进行初审；③黄羊河集团公司人力资源部接到甘肃省农垦集团公司人力资源部审核下发的《应聘人员登记表》后，通知应聘人员进行现场确认；④黄羊河集团公司相关业务部门组成面试考核组，纪检监察部门组成监督组，根据不同的招聘岗位要求和特点，组织面试工作；⑤根据招聘计划，择优确定拟招聘人选；⑥人力资源部组织拟招聘对象政治审查、组织体检、内部公示；⑦报甘肃省农垦集团公司人力资源部审核、录用，并在规定时间内办理社会保险、签订劳动合同等。

新聘人员报到后，集团公司根据所属单位申请和招聘计划，分配至具体单位（岗位），根据需要实行先培训后上岗，并按《劳动合同法》规定实行试用期；试用期满后，办理员工转正手续。黄羊河集团公司人力资源部负责公开招聘工作的具体实施。

（三）日常生产用工管理

各单位按照平等自愿、协商一致的原则，依法与员工签订劳动合同。按"谁使用，谁管理"原则，加强员工的日常管理。对于按月领取工资的员工，建立考勤制度；对于农林单位承包、租赁土地经营的员工，与员工签订土地承包、租赁合同。土地承包（租赁）合同，与劳动合同统一管理。

2013年以来，子公司增加用工分长期工和季节性用工。长期工为全年在生产岗位的员工。产品收获等重点生产环节，产业化龙头企业用工需求大。由单位根据需要，自行联系临时用工，主要是从周边乡镇联系短期用工，兼有批量从甘肃天水、河南等地联系雇用的季节性用工。生产用工由雇用单位管理。家庭农场生产季用工，由家庭农场自行雇用管理。2019年、2022年因生产需要，农机合作社、马铃薯事业部招聘工人13人，纳入正式职工编制进行管理。

五、工资管理

（一）工资形式

2013—2017年，集团公司管理业务人员均实行年薪制。2018年以后，集团公司机关工作人员实行岗位工资，其他分公司、子公司继续实行年薪制。从事农林业种植的一线职工通过土地承包获取收益，不另行发放工资。节水材料公司、食品公司等工业单位，根据岗位性质部分实行计件工资，部分实行岗位工资。其他服务单位一线职工实行岗位工资。

（二）工资制度改革

2013—2021年，黄羊河集团公司根据生产需要，陆续对《黄羊河集团公司领导班子年薪考核分配方案》《黄羊河集团公司所属单位经营管理者年薪制（试行）办法》《黄羊河集团公司内部各有限责任公司年薪分配暂行管理办法》《黄羊河集团公司机关职能部门工作人员考核办法（试行）》进行调整。

2022年8月，将《黄羊河集团公司领导班子年薪考核分配方案》《黄羊河集团公司所属单位经营管理者年薪制（试行）办法》《黄羊河集团公司内部各有限责任公司年薪分配暂行管理办法》进行了整合，出台了《黄羊河集团公司经营管理人员薪酬管理办法（试行）》，经营管理人员依据薪酬管理办法，享受薪酬待遇。

1. 有限责任公司工资制改革 集团公司下设的有限责任公司经营管理者的年薪执行《黄羊河集团公司内部有限责任公司年薪分配暂行管理办法》，年薪由基础薪和绩效薪两部分组成。

2013年，有限责任公司经营管理者基础薪在完成董事会制定的利润指标的前提下，以其年销售收入确定，其标准由2012年的3万～5万元调整为4万～6万元。绩效薪继续以完成董事会制定的利润指标的部分进行提取，其标准按超利润的10％～40％提取。对实现利润在1000万元以下的单位，以本单位当年实现利润和职均年收入为依据确定；对实现利润在1000万元及以上的单位，经营管理者绩效薪以单位超过1000万元的利润额和职均年收入为依据计算；亏损单位经营管理者绩效薪以当年实现利润额和单位当年职均收入为依据确定。总体体现减亏与增盈对等、利润优先原则，绩效薪0～14万元。

2016年起，集团公司提出凡管理及业务人员本年内受到集团公司诫勉谈话、警告等处分者，扣发其风险效益薪（或绩效薪），扣发比例为5％～100％。

2020年，集团公司内部子公司经营管理者年薪由基本年薪和绩效年薪两部分组成。

根据营业收入确定单位经营者基本年薪，根据下达利润指标及完成情况确定绩效年薪。绩效年薪与年度考核分挂钩，计入总年薪。

子公司经营管理者年薪最高不得超过本单位职工当年平均工资的6倍。党支部书记基本年薪按本单位经营管理者基本年薪执行，绩效年薪按经营管理者绩效年薪的90％执行。单位班子副职年薪按本单位经营管理者年薪70％标准确定总额，再由各单位按岗位责任考核后拉开差距发放。班子副职年薪最高不得超过本单位职工当年平均工资的4.2倍。

2021年，集团公司内部子公司（含农机合作社、马铃薯事业部）经营管理者年度薪酬由基本工资和绩效工资两部分组成。子公司经营管理者基本工资按其营业收入确定。营业收入2000万元以下为基本工资4万元；2000万元以上者在4万元基础上，分段累计。非亏损子公司实际完成当年下达利润指标60％以上，其经营管理者方可计算提取绩效工资。绩效工资依对其下达营业收入指标在800万元上下区别计算。节水材料公司、马铃薯事业部绩效工资分别按当年实现利润额80％、85％比例与考核分等综合计算。亏损子公司经营管理者完成本年度降亏（增盈）指标60％以上方可享受绩效工资。

2021年，子公司负责人年薪5万～26万元。

2. 分公司（包括农业分场、水电站）工资制改革　2013年，集团公司所属分公司（包括农业各分场和水电站）的年薪由基础管理薪、风险效益薪、综合管理薪三部分组成。

基础管理薪依其完成集团公司下达的上缴费用（包括土地租金、固定资产折旧费、管理费、福利费、社会保险费、医疗及教育补贴等）进行核定。

风险效益薪依其当年单位实现的超利润核定。凡当年单位实现超利润，由集团公司、单位、编制内班子成员按2：4：4的比例进行分配，即上交集团公司20％，单位留成40％，班子分配40％。

综合管理薪依其当年降低（或新增）职工亏损挂账、安全生产、信访、环境建设、农业工程、滴灌管理、工作创新等指标确定。

2014—2020年，当年单位实现超利润，由集团公司、编制内承包班子成员按6：4的比例进行分配，即上交集团公司60％，承包班子分配40％。

2021年起，集团公司所属分公司（包括农业分场和水电站）经营管理者的年度薪酬由基本工资、绩效工资、综合管理工资三部分组成。分公司经营管理者的基本工资依其完成集团公司下达的上缴费用计划数额（包括土地租金、固定资产折旧费、管理费、福利费、社会保险费等项目）确定；绩效工资依其当年单位实现超计划上交额确定；综合管理工资依其当年降低（或新增）职工亏损挂账、农田基本设施设备管理、农机统一作业管理、滴灌管理、工作创新等指标确定。

分公司综合管理工资与所在单位工作创新、职工挂账、农田基本设施设备管理、农机统一作业管理、滴灌管理等挂钩。

政策保障服务单位水电站参照农业分场按80％确定绩效工资。

2021年，分公司负责人年薪10万～25万元。

3. 机关工作人员工资制改革 2013—2017年，集团公司机关工作人员实行岗位年薪，平时按月预借生活费，部门主任标准按各生产经营单位的平均年薪确定，其他人员按规定的比例拉开差距确定。

2018年1月起，机关工作人员年度薪酬实行"岗位工资＋工龄工资＋奖金"，其中岗位工资按级别确定；工龄工资自员工与单位正式建立劳动合同关系缴纳社会保险之日起确定；奖金按集团公司年度整体经济指标完成情况确定。

2022年9月1日起，机关工作人员岗位工资调整为中层正职6000元/月，级差500元/月。

2021年，机关中层正职最高薪酬12.37万元。

4. 干部内部退养制度 2018年，结合机构撤并，黄羊河集团公司实行干部内部退养制度，当年退养干部8人。其中科级7人，一般干部1人。

2021年4月1日，出台《黄羊河集团公司管理人员内部退养实施方案》。内部退养人员退养费标准为：原科级内部退养人员退养费标准为3000元/月；原副科级内部退养人员退养费标准为2600元/月。内部退养人员在内部退养期间连续计算工龄，达到法定退休年龄后，办理正式退休手续。

2022年2月25日，黄羊河集团公司党委会通过《黄羊河集团公司管理人员离岗退养制度》。离岗退养人员按月发放离岗退养费＋生活补贴。离岗退养生活补贴标准按黄羊河集团公司上年度月职均收入10％确定。离岗退养生活补贴根据黄羊河集团公司上年度月职均收入变化情况每年调整一次。

2022年11月30日，对《黄羊河集团公司内部管理人员离岗退养制度》进行了重新修订。内部管理人员离岗退养次月起，按月发放离岗退养费，不再享受生活补贴。内部退养人员退养费标准调整为：离岗退养前原中层正职人员退养费标准为5000元/月；离岗退养前原中层副职人员退养费标准为4500元/月。离岗退养人员达到规定的退休年龄，办理正式退休手续。

2018年至2022年12月，黄羊河集团公司共实施内部退养27人，累计发放干部离岗退养费308万元。

第二节 劳动社会保障管理

一、企业职工保险制度

2013—2014 年，黄羊河集团公司职工参加养老保险、失业保险、工伤保险三个社会险种。公司职工自签订劳动合同之月起缴纳社会保险，实行全员参保。该时期，黄羊河集团公司社会保险业务具体与武威农垦社会保险科办理。

2015 年 1 月 1 日，黄羊河集团公司在职及退休（职）人员参加武威市城镇职工基本医疗保险，同时参加城镇职工大额互助医疗保险和城镇职工生育保险，享受相应退休人员医疗保险政策。离休人员参加武威市离休人员医疗保险，相应执行离休人员医疗保险政策。

2015 年，根据甘肃省人力资源和社会保障厅意见，启动农垦企业职工社会保险业务移交属地管理工作。2015 年 2 月 28 日，甘肃省人力资源和社会保障厅《关于省农垦企业职工社会保险业务移交属地管理工作有关政策的补充意见》明确甘肃省农垦企业移交后养老、失业、工伤保险基金按以下原则执行：①移交后省农垦企业养老保险费征收数和养老金发放数相抵后，离退休（职）人员养老金发放资金不足的部分和以后年度因调整养老金待遇增加的资金，上报省财政厅和人社厅审定后，按相关政策调剂核拨；②移交后省农垦企业工伤保险基金不足支付工伤保险待遇时，按照甘肃省人力资源和社会保障厅、甘肃省财政厅《关于印发甘肃省工伤保险基金省级统筹办法的通知》（甘人社发〔2013〕102 号）执行；③省农垦企业享受失业金待遇人员领取失业金未到期的人员，由省农垦社保办负责将剩余部分一次性付清后移交。省农垦企业职工社会保险业务属地管理按照《甘肃省农垦企业职工社会保险业务移交属地管理工作实施方案》的要求，于 2015 年 6 月底前完成。

2015 年 1 月 31 日，成立黄羊河集团公司社会保险业务移交属地管理工作领导小组，李大宏任组长，安霞、南永胜（常务）任副组长，办公室设在集团公司人力资源部。

2015 年 6 月，黄羊河集团公司社会保险业务移交完成，全面实现企业职工社会保险业务属地管理。自此，黄羊河集团公司社会保险业务转由武威市人力资源和社会保障局办理。社会保险费按月缴纳，具体由黄羊河集团公司人力资源部（组织人事部）办理。

2017 年 4 月 13 日—20 日，根据凉州区黄羊镇人民政府《黄羊镇全民参保登记计划实施方案的通知》要求，成立黄羊河集团公司全民参保登记工作领导小组，郭珉为组长，王宝堂为副组长，组织开展了黄羊河辖区各单位全民参保登记工作。

2018年，按照武威市社会保险事业管理局要求，统一实行养老、医疗、失业、工伤、生育保险"五险合一"。按照"五险合一"信息系统要求，统一各项社会保险缴费基数。

2019年，黄羊河集团公司核定在职参保职工1010人，离退休人员1296人，上缴各类保险费1857万元。2019年度申领政府稳岗补贴资金25.1万元，全部用于缴纳职工个人社会保险。

截至2022年9月，黄羊河集团公司在职职工830人，离退休职工1436人（包含2021年移交的甘肃武威水泵厂、甘肃农垦武威农业有限责任公司），职工参保率为100％。

2013—2022年，黄羊河集团公司为职工缴纳各类保险费17035.47万元，其中养老保险11805.46万元，医疗保险（含生育保险）4042.07万元，失业保险701.42万元，工伤保险486.52万元。2013—2022年黄羊河集团公司"五险一金"缴纳情况见表3-2-5。

表3-2-5 2013—2022年黄羊河集团公司"五险一金"缴纳情况统计表

年份	养老保险（万元）	医疗保险（万元）	工伤保险（万元）	失业保险（万元）	生育保险（万元）	住房公积金（万元）
2013年	1079.7		38.5	115.6		297.25
2014年	1208.5		64.7	129.5		304.69
2015年	1290	580	66.5	102	38	279.32
2016年	1373.5	703.16	44.62	83.44	22.33	277.24
2017年	1334.31	552.03	44.42	49.42	24.71	252.08
2018年	1355.86	514.93	45.19	50.22	25.11	205.64
2019年	1085.26	429.58	39.04	43.47	21.69	335.54
2020年	796.06	341.36	25.53	32.69	16.86	399.39
2021年	1012.9	319.6	47.9	42.2	20.1	403.18
2022年	1269.37	432.61	70.12	52.88		500.80
合计	11805.46	3873.27	486.52	701.42	168.8	3255.13

备注：2017—2021年，共计补缴2015年前退休人员医疗保险1182.4万元，离休干部离休统筹7.8万元。

（一）养老保险制度

1. 离退休人员养老金的发放 2013年以来，离退休人员养老金实行社会化发放。

自2015年黄羊河集团公司社会保险业务移交至武威市社会保险经办机构后，具体由武威市人力资源和社会保障局统一发放。

2. 职工养老保险费的征缴 2015年，黄羊河集团公司社会保险业务移交至武威市社会保险经办机构，由武威市社保经办机构实行全额征缴，企业为所属职工缴纳工资额的20％，职工个人缴纳工资额的8％。2016年5月按武威市人力资源和社会保障局通知，调整养老保险缴纳比例，企业承担19％，职工承担8％，2018年5月再次调整养老保险缴纳比例，企业承担16％，职工承担8％。

3. 遗属待遇 2013 年，黄羊河集团公司职工死亡后，集团公司一次性给予家属丧葬补助金和抚恤金，2015 年社保业务移交后由武威市人力资源和社会保障局给予发放。

2021 年 9 月 1 日起，黄羊河集团公司根据甘肃省人力资源和社会保障厅、甘肃省财政厅通知精神，执行《人力资源社会保障部 财政部企业职工基本养老保险遗属待遇暂行办法》，该办法明确：参加企业职工基本养老保险的人员（包括在职人员和退休人员）因病或非因工死亡的，其遗属可以领取丧葬补助金和抚恤金（合称遗属待遇）。遗属待遇为一次性待遇，所需资金从企业职工基本养老保险统筹基金中列支。

（二）失业保险制度

2013—2015 年，失业保险费由农垦社会保险经办机构统一征缴，标准为：企业向农垦社会保险经办机构为所属职工缴纳工资额的 2％，职工个人缴纳自己工资额的 1％。

职工失业（职工下岗并与企业解除或终止劳动关系）以后，可依据国家有关政策规定到农垦社会保险经办机构按月领取失业金。

自 2015 年黄羊河集团公司社会保险业务移交后，由武威市社保经办机构统一征缴，标准为：企业为职工缴纳工资额的 1.5％，职工个人缴纳工资额的 0.5％；2016 年 5 月调整为企业承担 1.2％，职工承担 0.3％；2017 年 1 月再次做出调整，企业承担 0.7％，职工承担 0.3％。

2019 年，黄羊河集团公司缴纳失业保险费 43.37 万元。

（三）医疗保险制度

2007 年，黄羊河集团公司职工和离退休人员全部参加凉州区城镇居民医疗保险。

2013 年 1 月 30 日，黄羊河集团公司八届三次职工代表大会通过了修订的《黄羊河员工基本医疗保险实施办法》。规定从 2013 年 1 月 1 日起，黄羊河集团公司基本医疗保险实施办法采用城镇居民基本医疗保险和公司员工住院费统筹相结合，门诊费用自理的办法。凡与集团公司签订劳动合同且参加养老统筹的员工和退休人员，若本人参加了城镇居民基本医疗保险或城市低保人员医疗保险，除享受城镇居民基本医疗保险和城市低保人员医疗保险外，还可享受公司员工住院费统筹；未参加城镇居民基本医疗保险的员工和退休人员，只享受公司员工住院费统筹。城镇居民基本医疗保险费执行凉州区社保部门的收费标准。凡与集团公司签订了劳动合同且参加养老统筹的员工和退休人员，实行企业内部员工住院费统筹，其中，农业单位员工的社保个人缴纳部分暂由集团公司垫支，年底统一结算。果品公司、工业及服务单位员工的统筹基金由单位按职工缴费工资总额的 6％缴纳。

在一个统筹年度内，凡缴纳了城镇居民基本医疗保险费的公司员工，享受凉州区社保部门规定的医疗保障待遇。

参加了城镇居民基本医疗保险的员工和离退休人员，出院后在凉州区社保部门按规定报销医疗费后，剩余可报销的医疗费在免去公司报销起付标准的基础上由公司按 50％给予二次报销，同时员工每满一年工龄则增加 1％的报销比例，退休人员按照退休时的工龄计算。报销费用具体通过职工医院结算，年度内报销费用累计数额最高 12000 元，办理了居民医疗保险大病医疗救助且超过大病医疗救助支付限额符合支付范围的医疗费，集团公司按 40％的比例给予大病医疗补助，最高补助限额为 25000 元。没有缴纳城镇居民基本医疗保险费的员工和退休人员在不同区域医院住院的医疗费在统筹基金中支付的起付标准为：职工医院 1000 元，武威市区医院 1200 元，跨市区医院 1500 元。起付标准以下的医疗费由本人自理。没有缴纳城镇居民基本医疗保险费的员工和退休人员住院医疗费，在起付标准以上的可报医疗费，公司按 50％给予报销，在此基础上，员工和退休人员每满一年工龄则增加 1％的报销比例。年度内报销费用累计数额不得超过 10000 元。离休人员（不含军转干部）门诊费用为 2000 元，超支自负。住院医疗费用在医保报销后，剩余部分全额报销。

2014 年，甘肃省农垦企业职工社会保险业务移交属地管理工作启动。黄羊河集团公司提出将职工及离退休人员全部纳入城镇职工基本医疗保险。根据《武威市城镇职工基本医疗保险办法》的规定，纳入武威市城镇职工基本医疗保险的退休人员要一次性缴纳 15年的退休（职）人员医疗保险费。黄羊河集团公司建场时间早，退休（职）人员多，根据《武威市城镇职工基本医疗保险办法》的规定，要一次性缴纳 15 年的退休（职）人员医疗保险费，企业无力承担。2014 年底，黄羊河集团公司多次与武威市医保局沟通，并经武威市政府常务会议审议，市委常委会审定，同意将黄羊河集团公司职工和离退休人员从2015 年起全部纳入武威市城镇职工基本医疗保险。同时参加城镇职工大额互助医疗保险和城镇职工生育保险，并将集团公司在职职工和退休（职）人员从 2007 年至 2014 年底在凉州区参加的城镇居民医疗保险年限视同为城镇职工基本医疗保险年限，退休（职）人员剩余 7 年的医疗保险费总额由黄羊河集团公司负责分 7 年缴清；黄羊河集团公司离休人员参加武威市离休人员医疗保险统筹，执行离休人员医疗保险政策。

2015 年，集团公司社会保险业务移交后，职工享受武威市城镇职工基本医疗保险待遇，同时缴纳武威市城镇职工基本医疗保险费。

2022 年，根据《武威市人民政府办公室关于印发武威市城镇职工基本医疗保险市级统筹实施办法的通知》（武政办发〔2022〕52 号）文件要求，生育保险与基本医疗保险合并实施，即企业为职工缴纳工资额的 6.5％，职工个人缴纳自己工资额的 2％，取消生育保险项。

（四）工伤保险制度

2013 年以后，黄羊河集团公司继续参加工伤保险社会统筹，由企业按所属职工工资额的 0.5％，定期上缴武威市社会保险经办机构。职工因公负伤，经市劳动鉴定机构鉴定，可按国家政策规定从武威市社会保险机构领取工伤待遇（伤残津贴等）。

2021 年 5 月 24 日，《武威市人力资源和社会保障局　武威市财政局　武威市住房和城乡建设局关于调整工伤保险费率的通知》明确按照工伤保险费"以支定收、收支平衡"的原则，调整武威市工伤保险费率。自 2021 年 6 月 1 日起，将全市一类至八类行业工伤保险基准费率标准均上浮 50％，黄羊河集团公司属农业、农林服务业类的基准费率调整为 1.35％，食品加工类的调整为 1.05％。

2013 年至 2022 年 12 月，黄羊河集团公司享受工伤待遇人员共 13 人。

二、灵活就业人员和居民参加社会保险情况

（一）社会基本养老保险

1. 灵活就业人员参保情况　2013—2022 年，黄羊河集团公司继续实行 2012 年 3 月集团公司八届二次职工代表大会通过的《甘肃黄羊河集团土地租赁费调整实施方案》（甘黄集团总〔2012〕19 号）中，对从事种植土地的非企业员工参加社会基本养老保险的激励政策为：凡企业非员工从事种植土地的，必须以"灵活就业人员的身份"参加社会基本养老保险，否则不予租赁土地；非员工现已租赁种植土地，截至 2011 年 12 月 31 日，已经以"灵活就业人员的身份"参加社会基本养老保险，连续缴费满 5 年的，集团公司给予补贴，2012—2016 年每年一次性补贴 1000 元，2017—2021 年每年一次性补贴 2000 元，2022—2026 年每年一次性补贴 3000 元，用于缴纳个人养老保险费。

各年度灵活就业人员的养老保险补贴经本人申请，辖区所在单位领导同意，主管部门审核，人力资源部复审备案，经集团公司经理办公会议通过后执行。

2020 年，黄羊河集团公司共向灵活就业人员补贴 39.1 万元。其中农林单位租赁种植土地灵活就业人员共计 205 人，工业、服务单位灵活就业人员 15 人。

2013—2022 年，黄羊河集团公司向以灵活就业人员身份参加社会基本养老保险的人员共 1695 人次缴纳养老保险费 259.46 万元。

2. 居民参保情况　2013 年，黄羊河集团公司辖区居民全部参加城乡居民社会基本养老保险。

2015 年，城镇居民参保缴费及票据打印业务全部通过甘肃省城乡居民基本养老保

管理信息系统办理。黄羊河辖区居民参保业务具体由集团公司社会事业部管理指导和协调办理。

2018年，按企业办社会改革分离工作要求，黄羊河集团公司辖区居民社会保险业务整体移交至黄羊河社区管理。

（二）医疗保险

2013年以后，黄羊河集团公司辖区居民参加社会基本医疗保险。2015年，居民社保业务整体移交地方政府管理。自2013年到移交时，共完成1488人次医药费报销，共计报销医药费564.98万元。

三、办理住房公积金情况

2013年，黄羊河集团公司职工住房公积金以职工个人工资收入为基数，按个人和所在单位各12％的比例缴纳。

2018年6月22日，武威市住房公积金管理中心发文明确：2018年度单位及职工的住房公积金缴存比例不得低于5％，且不得高于12％。住房公积金缴存基数是职工个人上一年度月平均工资。自2018年1月1日起，全市住房公积金缴存基数由2016年职工个人月平均工资总额，调整为2017年职工个人月平均工资总额。工资总额按照国家统计局《关于认真贯彻执行〈关于工资总额组成的规定〉》的规定计算。缴存基数最低不得低于省人民政府公布的本市最低月工资标准，最高不得超过武威市统计部门公布的上一年度职工月平均工资的3倍。

根据武威市人力资源和社会保障局、统计局发布的2017年武威市城镇非私营单位在岗职工年平均工资为61170元，职工的缴存基数不得高于15292.5元；根据省政府下发的《关于调整全省最低工资标准的通知》，凉州区最低工资标准1520元/人，职工的缴存基数最低不得低于1520元/人。

住房公积金缴存基数实行"一年一核"，由武威市住房公积金管理中心审核。

第三章　土地管理

一、土地管理机构

1988 年以前，黄羊河农场没有设立专门的土地管理机构，其业务由财务和农业生产部门分担。1989 年 1 月，黄羊河农场场机关设立土地管理科，负责全场土地管理工作。1991 年 6 月，将土地管理科与基建科合并为土地基建管理科。1993 年 12 月，撤销土地基建管理科，在计划财务部设立土地管理岗位，分管土地业务。2006 年 12 月，根据政府有关规定，成立黄羊河农场国土资源所。自此，公司土地管理由黄羊河农场国土资源所负责，2020 年 3 月，经黄羊河集团公司部室优化调整改革，国土资源所与项目开发部合署办公。

二、土地管理制度

2012 年 10 月 10 日，农场制定《黄羊河集团大条田建设实施方案》，利用三年的时间将所有土地全面实施大条田改造，通过大条田平整改造，取消田间地埂、毛渠，取消不必要的机耕道和林带，有条件的对相邻不同地号的地块进行联通整平，提高机械作业质量和效率，降低生产成本，实现大条田、大基地、大农机作业，使土地资源进一步产生更大的效益。

2013 年 2 月 6 日，制定《甘肃黄羊河集团公司土地流转实施方案》，坚持"三权分离"原则，即使用权、租赁权、经营权分离；坚持"三不变"原则，即土地租赁权原则不变、土地用途不变、惠农政策随经营权不变；坚持"依规、自愿、有偿"的原则；土地流转按照公司整体规划及相关规定进行，充分尊重员工意愿，坚持有偿流转，确保员工的利益和生产生活的稳定和谐；坚持"公司引导、市场主导、政策激励、规范管理"，因地制宜，发挥市场在土地资源配置中的基础作用；坚持"集中、规模、增效"的原则，土地流转要与公司农业产业化经营发展相适应，流转的土地无论以何种形式经营都必须服从统一规划、订单种植。

2014年7月2日，根据《甘肃省国土资源厅农垦国土资源局进一步加强农垦系统基本农田保护的安排意见》文件精神，成立基本农田保护工作领导小组。

2015年12月7日，甘肃省国土资源厅农垦国土资源局局长顾兴泉一行6人在甘肃省农垦集团公司项目处、武威国土资源局农垦分局人员的陪同下，到黄羊河集团公司调研国土资源利用情况。

2016年2月28日，印发《黄羊河集团公司土地管理办法》。

2016年3月10日，制定印发《〈甘肃黄羊河集团高标准基本农田建设项目〉区域内土地划分工作的通知》。划分原则：土地划分以每个分场、每户集中连片，规模化种植为原则，禁止原来小地块零散分区，每户集中连片，条田整齐一致。

面积划分标准：一是规模种植户面积按照国土所确认的面积进行划分落实、集中连片；二是一般种植户按照原租赁面积划分。

2016年8月10日，依据公司《土地管理办法》和《机井管理办法》等有关规定，成立集团公司租赁、流转、占用土地及打井情况调研领导小组，对相关情况进行调研。

2017年6月6日，依据《加快推进农垦国有土地使用权确权登记发证工作方案》（国土资厅发〔2017〕20号）文件及《黄羊河集团公司土地管理办法》，印发《关于做好黄羊河集团公司土地丈量工作的通知》，对公司辖区内土地进行统一丈量、登记、建档立卡。

2020年10月28日，依据《中华人民共和国土地管理法》《国土资源部　农业部关于加强国有农场土地使用管理的意见》等法规，制订印发《甘肃黄羊河集团公司土地管理办法》，进一步规范国有农场土地管理，正确引导农场广大干部职工依法、合理、节约、集约使用土地。

2021年11月25日，依照国家、省区市及省农垦集团公司有关项目建设要求及公司实际，制定《甘肃黄羊河集团公司农田基本设施设备使用管理维护办法（试行）》，确保长期、有效、稳定地发挥项目效益和其设计功能。

2022年3月10日，修订完善《甘肃黄羊河集团公司土地管理办法》，该办法明确了土地所有权、使用权、管护权及农用地的管理，建设用地的管理，未利用地的管理，收费标准等。

三、土地经营管理情况

2013年，集团公司制定"四大一化"（大产业、大条田、大农机、大流转、实现水肥一体化）方案，从大条田改造入手，结合节水设施建设，合力推进节约型现代农业进程。

2014年，公司积极探索龙头企业、种植大户流转并存的土地规模化经营模式。当年，食品、种业、蔬菜三个龙头企业流转土地4552亩，农业分场流转960亩，大户流转2931亩。

2015年，完成大条田改造1.7万亩，累计改造面积7.3万亩。以龙头企业流转为主，流转经营土地6052亩，占总播面积的8.7%。

2016年，全面推行职工退休退地政策，所退耕地进行竞价租赁经营和流转经营，竞价租赁经营在同等条件下优先考虑职工子女及配偶，租赁经营土地实行先缴费后种地等新政策，确保土地规范经营。

2016年3月，黄羊河集团公司在林四队与吴家井、永丰滩交界处新建绿化带。该绿化带建设对防止周边农村侵占土地有积极意义。

2017年，为进一步摸清公司土地资源状况，规范职工退休退地政策，强化土地统一经营管理，公司组织完成新一轮土地丈量工作。

2018年，土地租赁费按照新一轮土地丈量结果收取。

2019年，对土地资源进一步归集整理，加强统一规划种植，统一订单管理，统一落实农业技术规程，并将种植大户耕地全部纳入公司统一经营管理，将部分种植非订单土地进行资源化经营，明确资源设施使用费标准。至此，公司土地全面实现统一经营管理。

2020年，公司新建高标准农田1.5万亩，至"十三五"末公司利用项目累计建成高标准农田4.6万亩，进一步完善了路、林、节水灌溉等田间基础设施，耕地质量得到进一步提升。

2021年以后，强化土地资源的统一经营管理，以职工退休退地为契机，对公司土地资源进行集中整合，统一规划订单种植区域，落实订单种植面积，推进农业"三统一"经营，实现了订单作物全覆盖。

第四章　工程（项目）管理

一、工程（项目）规划管理、设计、预算

（一）工程（项目）规划管理

黄羊河集团公司工程（项目）按资金来源划分为财政投资项目和自筹投资项目。其中财政投资项目通过甘肃省农垦集团公司和地方政府两个渠道争取。工程（项目）规划管理按项目规模、争取渠道等分类。

通过甘肃省农垦集团公司下达的财政投资项目，除特别授权管理外，所有项目由甘肃省农垦集团公司按照政府行业主管部门的要求负责监管，黄羊河集团公司成立项目法人并负责项目建设全过程管理，按照《甘肃省农垦集团有限责任公司固定资产投资项目管理办法》执行。

通过地方政府自主争取的财政投资项目，由黄羊河集团公司按照行业主管部门要求及项目管理规定自主依法依规决策和监管实施，同时上报甘肃省农垦集团公司实行备案制管理。

公司自筹资金建设项目按《甘肃省农垦集团有限责任公司固定资产投资项目管理办法》执行。

内部分公司、子公司实施的小型项目，项目实施主体必须上报集团公司备案。

集团公司项目实行项目法人责任制，对项目的组织实施进行全过程管理。集团公司项目主管、分管领导、职能部门在各自的职责范围内履行相应的投资项目监管职责。

1. **工程项目储备和开发**　集团公司根据农垦经济与社会发展规划，结合企业产业发展方向和生产需求，提出企业拟建项目计划。

项目开发部根据集团公司经济与社会发展规划及其他专业规划、实施方案、公司产业发展方向等，每年根据当年发展需要，对项目建设的可行性、必要性、市场发展前景、效益分析等方面做出项目建议书，对拟建、待建项目加以储备。各分公司、子公司及实体单位，提出当年需要建设及扩建的项目，报集团公司项目开发部备案，列入项目库。

2. **工程项目申报**　集团公司组织申报的项目，根据需要由各分公司、子公司提供申

报项目基础资料，由集团公司项目开发部牵头组织相关部门论证申报内容，制定申报方案进行申报。

（二）工程设计、预算

凡列入集团公司计划的建设项目，建筑面积在 1000 平方米以上和二层以上（含二层）的房屋及建筑物、造价在 10 万元以上结构复杂的水利工程，原则上由集团公司委托有资质的设计单位设计，1000 平方米以下的工程和一层平房的工程以及小型水利工程等，可由公司相关部门技术人员设计或委托设计单位设计。

凡列入集团公司计划的建设项目，待甘肃省农垦集团公司建设项目批文下发后，建设单位按照省农垦集团公司总体建设规划实施，未设计施工图的项目不准建设，否则将追究建设单位领导的责任。

集团公司列入计划的建设项目，建设单位必须落实资金，专款专用。公司直接建设的项目，由公司财务资产部负责工程预付款的核拨及结算，公司下属各单位建设的项目，由该建设单位报集团公司批复后，进行工程预付款的拨款及结算。

二、工程招投标

2013 年以来，集团公司工程招投标按照《甘肃黄羊河集团公司工程建设招、投标规定》（甘黄集团总〔2013〕94 号）（甘黄集团总〔2013〕129 号）等文件规定的程序进行。要求：一是投标单位必须资质合格、业绩良好、实力强大、诚信度高；二是在招投标会议上，招投标领导小组负责人当众检验并启封投标书，介绍投标单位投标情况；三是集团公司主要领导在招投标过程中予以回避，既不进入招投标领导小组，也不参加招投标会议；四是由招投标委员会全体成员以无记名投票的方式集体决定承建单位；五是招投标领导小组要有纪检、监察、审计等部门工作人员参加，进行招投标全程监督。

2013 年，印发《甘肃黄羊河集团公司工程建设招、投标规定》（甘黄〔2013〕94 号），规定：一是凡纳入集团公司计划、建设面积在 500 平方米以上的房屋，5 万元及其以上投资的水利、交通、建筑等各类工程，均由公司招投标领导小组负责进行招标；二是凡属于国家及省、市规定招标的工程项目按照甘肃省工程建设施工招投标管理办法执行；三是建设工程招标的主要程序由编制文件、发出招标公告或者投标邀请书、对投标人进行资格审查、工程预算及管理、举行开标会议、评标并确定中标人、签订承包合同等七项内容。其中评标并确定中标人程序中：投资在 50 万元以内的由招标领导小组确定中标单位，投资在 50 万元以上的由公司党委会确定中标单位。

2020 年，印发《甘肃黄羊河集团公司项目管理办法（暂行）》（甘黄集团总〔2020〕129 号），规定：工程招投标管理根据项目建设实际情况，不需要进入政府部门公共资源交易中心的项目，按集团公司《基本建设招投标管理规定》进行内部招投标，完善内部招投标资料，整理存档，便于存查；争取到国家、省级资金的项目，需要进入政府部门公共资源交易中心的项目，必须按照项目规定程序，进入公共资源交易中心进行公开招投标，并收集完善招投标资料，整理存档，便于存查与验收。

2020 年，修订印发《甘肃黄羊河集团公司工程建设招、投标规定》（甘黄集团总〔2020〕129 号），规定：凡纳入公司计划 5 万元及其以上投资的水利、交通、建筑等各类工程，均由公司招投标领导小组负责进行招标。

2021 年，根据《甘肃省农垦集团有限责任公司固定资产投资项目管理办法》规定，制定《甘肃黄羊河集团公司投资项目管理办法（试行）》（甘黄集团总〔2021〕129 号），规定：公司工程招投标管理限额以下，不需要进入政府部门公共资源交易中心的项目，按集团公司《基本建设招投标管理规定》进行内部招投标；争取到国家、省级资金或投资在《甘肃省农垦集团有限责任公司固定资产投资项目管理办法》规定限额以上，需要进入政府部门公共资源交易中心的项目，必须按照项目规定程序，进入公共资源交易中心进行公开招投标。

2022 年，印发《关于进一步加强各类工程建设合规性管理的通知》（甘黄集团总〔2020〕128 号），规定如下。

一是按照项目（工程）法人负责制的要求，各申报建设单位是各项工程的建设责任主体。各建设单位要加强学习工程建设各项制度，熟悉工程审批、招投标、建设质量、验收程序及资料整编要求，做好工程组织实施全过程管理；坚决杜绝"未批先建"或不按规定流程操作的行为。

二是凡列入当年投资计划的工程，实施前建设单位须报分管领导同意后，做出工程预算和实施方案，再报集团主要领导同意并经相关会议审议；批复建设计划的工程必须申请由集团公司招投标委员会负责决定招标方式；建设单位在上级单位批复下达后 5 个工作日内，向集团公司招投标委员会办公室（项目开发部）领取并填报《招标申请审批表》，配合做好工程实施前的招投标工作。

三是建设单位在相关会议批复后 5 个工作日内向集团招标委员会提出招标申请，由招标委员会按额度确定招标方式。除须进入公共资源交易中心进行公开招投标公开招标的工程项目外，按限额分别以阳光平台、公司内部招标、建设单位自行询价招标等方式招标。

三、工程质量验收管理

黄羊河集团公司每个工程项目均成立由主管领导任组长、工程管理部门、财务部门、纪检部门、审计部门及工程建设单位相关人员参加的工程建设管理领导小组，负责监督全公司各类工程的质量及竣工验收工作。

对于集团公司内部招投标的项目，按集团公司《招投标管理办法》和《工程质量验收规定》要求加强工程质量管理和监督，项目单位派专人常驻建设工地负责项目建设，并请集团公司项目质量监督专业人员定期不定期地对工程质量进行监督检查；对于申请到国家、省级资金的项目，除按上述两个规定进行内部质量管理和监督外，按照项目要求，通过招标委托有资质的专业监理单位对项目建设过程进行监督管理。

项目竣工验收管理：项目竣工后，对于集团公司内部招投标的项目，按集团公司《工程质量验收规定》要求进行工程质量验收；对于申请到国家、省级资金的项目，除按集团公司内部质量验收外，按照项目的要求，完善相关资料，按照"谁批复谁验收"的原则，申请上级主管部门进行竣工验收。

项目资金管理：按照国家及甘肃省农垦集团公司项目资金管理规定，建立专户专账，单独核算；专项资金使用由公司财务、审计部门和专业审计机构进行监管与审计。

第五章　农产品管理

一、农产品管理组织

2013 年以来，随着集团公司产业化订单种植，农产品由食品公司、种业公司、蔬菜公司等加工龙头企业收购、保管、加工和销售。

2014 年 4 月 18 日，根据凉州区机构编制委员会《关于在乡镇事业机构中增设农产品质量安全监管检测中心的通知》（武凉编发〔2012〕19 号）、凉州区政府办公室《关于印发凉州区农产品质量安全监管检测体系建设方案的通知》（凉政办发〔2012〕211 号）、凉州区农牧局《关于加快建设乡镇农产品质量安全监管检测中心的通知》（凉农牧发〔2012〕185 号）等文件的相关要求，集团公司成立了凉州区黄羊河农产品质量安全监管检测中心，由李昌任主任，张廷彦、李金明任副主任，张济海、王开虎、高鑫基、杨增恩、朱贵儒、蒋永祥、王新锋、李桂林、陈天山、牟访、王守义、李生德、满香平、齐德海、李国飞、李彦山、顾磊祖等为成员的领导小组，办公室设在技术研发中心，张廷彦兼任办公室主任，负责集团公司农产品质量安全监管检测日常工作。

2017 年 4 月 7 日，成立以任伟为组长，张廷彦为副组长，潘生树、王守财、李华斌、高鑫基、高长策、吴伯虎、张济海、焦发源、刘文鸿、马景辉为成员的农产品质量安全监督领导小组，办公室设在集团公司农监中心，张廷彦兼任办公室主任，具体负责日常工作。

2019 年开始，成立由总经理为组长、主管农业的副总经理为副组长，企业管理部、财务资产部、项目开发部、纪委办公室、各农业种植单位负责人参加的领导小组，核查订单落实工作。

二、农产品管理范围

2013 年以来，实行订单种植，农产品管理范围以甜糯玉米、芦笋、制种玉米、洋葱、辣椒、甜菜、甜叶菊、果品等为主。管理内容主要包括订单基地的落实、标准化栽培技术、产品质量管理、农业节本增效措施落实、订单产品上交等。

三、农产品管理制度

2013 年 7 月 15 日，集团公司制定《甘肃黄羊河集团订单种植管理办法》，该办法明确提出以下几点。

第一，种植户要想拥有土地的经营权和收益权，必须与所在单位签订当年《土地租赁经营责任书》或《土地租赁合同》，种植人员所租赁的土地只允许按照公司各相关龙头企业订单种植相应的作物，种植人员必须按各龙头企业的所需进行种植获取收益，服从辖区内基地单位种植结构统筹规划布局。基地生产单位是订单种植管理的主体，各单位行政领导是订单种植管理的第一责任人，各生产单位必须切实履行自己的管理职能，强化对订单种植的严格管理，要确保本单位的订单种植所需的面积。同时结合实际因地制宜，充分发挥本单位土地资源优势、组织优势、技术优势、服务优势，合理安排、调整公司各龙头企业的订单种植。各生产单位在统一实行订单种植后，要坚持农业生产标准化、精细化和各类产品、产量的目标管理，全面实行"六统一"管理模式即：统一订单种植、统一区域规划、统一种植作物、统一提供良种、统一技术规程、统一产品上交。各基地单位要按照无公害农产品、绿色食品、有机食品（简称"三品"）生产对投入品的要求，强化统一对投入品的管理，并严格执行各项栽培技术规程，规范田（园）间管理。综合运用轮作栽培、生物、生态、物理、化学防治技术措施，大力推广生物综合防治新技术，多元化开展"三品"生产技术培训，积极组织技术人员利用各种机会对种植人员进行技术指导，并做好本单位种植户生产档案记录、订单履约情况的信用档案记录和目标产量记录。

第二，对订单种植覆盖面积广、管理规范的单位结合年终诚信单位的评选，给予单位当年 3％～5％的年薪奖励。对不按订单种植、管理不到位的单位按其订单种植面积的落实程度扣罚当年 5％～10％的年薪，取消单位年度的评优评先资格，班子成员不享受评优评先和任何奖励。对订单种植落实好、履约率高、上交产品好的种植户，结合年终诚信家庭农场的评选，可授予最高星级奖励，同时要求所在单位在安排下年订单种植面积，单位土地承租，安排就业，工资升级时优先考虑。对在订单种植执行过程中不按订单种植、违约率高、种植随意性大的种植户，按以下条款进行处罚。①当年土地订单种植面积 90％～94％者，予以失信警示，在诚信家庭评选中取消评选资格，对其信用信息在生产单位建档，单位不得为其担保贷款。②当年土地订单种植面积 85％～89％

者，在按本条第一款进行处罚的同时，种植户原则上不得享受任何惠农政策，家庭成员年度内不得享受企业的任何奖励。③当年土地订单种植面积在85％以下者，在按本条第一、二款进行处罚的同时，责令所管单位是职工的根据情节给予加倍收取土地租赁费、调整土地类别、减少土地租赁面积直至取消土地租赁权，解除劳动合同；非职工的视其情节直接解除土地租赁合同，回收租赁土地。④除允许种植引进试验示范的新品种作物没有超种面积外，只要是没有按订单农业种植的面积，原则上都不分配水权和不予灌溉。

2016年开始，集团公司每年都制定下发农产品质量安全监测方案，对农产品中有机磷和氨基甲酸酯类农药残留进行检测，对检测不合格样品进行源头追溯，查找引起农药残留超标的原因，以及具体的农药种类，提出整改意见建议，并开展跟踪检测。

2018年以后，集团公司严格落实订单生产管理，对不执行企业内部订单种植的种植户，实行种植户年初一次性交清全年土地租赁费，同时每亩上交资源设施使用费后可种植非订单作物。

2019年2月15日，甘肃省农垦集团公司下发《甘肃省农垦集团有限责任公司产品质量管理办法》，要求制定产品质量安全的生产技术要求和操作规程，合理使用化肥、农药、兽药、农用薄膜等化工产品，防止对农产品产地造成污染。

2019年12月20日，集团公司制定《关于2020年黄羊河集团公司区域内作物种植有关注意事项的通知》，对2020年作物种植做了明确规定：集团公司区域内2020年不得种植洋葱等高耗水作物；2020年及以后年份不得种植除百事以外其他来源的马铃薯；公司2019年执行的订单作物种植政策继续延续。

2019年起，继续执行全面积订单种植，若不种植订单作物，非订单作物执行上交资源设施费政策，上交费用后视同订单，非订单作物不得种植玉米。

2020年3月18日，甘肃省农垦集团公司下发《农垦集团试行使用农产品合格证制度实施方案》，推进生产者落实农产品质量安全主体责任，实现产地准出与市场准入，全面提升农产品质量安全水平。

四、农产品上交激励措施

2013—2016年，集团公司对订单种植落实好、履约率高、上交产品好的种植户，结合年终诚信家庭农场的评选，可授予最高星级奖励，同时要求所在单位在安排下年订单种植面积、单位土地承租、安排就业、工资升级时优先考虑。

2018 年以来，辣椒产业是集团公司优势主导产业之一，对基地实行订单化管理，解决了种植户种植农产品销售难的问题，提高了抵御市场风险能力。

2020 年，由于受气候和市场双重因素的影响，辣椒产量、产值下降，许多种植户收入较往年有所回落，部分种植户出现亏损，同期农场周边农村辣椒种植户亏损严重。为稳定职工收入，集团公司决定由蔬菜公司给辣椒种植户每亩补贴 450 元，以降低亏损面，保障辣椒产业持续发展。

第六章　安全管理

一、特药安全生产管理

2013—2014 年，集团公司特药在三分场规模化种植。2021 年，武威农业公司整建制划转集团公司，自此由武威农业公司负责特药的种植和销售工作。

（一）特药的安全管理规章制度

2013 年 7 月 15 日，集团公司制定《甘肃黄羊河集团特药安全管理工作方案》，明确了从特药产品种植、生产、仓储、运输、加工等各个环节的安全管理规章制度，各项管理措施加以规范。

2021 年 5 月 27 日，集团公司制定《甘肃黄羊河集团公司特药安全生产管理制度》《甘肃黄羊河集团公司特药安全生产事故应急救援预案》《甘肃黄羊河集团公司 2021 年特药安全生产管理工作方案》等三项管理制度。

2022 年 2 月 18 日，集团公司制定《甘肃黄羊河集团公司特药安全生产事故应急预案》，对原特药安全生产事故应急预案部分内容进行了修订和完善。4 月 19 日，集团公司制定《甘肃黄羊河集团公司 2022 年特药安全生产管理工作方案》，方案对特药生产基地的种植、收获、加工、仓储、运输等进行规范，确保特药生产安全。6 月 7 日，集团公司制定《黄羊河集团公司特药基地安防体系运行管理办法》，加强和规范特药基地安全生产管理工作。

（二）组织管理体系和责任制

2013—2014 年，集团公司成立由集团公司董事长为组长、总经理为副组长、其他相关单位负责人为成员的黄羊河集团特种药材管理领导小组，下设办公室，负责特药安全管理的日常事务、组织协调、督导检查。

2021 年 1 月 18 日，成立以黄羊河集团公司董事长李国忠为主任；以凉州区禁毒办副主任刘宗顺、黄羊河集团公司总经理马金义为副主任；以黄羊河集团公司副总经理王开虎，黄羊河集团公司党委副书记慕自发，黄羊河集团公司纪委书记牟访，黄羊河集团公司副总经理王宗全、冯国强、南永胜，黄羊河集团公司财务总监王生兴，特药场场长周勇，企管部副主任张鸿为成员的特药安全生产管理委员会，下设办公室，张鸿任办公室主任。1月22日，集团公司与地方公安部门，成立特药安全联合管理委员会。6月4日，设立以王开虎为组长，以张鸿为副组长，以周勇、申胜、刘晓凤、张雯为成员的特药安全隐患排查领导小组，负责安全生产隐患排查整治工作。6月21日，成立以李国忠为组长，以王宗全、王开虎为副组长，以慕自发、冯国强、南永胜、王生兴、牟访为成员的特药安全工作领导小组，负责特药重点管护期间的安全生产管理。6月24日，武威市禁毒委员会研究决定，市禁毒委成员单位黄羊河集团公司包抓凉州区黄羊镇16个村组，黄羊河集团副总经理王开虎为包抓责任领导，企业管理部副主任张鸿为包抓联络联系人。

2021年以来，集团公司层层签订年度特药安全管理责任书。董事长与总经理、总经理与分管副总经理、副总经理与各单位，武威农业公司与种植户，农林单位与队、加工企业与车间（班组）、队（车间）与员工均签订了安全协管责任书。

2022年1月5日，成立以黄羊河集团公司董事长李国忠为主任；以凉州区禁毒办副主任高万鹏，黄羊河集团公司总经理王宗全、王开虎（负责特药日常安全管理工作）为副主任；以黄羊河集团公司党委副书记慕自发，黄羊河集团公司纪委书记牟访，黄羊河集团公司副总经理南永胜、王生兴，黄羊河集团公司财务总监施忠年，企管部副主任张鸿，武威农业公司副经理周勇为成员的黄羊河集团公司特药安全生产管理委员会，下设办公室，张鸿任办公室主任。当日，设立以王宗全为组长，以王开虎为副组长，以张鸿、周勇、罗永兴、刘晓凤、王辉为成员的特药安全隐患排查领导小组。

（三）安全基础设施建设

2012—2013年，继续加强特药安全基础设施建设，架设钢网16千米。

2021年，集团公司投资293.06万元，平整巡逻道7.75千米，安装内外围网14.6千米，安装瞭望塔11座，架设电缆线13.4千米、光缆11.5千米，架设电子围栏11.5千米，安装摄像头122个、夜间补光灯100个、电网报警箱12个，栽植油木杆118根，设置防区12个、球机2台，网络传输系统1套，监控中心设备2套，人脸门禁系统及系统集成。维修加工彩钢棚600平方米，购置电动巡逻车2台。

2022年，投资10万元，新增围网、电网6.5千米、摄像头16个、补光灯2套，建立监控网络传输专线，禁毒教育基地场地平整、禁毒宣传专栏制作。

（四）安全管理措施与要求

2013年6月20日，集团公司对三分场特药安全协管进行安排、部署。9月14—15日，特药安全隐患排查领导小组成员分成四组重点对种植地块、林带、毛渠、饲草料堆放点进行彻底排查。

2021年6月21日，集团公司制定《关于加强特药安防工作的通知》，指出：第一，特药重点安防期实行领导带班、机关各部室配合协管，对安全设施运行、巡查员、哨兵、指挥中心人员履职等进行督查；第二，在产品收获期，班子成员每两人一组24小时轮流蹲点，对收获全过程进行督查，外围巡查工作全部由抽调的管理业务人员承担，提高巡查频次，将巡查次数升级每班次至少5次（夜班）。同时抽调公司各单位管理业务人员每天近100人进行协管，组建田间巡察组、产品入库押运组、计量组、卡口安检组、外围巡察组等小组，负责对田间收获人员、种植户、田间产品拉运进行监督检查，对产品入库进行安全押运，当天收获结束后对围网、电子围栏是否完全闭合进行监督检查等；第三，加强进出人员的登记，对进入警戒区人员和车辆向指挥中心报备。

2022年7月12日，集团公司制定《关于认真做好2022年特药收获期间安防协管工作的通知》，对特药安防工作作了详细安排部署。

二、各业安全生产管理

（一）安全生产管理规章制度

2015年4月7日，集团公司制定《黄羊河集团公司安全生产管理办法（试行）》《黄羊河集团公司安全生产目标考核奖惩办法（试行）》，规范安全生产管理，落实安全生产责任制，实现安全生产标准化达标。

2018年11月23日，集团公司制定《黄羊河集团公司软件资产管理办法》，加强软件正版化管理，确保信息安全。

2020年7月8日，集团公司制定《黄羊河集团公司安全生产管理办法（试行）》，对安全生产管理办法进行了修订和完善。

（二）安全生产管理组织和责任制

2013年以来，黄羊河集团公司一直坚持"以人为本，安全发展"的理念，坚持"安全第一、预防为主、综合治理"的方针，认真落实"一岗双责、党政同责、齐抓共管"的安全生产责任体系。

2013—2022年，全面落实安全生产责任制，上自集团公司下至家庭农场和车间班组，每年都层层签订责任书，把安全生产责任分解落实到生产队、家庭农场或部门、车间、班组乃至个人（包括外来民工和季节性用工），使安全生产责任制落到实处、落在细处。

2013年7月15日，成立以总经理为主任，以各口分管副总经理为副主任，以相关部室工作人员及各分公司、子公司负责人为成员的安全生产管理委员会，办公室设在工业管理部。各单位建有一支单位主要负责人为总指挥，全体职工参加的义务消防队伍，全面负责单位消防工作和安全检查工作。

2014 年 7 月 25 日，成立以吴伯成为组长，以李昌（常务）、马金义、安霞、王宗全、冯国强、黄斌、赵彦红为副组长，以王生兴、张廷彦、李金明、王威河、潘生树、焦发源、李华斌、朱贵儒、高长策、吴伯虎、杨增恩、何宗信、汪洋海为成员的防汛抗灾领导小组，办公室设在综合管理办公室，王生兴任办公室主任，各单位行政负责人为防汛抗灾第一责任人，全面做好本单位防汛抗灾工作，各单位组建一支由单位负责人为总指挥，全体员工参加的义务防汛队伍。

2017 年 12 月 1 日，成立以分管宣传工作的领导为组长，以各分管口领导为副组长，以各单位、机关各部室主要负责人为成员的网络安全应急处置领导小组，作为网络安全应急处置的组织协调机构，下设办公室，设在党委办公室。

2018 年 6 月 4 日，成立以李国忠为组长，以慕自发、南永胜（常务）、李昌、马金义、王宗全、冯国强、王生兴、郭珉为副组长，以张廷彦、蔡桂芳、王宝堂、王开虎、于志辉、焦发源、马继、高长智、刘强、张爱、杨增恩、潘生树、王守财、李华斌、高鑫基、高长策、牟访、买学军、刘保东、王国才为成员的黄羊河集团公司"安全生产月"和"安全生产陇原行"活动领导小组，领导小组办公室设在企业管理部。

2018 年 7 月 10 日，成立以慕自发为组长，以南永胜为副组长，以蔡桂芳、张廷彦、施忠年、李金浩为成员的软件正版化工作领导小组。办公室设在总经理办公室，蔡桂芳兼任办公室主任，负责具体工作的日常开展和上下衔接。各单位行政负责人为本单位软件正版化工作第一责任人，负责对本单位软件正版化工作进行全面部署并督促落实。

2019 年 4 月 10 日，成立以马金义为组长，以南永胜（常务）、王宗全、冯国强为副组长，以张廷彦、蔡桂芳、王宝堂及各单位行政负责人为成员的安全生产大排查大整治大提升专项行动工作领导小组，下设办公室，办公室设在企业管理部。

2019 年 6 月 7 日，成立以马金义为组长，以南永胜（常务）、王宗全、冯国强为副组长，以张廷彦、各单位行政负责人为成员的黄羊河集团公司"安全生产月"和"安全生产陇原行"活动领导小组，领导小组办公室设在企业管理部。

（三）安全生产教育活动

2017 年，邀请专业律师对管理人员进行《安全生产法》知识培训；6 月 20 日，举办以"安全人人抓，幸福千万家"为主题的演讲比赛活动。

2018 年 6 月，集团公司内部各分公司、子公司组成 18 个代表队，开展"生命至上、安全发展"为主题安全知识竞赛活动。

2020 年 10 月 15 日，集团公司设立分会场参加甘肃省农垦集团 "2020 年第四季度经济运行分析暨安全生产委员会（扩大）会议"，集团公司领导、各单位党政负责人、机关各部室主任共计 37 人参加了会议。

2021 年 4 月 9 日，集团公司安全生产委员会邀请属地黄羊河派出所民警在一分场五队开展禁毒法律法规宣传教育活动。5 月 25 日，集团公司领导班子、机关各部室负责人及分公司、子公司负责人共 32 人，参加甘肃省农垦集团公司组织召开的安全生产委员会全体视频会议。

2022 年 9 月，组织干部职工观看了《生命重于泰山——学习习近平总书记关于安全生产重要论述》警示教育片。

截至 2022 年，在册员工中共有 41 人。特种车辆、压力容器、电气电焊等操作人员通过按期参加市区安监部门组织的各类培训和考核，取得了相关证书，杜绝无证上岗、无证操作现象。

（四）安全防范与检查

集团公司坚持 "安全第一、预防为主、综合治理" 的方针，2013—2015 年，每年年初都制定《安全生产工作安排意见》，2016—2022 年，每年都制定《安全生产工作计划》，对全年的安全生产工作作出全面的安排和部署，做好安全生产预防工作。每年定期对下属农林业、工业、服务业单位进行全面、系统的安全生产专项检查，对有安全隐患的单位，安全生产委员会办公室及时下发《黄羊河集团公司安全生产整改方案》，督促限期整改。

2013—2022 年，集团公司多次开展以 "强化红线意识、促进安全发展" "生命至上、安全发展" "防风险、除隐患、遏事故" 等为主题的 "安全生产月" 活动。

2013 年 7 月 15 日，集团公司制定《黄羊河集团公司重特大生产安全事故应急救援预案》，对在重大事故发生后救援作了详细安排部署。

2014 年 7 月 25 日，集团公司制定《关于认真做好 2014 年防汛工作的通知》，对全场防汛抗灾工作作了安排。

2017—2022 年，每年都制定《甘肃黄羊河集团公司防汛抗灾应急预案》，对防汛抗灾应急工作作出全面的安排和部署。

2017 年 12 月 1 日，集团公司制定《黄羊河集团公司网络安全应急预案》，对处置网络安全突发事件作了详细部署和安排。

2018 年 5 月 30 日，根据甘肃省农垦集团公司《关于开展企业使用正版软件摸底统计工作的通知》文件要求，集团公司开展软件正版化自查工作，自查的主要方式为对本单位（部门）每台计算机安装使用的软件清查核对是否具备合法授权使用文件（授权证书、授权合同等）、是否在授权的数量范围内复制安装和使用。凡未经软件权利人合法授权许可或超出合法授权许可范围复制使用的软件，均为侵权盗版软件。计算机操作系统和办公系统不具备合法授权使用文件（授权证书、授权合同等）的一律为盗版；通过互联网下载安装的 360 安全卫士、金山毒霸等免费杀毒软件按正版统计；已被破解的原需付费使用的 photoshop 等图像处理软件或其他破解软件均为盗版。

2019 年 4 月，集团公司所属各单位按照"十二必查"（即查警示教育情况、查规划设计、查安全投入、查制度健全、查操作规程、查持证上岗、查企业主要负责人、查行业监管责任、查整改情况、查应急预案、查隐患整改、查行业协同和闭环管理）的总体要求，开展安全排查整治工作。

2020 年 3—4 月，集团公司开展 2020 年林木防火"安全月"活动，坚持"预防为主、标本兼治、安全第一"的方针，建制度、防风险、补短板、保安全，杜绝林木火灾发生，保障公司生态安全。

2020—2022 年，重点安全隐患得以排查治理。在机井用电安全整治行动中机井配电室共更新警示牌 353 块，更换空气开关 120 套，整改接电线不规范隐患 59 处，整改电线杂乱隐患 107 处，为机井管护人员购置绝缘手套及胶鞋 68 套。在铁路沿线铁皮房安全整治行动中，共加固干武铁路沿线松动的铁皮房 11 处。在枯死树木安全隐患排查整治行动中共清理枯死树木 5105 棵，截杆复壮 1673 棵。

2021 年 3 月 15 日，根据甘肃省农垦集团公司安全生产委员会关于印发《安全生产专项整治三年行动计划》的通知要求，集团公司制定《甘肃黄羊河集团公司落实企业安全生产主体责任三年行动专题实施方案》。4 月，根据甘肃省农垦集团公司关于转发《全省消防安全"大起底大排查大治理保稳定"百日攻坚行动方案》的通知要求，集团公司完成消防安全"大起底大排查大治理保稳定"百日攻坚行动。6 月 25 日，集团公司制定《甘肃黄羊河集团公司大型活动安全应急预案》，对各项安全防范措施和应急处置措施做了详细安排部署。6 月，集团公司对干武铁路沿线的彩钢房、彩钢棚进行加固，防止大风天气造成安全事故。

（五）安全生产工作激励机制

2013 年以来，安全生产工作每年总结考核一次，在总结考核的基础上，由集团公司安全生产委员会办公室依据考核办法组织评选安全生产先进单位和先进个人。奖励名额及标准为安全生产先进单位 1～2 个，奖励金额 8000～10000 元；先进个人 1～3 名，奖励金额 2000～5000 元。安全生产目标考核结果每年进行备案，作为集团公司干部考核、任用、总经理特殊奖评选等评先评优活动的重要依据。

2015年，根据集团公司年薪考核办法，将年度安全生产考核比重由之前的5%，提升至10%。

三、平安建设

2021年开始，集团公司成立以董事长为组长、以总经理为副组长、以其他班子领导为成员的平安建设领导小组，负责集团公司平安建设工作。领导小组负责将企业平安建设工作纳入年度工作计划，与业务工作同规划、同部署、同检查、同落实。按照甘肃农垦集团平安建设责任制的要求，制定《甘肃黄羊河集团公司"平安"企业建设工作方案》，对企业平安建设工作作了详细的安排和部署。1月27日，平安武威建设领导小组第七考核组对集团公司平安建设、法治建设和扫黑除恶专项斗争进行了专项考核，通过听取汇报、查阅资料、现场检查、问卷调查等形式对公司平安建设责任制落实情况、平安建设工作开展情况、内部安全防范措施落实情况、企业安全管理制度落实情况、企业维护社会稳定情况等内容进行了全面检查。9月15日，集团公司平安武威建设责任制评定为良好等次。

2022年，按照甘肃省农垦集团公司关于建设更高水平的平安甘肃的实施意见，集团公司制定《甘肃黄羊河集团公司关于建设更高水平平安企业实施方案》，方案对内部综合治理与安全保卫工作、预防和控制违法犯罪侵害、治安灾害事故等方面作了详细安排、部署。9月17日，集团公司联合属地街道及派出所，共同开展了禁毒、反诈、交通安全系列宣传活动。

四、应急管理

黄羊河集团公司应急管理主要涉及防汛抗灾应急管理、重特大生产安全事故应急管理、突发环境事件应急管理。

（一）防汛抗灾应急管理

2013年，修订完善了《黄羊河集团公司防汛抗灾应急预案》。防汛工作实行组长负责制和有关部门及单位岗位责任制和全员参与机制，将重点营区、水库、河流重点段防汛工作落实到具体责任单位和责任人，实行统一领导、统一指挥、统一行动。

2019年，公司坚持"安全第一、常备不懈、以防为主、全力抢险"的防汛工作方针，牢固树立"抗大旱、防大汛、减大灾"的思想，全面落实防汛抗旱责任制，防汛抗旱汛前检查、隐患排查等措施，提升洪涝干旱灾害综合防御能力。4月25日黄羊河集团公司防汛抗旱领导小组组织相关部门及人员，由主管领导带队，深入公司辖区武威市黄羊镇长丰村——黄羊河集团段沙沟河道，对各单位防汛区域及分工地段进行了现场检查，对防汛设施、防洪物资储备、通信预警保障、抗洪抢险队伍组建等汛前各项准备工作进行了全面检查督导，对该河道泄洪路线、河道内乱建、乱挖、乱倒等"三乱"为重点，集中开展隐患排查和清障整治工作，对损坏的水利防洪设施，进行修复。

（二）重特大生产安全事故应急管理

2013 年 7 月 15 日，集团公司党政联席会议修订通过《黄羊河集团公司重特大生产安全事故应急救援预案》。经普查液化气储罐、亚麻公司原料场、节水材料公司滴灌带生产车间、原料场和热力站锅炉为集团公司重特大生产安全事故危险源。

2013—2022 年，集团公司未发生重特大生产安全事故。

（三）突发环境事件应急管理

2012 年，集团公司制定《甘肃黄羊河集团公司突发环境事件应急预案》，确定液化气站、公司辖区内各个养殖区及化肥农药堆放仓库、热力站锅炉、工业企业锅炉、职工医院医疗废弃物为本公司应急救援污染源目标。

集团公司成立突发环境事件应急处置领导小组，组长由公司总经理担任，副组长由公司分管副总经理担任，成员由各单位负责人组成。负责突发环境事件的应急领导工作。应急处置坚持以人为本、预防为主、统一领导、分类管理、分级响应、专兼结合的原则，按事故报告及报警、出动应急救援队伍、人员紧急疏散与撤离的步骤进行。

2013—2022 年，集团公司未发生突发环境事件。

第七章　生产标准化管理

一、工业标准化管理

2013年以来，各工业企业不断修订和完善了关于行政、生产、技术、现场卫生等方面的管理制度、岗位职责、原料生产规范及质量标准、产品工艺标准、操作技术规程，形成了以管理标准、工作标准和技术标准为主要内容的标准化工作体系，使工业企业走上科学化、规范化、标准化管理的轨道。

在生产加工车间实施ISO 9001质量管理体系、6S、7S管理模式，以规范具体的生产行为和操作规程。

2013年7月15日，集团公司制定《黄羊河集团公司6S管理实施方案》，成立6S管理推行领导小组，组长由集团公司总经理担任，副组长由分管副总经理担任，成员由工业管理部部门负责人及各单位负责人组成，办公室设在工业管理部。6S具体包括整理、整顿、清扫、清洁、素养、安全6个要素。各工业企业全面推行6S实施管理方法。

2018年4月20日，集团公司制定《甘肃黄羊河集团公司7S管理实施方案》，7S具体包括整理、整顿、清扫、清洁、素养、安全和节约7个要素。此后，各工业企业全面推行7S管理方法。

二、农业标准化管理

2013年以后，按照无公害、绿色、有机农产品的质量标准和标准化管理的要求，农业分场积极配合各龙头企业进一步修订完善了玉米制种、甜糯玉米、蔬菜、林果、特药等各类作物的基地环境标准、农业投入品标准、农用设施标准、原料产品质量标准和生产技术规范等基地建设和原料生产标准。农业分场与龙头企业相互协作，对基地农户进行针对性培训。加强基地的检查指导和管理，通过现代农业示范区的功能，引导督促农户严格按标准生产，积极引进优良品种，推广节水灌溉、测土配方施肥等先进措施，采用先进的病虫害防治技术，施用高效低残毒农药品种。推行基地标识化管理，监督种植户严格执行各项生产技术操作规程，指定专人做田间管理档案的记载和存档工作，做好生产过程档案记录、建立无公害、绿色、有机农产品质量追溯系统，从源头上把住农产品质量安全关，使农业逐步迈上标准化管理的轨道。

三、对标一流管理

为全面落实集团公司国企改革三年行动，自 2021 年 2 月起，甘肃农垦系统组织开展了以推动高质量发展为主线，以解决企业管理中存在的突出问题和薄弱环节为重点，以垦区内外一流企业或先进企业为标杆的对标一流管理提升行动。要求所属企业通过主动对标、借鉴经验、自助优化，构建多层次、全方位的对标管理体系，形成对标提升的长效机制，推动企业加快转型升级，实现管理体系和管理能力现代化。

2021 年 2 月 28 日，集团公司制定了《黄羊河集团公司对标一流管理提升行动工作落实方案》，对标行动分三个阶段开展。

第一阶段：2021 年 2 月为研究部署阶段，主要对照《甘肃省农垦集团对标一流管理提升行动工作实施方案》，结合企业实际，突出问题导向、目标导向、结果导向，制定本企业对标提升行动落实方案和对标提升工作清单。

第二阶段：2021 年 3 月至 2022 年 7 月为组织落实阶段，主要按照落实方案和对标提升工作清单，集中力量推进管理体系和管理能力建设，补齐管理短板，提升管理水平。

第三阶段：2022 年 8—12 月为评估深化阶段，深入总结对标提升行动的做法和经验，建立管理提升的长效机制，持续加强企业管理工作。对标行动从加强战略管理，提升战略引领能力；加强组织管理，提升科学管控能力；加强运营管理，提升精益运营能力；加强财务管理，提升价值创造能力；加强科技管理，提升自主创新能力；加强风险管理，提升合规经营能力；加强人力资源管理，提升科学选人用人能力；加强信息化管理，提升系统集成能力等八个对标领域，提出 28 项对标内容，并确定责任部室、责任单位，集中组织开展。

2021 年 4 月 2 日，集团公司制定《黄羊河集团公司 2021 年对标一流管理提升行动工作任务台账》，要求集团公司所属各单位对标一流管理提升行动。

加工业单位：对标广州金鲜食品有限公司，该公司是美资企业，是麦当劳、肯德基全球系统专业供应商。重点对标学习该企业先进管理模式和生产现场管理经验，在学习的同时深化合作关系，探讨结球生菜等蔬菜产品的供应，丰富公司与麦当劳合作产品的品类。

农业单位（含马铃薯事业部）：对标百事（中国）有限公司，该公司是世界上最大的产业链覆盖"从种子到货架产品"的企业之一，并在全球逾 30 个国家与当地农民合作从事农业经营，且已与公司建立了稳定的合作关系。重点对标学习该公司先进的种植技术和团队化经营管理模式，为集团公司种植技术的提升和团队化经营打下良好基础。

集团公司所属各单位通过两年的对标一流提升活动，通过主动对标、借鉴经验、自助优化，形成对标提升的长效机制，实现管理体系和管理能力现代化。

食品公司：开展对标一流提升行动，对标广州金鲜食品有限公司，法人治理、风险管控、薪资激励、现场管理等方面的优势。使公司企业管理能力和水平得到了有效提升，实现了生产经营的标准化、制度化、流程化。

农业公司：开展对标一流提升行动，特药管理上对标金昌农场、永昌农场田间、安全管理，制度制定与落实进行交流学习；对标临泽、山丹等单位先进加工设备及其加工流程。该公司建立了比较规范的特药安全管理制度，安全管理措施到位，为特药安全生产管理奠定较好的基础；加工机械与流程的不断优化，通过回潮技术和设备的运用，降低了原壳加工破碎过程中产生的粉末，粉末降低了 8%。

节水材料公司：开展对标一流提升行动，通过对标天津华旭盛达机械制造有限公司，滴灌管生产设备的研发和应用推广，先进管理模式、生产现场管理经验及设备生产技术，在学习的同时深化合作关系，以"交钥匙"工程引进内镶式滴灌带生产线一条，并于 2021 年 11 月正式投入生产，新引进内镶式滴灌带生产线效率最高可达 300 米/分钟，是现有单翼迷宫式滴灌带生产设备的 6 倍，极大地提高了产品生产效率，填补了该公司内镶式滴灌带生产的空白，结束了内镶式滴灌带依靠外部购进的历史。

农林业单位：开展对标一流提升行动，对标上海百事公司管理，对标学习小流量滴灌带滴水过程中的优势；农业机械管理、团队经营管理等先进生产工艺和先进管理模式。农林业单位在小流量滴灌带滴水，实现滴灌少量多次，精准用水、用肥的目的，提高水肥利用率；通过对团队经营管理经验学习，加强广大管理人员吃苦耐劳、刻苦钻研、精益求精的工作作风。

第八章 政务管理

第一节 办公综合管理

黄羊河集团公司办公综合管理工作实行分管领导负责制，由集团公司机关办公室（根据机构设置，2013—2016 年为综合管理办公室，2017—2019 年为总经理办公室，2020—2022 年为党委办公室）具体承担。办公综合管理主要包括文秘工作、保密工作、档案工作。

一、文秘工作

2013 年 7 月 15 日，根据《国家党政机关公文处理工作条例》及中共中央办公厅、国务院办公厅《党政机关公文格式》，修订完善了《甘肃黄羊河集团公司公文处理实施细则》。对公文种类、公文格式、公文划分、行文规则、公文处理、印信管理、公文归档、管理等进行了明确。

集团公司发文按集团公司、党委、纪委、职代会、便函分类编号。其中集团公司行政发文，根据文件内容再细分归类编号。对安全生产、造林绿化等专项内容文件分别编号，由其专业委员会用印，方便查阅和管理。

集团公司收文按以下程序执行。凡外来文电，一律由综合管理办公室验收、审核、登记。经审核对口、规范的公文，进行来文登记后，填写"文件处理单"，按党政分类，提出拟办意见，呈领导批示或相关领导、部门传阅。办件则分送有关部门办理。文件材料直送直收，不横向传办。文件承办完毕后，承办人将办理情况在文件处理单办理结果栏内注明，并退回综合管理办公室。文书机要人员在《收文登记簿》上注明办理结果。

集团公司发文办理程序如下。按照机关各部门的职能、权限或上级领导指定的承办单位、部门或承办人负责拟稿。文件内容相关几个部门的由拟稿部门送与会签。部门拟稿由其主管领导会稿。拟稿会稿后交综合管理办公室核稿。核稿后的公文，主办部门根据权限送相应负责人审批签发后由综合管理办公室统一登记、编号，由综合管理办公室印制。

集团公司印信由综合管理办公室统一管理。

2015年，成立党委办公室，党委印信由党委办公室管理。

二、保密工作

黄羊河集团公司保密工作实行主要领导牵头负责，分管领导具体负责制。集团公司设机要员，承担公司机要文件的处理。机要人员参加保密工作主管单位武威市保密局组织的保密要害部门上岗培训，并取得资格证书。

2013年，黄羊河集团公司成立了以党委书记为组长，以综合管理办公室主任为副组长，以各部门负责人及档案管理员为成员的保密领导小组，下设保密工作办公室。

2020年6月11日，制定了《黄羊河集团公司保密制度》，明确保密范围、保密措施。机要收文，先由党委办公室主任阅批，然后提出呈办意见，领导批示后由机要员按批办范围传办，不得漏传或自行扩大传阅范围。公司涉密文件、内部资料等，由机要员专人跟踪办理，直送直办。非工作需要不得擅自拷贝、复印、打印涉密资料、文件。密级文件、资料未经领导批准，不得借阅。涉密文件、资料、刊物按规定定期清理、归档、清退和销毁。销毁秘密文件、刊物及年终清退的无保存价值的文件都必须造册登记，并经党委办公室主任核准后送到指定地点进行销毁。机要人员所用计算机确定为涉密计算机，明确标示，按"涉密信息不上网，上网信息不涉密"的原则执行。

2022年，黄羊河集团公司保密工作领导小组为：组长李国忠，副组长慕自发，成员李斌、王小亮、李金浩、张廷彦、郭翠英。办公室设在党委办公室。

三、档案工作

2013年以后，黄羊河集团公司设立档案室，由专人负责按年度对档案资料分类归档，同时负责档案资料的保管、调阅、查询等。

2014年8月27日，根据甘肃省农垦集团公司《转发省档案局关于印发〈甘肃省贯彻企业文件材料归档范围和档案保管期限规定（国家档案局10号令）实施方案的通知〉的通知》精神，黄羊河集团公司明确提出《档案分类大纲》《文件材料归档范围和档案保管期限表》。档案按性质分为行政管理、党群管理两大类，其中行政管理类按行政事务、安全工作、法律事务、信用管理、知识产权管理、财务管理、资产管理、审计工作、劳动人事与人力资源管理、职工教育培训工作10个二级类目归档；党群管理类按党务工作、组织工作、宣传工作、纪检与监察工作、工会女工共青团工作 5 个二级类目归档。对文件材料的具体归档范围做了明细要求，并按其重要程度，保管期限分为永久、30 年期、10 年期 3 个等级。

2017 年 2 月 13 日，成立黄羊河集团公司档案管理领导小组，加强档案管理工作。

2017 年 4 月初，为进一步推进档案工作规范化、制度化建设，提升档案管理水平，黄羊河集团公司组织开展档案省级达标申报工作。

4 月下旬，集团公司档案工作分管领导马金义带队组织经理办公室档案工作人员先后赴甘肃农垦临泽农场、武威市档案局考察学习。

2017 年 5 月 18 日，根据《甘肃省档案工作规范化管理办法》《甘肃省档案数字化管理办法（试行）》，集团公司提出《黄羊河集团公司档案管理达标工作实施方案》，成立了由马金义任组长，蔡桂芳任副组长，施忠年、张希成、王晶、刘凯军、郭翠英为成员的档案管理达标工作领导小组，组织实施集团公司档案达标工作。同时成立文书档案工作专班、制度及编研材料工作专班、会计档案工作专班、基建档案专班、项目工作专班、党务及宣传工作档案专班、基础设施购置安装工作专班等七个专班，对照《甘肃省企业事业单位档案工作规范化管理标准》，在武威市档案局的具体指导下，按资源系统化、管理现代化、业务精细化、管护安全化、服务多元化、保障常态化"六化"标准，全面开展档案管理达标工作。

至 2017 年 12 月，黄羊河集团公司档案省级达标工作全面完成。档案室总面积 105 平方米，其中，档案存放室 60 平方米，阅档室 19 平方米，档案工作人员办公室 26 平方米，实现了档案工作"三分开"。集团公司投资 10 余万元，配置标准档案室密集架 14 列 32 组，购置高配置电脑 1 台、高清扫描仪 1 台，并配备了防磁柜、电子资料存储设备、档案装具、温湿度计、防光窗帘、灭火器等设备设施，达到防盗、防火、防光、防高温、防潮、防尘、防鼠、防虫"八防"要求；集团公司对档案室存放的建场以来的所有文书档案、会计档案、科技档案、实物档案、声像档案等档案资料统一进行了整理，并编制了检索工具，全文扫描录入文书档案 168799 幅，共录入保存档案信息 12675 条。制定了《档案保密制度》《档案查借阅制度》《档案安全定期检查制度》《档案库房管理制度》等 19 项档案工作制度。公司档案室当时存放各类档案共 9622 卷（件），其中文书档案 1009 卷、6144 件，项目档案 13 卷，其他科技档案（图纸）36 册，会计档案 2011 卷，照片档案 131 张，光盘、软盘、录像带 14 盘，实物档案 275 个。

2017 年，黄羊河集团公司被甘肃省人力资源和社会保障厅、甘肃省档案局评为"2012—2016 年度全省档案工作先进集体"。

2018 年 1 月 15 日，黄羊河集团公司被甘肃省档案局确定为"全省档案工作规范化管理省特级单位"，为甘肃农垦首家省特级达标单位。

2018—2022 年，由经理办公室牵头，档案馆员具体负责，组织项目开发部、财务资产部按年度对纸质档案整理归档。

2020 年 6 月 11 日，制定了《黄羊河集团公司档案管理办法》，对档案室主要职责、立卷归档原则和方法、归档文件材料范围、文书档案管理期限、档案借阅办法、档案销毁、档案统计、归档文件移交等进行了明确。

2022 年 8 月，黄羊河集团公司抽调人员对 2018—2021 年文书档案进行了扫描著录，整理归档文书档案 245 盒共 3646 件。

第二节　政务公开

2012 年，出台《黄羊河集团公司党务场（厂）务公开工作实施方案（试行）》，成立以党委书记为组长，以党委委员为副组长，以综合管理办公室、人力资源部、财务资产部、审计监察部及各单位党政负责人为成员的党务场（厂）务公开工作领导小组。领导小组下设办公室，负责党务场（厂）务公开推行的具体工作。办公室设在集团公司综合管理办公室。整体公开事项由集团公司党务场（厂）务公开领导小组统一管理。所属各单位统一设置党务场（厂）务公开栏，对适合员工知情和监督的内容登栏公布；对不适合公开栏、媒体等形式公开的内容，采取召开党员或员工大会、情况通报会、组织生活会、征求意见座谈会等形式公开，或运用文件、通报、公告、简报、宣传资料等文字载体公开；对已有的网站资料不断更新和补充，并增设党务场（厂）务公开专栏，及时登录全面、全新的网上公开资料，为员工群众提供准确、快捷、方便的政策咨询和党务场（厂）务公开信息。

2018 年 1 月 3 日，制定了《黄羊河集团公司实行场（厂）务公开工作实施细则》。细则明确场（厂）务公开具体内容。

属于场（厂）务公开的企业重大决策内容有企业中长期发展规划；企业投资和生产经营重大决策方案；企业改革、资本运作、改制方案，兼并、破产方案，重大技术改造方案；企业内部重要的人事任免，企业裁员、职工分流、安置方案等重大事项。

属于场（厂）务公开的企业生产经营管理方面的重要内容有企业年度生产经营目标及完成情况；企业财务预决算情况；企业担保情况；企业大额资金使用情况；企业工程建设项目的招投标及其建设情况；农业单位土地发包情况；企业大宗物资采购供应情况；企业

产品销售和盈亏情况；农业单位承包租赁合同执行情况；企业内部经济责任制落实情况；企业重要规章制度的制定情况。

属于场（厂）务公开地涉及职工切身利益方面的内容有企业劳动法律法规的执行及集体合同、劳动合同的签订和履行情况；职工提薪晋级、工资奖金分配、奖罚与福利情况；职工养老、医疗、工伤、失业、生育等社会保障基金缴纳情况；职工招聘，专业技术职称的评聘，评优选先的条件、数量和结果；职工购房、售房的政策；安全生产和劳动保护措施；职工培训计划等。

属于场（厂）务公开并与企业领导班子建设和党风廉政建设密切相关的内容有民主评议企业领导人员情况；企业中层领导人员、重要岗位人员的选聘和任用情况；干部廉洁自律规定执行情况；企业业务招待费使用情况；企业领导人员工资（年薪）、奖金、兼职、补贴、住房、用车、通信工具使用情况，以及出国出境费用支出情况等。

细则提出，黄羊河集团职工大会、职工代表大会是场（厂）务公开的基本形式；《黄羊河报》、公示栏、电子屏是场（厂）务公开的重要形式。集团公司工会是场（厂）务公开领导小组的工作机构，主要负责场（厂）务公开工作计划的提出、公开形式的确定、公开程序的把握、公开情况的统计、公开信息的发布、职工意见的收集和反馈、有关会议的筹备、公开资料的管理等。集团公司场（厂）务公开领导小组组长由党委书记担任，领导小组办公室设在党委办公室（工会办公室）。集团公司成立由纪检、信访部门和人力资源部、农业管理部、工业管理部等人员和职工代表组成的场（厂）务公开监督小组，负责监督检查场（厂）务公开内容是否真实、全面，公开是否及时，程序是否符合规定，职工对公开内容评议意见是否得到落实，并组织职工对场（厂）务公开工作进行监督。

2013年以来，集团公司每年以职工代表大会形式，对关系职工利益的生产管理、基本建设、民生工程等事项进行公开。

2018年10月9日，集团公司章程规定：坚持全心全意依靠工人阶级的方针，健全以职代会为基本形式的民主管理制度，推进场（厂）务公开、业务公开，维护职工合法权益。

2022年12月5日，集团公司党委会审议通过《甘肃黄羊河农工商（集团）有限责任公司信息公开工作实施细则》。所称信息是指集团公司在从事生产、经营、管理活动过程中形成的，可能对出资人、集团公司、职工和社会公共利益产生较大影响的信息。细则对需公开内容、公开时限做了具体明确。成立集团公司信息公开工作领导小组，党委书记、董事长担任组长，党委副书记、总经理担任副组长，各分管领导为成员。领导小组下设办公室，设在党委办公室。信息公开工作领导小组是信息公开工作的领导决策机构，党委办公室（合规管理委员会办公室、保密工作领导小组办公室）是信息公开工作的日常管理部门。信息公开"先审查，后公开"，集团公司及下属各分公司、子公司拟公开的信息自下而上逐级报审后，由集团公司统一对外发布。集团公司信息公开的主要渠道和载体为黄羊河集团公司微信公众号、场（厂）务公开栏、职工代表大会。

第三节　法制管理

黄羊河集团公司法制工作实行企业主要负责人整体负责，分管领导具体负责制。公司外聘法律顾问，为公司生产经营、决策提供法律咨询服务，负责经济合同的法律审核，参与处理公司民事、经济、行政诉讼。集团公司内部，按职责分工，由业务单位（部门）负责所属各单位（部室）与法律顾问间的联络，并承担日常具体法务工作。2013年，法制工作由内部派出所承担。2019年3月22日，撤销派出所单位建制。法制工作具体业务调整至集团公司总经理办公室承担。2020年3月，结合机构调整，集团公司日常法务工作调整至党委办公室。2022年5月，集团公司日常法务工作调整至企业管理部。

一、企业决策法制管理

2018年1月30日，甘肃省农垦集团印发了《农垦企业主要负责人履行推进法治建设第一责任人职责规定》，要求增强农垦企业党委书记、董事长、总经理等主要负责人的法治意识，进一步推动法治国企建设，保障农垦企业深化改革、健康发展。规定要求农垦企业主要负责人履行推进法治建设第一责任人职责，必须坚持党的领导，充分发挥党委的领导核心和政治核心作用；坚持统筹协调，做到依法治理、依法经营、依法管理共同推进，法治体系、法治能力、法治文化一体建设；坚持权责一致，确保有权必有责、有责要担当、失责必追究；坚持以身作则、以上率下，带头尊法学法守法用法。农垦企业主要负责人作为推进法治建设的第一责任人，应当切实履行依法治企重要组织者、推动者和实践者的职责，自觉运用法治思维和法治方式深化改革、推动发展、化解矛盾、维护稳定，把法治建设纳入全局工作统筹谋划，对重要工作亲自部署、重大问题亲自过问、重点环节亲自协调、重要任务亲自督办，把各项工作纳入法治化轨道。

党委书记在推进法治建设中应当履行以下主要职责：①促进党委充分发挥把方向、管大局、保落实的重要作用，成立法治建设领导机构，及时研究解决有关重大问题，督促企业领导班子成员和下属企业主要负责人依法履职，确保全面依法治国战略在本企业得到贯彻落实；②落实全面从严治党、依规治党要求，加强制度建设，提高党内法规制度执行力；③严格依法依规决策，落实党委议事规则和决策机制，认真执行"三重一大"等重大决策制度，党委研究讨论事项涉及法律问题的，应当要求总法律顾问列席会议，加强对党委文件、重大决策的合法合规性审查；④坚持重视法治素养和法治能力的用人导向，完善企业领导班子知识结构，相同条件下，优先提拔使用法治素养好、依法办事能力强的干部；⑤落实企业法律顾问制度，加强企业法律顾问队伍建设和人才培养，推动完善法律管理组织体系，支持总法律顾问和法律事务机构依法依规履行职能、开展工作；⑥深入推进法治宣传教育，定期组织党委中心组开展法治学习，推动企业形成浓厚的法治氛围。

董事长在推进法治建设中应当履行以下主要职责：①推动依法完善公司章程，合理配置权利义务，完善议事规则和决策机制，在董事会有关专门委员会中明确推进法治建设职责，并将依法治企要求写入公司章程；②促进将法治建设纳入企业发展规划和年度工作计划，与改革发展重点任务同部署、同推进、同督促、同考核、同奖惩；③组织研究部署法治建设总体规划，加强指导督促，为推进法治建设提供保障、创造条件；④定期听取法治建设进展情况报告，并将其纳入董事会年度工作报告；⑤带头依法依规决策，董事会审议事项涉及法律问题的，应当要求总法律顾问列席会议并听取法律意见；⑥推动建立健全企业法律顾问制度，落实总法律顾问可由董事会聘任的相关规定，设立与经营规模和业务需要相适应的法律事务机构，促进企业法律顾问队伍建设。

总经理在推进法治建设中应当履行以下主要职责：①加强对法治建设的组织推动，根据董事会审议通过的法治建设总体规划，研究制定年度工作计划，切实抓好组织落实；②依法建立健全经营管理制度，确保企业各项活动有章可循；③督促经理层其他成员和各职能部门负责人依法经营管理，加强内部监督检查，纠正违法违规经营管理行为；④推动法律管理与企业经营管理深度融合，充分发挥总法律顾问和法律事务机构作用，不断健全法律风险防范机制和内部控制体系，严格落实规章制度、重大决策、经济合同法律审核制度，加强合规管理和法律监督；⑤完善法律顾问、公司律师的日常管理、业务培训、考评奖惩等工作机制，拓宽职业发展通道，并为其履职提供必要条件；⑥组织实施普法规划，强化法治宣传教育，大力提升全员法治意识，努力打造法治文化。

2018年4月12日，集团公司制定了《黄羊河集团公司董事会规范运作办法》，通过规范董事会建设进一步推进集团公司建立健全法人治理结构，促进科学决策，实现国有资产保值增值。办法对董事会、董事会专门委员会、董事、董事长、总经理、董事会办事机构的职责做了明确，并对董事会会议及其专门委员会会议、董事会与甘肃省农垦集团公司的沟通协调机制、董事会运作的支持与服务、外部董事的特别规定做了明确。

2022年2月，集团公司组织召开公司法治建设工作专题会议，安排部署公司法治建设工作，落实推进法治建设第一责任人职责，推进依法治企工作。

2022年7月8日，为进一步规范黄羊河集团公司监事会（监事）依法履行监督职责，充分发挥监事会（监事）监督的有效性和针对性，集团公司董事会审议通过《甘肃黄羊河集团公司监事会（监事）监督检查工作制度》。制度规定：监事会（监事）应根据法律法规的有关规定，行使监督、检查、质询、建议、纠正等职权。通过日常监督、专项检查和年度集中检查等方式，对黄羊河集团公司重大决策、经营管理、财务活动以及董事、高级管理人员、财务总监的履职行为等进行全过程监督，及时了解、掌握、跟踪和报告企业重大事项，确保出资人和股东权益不受侵犯，依法平等共享企业经营成果。

二、企业制度法制管理

2012年10月起，黄羊河集团公司成立管理制度修订领导小组，由黄羊河集团公司综合管理办公室牵头，机关各部室配合，对集团公司制度进行修订。2013年7月15日，黄羊河集团公司党政联席会议讨论通过，共修订规章制度30项，其中新增管理制度4项。对部分制度交叉内容进行归并，废止管理制度5项。2013年8月，黄羊河集团公司对各类管理制度共计59项汇编成册。内容涵盖企业党务工作、发展战略、财务管理、劳资管理、生产经营、土地管理、社会事业等多个方面。

2019年12月，根据甘肃省农垦集团公司要求，黄羊河集团公司对照甘肃省农垦集团公司制度汇编，对企业内部规章制度进行了全面梳理，对已制定的规章制度的合法合规性及一致性进行了审核，对应制定但尚未制定的规章制度提出了制定计划，其中不符合合法合规性及一致性要求、需要修订的制度9项，应制定但尚未制定的制度9项。

2020年4月2日至2020年6月30日，结合制度合法合规性、一致性工作要求，黄羊河集团公司对制度进行了修订完善，并于2020年12月整理出版《甘肃黄羊河集团公司制度汇编》，共收录黄羊河集团公司制度81项，内容包括党务管理、综合管理、战略管理、财务管理、劳资管理、安全生产、生产管理、土地管理、社会事业管理等。

2020年10月28日，为全面提升企业依法治企工作水平，增强企业风险防控能力，维护企业合法权益，集团公司对《甘肃黄羊河集团公司依法经营管理办法》进行了修订。对学法普法、建章立制、依法经营、法律顾问制度等做了明确。

2022年6月9日，制定《甘肃黄羊河集团公司推进全面依法治企实施方案》《甘肃黄羊河集团公司加强社会主义法治文化建设的具体措施》《甘肃黄羊河集团公司建设更高水平平安农垦实施方案》《甘肃黄羊河集团公司外聘法律顾问管理细则（试行）》，全面推进依法治企工作。

三、企业经济合同、营销法制管理

2013年以来，黄羊河集团公司实行法律顾问制度。外聘甘肃汇平律师事务所律师担任法律顾问，专门开展合同审定、案件跟踪等系列法务业务，内配法律专业业务人员或法务联络员1名，负责与法律顾问与内部单位法务衔接和日常工作办理。各单位及机关各部室确定专人衔接合同审定工作。

2018年3月23日，集团公司对2017年年底仍在有效期内的经济合同特别是长期合同进行清理审查。经济合同清理共涉及食品公司、种业公司、蔬菜公司、物流公司、节水材料公司、农机合作社等单位和总经理办公室、项目开发部、农业管理部等部门，共清理出长期合同19件，其中建设工程合同9件，买卖合同4件，技术合同3件，租赁合同1件，土地承包合同1件，运输合同1件。对清查存在的问题进行了整改。

2018年，为防范经营风险，集团公司推行法律顾问参与企业重大经营决策。企业经济类合同必须经公司法务工作人员和聘请的法律顾问共同审核后方可签署。企业重要决策、重大项目、重大方案、重大制度等都必须经法律顾问审核，合同审核率达到100%。

2019年8月23日，出台《黄羊河集团公司大宗农资统一采购供应管理办法（试行）》，规范了各分公司、子公司大宗农资采购行为，强化农资采购过程的监督和管理。集团内农资使用单位根据年度种植计划统计提出年度大宗农资采购需求，由节水材料公司统一采购。集团公司对内部农资使用单位全年农资使用达标情况进行考核，与单位年度绩效考核挂钩。

2020年8月24日，制定了《甘肃黄羊河集团公司经济合同管理办法》。办法明确法定代表人是经济合同管理的第一责任人，领导班子成员对分管部室和单位的合同管理工作负有领导责任。党委办公室为经济合同的归口管理部门，涉及重大事项、疑难问题或者风险较大的事项签订经济合同的，承办部门应当邀请法律顾问参与合同的谈判、论证等环节，必要时可以邀请有关专家参加论证或委托专业机构调查。经济合同签订前，需先填写《经济合同会签审核表》，依次由财务部门、法律顾问、承办部门分管领导、法务分管领导进行会签审核。

2020年9月，根据甘肃省农垦集团公司要求，为加快集团公司市场营销体系建设，制定了《黄羊河集团价格管理办法》《黄羊河集团客户管理办法》。黄羊河集团成立市场营销部，要求所属各加工企业及园艺场成立定价领导小组，经理任组长，分管销售的副经理任副组长，营销、生产、采购、财务等部门负责人为成员，负责本公司定价原则的制定、产品价格的议定及本公司产品的价格管理工作。各子公司对客户分类建立档案。

2020年，黄羊河集团公司改进经济合同会签审核程序，规定所有对外签订经济合同须先经法律顾问、财务资产部负责人、合同承办单位分管领导、法务工作分管领导会签审核。根据公司业务类别，对公司内部借款等经常性经济行为制定相应的制式合同。除法定代表人外，严禁他人在未授权情况下签订合同。同时，加强对合同相对方履约能力和信用状况的审查。

2021年12月17日至2022年3月31日，黄羊河集团公司组织对合同执行情况进行了专项检查。成立了以王宗全为组长、牟访为常务副组长的合同专项检查工作组，由集团公司党委办公室牵头，对2017—2021年集团公司及所属单位签署的各类合同进行检查。共检查合同1412份，反馈意见5个方面。

2021年，黄羊河集团公司组织开展依法维权和清理遗留法律纠纷案件重点工作。通过协商调解、仲裁、法院审理、申请执行等方式处理解决自2018年以来公司涉诉的15起案件，其中合同类纠纷12起，提供劳务者受害责任纠纷1起，劳动争议2起，为集团公司挽回（或降低）损失54.76万元。

2022年4月1日，黄羊河集团公司发文对经济合同管理工作做了规范。通知包括：建立健全经济合同管理制度，严禁不具备法人主体资格的单位（部门）直接对外签订经济合同，合同签约主体应以法定代表人（自然人本人）或委托代理人为准，严禁代签和未授权签章。严格落实经济合同会签审核，提高风险防范意识，对外签订的经济合同要依次经过合同承办单位（部室）、法律顾问、集团公司财务部门、承办单位（部室）分管领导及法务工作分管领导的审核。对合同归档整理、合同履行跟踪管理也作了要求。

2022年，根据甘肃省农垦集团公司统一要求，黄羊河集团公司全面开展企业合规管理工作。成立了党委书记、董事长为主任的合规管理委员会。合规管理委员会办公室设在党委办公室。9月13—20日，黄羊河集团公司合规管理委员会成员李斌、张廷彦、王小亮、李金浩组成检查组对各单位合规管理情况进行检查督导，具体检查内容包括：遵守法律法规情况；贯彻执行集团公司各项规章制度情况（各子公司重点检查贯彻执行以企业章程为基础的制度执行情况）；本单位制度体系建设情况；企业法人治理体系建设及运行情况（各子公司）；班子成员履职情况；人事管理、工资支付情况；"三重一大"决策制度执行情况；生产经营管理事项的决策流程；财务管理情况；项目建设情况、招投标管理及项目设施管护情况；物资采购管理流程；产品市场营销管理情况；土地管理情况；合同会签制度执行情况及合同规范签署、管理情况；知识产权管理情况；印章、证照的管理与使用情况；保密工作情况；安全（含网络安全、生产安全等）、环保工作情况；历史遗留问题及解决处理情况；《合规承诺书》签订情况。

四、法制教育

2016 年 12 月，集团公司制定了《黄羊河集团公司关于开展法治宣传教育的第七个五年规划》，成立"七五"普法工作领导小组，以党政负责人为第一责任人，其他班子成员为"七五"普法领导小组成员，办公室设在社会事业工作部，由分管法务工作的公司领导担任办公室主任，各单位、机关各部门主要负责人为成员，负责普法工作具体实施。

2018 年，按照甘肃农垦系统企业主要负责人履行推进法治建设第一责任人责任要求，黄羊河集团公司加强全员法制教育，坚持普法工作和法治实践相结合，开展了系列教育宣传活动。5 月，按照《甘肃省农垦集团有限责任公司落实"谁执法谁普法"普法责任制实施办法》，黄羊河集团公司成立普法工作领导小组，党委书记、董事长为组长，分管领导为常务副组长，将普法工作纳入法治建设一体考虑，与其他业务工作同部署、同检查、同落实。5 月 7 日，按甘肃省"法律八进"活动指导标准（试行）中"法律进企业"活动指导标准，组织开展法治宣传活动。7 月，利用单位工作群、板报、电子屏等平台，开展"尊崇宪法、学习宪法、遵守宪法、维护宪法"主题宣传教育活动；按照"谁执法谁普法、谁服务谁普法、谁主管谁负责"的普法工作要求，结合集团各部室工作职责，提出黄羊河集团公司机关职能部门普法责任清单。

2018—2022 年，黄羊河集团公司围绕公司改革发展目标任务和职工群众对法律知识的现实需求，提出年度普法工作计划并组织落实。每年请法律顾问集中对中层以上管理人员进行普法教育 1 次。

2021 年 6 月 4—8 日，黄羊河集团公司组织了"美好生活　民法典相伴"主题宣传活动，通过宣传标语、宣传牌（栏）电子屏、公众号等方式组织了民法典的学习宣传。

2021 年 11 月，集团公司管理业务人员 200 余人参加武威市组织的 2021 年度企业工作人员线上学法考试培训。学习内容有：习近平法治思想、民法典、宪法、治安管理处罚法、疫情防控、优化营商环境、企业生产经营、安全生产、维护企业职工权益等。

2022 年 1 月 25 日，黄羊河集团公司党委会审议通过《甘肃农垦黄羊河集团公司关于开展法治宣传教育的第八个五年规划（2021—2025 年）》。提出工作目标为：到 2025 年，企业普法宣传教育体制机制进一步健全完善，法治宣传教育实效性进一步增强，依法治理能力和治理水平进一步提高；干部职工对法律法规的知晓度、法治精神的认同度、法治实践的参与度显著提高，尊法学法守法用法的自觉性和主动性显著增强，办事依法、遇事找法、解决问题用法、化解矛盾靠法的法治环境逐步形成。黄羊河集团公司成立了以党委书记、董事长任组长的黄羊河集团公司"八五"法治宣传教育暨法治建设工作领导小组，全面负责黄羊河集团公司"八五"普法规划的实施、宣传、发动、组织、督查和检查验收工作，着力提高农垦企业领导干部运用法治思维和法治方式深化改革、推动发展、化解矛盾、维护稳定的能力，为企业改革发展奠定坚实的法治基础。领导小组下设办公室，办公室设在党委办公室，具体负责综合协调、信息沟通、督导推进等工作，办公室主任由牟访兼任。

2022年5月，集团公司法务工作办公室调整至企业管理部，由副总经理王生兴分管。

2022年10月26日至12月20日，黄羊河集团公司中层及以上人员75人参加了武威市国家工作人员网上学法考试，学习内容重点为习近平法治思想及宪法、民法典、党内法规、疫情防控、国家安全、乡村振兴、法治政府建设、法治营商环境、生态文明、反有组织犯罪、企业生产经营、维护企业职工权益等。

2013—2022年，集团公司共支付法律顾问费用及其他用于法制宣传费用60多万元，其中"七五"普法工作开展期间（2016—2020年），支付法律顾问费用及其他用于法制宣传费用33.8万元。

第四编

组织建设

中国农垦农场志

第一章 中共黄羊河农场基层组织

第一节 各级党组织

一、农场级党组织名称

黄羊河农场党组织名称自 1997 年 9 月更改为中国共产党甘肃黄羊河农工商（集团）有限责任公司委员会，沿用至今。

二、各时期农场党组织的隶属关系

2003 年 3 月至 2018 年 11 月，甘肃黄羊河农工商（集团）有限责任公司党委组织关系隶属于中共武威市委，由中共武威市委、甘肃省农垦集团公司党委双重管理。

2018 年 12 月，黄羊河集团公司党组织管理权属从武威市委全部转至甘肃省农垦集团公司党委，实现了业务主管与组织关系主管的有效对接。自此，黄羊河集团公司党委由甘肃省农垦集团公司党委直接管理。

三、农场党委下属组织机构的沿革

2012 年，黄羊河集团公司党委下设 4 个党总支、23 个党支部，分别为：工业党总支及下设种业公司、食品公司、蔬菜公司、商贸公司、建材公司、工程建筑公司、物流公司、麦芽公司、亚麻公司 9 个党支部；农业党总支及下设一分场、二分场、三分场、四分场、五分场、良种场、水电站 7 个党支部；社区党总支及下设社区机关、老干、医院 3 个党支部；园艺党总支及下设园艺一队、园艺二队、园艺三队、园艺四队 4 个党支部。

2013 年 1 月 21 日，黄羊河集团公司党委设立农机合作社党支部、节水材料公司党支部。

2014 年 1 月 19 日，黄羊河集团公司党委撤销亚麻公司党支部，其党员归入节水材料公司党支部管理。

2015 年 3 月 20 日，黄羊河集团公司党委将农机合作社党支部、水电站党支部划入园艺党总支。

2015 年 4 月 7 日，黄羊河集团公司党委撤销麦芽公司党支部、建材公司党支部。

2016 年 9 月 5 日，集团公司党委下设 23 个党支部，分别为：机关、食品公司、种业公司、蔬菜公司、节水材料公司、商贸公司、物流公司、建筑公司、一分场、二分场、三分场、四分场、五分场、良种场、水电站、农机合作社、园艺一队、园艺二队、园艺三队、园艺四队、医院、社区机关、老干党支部。

2017 年 5 月 3 日，黄羊河集团公司党委将水电站党支部和农机合作社党支部调整划入农业总支管理。

2017 年，黄羊河集团公司党委下设 4 个党总支、23 个党支部。

2018 年 2 月 28 日，黄羊河集团公司党委对基层党组织机构设置进行调整。撤销工业党总支、农业党总支、社区党总支、园艺党总支 4 个党总支，园艺一队党支部、园艺二队党支部、园艺三队党支部、园艺四队党支部、商贸公司党支部 5 个党支部。设立果品公司党支部。原"社区机关党支部"变更为"社区党支部"。原园艺一队党支部、园艺二队党支部、园艺三队党支部、园艺四队党支部党员组织关系转入果品公司党支部；原商贸公司党支部党员组织关系转入节水材料公司党支部；原社区机关党支部党员组织关系转入社区党支部。

2019 年 3 月 19 日，黄羊河集团公司党委撤销工程建筑公司党支部、老干党支部，原建筑公司党支部党员组织关系转入现工作单位党支部；原老干党支部党员组织关系转入社区党支部。

2019 年 7 月 12 日，黄羊河集团公司党委撤销医院党支部。

2020 年 3 月 9 日，黄羊河集团公司党委撤销物流公司、农机合作社党支部。原物流公司党支部党员（不含退休党员）转入蔬菜公司党支部管理。原农机合作社党支部党员（不含退休党员）转入三分场党支部管理。设立退休党员支部 3 个，分别为退休党员一支部（由一分场、二分场、五分场、园艺场党支部退休党员组成）、退休党员二支部（由三分场、四分场、良种场、原农机合作社党支部退休党员组成）、退休党员三支部（由节水材料公司、种业公司、蔬菜公司、原物流公司、食品公司、水电站党支部退休党员组成）、机关党支部退休党员转入社区党支部管理。

2020 年 8 月，黄羊河集团公司党委撤销社区党支部、退休党员一支部、退休党员二支部、退休党员三支部。

2021年1月26日，甘肃农垦武威农业有限责任公司党支部划入黄羊河集团公司党委管理，甘肃省武威水泵厂在职党员组织关系转入蔬菜公司党支部管理。

2022年6月21日，黄羊河集团公司党委撤销种业公司党支部。

至2022年12月，黄羊河集团公司党委下设党支部13个，分别为机关、一分场、二分场、三分场、四分场、五分场、良种场、园艺场、食品公司、节水材料公司、蔬菜公司、水电站、武威农业公司党支部。

四、基层组织建设标准化

2018年5月中旬，黄羊河集团公司党委组织人员参加武威市委、甘肃省农垦集团公司党委关于党支部建设标准化工作启动会，学习领会上级工作要求。

2018年6月5日，根据《甘肃省农垦集团有限责任公司党支部建设标准化工作推进方案》文件精神，集团公司党委组织召开党支部建设标准化工作部署动员会。制定《黄羊河集团公司党支部建设标准化工作推进计划》，对党支部建设工作中涉及的政治建设、组织建设、组织生活、班子建设、党员队伍建设、基础保障、考核评价等7大类日常工作进行细化规范，为加强党支部建设标准化工作细化了任务、规范了流程、界定了标准。

2018年7月24日，黄羊河集团公司党委组织召开支部书记和党务骨干培训会，由甘肃省农垦集团公司党建工作部业务骨干对甘肃省国有企业党支部建设标准化作专题培训。

2018年10月24日，甘肃省农垦集团公司基层党建标准化工作验收小组到黄羊河集团公司，检查验收党支部建设标准化立标、达标工作。

2018年10月25日，甘肃省农垦集团公司基层党建标准化工作验收小组协同八一农场、永昌农场等武威片区的40名党务工作者，到黄羊河集团机关党支部及节水材料公司党支部，就建设标准化开展情况进行交流。

2019年1月17日，黄羊河集团公司召开2018年度支部书记抓党建述职评议会议。要求：各支部要进一步学习掌握《甘肃省国有企业党支部建设标准化手册》，实现党支部建设标准化工作质的突破。

2020年6月3日，黄羊河集团公司召开示范培训会，各支部书记及党务骨干共32人参加。培训会邀请到中共武威市委党校张积品副教授授课。张教授依照《中国共产党支部工作条例（试行）》，就党支部为什么要开展党建标准化、如何开展党建标准化等问题展开讲解。

2021年9月27日，黄羊河集团公司党委召开"党建工作对标管理暨2021年度前期党建重点工作落实情况推进会"，各支部书记、党务工作者 20 人参加。会议指出，通过党建标准化建设推动企业生产经营标准化、规范化。各支部按照《甘肃省国有企业党支部建设标准化手册》中的有关流程、要求开展工作，充分运用好"学习强国""甘肃党建"等平台。

2022 年 9 月 28 日—30 日，黄羊河集团公司党委举办"2022 年度党支部书记及党务骨干业务能力提升培训班"，共 24 人参加。培训期间，公司邀请武威市委党校郭水菊教授作题为《习近平总书记关于意识形态工作的重要论述》的专题讲座；公司党委办公室相关业务骨干分别就企业宣传与材料写作技巧、发展党员工作流程及注意事项、国企改革发展、党史学习教育、党内法规、学习贯彻中国共产党第十九届六中全会精神和甘肃省第十四次党员代表大会精神等内容进行了讲解和学习心得分享。全体参训人员现场观摩学习了公司优秀党支部，围绕"如何将党建工作融入企业生产经营"进行了交流研讨。

2022 年，黄羊河集团公司党委选树标杆型党支部 3 个，设立党员责任区 55 个、党员先锋岗 48 个，支部间开展对标交流学习 13 次，充分发挥基层党组织战斗堡垒作用和党员先锋模范作用。

第二节 党员代表大会

一、第三次党代会

2016 年 9 月 18 日，召开中国共产党甘肃黄羊河农工商（集团）有限责任公司第三次党员代表大会，出席大会的党员代表共 115 名。审议通过由吴伯成代表黄羊河集团公司第二届委员会作的题为《以党建引领全局，用发展凝聚人心》的工作报告，李昌代表第二届纪委所作的题为《履行监督执纪问责，保障企业健康发展》的工作报告及南永胜代表第二届党委所作的《党费收缴、使用和管理情况报告》。大会选举吴伯成为黄羊河集团公司第三届党委书记、李昌为党委副书记，王宗全、冯国强、杨轩、李昌、吴伯成、南永胜、郭珉为党委委员；选举李昌为黄羊河集团公司第三届纪委书记、李文盛为纪委副书记，王仰峰、王晶、李文盛、李昌、施忠年为纪委委员。大会选举产生了出席甘肃省农垦集团公司第一次党代会代表，分别为杨英才、杨轩、吴伯成、王宗全、郭珉、蔡桂芳、张东生。

二、第四次党代会

2020 年 9 月 30 日，召开中国共产党甘肃黄羊河农工商（集团）有限责任公司第四次党员代表大会，出席大会的党员代表共 87 名。大会的主题是"以中国共产党第十九次全国代表大会和中国共产党第十九届二中全会、中国共产党第十九届三中全会、中国共产党第十九届四中全会精神为引领，学习贯彻习近平新时代中国特色社会主义思想"，在上级党委的正确领导下，团结带领全体员工坚持"134"发展思路，凝心聚力、抢抓机遇、求真务实，在新的起点上创新发展理念，转变发展方式，调整产业结构，持续推进现代农业发展，以只争朝夕、不负韶华的奋斗精神为甘肃农垦和黄羊河集团公司发展再创辉煌。审议通过党委书记李国忠作的题为《守正创新　开拓进取　书写新时代企业高质量发展新篇章》的工作报告，纪委书记牟访作的题为《强化执纪监督，主动担当尽责，为推进新时代企业快速高质量发展提供坚强保障》的工作报告。大会选举马金义、王开虎、王宗全、冯国强、牟访、李国忠、南永胜、慕自发为新一届党委委员；选举牟访为纪委书记，李文盛为纪委副书记，牟访、李文盛、王仰峰、施忠年、李贵斌为新一届纪委委员。

第三节　党员队伍建设

一、党员发展

党员发展工作以"控制总量、优化结构、保证质量、发挥作用"为总体要求。

2013 年，黄羊河集团公司党员 499 人，其中女党员 61 人，约占党员总数的 12％；大专以上学历党员 170 人，约占党员总数的 34％。

2013—2022 年，黄羊河集团公司共发展新党员 74 名，其中女党员 14 名，约占新发展党员总数的 19％。

至 2022 年 12 月底，有党员 286 名，约占职工总数（831 名）的 34％，其中：女性党员 30 名；少数民族党员 4 名；大专及以上学历党员 182 名，约占党员总数的 64％，党员文化水平不断提高；50 岁及以上党员为 144 名，约占党员总数的 50％；预备党员 7 名。入党积极分子 8 名，入党申请人 4 名。2013—2022 年党员队伍情况见表 4－1－1。

表 4－1－1　2013—2022 年党员队伍状况统计表

年份	接收新党员			年末党员总数								
	合计	男	女	合计	男	女	在职	离退休	35 岁以下	36～55 岁	56 岁以上	大专学历以上
2013 年	7	6	1	499	438	61	315	184	59	237	203	170
2014 年	7	7	0	504	443	61	316	188	55	246	203	170
2015 年	5	3	2	510	448	62	325	185	57	246	207	173
2016 年	7	7	0	502	430	72	329	173	76	246	180	191

（续）

年份	接收新党员			年末党员总数								
	合计	男	女	合计	男	女	在职	离退休	35岁以下	36～55岁	56岁以上	大专学历以上
2017年	20	16	4	519	437	82	319	200	94	252	173	237
2018年	7	4	3	526	441	85	326	200	90	266	170	235
2019年	8	6	2	500	423	77	318	182	80	226	194	232
2020年	0	0	0	320	279	41	288	32	59	200	61	201
2021年	6	5	1	301	266	35	270	31	43	187	71	190
2022年	7	6	1	286	256	30	254	32	39	178	69	182

二、党员教育和管理

2013年，根据《中国共产党章程》《中国共产党基层组织选举工作暂行条例》等规定，黄羊河集团公司制定《甘肃黄羊河集团公司基层党支部成员"公推直选"办法（试行）》。基层党支部成员实行公开推荐、直接选举（简称"公推直选"）。

2016年4月19日，根据甘肃省农垦集团公司党委转发中央组织部和甘肃省委《关于开展党员组织关系集中排查的通知》文件精神，集团公司党委制定《甘肃黄羊河集团公司党委关于开展党员组织关系排查工作实施方案》，成立党员组织关系排查工作领导小组，吴伯成任组长，李昌任副组长，组员由各总支、支部书记及人力资源部李金浩、王琴琴组成，办公室设在人力资源部。

2019年4月1日，黄羊河集团公司党委印发《关于实行"6＋6"主题党日活动制度的决定》，每年的1、3、5、6、9、12等6个月，由黄羊河公司党委确定党日活动主题，各支部按照党委要求，结合本单位生产实际制定具体实施方案；每年的2、4、7、8、10、11等6个月，由各支部结合所在单位生产经营实际确定党日活动主题，拟定总体计划，制定具体实施方案。

2019年5月9日，根据甘肃省农垦集团公司党委要求，黄羊河集团公司成立"学习强国"学习平台领导小组，李国忠任组长，马金义、慕自发任副组长，成员由刘凯军、蔡桂芳、王威河、买学军、李大仓、朱贵儒、李华斌、张磊、汪洋海、吴伯虎、王新锋、王生德、张济海、许德彪、刘文鸿、汪天保、刘兴龙、刘保东组成，领导小组办公室设在党委办公室，由刘凯军兼任办公室主任。负责指导"学习强国"学习平台在黄羊河集团公司的使用推广。至2022年，"学习强国"平台注册学习党员人数达286名。

（一）开展党的群众路线教育实践活动

2013年7月17日，根据中共甘肃省委《关于在全省深入开展党的群众路线教育实践活动的实施意见》（甘发〔2013〕5号）和甘肃省农垦集团公司《关于印发〈甘肃农垦深入开展党的群众路线教育实践活动实施方案〉的通知》（甘垦集团党发〔2013〕58号）文件要求和部署，黄羊河集团公司党委制定《黄羊河集团深入开展党的群众路线教育实践活动实施方案》，成立党的群众路线教育实践活动领导小组及工作机构，李大宏任组长，吴伯成任副组长，成员由李松山、马金义、安霞、王宗全、黄斌、冯国强、南永胜组成，办公室设在综合办公室。活动分三步开展：一是7月中旬至8月中旬，开展学习教育、听取意见；二是8月下旬至9月上旬，开展查摆问题、开展批评与自我批评；三是9月下旬至12月，开展整改落实、建章立制。活动于2013年12月结束。

（二）"三严三实"教育

2015年6月3日，根据甘肃省委及甘肃省农垦集团公司党委统一部署，黄羊河集团公司党委召开"三严三实"专题教育中心组学习会议，在领导干部中开展"三严三实"专题教育。要求黄羊河集团公司"三严三实"专题教育以中心组学习会议及专题党课为始，提出在公司内开展专题教育的意见。

2015年6月12日，黄羊河集团公司党委制定《关于在集团公司副科级以上党员干部中开展"三严三实"专题教育的实施方案》。

2015年6月19日—23日，黄羊河集团公司党委书记吴伯成率领相关部门人员，对基层各单位的"三严三实"专题教育落实情况及党建工作、精神文明建设等工作进行调研。

2015年7月9日，黄羊河集团公司党委组织召开了队级以上干部参加的"三严三实"专题教育动员大会，党委书记吴伯成作《从严治党 严管干部》的专题党课，对开展"三严三实"专题教育和学习作了安排和部署。

2015年7月10日—15日，黄羊河集团公司班子成员分别到分管单位和部门讲专题党课；7月23日—30日，党委副书记李昌对基层各单位的"三严三实"专题教育开展情况进行督查。

2015年7月28日，根据甘肃省农垦集团公司党委《关于扎实做好"三严三实"专题教育学习研讨交流的通知》文件精神，结合公司"三严三实"专题教育开展，黄羊河集团公司党委召开"严以修身"专题研讨会主题有："'总开关'拧得紧不紧"；如何站稳党和人民立场，牢固树立正确的世界观、人生观、价值观和公私观、是非观、义利观，忠于党、忠于国家、忠于农垦、忠于职工；如何保持高尚道德情操和健康生活情趣，自觉远离低级趣味，树立良好家风；如何弘扬南梁精神、铁人精神以及农垦精神等。

2015年8月20日，黄羊河集团公司召开第一次"严以律己"学习交流讨论会。会上，学习了习近平总书记在中国共产党第十八届中央纪律检查委员会第五次全体会议上的讲话中提出的"五个必须"要求、《党章》《公司法》相关内容，学习了《国务院办公厅关于加快转变农业发展方式的意见》《农垦集团公司"三重一大"决策制度实施办法和农垦集团有限责任公司关于重大事项请示报告的管理办法》及《黄羊河集团公司章程》，参会人员进行集体交流讨论。

2015年9月14日，黄羊河集团公司党委中心组对"三严三实"之二"严以律己"进行集中专题学习。

2015年9月29日，黄羊河集团公司党委集中召开"严以律己"专题学习暨交流讨论会。

2016年1月14日，黄羊河集团公司党委召开"三严三实"专题民主生活会。甘肃农垦组织部部长张彦及党建工作督导组参会指导。

（三）"两学一做"学习教育

2016年5月9日，根据武威市"两学一做"学习教育协调推进小组通知要求，黄羊河集团公司党委成立"两学一做"学习教育工作小组，吴伯成任组长，李昌任副组长，成员由张廷彦、夏玉昌、王威河、蔡桂芳、李金浩、刘凯军组成。

当日，黄羊河集团公司党委制定《黄羊河集团公司"两学一做"学习教育实施方案》，方案提出：开展"两学一做"学习教育，要突出经常性教育的特点，坚持以党支部为基本单位，以"三会一课"等党的组织生活为基本形式，以落实民主评议等党员日常教育管理制度为基本依托，在融入经常、融入日常上下功夫。

2016年5月20日，根据甘肃省委、武威市委和甘肃省农垦集团公司党委关于"两学一做"学习教育相关部署要求，黄羊河集团公司党委制定《黄羊河集团公司"两学一做"专题学习讨论计划》。3月开始，开展"两学一做"学习研讨，每个专题安排1～3个月时间进行学习研讨。专题一，严守党章党规，规范党员日常言行（3月1日至5月31日）；专题二，学习系列重要讲话，切实增强看齐意识（6月1日至7月15日）；专题三，践行"四讲四有"，做合格党员（7月16日至9月30日）；专题四，立足本职岗位，发挥党员先锋引领作用（10月1日至12月31日）。

2016年7月29日，根据甘肃省农垦集团公司党委关于开展"比学习促守规、比作风促实干、比贡献促发展"（简称"三比三促"）主题活动的工作要求，黄羊河集团公司制定《黄羊河集团关于在党员干部中开展"三比三促"主题活动实施方案》。通过"三比三促"活动，引导广大党员变"要我学"为"我要学"、变"要我做"为"我要做"。

2016年10月13日，甘肃省农垦集团公司"两学一做"学习教育第二督导组张兆荣、罗新潮、王海霞等到黄羊河集团公司，对黄羊河集团公司党支部"两学一做"学习教育进展情况进行了第二轮检查、督导。

2016 年 12 月 1 日，甘肃省农垦集团公司"两学一做"第二督导组组长张兆荣一行到黄羊河集团公司，进行党建及"两学一做"工作第三轮督导。

2017 年 6 月 5 日，黄羊河集团公司党委印发《黄羊河集团公司推进"两学一做"学习教育常态化制度化的实施方案》，推进"两学一做"学习教育常态化制度化，要在突出"关键少数"并向基层延伸上持续用力，以尊崇党章、遵守党规为基本要求，以"两学一做"为基本内容，以"三会一课"为基本制度，以党支部为基本单位，以解决问题、发挥作用为基本目标，长期坚持、形成常态。

2017 年 9 月 15 日，黄羊河集团公司召开"两学一做"学习教育常态化制度化工作化推进会，122 名管理干部参加了会议。会议总结了公司 2017 年以来在推进"两学一做"学习教育常态化制度化工作方面取得的成效，分析和准确查找了工作中存在的问题和薄弱环节，对下阶段重点工作作了安排部署。

（四）中国共产党第十九次全国代表大会专题学习

2017 年 11 月 3 日，黄羊河集团公司党委举办学习宣传贯彻中国共产党第十九次全国代表大会精神专题会，会议由公司党委书记慕自发主持，共 90 人参加。

2017 年 11 月 20 日，黄羊河集团公司党委召开支部书记培训暨中国共产党第十九次全国代表大会精神宣讲会，邀请武威市委党校副教授张荣作宣传报告，共 120 人参加。

2017 年 11 月 29 日，黄羊河集团公司党委印发《黄羊河集团公司深入学习宣传贯彻中国共产党第十九次全国代表大会精神的实施方案》。

2019 年 4 月 27 日，黄羊河集团公司党委制定《关于开展学习贯彻习近平总书记在参加中国共产党第十三届全国人民代表大会第二次会议甘肃代表团审议时的重要讲话精神轮训工作实施方案》。

2021 年 12 月 7 日，黄羊河集团公司党委召开党委理论中心组学习会议，深入学习中国共产党第十九届六中全会精神，研究制定贯彻落实工作方案。

2021 年 12 月 17 日，黄羊河集团公司党委邀请武威市委宣讲团成员魏斌老师到黄羊河集团公司围绕《中共中央关于党的百年重大成就和历史经验的决议》的重大意义、党的百年辉煌成就、新时代的变革与成就、党的百年的历史意义和历史经验四个方面进行宣讲，共 40 人参加。

（五）"不忘初心、牢记使命"主题教育

2019 年 6 月 13 日，黄羊河集团公司党委制定《黄羊河集团公司党委关于开展"不忘初心、牢记使命"主题教育的实施方案》，成立"不忘初心、牢记使命"主题教育领导小组，李国忠任组长，马金义、慕自发任副组长，成员由王宗全、冯国强、南永胜、王生兴组成，领导小组办公室设在党委办公室，办公室主任由慕自发担任，刘凯军担任联络员。成立巡回指导工作小组，组长由慕自发担任，成员由刘凯军、李文盛、丁尔斌、徐福红组成，指导小组办公室设在党委办公室，办公室主任由刘凯军担任，办公室承担巡回指导小组日常具体工作。

2019 年 8 月 26 日，黄羊河集团公司党委召开"不忘初心、牢记使命"主题教育专题民主生活会，甘肃省农垦集团公司主题教育巡回指导组人员到会督导。

2020 年 2 月 13 日，甘肃省农垦集团公司主题教育领导小组办公室下发《关于深入推进"不忘初心、牢记使命"主题教育有关工作的通知》，黄羊河集团公司党委根据文件精神，要求各支部提高政治站位，强化政治担当，紧密结合学习贯彻中国共产党第十九届四中全会精神，围绕生产经营工作，常态长效强化学习教育，上下联动狠抓专项整治，持续用力推进整改落实，坚决落实主题教育"全覆盖"，务求实效抓好建章立制，切实把主题教育的成效真正转化为推进工作的动力。

2021 年 1 月 14 日，根据中央《关于巩固"不忘初心、牢记使命"主题教育成果的意见》和甘肃省委《关于巩固"不忘初心、牢记使命"主题教育成果的若干措施》文件精神，制定《甘肃黄羊河集团公司党委关于贯彻落实省委〈关于巩固深化"不忘初心、牢记使命"主题教育成果的若干措施〉的实施方案》。

（六）党史学习教育

2021 年 3 月 10 日，黄羊河集团公司领导班子成员及所属单位党政负责人 39 人参加了甘肃省农垦集团公司组织的党史学习教育动员大会视频会议。

2021 年 3 月 12 日，黄羊河集团公司党委制定《甘肃黄羊河集团公司党史学习教育实施方案》《甘肃黄羊河集团公司党史学习教育计划》。提出党史学习教育贯穿 2021 年全年，突出学党史、悟思想、办实事、开新局，注重融入日常、抓在经常，面向全体党员。党史学习教育从 3 月中旬开始到"七一"庆祝中国共产党成立 100 周年大会，以全面学习党史为重点，深入了解党的百年奋斗史，深化对马克思主义中国化成果特别是习近平新时代中国特色社会主义思想的理解。

2021 年 3 月 22 日，黄羊河集团公司党委召开党史学习教育工作推进会议。会议强调，党史学习教育是继党的群众路线教育实践活动、"三严三实"专题教育、"两学一做"学习教育、"不忘初心、牢记使命"主题教育之后的学习教育，各党支部书记高度重视，提升党性认识，增强"四个意识"、坚定"四个自信"、坚决做到"两个维护"。

2021 年 3 月 31 日，黄羊河集团公司领导班子成员党史学习教育读书班正式启动。公司领导班子成员党史学习教育读书班以《中国共产党简史》《习近平新时代中国特色社会主义思想学习问答》《毛泽东邓小平江泽民胡锦涛关于中国共产党论述摘编》《习近平论中国共产党历史》为必修课程。本期读书班为期1个月，于每周星期三下午进行集中学习。

2021年4月16日，黄羊河集团公司举办了庆祝中国共产党成立100周年党史知识竞赛活动。参赛13支代表队，其中食品公司代表队获第一名，机关代表队获第二名，节水材料公司代表队、三分场代表队获第三名。

2021年5月14日，甘肃省农垦集团公司党史学习教育宣讲暨研讨交流会在兰州农垦大厦召开，黄羊河集团公司共30余人参加视频会。主会场上，甘肃省委讲师团成员、西北民族大学马克思主义学院院长马玉堂教授作了《中国共产党的百年奋斗历程》专题宣讲报告，黄羊河集团公司党委结合党史学习教育开展情况进行了交流。

2021年5月27日，黄羊河集团公司党委邀请武威市委宣讲团成员杨小楠作党史学习教育专题辅导报告，共70人参加。

2021年8月上旬，黄羊河集团公司党委下属各支部组织召开了党史学习教育专题组织生活会。

2021年8月25日，黄羊河集团公司党委邀请武威市委党校副教授裴国辉对学习贯彻习近平总书记"七一"重要讲话精神开展专题宣讲会，共40人参加。

2021年8月28日，甘肃省农垦集团公司纪检监察综合室副主任、团委副书记张永彬带领甘肃省农垦集团党史学习教育第二宣讲分队成员与黄羊河集团宣讲团成员到黄羊河集团五分场、节水材料公司进行了党史宣讲。8月29日—9月3日，黄羊河集团宣讲团成员先后深入黄羊河集团各农业连队、田间地头、生产车间、公园、广场等地开展宣讲，受众达到300人。

2021年9月20日，黄羊河集团公司党委印发《甘肃黄羊河集团党委认真学习贯彻习近平总书记在庆祝中国共产党成立100周年大会上重要讲话精神的工作方案》，开展专题学习、专题宣讲、主题宣传、为群众办实事活动。

2022年1月13日，黄羊河集团公司领导班子召开党史学习教育专题民主生活会，会议主题为"大力弘扬伟大建党精神，坚持和发展党的百年奋斗历史经验，坚定历史自信，践行时代使命，厚植为民情怀，勇于担当作为，团结带领职工群众走好新的赶考之路"。

2022年7月15日，黄羊河集团公司党委制定《甘肃黄羊河集团公司党委关于推动党史学习教育常态化长效化的若干措施》。

（七）中国共产党第二十次全国代表大会精神的宣传学习

2022年10月16日上午10时，黄羊河集团公司党委在落实好属地政府疫情防控措施的同时，积极组织党员干部、团员青年、职工群众收听收看中国共产党第二十次全国代表大会开幕会直播。

11月1日，公司党委组织召开党委（扩大）暨理论学习中心组学习会，管理业务人员76人参会。

11月15日—22日，公司党委理论学习中心组举办了为期3天的读书班，集中学习了党的二十大报告、《中国共产党章程》等内容，中心组成员进行了研讨交流。

三、退休党员移交

2013—2020年，黄羊河集团公司承担着企业办社会责任，退休党员一直在原工作单位所在支部集中管理和参加组织生活。

2015年1月至2019年12月，陆续向退休党员居住地党组织转移党组织关系16人。

2020年3月9日，黄羊河集团公司党委结合退休党员移交属地化管理工作及党员分布实际，设立退休党员支部。设立退休党员一支部，由一分场、二分场、五分场、园艺场党支部退休党员转入管理，刘凯军兼任退休党员一支部书记；设立退休党员二支部，由三分场、四分场、良种场、原农机专业合作社党支部退休党员转入，刘耀义兼任退休党员二支部书记；设立退休党员三支部，由节水材料公司、种业公司、蔬菜公司、原物流公司、食品公司、水电站党支部退休党员转入，许德彪兼任退休党员三支部书记；机关党支部退休党员转入社区党支部管理。

2020年8月，甘肃黄羊河集团公司党委决定撤销社区党支部、退休党员一支部、退休党员二支部、退休党员三支部四个党支部。

2020年，完成退休党员165人组织关系转接。至此，黄羊河集团公司退休党员关系移交属地化管理。

第四节　干部队伍建设

一、干部的选拔

（一）干部渠道

2013年以来，黄羊河集团公司干部主要来自以下渠道：第一是公司引进或招聘的大、中专毕业生通过培养锻炼逐步选拔，第二是从基层选拔吃苦能干、有实践经验的职工担任基层领导干部，第三是甘肃省农垦集团公司统一调配的企业领导人员。

（二）干部选拔任用

2013—2016 年，黄羊河集团公司领导班子干部调整交流 11 人次，调整中层以下管理业务人员 188 人次。至 2016 年，有 23 名历年来引进高校学生被提拔为队级以上干部。

2017—2022 年，黄羊河集团公司领导班子干部调整交流 20 余人次，调整中层及以下管理业务人员 235 人次，有 57 名历年来引进的高校学生被提拔为队级以上干部，其中 16 人成为中层管理人员及业务骨干。公司 40 岁以下中层年轻干部人数从 2017 年的 11 名增加到 2022 年的 60 名。

2020 年 1 月，黄羊河集团公司党委制定《黄羊河集团公司干部管理办法（试行）》。提拔中层正职 4 名，中层副职 7 名，因年龄较大等原因实行内部退养 4 名副职以上干部和 2 名管理业务人员。

二、干部的管理

2012 年，黄羊河集团公司党委制定《黄羊河集团公司基层党支部成员"公推直选"办法》，开始试行公开推荐、直接选举基层党支部负责人。

2013 年，黄羊河集团公司制定《甘肃黄羊河集团公司干部日常行为规范》。对黄羊河集团公司干部政治、学习、工作、道德、廉政和交际行为作了规范。

2015 年，黄羊河集团公司建立健全人才公开选拔、培养开发、使用交流、考核评价、激励监督五项机制。注重以创新意识强、经营业绩突出、敢于担当、清正廉洁为标准，选拔中青年干部和后备干部，完善问责制和诫勉谈话制度，加强对基层党员干部的动态管理。

2017 年 10 月 30 日，黄羊河集团公司根据甘肃省农垦集团公司《领导人员管理暂行办法》《干部任免规程》《干部人事档案管理办法》等干部管理制度，制定了《黄羊河集团公司干部管理（试行）办法》。

2018 年 2 月 28 日，黄羊河集团公司党委决定在公司实行干部一年一聘制度。凡属公司中层行政干部及财务人员，由黄羊河集团公司发文聘任，实行"一年一聘"制度。集团公司中层副职以下管理人员，由各单位书面提名推荐，黄羊河集团公司审核同意后聘任。自 2018 年起，公司所有行政干部原则上每年度聘任一次，凡未在年度聘任文件中对其进行聘用的，原任职务自行解除，保留其职工身份，由所在单位另行安排工作。

2019年11月28日，黄羊河集团公司党委制定《甘肃黄羊河集团公司管理业务人员年度考核管理办法（试行）》，规范管理业务人员年度考核工作。

2020年，黄羊河集团公司制定《黄羊河集团公司人才引进实施办法》，以提高工资待遇、提供公租住房、争取就业补贴等措施，吸引人才，留住人才。

2020年7月8日，黄羊河集团公司党委会通过《黄羊河集团公司干部管理办法（试行）》。适用于公司管理层。提出干部管理坚持：实施党管干部原则，德才兼备、以德为先原则，群众公认、注重实绩原则，公平、公正、公开、竞争、择优原则，分级管理、逐级选拔原则，能上能下、动态管理原则，权利与责任义务统一、激励与监督约束并重原则，民主集中制和人岗相适原则，依法依规办事原则。

2021年4月15日，根据《甘肃农垦集团关于推行经理层成员任期制和契约化管理实施方案》《甘肃农垦集团关于推行经理层成员任期制和契约化管理的实施意见》精神，黄羊河集团公司党委制定《甘肃黄羊河集团公司经理层成员任期制和契约化管理工作方案》。对集团公司及子公司实行经理层任期制和契约化管理。

2021年11月25日，黄羊河集团公司党委修订完善《黄羊河集团公司干部管理办法（试行）》。对集团公司中层管理干部、一般管理干部的提任、培养做了明确。办法提出：提任中层管理干部的人员一般不超过45周岁，特别优秀的原则上不超过50周岁，提任中层正职人员的，一般应当在中层副职岗位工作2年以上，未满2年的应当在中层副职岗位和下一层级岗位累计工作满3年以上；提任中层副职人员的，一般应当在下一层级岗位工作2年以上，未满2年的应当在一般管理岗位累计工作满3年以上；担任一般管理干部的人员一般不超过40周岁，特别优秀的原则上不超过45周岁；必须具备2年以上工作经历，具备大学专科及以上学历或初级及以上职称。市场化选聘的职业经理人，根据工作需要确定其他任职条件。集团公司中层管理人员（含享受中层待遇人员）若年龄满55周岁，可由本人申请、组织批准或者根据工作需要由组织安排实行内部退养，达到法定退休年龄，按照有关规定办理退休手续。

2022年6月23日，集团公司党委制定《黄羊河集团公司干部队伍建设规划》。在专业知识结构上，形成门类相对齐全、专业合理的结构，形成有利于公司经济发展的知识和专业优势，使各单位班子成员成为各自岗位工作的内行，党政一把手和班子成员成为一专多能的复合型人才。在年龄结构上，形成合理的梯次配备。各单位领导班子以40岁左右的干部为主体，班子结构由45岁、40岁、35岁左右干部组成的梯次配备；中层以下干部保持以 35 岁左右的干部为主体，形成由 40 岁、35 岁、30 岁、25 岁左右的干部组成的梯次配备。

三、干部队伍现状

2017 年 12 月 20 日，黄羊河集团公司有干部 188 人。

2020 年，提拔中层正职 4 名，中层副职 7 名，因年龄较大等原因实行内部退养 4 名中层副职和 2 名管理业务人员。

2021 年，调整和选拔任用中层管理干部 22 名。

2022 年，共有各类干部 152 人。其中党员干部 126 人，约占干部总数的 83％；科级以上管理干部 78 人，约占干部总数的 51％；大专及以上文化程度的干部 138 人，约占干部总数的 91％；具有中级及以上专业技术职务的人员 37 人，约占干部总数的 24％；40 岁及以下的干部 60 人，约占干部总数的 39％。2022 年 12 月黄羊河农场干部状况见表 4-1-2。

表 4-1-2　2022 年 12 月黄羊河农场干部队伍状况统计表

项目		场级领导	科级干部	队级及一般干部	合计
政治面貌	党员	8	67	51	126
	团员	0	0	0	0
	无党派人士	0	0	0	0
文化程度	研究生	1	0	0	1
	本科	2	40	28	70
	大专	5	26	36	67
	中专	0	2	0	2
职称级别	高级	2	2	0	4
	中级	5	23	5	33
	助理级	1	29	32	62
	员级	0	11	9	20
年龄结构	30 岁以下	0	0	12	12
	31～40 岁	0	19	29	48
	41～50 岁	2	18	14	34
	51 岁以上	6	33	19	58
性别	男	8	65	55	128
	女	0	5	19	24

第五节　纪律检查

一、历届纪律检查委员会

2013 年 1 月 30 日，中国共产党甘肃黄羊河集团公司第二届纪律检查委员会委员当选人名单：李松山、王生兴、张惠兰、施忠年、高长策；李松山当选为中共甘肃黄羊河农工商（集团）有限责任公司纪委书记。

2014 年 1 月 19 日，梁万钰任纪委副书记（正科级）。

2014 年 5 月至 2014 年 11 月，杨轩兼任纪委书记。

2014 年 11 月，李昌兼任纪委书记。

2016 年 1 月 24 日，李文盛任纪委副书记。

2016 年 9 月 18 日，中国共产党黄羊河集团公司召开第三次党员代表大会，选举产生第三届纪律检查委员会委员、书记、副书记。李昌任纪委书记，李文盛任纪委副书记，李昌、李文盛、王仰峰、王晶、施忠年为纪委委员。

2019 年 4 月 1 日，党委副书记（正职）慕自发分管纪委工作。

2020 年 9 月 30 日，甘肃黄羊河集团公司召开了第四次党员代表大会，大会选举产生了新一届纪委委员，分别为牟访、李文盛、王仰峰、施忠年、李贵斌。选举牟访任纪委书记，李文盛任纪委副书记。

2021 年至 2022 年 6 月，牟访任纪委书记。

2021 年至 2022 年 10 月，李文盛任纪委副书记。

2022 年 10 月 26 日，刘耀义任纪委办公室主任兼信访办主任。

二、党风廉政建设和反腐倡廉教育

2013 年 3 月 15 日，黄羊河集团公司制定《黄羊河集团公司党风廉政建设责任制实施办法》。成立党风廉政建设责任制领导小组，李大宏任组长，李宗文、李松山任副组长，成员为吴伯成、马金义、安霞、王宗全、冯国强、黄斌、南永胜、张惠兰，办公室设在审计监察部。

2013 年 7 月 25 日，黄羊河集团公司召开党员领导干部党课及警示教育大会。会议由纪委组织，共有 70 人参加。邀请凉州区纪委、检察院干部在会上就国有企业如何落实党风廉政建设责任制、怎样预防职务犯罪等课题举办讲座。会后,组织与会人员参观了武威监狱。

2014年12月4日,印发《黄羊河集团公司党委关于全面落实党风廉政建设"两个责任"的实施办法》。

2015年4月1日,黄羊河集团公司成立"依法建设、规范运行、健康发展"专项检查活动领导小组,李昌、梁万钰、王晶负责党风廉政建设、项目管理、审计情况检查及整改工作。

2015年5月15日,印发《中共甘肃黄羊河集团委员会党风廉政建设约谈办法(试行)》。

2015年11月20日,印发《黄羊河集团公司二级单位党政主要负责人向集团公司党委述纪述廉述作风实施办法》《黄羊河集团公司关于对领导干部进行诫勉谈话和函询的实施细则》。

2016年7月15日,黄羊河集团公司党委召开2016年党风廉政建设和信访维稳工作专题会议。

2017年3月27日,黄羊河集团公司召开党风廉政建设专题会议,中层副职以上干部参会。各分管领导与各部门、各单位负责人之间签订了党风廉政建设责任书。

2017年9月1日,成立巡视反馈问题整改落实监督检查工作领导小组,李昌任组长,李文盛任副组长,成员为施忠年、王晶、王仰峰、张廷彦、王开虎、夏玉昌、王威河、蔡桂芳,领导小组办公室设在信访办公室,办公室主任由李文盛兼任。

2017年9月15日,黄羊河集团公司召开党员干部警示教育学习大会,公司122名管理人员参加。

2018年4月16日,制定《黄羊河集团公司纪委关于省纪委巡察组巡察情况反馈意见的整改落实方案》。

2019年1月17日,黄羊河集团公司纪委组织纪检监察人员、纪委委员共4人学习了习近平总书记在庆祝改革开放40周年大会上的重要讲话。同时安排各支部召开党员会议进行了学习教育,对纪检委员提出了学习和工作要求。

2019年5月9日,成立黄羊河集团公司深入开展作风建设年活动集中整治形式主义官僚主义领导小组。

2019年8月14日,印发《黄羊河集团党委党务公开实施细则》。

2019年8月27日,制定《黄羊河集团公司软弱涣散党支部整顿工作方案》。

2020年6月11日,撤销纪检监查部,设立纪委办公室,任命:李文盛为纪委办公室主任、王仰峰为纪委办公室副主任，确定职责，明确在农垦集团公司纪委、监察专员办公室和黄羊河集团公司党委领导下开展工作。

2020年6月11日，黄羊河集团公司党委会通过《甘肃黄羊河集团公司关于规范干部报告操办婚丧喜庆事宜暂行办法》《甘肃黄羊河集团公司干部廉政档案管理办法》。

2020年7月8日，制定《甘肃黄羊河集团公司党委贯彻落实〈中共甘肃省委常委会贯彻中央八项规定实施细则的实施办法〉的实施办法》。

2020年7月8日，制定《甘肃黄羊河集团公司新任中层管理人员廉洁谈话实施细则》《甘肃黄羊河集团公司党风廉政建设责任制实施办法》。

2020年10月15日，黄羊河集团公司设立分会场参加甘肃省农垦集团"2020年党风廉政建设和反腐败工作会议"视频会。与会人员观看了警示教育片，学习了2020年全省纪检监察工作会议精神，共37人参加。

2021年1月29日至2月2日，黄羊河集团公司管理人员48人以视频方式参加了甘肃省农垦集团公司召开的党员干部警示教育召开，省农垦集团组织观看了警示教育专题片，会议要求集团各级党员干部要心怀敬畏、严于律己，始终坚守清正廉洁政治底线。

2021年7月29日，制定《甘肃黄羊河集团公司党委贯彻落实〈省属国有企业贯彻中央八项规定精神实施办法〉的实施办法》。

2021年12月15日，制定《甘肃黄羊河集团公司纪委日常监督责任清单》。

2022年2月24日，制定《甘肃黄羊河集团企业廉洁文化建设实施方案》，成立了企业廉洁文化建设领导小组。

2022年5月25日，黄羊河集团公司管理人员40人以视频方式参加甘肃省农垦集团公司召开的2022年党风廉政建设和反腐败工作会议。

三、查处违纪违规案件

2013年至2022年末，黄羊河集团公司党委共查处各类违规违纪案件2起，打架斗殴1起，失职、渎职行为案件1起。集团公司党委、纪委、行政进行严肃处理违规违纪人员18人次。受党纪处分的11人，其中给予警告处分的2人，严重警告处分的5人，开除党籍处分的2人，诫勉谈话3人。受到行政处理的7人次，其中给予撤职的3人，通报批评的7人，罚款5人。涉及场级干部3名，科级干部7人，一般干部8人。

四、信访工作

（一）信访工作机构

2012—2015 年，黄羊河集团公司信访工作由审计监察部办理。

2013 年，黄羊河集团公司制定《甘肃黄羊河集团公司加强和改进信访工作实施办法》《甘肃黄羊河集团公司领导班子关系进一步改进工作作风密切联系群众的规定》。

2015 年 4 月 16 日，印发《黄羊河集团公司关于规范信访事项受理办理程序的办法》《黄羊河集团公司信访维稳工作考评标准》。

2016 年，增黄羊河集团公司设信访办公室，专门负责接待来信来访人员，受理来信来访案件。

2020 年，制定《甘肃黄羊河集团公司加强和改进信访工作实施办法》《甘肃黄羊河集团公司信访工作责任制实施细则》《甘肃黄羊河集团公司信访维稳工作考核办法（试行）》《甘肃黄羊河集团公司信访维稳应急预案》《甘肃黄羊河集团公司领导干部接访下访工作制度（试行）》。

2021 年 3 月 2 日，成立甘肃黄羊河集团公司全国"两会"期间信访维稳安保工作领导小组，全面负责黄羊河集团公司在 2021 年全国"两会"期间信访维稳安保工作的安排部署和协调落实。

（二）信访工作情况

2013—2022 年，黄羊河集团公司共受理重大信访案件 12 起，已全部化解。涉及群访事件 6 起，涉访案件涉及产品兑现价、退休职工子女种地、外来人员承包果园、养殖场尾款等方面。其中：反映种植亏损 1 起，反映养殖场拆迁置换不满意 1 起，反映要求落实工伤待遇 1 起，反映危房拆除 1 起，反映领导干部工作作风 2 起。

第二章　群团组织

第一节　职工代表大会

2013年1月30日，黄羊河集团公司召开八届三次职工代表大会，会期1天。会议审议通过总经理吴伯成所作的题为《紧扣目标定位，加快跨越发展》经济工作报告，财务总监安霞所作的《2012年财务决算及2013年经营计划》报告，副总经理黄斌所作的《2012年大病医疗统筹报销情况及2013年调整报销标准的报告》。报告提出：2013年公司经济工作的重点紧紧围绕"5643"的企业发展战略：即坚持五化模式，实施六大战略，培育四个示范区，争创三个典范，大力发展食品、种业、蔬菜、果品四大产业，积极培育养殖业，积极跟进其他关联产业，形成产业集群抱团经营格局，推进总体经济社会跨越式发展。

2014年2月28日，黄羊河集团公司召开八届四次职工代表大会，会期1天。会议审议通过总经理吴伯成所作的《改革创新　跨越发展》的经济工作报告，党委书记李大宏所作的《转变作风树形象　凝心聚力促发展》的精神文明建设报告。

2014年5月30日，王卫任职代会主任。

2015年2月11日上午，黄羊河集团公司召开九届一次职工代表大会。会议审议通过副总经理吴伯成代表集团公司所作的题为《抢抓机遇　加快经济转型发展》经济工作报告、党委书记李大宏所作的题为《开拓进取　砥砺奋进》的精神文明建设工作报告。

2016年2月28日，黄羊河集团公司召开九届二次职工代表大会。会议审议通过总经理所作的题为《适应形势转变方式　深化改革谋发展》的经济报告，党委书记所作的题为《抓党建　促改革　谋发展》的精神文明建设工作报告，财务总监作的《2015年财务决算及2016年资产经营计划报告》，副总经理作的《2015年四费开支情况报告》，党委副书记、纪委书记代作的《2015年工会工作报告》。会议表彰了获得2015年度总经理特殊奖的单位和个人。

2017年3月20日，黄羊河集团公司召开九届三次职工代表大会。会议审议通过，董事长、总经理杨轩所作的题为《以改革为驱动　加快企业转型发展》的经济工作报告，财务总监王生兴所作的《2017 年经营计划》、工会主席郭珉所作的《工会工作报告》。大会选举郭珉为职工董事，李文盛、施忠年为职工监事。

2018 年 3 月 16 日上午 8 时，黄羊河集团公司召开十届一次职代会。会议审议通过董事长、总经理李国忠代表集团公司所作的题为《凝心聚力　改革创新　促进企业恢复性发展》的经济工作报告。报告提出：以深化企业管理体制机制改革和农业供给侧结构性改革为主线，认真落实高质量发展要求，加快转变农业发展方式，坚持"134"发展战略，即：夯实土地资源基础，加快现代农业建设与发展；落实农资、农机、水电等三个服务保障；靠实制种玉米、蔬菜、甜糯玉米、果品等产业抓手。2018 年起，用两年时间实现扭亏为盈，到 2020 年力争实现"千万元"利润目标。会议还审议通过了《2017 年度经济工作报告》《2017 年度职工（代表）大会工作报告》《2017 年度财务会计报告》，会议表彰了先进集体、先进个人。

2019 年 3 月 23 日，黄羊河集团公司召开十届二次职工代表大会。会议审议通过党委书记、董事长李国忠作的题为《强基固本　创新提升　促进企业经济稳步恢复性增长》的经济工作报告及《2018 年度总经理工作报告》《2018 年度职代会工作报告》《2018 年度财务工作报告》《2018 年度工会委员会工作报告》《2018 年度工会经费审查报告》，会议表彰先进集体、先进个人。

2020 年 3 月 20 日，因受新冠肺炎疫情影响，以书面的形式分组召开了十届三次职工代表大会。会议审议通过董事长李国忠作的题为《紧扣中心　强化举措　加快推进企业高质量发展》的经济工作报告。

2021 年 3 月 30 日，黄羊河集团公司召开十届四次职工代表大会。会议审议通过党委书记、董事长李国忠代表集团公司班子向大会所作的题为《创新驱动　改革推动　加快企业高质量发展》的经济工作报告，财务总监王生兴提交的《2020 年财务决算、四费开支及 2021 年生产经营计划》的书面报告。

2022 年 3 月 10 日，因受新冠肺炎疫情影响，黄羊河集团公司以书面形式分组召开十届五次职代会，会议审议通过，党委书记、董事长李国忠作的题为《踔厉奋发　笃行不怠　持续加快企业高质量发展》经济工作报告，及《公司 2021 年度工作报告》《公司 2021 年度职代会工作报告》《公司 2021 年度工会工作报告》《公司 2021 年度财务决算报告》《公司 2021 年度四费开支情况报告》《公司 2022 年资产经营计划》《公司 2021 年度工会经费审查报告》等报告。经济报告提出 2021 年，根据甘肃省农垦集团公司产业整合重组带来的新形势和新变化，黄羊河集团公司将"134"发展战略调整为"1＋3＋N"发展战略，即：夯实土地资源基础，加快现代农业建设与发展；落实农资、农机、水电等三个服务保障；靠实玉米、蔬菜、马铃薯、果品、特药等产业抓手。大会选举张廷彦为职工董事，李金浩、王小亮为职工监事。

第二节　工会会员代表大会

一、工会会员代表大会概况

2014 年 10 月 24 日，根据《关于印发〈甘肃省农垦集团有限责任公司工会委员会筹备工作方案（草案）〉的通知》文件精神，黄羊河集团公司党委决定成立黄羊河集团公司工会筹备工作领导小组，杨轩任组长，王卫、马金义、南永胜任副组长，成员由各党总支书记、党支部书记组成，领导小组下设筹备工作办公室，办理工会筹建具体业务工作。办公室主任为梁万钰，成员为施忠年、王威河、王晶、王仰峰、刘凯军、付俊娜。

2015 年 3 月 26 日，黄羊河集团公司召开第一届工会第一次会员代表大会，黄羊河集团公司工会正式成立，工会会员人数为 1226 人。甘肃省农垦系统工会主席王海清参加并指导会议，大会由黄羊河集团公司党委副书记、纪委书记李昌主持。会上，王海清向大会致辞，对会议的召开表示祝贺；脱贵江宣读《甘肃省农垦系统工会关于召开黄羊河集团公司工会第一次会员代表大会的批复》和《关于王卫等同志任职函》。会上表决通过《大会选举办法》《大会选举监票人建议名单》。选举产生工会"三委"委员，王卫当选工会主席，王晶当选为工会经费审查委员会主任，刘凯军当选为工会女职工委员会主任。

2016 年 2 月 28 日，黄羊河集团公司召开一届二次工会会员代表大会。会议审议通过，党委副书记、纪委书记作的《2015 年工会工作报告》、工会经费审查委员会主任王晶作的《2015 年工会经费审查报告》。

2016 年 5 月 24 日，甘肃黄羊河集团公司工会委员会被评为"甘肃省模范职工之家"；黄羊河集团节水材料公司工会小组、黄羊河集团公司五分场工会小组被评为"甘肃省模范职工小家"；工会经费审查委员会主任王晶，工会妇女工作委员会主任刘凯军被评为"优秀工会积极分子"。

2016 年 8 月 8 日，甘肃黄羊河集团公司工会召开了工会委员会会议。甘肃省农垦集团公司党委提议，免去王卫黄羊河集团公司工会委员会主席职务，经黄羊河集团公司党委推荐，选举郭珉为黄羊河集团公司工会委员会主席。

2017 年 3 月 20 日，黄羊河集团公司工会委员会召开一届三次工会会员代表大会，审议通过工会主席郭珉所作的《工会工作报告》。

2018 年 6 月 8 日，黄羊河集团公司工会委员会召开一届四次工会会员代表大会。郭珉当选为第一届工会委员会主席，刘凯军当选为第一届工会委员会副主席。审议通过《2017 年度工会委员会工作》《工会经费审查情况报告》。

2019 年 3 月 23 日，黄羊河集团公司召开一届五次工会会员代表大会。会议审议通过《2018 年度职代会工作报告》《2018 年度工会委员会工作报告》《2018 年度工会经费审查报告》。

2020 年 3 月 11 日，黄羊河集团公司工会选举产生第二届工会委员会，由慕自发、南永胜、李贵斌、李金浩、施忠年、王仰峰、赵艳、张东生、张旺财等 9 人组成，慕自发任工会主席，南永胜任工会副主席。经费审查委员会由王仰峰、李海霞、汪雪花 3 人组成，王仰峰任主任。女职工委员会由赵艳、安亚萍、高红 3 人组成，赵艳任主任。

2020 年 3 月 20 日，因受新冠肺炎疫情影响，黄羊河集团公司工会委员会决定以书面的形式分组召开二届一次工会会员代表大会。会议审议通过《工会工作报告》《工会经费审查报告》，完成工会换届选举工作。

2021 年 3 月 30 日，黄羊河集团公司召开二届二次工会会员代表大会。会议审议通过党委副书记、工会主席慕自发所作的题为《团结一心强发展　积极建功新时代》的工作报告和《2020 年度工会经费审查报告》。

2022 年 3 月 10 日，因受新冠疫情影响，黄羊河集团公司分组召开二届三次工会会员大会。会议审议通过《公司 2021 年度工会工作报告》。报告中提出截至 2021 年底做好武威农业公司、武威水泵厂划转后的经营管理及历史遗留问题处置。将该公司财务工作已纳入黄羊河集团公司集中管理，有力保证了资金管理的安全规范，同时，公司积极协调解决水泵厂退休职工医疗费用报销事宜，截至 2021 年底，累计支出各类补贴 14.18 万元，历史遗留问题得到妥善解决，实现了对两个单位管理的有序衔接和平稳过渡。

二、职工福利

2015 年 8 月，黄羊河集团工会开展"夏送清凉"慰问活动。活动期间，企业行政筹集慰问资金 3.5 万元，走访企业和工地 26 家；开展监督检查活动 2 次；走访慰问活动 1 次；慰问职工（农民工）1300 人次；发放防暑降温用品价值 3.5 万元；为职工（农民工）提供健康体检活动 230 人次；开展职工安全培训教育 1300 人次。

2016 年 2 月，黄羊河集团公司工会投入 16.8 万元，其中：给特困会员发放补助 4.5 万元，给 1230 名会员每人发放真空保鲜玉米一份。

2017 年 1 月，黄羊河集团公司工会投入 11.4 万元，给 1191 名会员每人发放真空保鲜玉米、米饭伴侣和糯玉米糁、速冻芦笋、套袋金冠苹果各一件。

2017 年 5 月，黄羊河集团公司工会组织各工会小组对下属 7 个单位，年龄在 3～12 岁困难家庭儿童开展慰问活动，慰问公司儿童 21 人，发放慰问品（书包、学习、体育用品等）价值 2088 元。

2018 年 2 月 8 日，黄羊河集团公司工会对 25 户困难职工，按每户 1000 元发放慰问金 25000 元。

2018 年 8 月，甘肃省农垦系统工会对黄羊河集团公司 9 个困难职工家庭子女发放"金秋助学"资金每人 2000 元，共 18000 元。

2018 年，黄羊河集团公司工会投入 5.7 万元，开展"送温暖·献爱心"活动，给 1148 名会员每人发放马铃薯一袋。

2019 年 1 月 22 日，黄羊河集团公司工会春节慰问困难职工，发放帮扶资金 2.5 万元。

2020 年 8 月上旬，黄羊河集团工会开展夏送清凉活动，为生产一线、户外作业的职工送饮料、毛巾等防暑用品等。

2020 年 9 月 21 日，甘肃省农垦系统工会对黄羊河集团公司 1 名工会会员发放"金秋助学"帮扶资金 2000 元。

2020 年 12 月 24 日，甘肃省农垦系统工会补助黄羊河集团公司技能竞赛经费 0.59 万元。

2021 年 2 月 4 日，在黄羊河集团公司工会组织开展春节前夕"送万福、进万家"书法公益活动。

2021 年 8 月，黄羊河集团公司各工会小组向生产一线职工送去防暑降温物品，并向广大职工宣传防暑降温常识。

2021—2022 年，黄羊河集团公司工会在春节前夕给会员发放大米、清油。

第三节　共　青　团

一、团组织的沿革

黄羊河集团公司团委成立于 1998 年，隶属于甘肃省农垦集团有限责任公司团委。

2020 年 6 月，黄羊河集团团委设立甘肃黄羊河农工商（集团）有限责任公司黄羊河团支部，简称"黄羊河团支部"。

二、团员代表大会

2019 年 8 月 26 日，黄羊河集团公司团委召开了团员大会，选举何东玮、邹臣晨 2 人为团代会代表，何东玮为团委委员。

2020 年 4 月 30 日，黄羊河集团公司团委召开了第八次团员大会，选举产生第八届委员会委员，分别为张旺财、胡世泰、徐苗（女），张旺财当选团委书记。

三、团员教育和管理

2020 年 8 月 6 日，甘肃省农垦集团有限责任公司举办了群团干部培训班，黄羊河集团公司全体团员、青年代表等共 45 人以视频会议的方式参加培训。

2021 年 4 月 29 日，甘肃省农垦集团"五四运动 102 周年暨共青团工作表彰大会"，授予黄羊河集团公司徐苗"甘肃省农垦集团优秀共青团员"称号、杨宜霖"甘肃省农垦集团优秀青年志愿者"称号。

2021 年 8 月 25 日，黄羊河集团公司邀请武威市委党校副教授裴国辉开展学习贯彻习近平总书记"七一"重要讲话精神专题宣讲会，公司团员青年代表等 40 人参加。

2022 年 4 月 22 日，共青团甘肃省农垦集团有限责任公司委员会，授予黄羊河集团公司团委"甘肃农垦五四红旗团委"称号、四分场技术员兼九队队长白兴宝"甘肃农垦优秀青年"称号。

2022 年 4 月 29 日，甘肃省人力资源和社会保障厅、共青团甘肃省委，授予黄羊河集团节水材料公司技术员徐苗 2021 年度"全省优秀共青团员"称号。

截至 2022 年，黄羊河集团公司团委有团员 21 名，其中：团干部 5 名，保留团籍正式党员 3 名，保留团籍预备党员 2 名，入党积极分子 4 名。

2022 年，黄羊河集团公司团委组织 22 名团员青年观看庆祝中国共产主义青年团成立 100 周年大会实况直播。

2022 年 9 月 30 日，公司有 35 岁及以下团员青年 112 名，其中团员 13 名、青年党员为 38 名，青年党员占团员青年的 34％。

四、团组织的活动

2020 年 9 月，黄羊河团支部组织全体团员开展了以"众说节约"为主题的主题团日活动。活动中组织团员拍摄节约资源宣传小视频，积极宣传厉行勤俭节约，反对铺张浪费的主要做法和典型事例。

2020 年 12 月 18 日，黄羊河团支部组织团员开展了 2020 年度团员教育评议活动。

2021 年 1 月 28 日，黄羊河团支部在黄羊河展览馆开展了"引进新鲜血液　焕发支部活力"为主题的团日活动，公司团员青年共 10 人参加。

2021 年度，黄羊河集团公司团员青年通过中国志愿服务网加入"党员志愿者服务队"，团员青年在中国志愿服务网上注册率为 100％，志愿服务时长达 5050 小时。

2021 年 6 月 22 日，黄羊河集团公司团委组织团员青年到红西路军古浪战役遗址开展"青春心向党　奋斗新时代"主题团日活动。

2022 年 4 月 20 日，黄羊河集团公司举办庆祝共青团成立 100 周年"奋进新征程　建功新时代"主题演讲比赛活动，有 20 名选手参加了比赛。

2022 年 6 月 29 日，黄羊河集团团员青年代表赴古浪县八步沙六老汉治沙纪念馆、八步沙"两山"实践创新基地、八步沙林场等地参观学习，开展以"弘扬革命精神　牢记使命担当"为主题的红色教育活动。

第四节　妇女组织

一、妇女组织沿革

2013 年，黄羊河集团公司党委会决定：安霞任妇女委员会主任，张惠兰任副主任，成员由王赟、李金明、夏玉昌、薛志辉、牛育林、周祯、杨豪隆组成，办公室设在计划生育办公室。

2015 年 3 月 13 日，刘凯军任黄羊河集团公司工会女职工委员会主任。

2015 年 5 月 12 日，黄羊河集团公司决定：妇女工作领导小组由王卫任主任，刘凯军任副主任，成员由张廷彦、李金明、夏玉昌、赵彦红、牛育林、杨豪隆、周祯组成，办公室设在综合办公室。

2016 年，刘凯军任工会妇女工作委员会主任。

2017 年 3 月 15 日，黄羊河集团公司决定：妇女工作领导小组由郭珉任主任，刘凯军任副主任，成员由张廷彦、夏玉昌、王威河、周祯、徐福红组成，办公室设在党委办公室。

2019 年 4 月，副总经理南永胜分管妇女工作。

2020 年 4 月 30 日，黄羊河集团公司决定，妇女工作领导小组组长由牟访担任，成员由李贵斌、各支部书记组成，办公室设在党群工作部。

2021 年 6 月 7 日，黄羊河集团公司决定，妇女工作领导小组组长由南永胜担任，成员由张旺财、各支部书记组成，办公室设在党群工作部。

2022 年 6 月 15 日，黄羊河集团公司决定，妇女工作领导小组由组长南永胜担任，成员由李斌及各支部书记组成，办公室设在党委办公室。

二、妇女组织的活动

2013 年 3 月 8 日，黄羊河集团公司举办庆"三八"卡拉 OK 比赛，39 人参加。

2013 年 3 月 11 日，黄羊河集团种业公司对公司女员工进行身体健康体检。

2014 年 3 月 7 日，黄羊河集团公司在文化中心举办了庆"三八"系列趣味游戏比赛活动，45 人参加。

2015 年 3 月 8 日，黄羊河集团各单位自发组织妇女同志开展了文体娱乐、趣味竞赛活动。

2016 年 3 月 8 日，黄羊河集团公司工会在文化中心组织开展了"迎三八、展风采"为主题的活动。

2017 年 3 月 8 日，黄羊河集团公司举办了"三八"妇女节健康知识讲座，邀请到武威市医院妇产科主任朱莉授课，共 94 名女职工代表参加。

2018 年 3 月 8 日，黄羊河集团公司工会组织开展"加强生育保护，依法维护女职工合法权益和特殊利益"为主题的女职工维权行动月活动。

2019 年 3 月 8 日，黄羊河集团公司组织开展了庆祝"三八"国际劳动妇女节卡拉 OK 比赛活动。

2021 年 3 月 8 日下午，甘肃农垦黄羊河集团公司工会组织开展了以"美丽半边天绚丽妇女节"为主题的庆祝"三八"活动，100 人参加。

2022 年 3 月 8 日，黄羊河集团公司邀请到武威市妇幼保健计划生育服务中心主治医师杨晓霞开展了健康知识讲座，40 人参加。

第五节　志愿者服务队

一、志愿服务队

2020年5月25日，黄羊河集团公司党委批准，成立黄羊河集团党员志愿者服务队。成立党员志愿者服务工作领导小组，组长由慕自发担任，副组长由李贵斌、王宝堂担任，成员由各支部书记、李斌、张旺财组成，各支部成立以支部书记为组长的党员志愿者服务工作小组。公司设立志愿者服务工作办公室，办公室设在党群工作部。

2020年6月12日，黄羊河集团公司举行了"党员志愿者服务队服务活动启动仪式"。

2022年，黄羊河集团公司党员志愿者服务队下设14个分队，加入服务队的党员有168名。

二、志愿服务活动

2020年5月25日，农业五分场党支部志愿者开展以"清洁家园、美化环境"为主题的志愿者服务活动。

2020年7月27日，农业五分场党支部志愿者开展"卫生大清扫、党员我先行"志愿服务活动。

2021年2月4日，农业五分场党支部志愿者对辖区内全部路灯进行了排查，对损坏的路灯设施及时更换，确保营区路灯亮灯率和完好率。同时，对辖区限高限宽门进行了维修加固，重新粘贴了反光膜，给员工群众营造一个安全、亮丽、祥和的节日气氛。

2021年2月9日，黄羊河集团公司组织党员志愿者服务队开展无偿献血、网上祭扫、疫情防控、环境卫生清理、法律知识宣讲、义务植树等志愿服务活动。

2021年3月5日，黄羊河集团公司组织党员志愿者服务队开展"学雷锋"志愿服务活动，80多名志愿者参加。

2021年4月29日，黄羊河集团公司与武威市中心血站联系，开展了无偿献血志愿活动，90余名职工参加，成功献血10900毫升。

2021年6月8日，机关支部志愿者进社区入户给场部群众分发谨防网络诈骗宣传单，讲解和普及生活中常见的网络诈骗手段和防诈骗基础知识，提高了居民特别是一些弱势群体（学生、老人等）识骗、防骗的意识和能力。

2021年6月8日，黄羊河集团一分场、二分场及食品公司党支部，联合开展了以"擦亮历史的印记 不忘记来时路"为主题的志愿服务活动，对黄羊河集团公司展览馆进行了全面清扫。

2021年7月5日，农业三分场党支部志愿者开展"学雷锋、做雷锋、树新风"党员志愿服务活动。对场区居民区、公路沿线、项目林带、田间地头等区域各类垃圾进行捡拾清理，特别是对各区域的沟渠旮旯、卫生死角等进行了重点整治，极大地改善了职工群众的生产生活环境。

2021年9月21日，黄羊河集团公司党员志愿者开展"共建文明城市 共享幸福生活"活动。

2022年3月4日，黄羊河集团公司开展以"传承雷锋精神 构建和谐社区"为主题的学雷锋志愿服务活动，20余人参加。

2022年3月22日，农业一分场党支部志愿者对辖区内居民营区的环境林木进行彻底修剪。

2022年4月16日，食品公司党支部志愿者开展"植树造林 绿化场区"活动，在厂区周围绿化带及污水站栽种祁连云杉。

2022年4月20日，农业三分场党支部志愿者开展了"参与义务植树、绿化美丽家园"主题党日活动，共栽植刺槐170棵。

2022年4月22日，园艺场志愿者20余人在林二队油路南侧开展植树活动。

2022年9月17日，农业二分场、农业三分场、农业五分场党支部志愿者在居民区开展禁毒、反诈骗宣传活动。

中国农垦农场志

第五编

文　化

中国农垦农场志

第一章　科学技术

第一节　科研机构、队伍与管理

一、机构沿革

2013年1月21日，设立集团公司企业技术中心办公室。

2013—2017年，农林牧技术管理由农业管理部负责。

2013—2020年，集团公司技术中心下设食品公司、种业公司、蔬菜公司、果品公司（园艺场）、节水材料公司5个技术分中心。科学技术研发分中心负责新技术、新品种的引进与推广，新品种的研发与新工艺的探究，技术人才的培训和业务管理。

2017年4月26日，集团公司成立技术进步委员会，办公室设在企业技术中心；成立专业技术职务考核推荐领导小组及各专业技术考评小组，办公室设在人力资源部。

2018年2月28日，撤销农业管理部、工业管理部，设立企业管理部（内设企业技术中心办公室），将农林牧技术管理职能赋予企业管理部。

同日，集团公司2018年度第三次董事会议，决定建设"黄羊河集团科技创新技术转化中心实验室"，将蔬菜公司职工宿舍楼装修改造后作为中心实验室。

2021—2022年，集团公司技术中心下设食品公司、蔬菜公司、园艺场、节水材料公司4个技术分中心。

二、队伍建设

2013年7月9日，根据《甘肃省农垦集团有限责任公司科技人才梯队建设暨主导产业首席专家管理办法》（甘垦集团〔2013〕94号）文件精神，黄羊河集团公司申报制种玉米、甜糯玉米、蔬菜、林果、特药5种产业，各产业申报首席专家、科技带头人共1人（两类申报人员相同），共5人；科技骨干各3人，共15人；科技工作者19人。

2013年11月12日，甘肃农垦首席专家评定委员会评定，黄羊河集团公司王赟为首批甘肃农垦科技带头人，杨增恩、陈卫国、牟访、张爱、蒋永祥、张廷彦为首批甘肃农垦科技骨干。

2014年5月7日，甘肃省农垦集团公司成立以首席专家或科技带头人等为组长的垦区主导产业发展科技小组，黄羊河集团公司杨增恩任林果业科技小组成员。

2015年，黄羊河集团公司设有场直属科研单位1个，科技人员42人，科研经费3.8万元（企业自筹），实验地面积136亩。

2015年10月30日，成立黄羊河集团公司高产创建领导小组，办公室设在农业管理部。

2017年4月26日，根据《黄羊河集团公司科技发展"十三五"规划实施方案》文件要求，集团公司培养遴选食品、制种、蔬菜、果品、滴灌材料产业首席专家和科技攻关小组，共5组26人。食品产业以张济海为首席专家兼科技攻关小组组长，成员由刘占奇、于志辉、赵越峰等组成；制种产业以王开虎为首席专家兼科技攻关小组组长，成员由狄建勋、王生德、满香平、苏志俊等组成；蔬菜产业以王新锋为首席专家兼科技攻关小组组长，成员由李玉军、蔡栋、满佰祯、赵鹏等组成；果品产业，以陈卫国为首席专家兼科技攻关小组副组长，刘文鸿为科技攻关小组组长，成员由王开新、邱登斌、任晋萱、常学思、马丽等组成；滴灌材料产业以马继为首席专家兼科技攻关小组组长，成员由满佰宏、徐军、殷永红、吕斌等组成。

2017年7月13日，黄羊河集团公司聘任杨轩为企业技术中心主任，马金义为企业技术中心常务副主任，张廷彦为企业技术中心副主任兼企业技术中心办公室主任。解聘王宗全企业技术中心常务副主任职务。

2021年7月16日，黄羊河集团公司牟访、张廷彦、齐德海入选甘肃省农垦集团公司科技专家库。

2021年12月15日，黄羊河集团公司高级农艺师王宗全、张廷彦，入选首批甘肃省农垦集团公司农业、工程系列中级职称评审委员会专家库，主要负责评审农垦集团公司农业、工程系列中级职称。

2020年以来，集团公司从各大高校、凉州区举办人才招聘会等途径，对应聘人员进行筛选、审核和报请甘肃省农垦集团公司人力资源部初审，分批面试，经相关会议审核，共引进各类专业大学生71名。

2022年4月26日，食品公司王德林获得企业首席质量官任职培训证书。

截至2022年底，集团公司共有管理人员152人，占职工总人数18.88%。其中本科及以上学历71人，大专学历67人，中专及以下14人。具有技术职称的132人，其中高级职称4

人，中级职称 33 人，初级职称 95 人。2022 年具有职称的专业技术人员见表 5-1-1。

表 5-1-1　2022 年具有职称的专业技术人员统计表

专业技术系列	人数	其中女性	高级职称	中级职称	初级职称
农业系列	43	7	2	18	23
工程系列	21	5	1	3	17
财会系列	22	10	0	5	17
经济系列	33	3	0	3	30
政工系列（含档案）	13	4	1	4	8
合计	132	29	4	33	95

三、科技管理与工作激励

2013 年 4 月 1 日，集团公司制定《甘肃黄羊河集团公司专利奖励办法（暂行）》，提出：员工作为职务发明人，获得授权发明专利 1 项，奖励资金 3 万元；获得授权实用新型专利 1 项，奖励资金 1 万元；获得授权外观设计专利 1 项，奖励资金 0.5 万元。

当日，集团公司制定《甘肃黄羊河集团公司科技研发、技术试验资金筹措办法（暂行）》《甘肃黄羊河集团关于设立科技进步奖的决定（暂行）》。

2014 年 2 月 21 日，黄羊河集团公司对食品公司 4 项实用新型专利：一种玉米风干机及玉米连续风干线，一种真空包装系统，一种玉米瓦楞布料机，一种笼车自锁装置；2 项外观设计专利：包装袋（有机糯玉米糁），包装袋（有机糯玉米），奖励资金 5 万元。种业公司 3 项实用新型专利：一种托辊式输送机，输送带调节卡紧装置，一种带有清洁刷的输送装置，奖励资金 3 万元。蔬菜公司实用新型专利：一种洋葱粗选筛，奖励资金 1 万元。果品公司 2 项外观设计专利：包装箱（金冠），包装箱（早酥梨），奖励资金 1 万元。

2014 年，武威国家农业科技园区甜糯玉米产业化关键技术集成示范项目，获得国家星火计划项目资金支持。

2014 年 5 月 15 日，制种玉米全程机械化技术示范推广项目列为甘肃省农垦集团公司一类科技项目，获得科技基金补助 1 万元；新型环保可降解地膜引进试验示范项目列为甘肃省农垦集团公司二类科技项目，获得科技基金补助 1 万元。

2015 年 4 月 23 日，武威国家农业科技园区甜糯玉米产业化关键技术集成示范项目列为甘肃省农垦集团公司一类科技项目，获得科技基金补助资金 2 万元。

2015 年 10 月 30 日，集团公司制定《2015 年黄羊河集团公司主栽作物高产创建活动实施方案》，提出：将分场管理、技术人员高产创建目标，纳入年薪考核，成绩突出的，给予总经理特殊奖，直接奖励给个人。对在高产创建活动中的高产户予以重奖。

2016年，制种玉米全程机械化技术示范推广项目，该项目获得甘肃省农垦集团公司的科技资金补助1万元。

2016年1月21日，黄羊河集团公司牟访、冉文军、王新锋、达文元、张斌武等5人，被甘肃省农垦集团公司评为2015年甘肃农垦高产创建先进工作者，李作龙、孙涛、张润花、高学基、谢军、王世辉、张万兴、郑运领、魏延松、王成刚等10人，被甘肃省农垦集团公司评为2015年甘肃农垦高产创建高产户，颁发荣誉证书，每人每户奖励资金0.3万元。

2016年12月23日，集团公司补贴良种场科技活动经费3万元。

2017年，玉米棉铃虫综合防治技术示范推广项目列为甘肃省农垦集团公司一类科技项目，获得科技基金补助资金3万元。

2018年7月12日，甜叶菊种植示范项目列为甘肃省农垦集团公司二类科技项目，获得科技基金补助项目资金2万元。

2019年，芦笋地除草技术探索与研究项目列为甘肃省农垦集团公司二类科技项目，获得科技基金补助资金3万元。

2019年4月28日，甘肃省农垦集团公司党委对2016—2018年甘肃农垦科学技术奖的单位和个人予以表彰奖励，黄羊河集团公司"玉米棉铃虫综合防治技术示范推广"项目获得科技进步二等奖，颁发奖牌、奖励资金2万元；苏志俊获得优秀科技工作奖，颁发荣誉证书、奖励资金0.5万元。

2020年，玉米滴灌水肥一体化节本增效技术模式集成研究与创建项目列为甘肃省农垦集团公司三类科技项目，获得资助金额100万元。

2020年3月30日，集团公司核拨技术中心科技项目经费4.18万元，其中《基于智能测报条件下辣椒田棉铃虫的防治技术研究及应用》科技项目经费0.82万元，《玉米滴灌水肥一体化节本增效技术模式集成研究与创建》科技项目经费3.36万元。

2021年1月29日，甘肃省农垦集团公司党委决定，对获得2019—2020年甘肃农垦科技项目、创新项目和2020年专利奖励的项目予以表彰奖励。黄羊河集团公司创新项目主要完成人李国忠、马金义、王宗全等，马铃薯团队合作种植项目，获得甘肃农垦创新项目二等奖，颁发奖牌、奖励资金3万元。实用新型专利发明人：马继、高红、马强、满佰宏、李金柱、吕斌、吴之卿、徐苗、殷永红、张永强、和畅、徐军、马国军、孙玉霞，一种用于肥料的精量称重装置、一种制作掺混肥的下料漏斗、一种肥料搅拌装置、一种预混料生产运输带，分别获得甘肃农垦专利二等奖、奖励资金各2万元。

2021年5月20日，甘肃农垦系统工会会议研究决定对首批命名的"职工（劳模）"创新工作室，黄羊河集团公司马继节水灌溉工作室，奖补资金1万元，用于创新工作。

2021年10月9日，集团公司制定《甘肃黄羊河农工商（集团）有限责任公司科技管理办法》。该办法从科技管理机构设置及职能、科技人才管理、科技项目管理、科技奖励和保障措施进行了规范。

2022年3月25日，创新项目负责人李国忠、王宗全、王开虎、张廷彦、彭小靖，高效节水技术集成应用创新，获得2021年甘肃农垦创新项目二等奖，颁发奖牌、奖励资金3万元。科技项目完成人张廷彦、王守义，玉米滴灌水肥一体化节本增效技术模式集成研究与创建，获得2021年甘肃农垦科技进步二等奖，颁发奖牌、奖励资金3万元。实用新型专利发明人马继、马强、殷永红、徐苗，一种大量元素水溶肥自动配料装置、一种水溶肥生产用均化混合器的除尘装置，分别获得2021年甘肃农垦专利二等奖、三等奖，颁发奖牌和奖励资金各2万元、1万元。科技论文主要完成人任晋萱、王开新、马丽，甘肃河西一带果园食心虫种类调查初报；科技论文主要完成人杨忠孝、白兴宝，浅谈制种玉米高产栽培技术措施，分别获得2021年甘肃农垦优秀论文三等奖，获得奖金各0.2万元。

第二节　科技研发及成果

一、科技活动

2013年，集团公司广泛开展科研活动。金丝绞瓜种植、加工及系列产品研发，滴灌条件下百号高产栽培研究与示范，玉米在连茬条件下高产栽培技术研究，滴灌辣椒在连茬、迎茬条件下疫病综合防控技术研究与示范，肉羊标准化养殖示范小区，大农机与农艺融合技术研究与示范，玉米去雄机引进、示范、推广，辣椒高产栽培技术示范、推广，地膜机械化回收治理土壤污染，蔬菜工厂化育苗等10项科技项目。其中：肉羊标准化养殖示范小区，大农机与农艺融合技术研究与示范，玉米去雄机引进、示范、推广等3项科技项目，列为甘肃省农垦集团公司一类科技项目；金丝绞瓜种植、加工及系列产品研发，滴灌条件下百号高产栽培研究与示范，玉米在连茬条件下高产栽培技术研究，滴灌辣椒在连茬、迎茬条件下疫病综合防控技术研究与示范，辣椒高产栽培技术示范、推广，地膜机械化回收治理土壤污染，蔬菜工厂化育苗等7项科技项目，列为甘肃省农垦集团公司二类科技项目。

2014年，集团公司进行了洋葱膜下滴灌栽培关键技术集成与示范，新型环保可降解地膜引进试验示范，制种玉米全程机械化技术示范推广等3项科技项目。其中洋葱膜下滴灌栽培关键技术集成与示范，制种玉米全程机械化技术示范推广等2项科技项目，列为甘肃省农垦集团公司一类科技项目；新型环保可降解地膜引进试验示范科技项目，列为甘肃省农垦集团公司二类科技项目。当年，将绿色、有机农产品生产基地物理、生物防虫技术研究与应用，制种玉米全程机械化技术研究与应用等2项科技项目，列为2014年甘肃省技术创新项目计划。

2015年，黄羊河集团公司负责实施的武威国家农业科技园区甜糯玉米产业化关键技术集成示范科技项目，列为甘肃省农垦集团公司一类科技项目。

2016年，集团公司开展膜下滴灌宽窄行高密度种植示范推广，植物生长调节剂使用示范推广，滴灌模式下土壤处理等3项科技项目。其中膜下滴灌宽窄行高密度种植示范推广，植物生长调节剂使用示范推广等2项科技项目，列为甘肃省农垦集团公司一类科技项目；滴灌模式下土壤处理科技项目，列为甘肃省农垦集团公司二类科技项目。

2017年，集团公司开展玉米棉铃虫的综合防治技术示范推广，出口绿芦笋新产品开发，甜糯玉米高效优质生产技术集成示范，甜叶菊扦插育苗试验等4项科技项目。其中玉米棉铃虫的综合防治技术示范推广，甜糯玉米高效优质生产技术集成示范等2项科技项目，列为甘肃省农垦集团公司一类科技项目。当年，集团公司2012—2015年12月前到期"甘肃黄羊河集团高效节水技术推广"等13项一类科技项目、"绿色、有机食品基地物理、生物防虫技术推广"等8项二类科技项目，通过结题验收。

2018年，集团公司开展玉米新品种研发，鲜食玉米及蔬菜系列新产品开发，基建技改，鲜食玉米及蔬菜系列新品种引进示范，果园水肥一体化、省力化栽培技术，芦笋地土壤改良试验，辣椒肥料配方施肥试验，甜叶菊种植示范等8项科技项目。其中甜叶菊种植示范科技项目，列为甘肃省农垦集团公司二类科技项目。

2019年，集团公司开展河西灌区甜菜地除草剂试验示范，芦笋地除草技术探索与研究，鲜食玉米及蔬菜系列产品新品种引进新产品开发等3项科技项目。其中芦笋地除草技术探索与研究科技项目，列为甘肃省农垦集团公司二类科技项目；鲜食玉米及蔬菜系列产品新品种引进新产品开发、河西灌区甜菜地除草剂试验示范等2项科技项目，列为甘肃省农垦集团公司三类科技项目。

2020年，集团公司开展玉米杂交新品种筛选申报项目，一种滴灌专用肥料的研发项目，玉米滴灌水肥一体化节本增效技术模式集成研究与创建，甜糯玉米新品种引进试验，辣椒新品种对比试验，基于智能测报条件下辣椒田棉铃虫的防治技术研究及应用，一种内镶式滴灌带出水量在大田作物上的应用和示范，辣椒机械化移栽技术示范推广，梨小食心虫性诱剂防治技术推广，鲜食甜糯玉米设备自动化更新及升级改造，一种再生料挤出机的改造等 11 项科技项目。其中基于智能测报条件下辣椒田棉铃虫的防治技术研究及应用，玉米滴灌水肥一体化节本增效技术模式集成研究与创建等 2 项科技项目，列为甘肃省农垦集团公司三类科技项目。

2021 年，集团公司开展马铃薯病虫草害综合防治技术示范与推广，梨树黄化病的防治技术示范与推广，废旧塑料热熔制粒系统技改等 3 项科技项目。其中马铃薯病虫草害综合防治技术示范与推广科技项目，列为甘肃省农垦集团公司二类科技项目；梨树黄化病的防治技术示范与推广科技项目，列为甘肃省农垦集团公司三类科技项目。开展滴灌高效节水模式的探索与实践，新工艺新设备新模式、助推企业高质量发展等 2 项创新项目。集团公司与甘肃农业大学达成共同申报甘肃省科技重大专项"作物绿色丰产栽培技术研发与示范"项目。

2022 年，集团公司开展辣椒种植全程机械化示范推广，各类作物高效节水标准化试验，甜糯玉米特色休闲食品开发，甜糯玉米新品种引进试验示范，辣椒新品种引种试验，辣椒优质高产栽培技术示范，特药高产示范田创建，特药灌溉自动化改造提升，有机无机肥配施研究，内镶式滴灌带在各类作物上的应用，梨树黄化病的防治技术示范与推广，苹果免套袋技术示范与推广等 12 项科技项目。开展农资供应"车间到田间"服务模式创新项目。

当年，集团公司与中国农业大学合作申报 2022 年国家重点研发计划"北方干旱半干旱与南方红黄壤等中低产田能力提升科技创新""西北灌漠土区多样化种植保墒培肥与产能提升技术模式与应用"项目，与甘肃农业大学共同合作承担该项目"河西走廊东部多样化种植保墒培肥产能提升技术研发与集成示范"课题。

二、主要科技成果

2013 年，集团公司被评为"甘肃省技术创新示范企业"。

2014 年，食品公司被武威市科技局认定为"特用玉米工程技术研究中心"。

2015 年，食品公司技术中心被认定为"武威市市级企业技术中心"。

2021 年 7 月 19 日，黄羊河集团公司与甘肃农业大学农学院，达成合作事宜。认定甘肃黄羊河农工商（集团）有限责任公司为"甘肃农业大学农学院科研教学基地""甘肃农业大学创新创业人才培养基地"，并挂牌。

2022 年，黄羊河集团公司与甘肃省农科院签订合作框架协议，被确定为甘肃省农科院蔬菜绿色高效生产示范基地。

（一）专利成果

2013—2022 年，中华人民共和国国家知识产权局共计授权集团公司各类专利 46 件，其中发明专利 3 件，实用型新型专利 37 件，外观设计专利 6 件。黄羊河集团公司历年发明专利见表 5-1-2，黄羊河集团公司历年实用新型专利见表 5-1-3，黄羊河集团公司历年外观设计专利见表 5-1-4。

表 5-1-2　黄羊河集团公司历年发明专利

专利名称	专利类型	专利号	授权公告日	专利权人	发明人
一种水果玉米滴灌专用肥及其制备和施用方法	发明专利	ZL 201210527380.5	2014 年 6 月 18 日	节水材料公司	张廷彦、马继、王新锋
一种芦笋滴灌专用肥及其制备和施用方法	发明专利	ZL 201210527324.1	2014 年 12 月 24 日	食品公司	张廷彦、张济海、王新锋
一种芦笋地开沟犁	发明专利	ZL 201310387325.5	2015 年 6 月 8 日	食品公司	王宗全、于爱堂、张济海、牛杰

表 5-1-3　黄羊河集团公司历年实用新型专利

专利名称	专利类型	专利号	授权公告日	专利权人	发明人
一种洋葱粗选筛	实用新型	ZL 201220415296.X	2013 年 2 月 13 日	蔬菜公司	高鑫基、王新锋、相生明、张磊、李玉军、张廷彦
输送带调节卡紧装置	实用新型	ZL 201220588744.6	2013 年 4 月 24 日	种业公司	王生德、王开虎、李宗全、王守义、陈文学、李健
一种带有清洁刷的输送装置	实用新型	ZL 201220588978.0	2013 年 4 月 17 日	种业公司	王生德、王开虎、李宗全、王守义、陈文学、李健
一种托辊式输送机	实用新型	ZL 201220588600.0	2013 年 4 月 17 日	种业公司	王开虎、李宗全、王守义、王生德、陈文学、李健
一种笼车自锁装置	实用新型	ZL 201220675634.3	2013 年 5 月 15 日	食品公司	张济海、孙雄文、牛杰、沈登忠、葛永、刘占奇
一种玉米瓦楞布料机	实用新型	ZL 201220675655.5	2013 年 5 月 29 日	食品公司	王宗全、张济海、李文盛、张生华、李长城、张廷彦
一种真空包装系统	实用新型	ZL 201220675681.8	2013 年 5 月 29 日	食品公司	张济海、孙雄文、刘占奇、张永胜、吕生锋、赵越峰
一种玉米风干机及玉米连续风干线	实用新型	ZL 201220675682.2	2013 年 5 月 29 日	食品公司	王宗全、张济海、李文盛、张廷彦、于志辉、雷金宏
一种玉米果穗给料机	实用新型	ZL 201320536279.6	2014 年 3 月 5 日	食品公司	王宗全、张济海、刘占奇、吕生锋、赵越峰
一种玉米果穗循环水清洗系统	实用新型	ZL 201320536428.9	2014 年 3 月 5 日	食品公司	刘占奇、张济海、李文盛、于志辉
一种真空保鲜甜糯玉米生产线	实用新型	ZL 201320536470.0	2014 年 3 月 5 日	食品公司	李大宏、吴伯成、王宗全、李松山、马金义、安霞、冯国强、黄斌、张济海、张廷彦
一种玉米果穗清洗机	实用新型	ZL 201320536471.5	2014 年 3 月 5 日	食品公司	张廷彦、于志辉、李文盛、雷金宏
一种芦笋地开沟犁	实用新型	ZL 201320536513.5	2014 年 3 月 5 日	食品公司	于爱堂、张济海、牛杰
一种螺旋输料分离装置	实用新型	ZL 201420618058.8	2015 年 3 月 11 日	节水材料公司	马继

（续）

专利名称	专利类型	专利号	授权公告日	专利权人	发明人
一种利于饲喂小羊的羊圈	实用新型	ZL 201520341110.4	2015 年 10 月 7 日	黄羊河集团公司	吴伯虎、牟访
一种废旧塑料热熔制粒系统	实用新型	ZL 201521057204.5	2016 年 5 月 25 日	节水材料公司	马继、徐军、满佰宏、吕斌
一种塑料热熔挤出机	实用新型	ZL 201521057207.9	2016 年 5 月 25 日	节水材料公司	马继、徐军、满佰宏、吕斌
一种粉碎清洗机	实用新型	ZL 201521057208.3	2016 年 5 月 25 日	节水材料公司	马继、徐军、满佰宏、吕斌
一种冷却水槽	实用新型	ZL 201521057212.X	2016 年 5 月 25 日	节水材料公司	马继、徐军、满佰宏、吕斌
一种提升输送机	实用新型	ZL 201521057216.8	2016 年 5 月 25 日	节水材料公司	马继、徐军、满佰宏、吕斌
一种浮选清洗池	实用新型	ZL 201521057217.2	2016 年 5 月 25 日	节水材料公司	马继、徐军、满佰宏、吕斌
一种化肥生产用筛分装置	实用新型	ZL 201821619510.7	2019 年 10 月 11 日	节水材料公司	段瑞霞
一种预混料生产运输带	实用新型	ZL 201921972653.0	2020 年 7 月 31 日	节水材料公司	马继、高红、马强、孙豫霞、李金柱、吕斌、袁国武、徐苗、和畅、徐军、马国军、吴之卿、满佰宏、张永强
一种混肥搅拌装置	实用新型	ZL 201921972700.1	2020 年 7 月 31 日	节水材料公司	马继、高红、马强、满佰宏、李金柱、吕斌、吴之卿、徐苗、袁国武、张永强、和畅、徐军、马国军、孙豫霞
一种制作掺混肥的下料漏斗	实用新型	ZL 201921972743.X	2020 年 7 月 31 日	节水材料公司	马继、高红、马强、张永强、李金柱、吕斌、吴之卿、袁国武、徐苗、和畅、徐军、马国军、满佰宏、孙豫霞
一种用于肥料的精量称重装置	实用新型	ZL 201921972622.5	2020 年 7 月 31 日	节水材料公司	马继、高红、马强、满佰宏、李金柱、吕斌、张永强、徐苗、吴之卿、马国军、袁国武、和畅、孙豫霞、徐军
一种用于滴灌带试压设备	实用新型	ZL 201921972736.X	2020 年 10 月 30 日	节水材料公司	马继、高红、马强、张永强、李金柱、吕斌、吴之卿、袁国武、徐苗、和畅、徐军、马国军、满佰宏、孙豫霞
一种肥料质量控制设备	实用新型	ZL 201921972625.9	2020 年 10 月 30 日	节水材料公司	马继、高红、马强、张永强、吴之卿、李金柱、和畅、徐苗、袁国武、马国军、孙豫霞、满佰宏、徐军、吕斌
一种水溶肥生产用均化混合器的除尘装置	实用新型	ZL 202021547333.3	2021 年 3 月 16 日	节水材料公司	马继、马强、殷永红、徐苗
一种大量元素水溶肥自动配料装置	实用新型	ZL 202021549784.0	2021 年 3 月 19 日	节水材料公司	马继、马强、殷永红、徐苗
一种盐渍化土壤改良滴灌系统	实用新型	ZL 202122232891.1	2022 年 1 月 18 日	武威市农业技术推广中心；节水材料公司	钟辉丽、张涛、方梦琦、胡敏、朱明敏、马继
一种滴灌带生产用真空定型装置	实用新型	ZL 202122493702.6	2022 年 4 月 15 日	节水材料公司	马继、徐军、马强、吕斌、徐苗、殷永红、满佰宏

（续）

专利名称	专利类型	专利号	授权公告日	专利权人	发明人
一种大量元素水溶肥生产用搅拌装置	实用新型	ZL 202122466502.1	2022 年 4 月 15 日	节水材料公司	马继、徐军、马强、吕斌、徐苗、殷永红、满佰宏
一种有机和无机掺混肥料混料装置	实用新型	ZL 202122800451.1	2022 年 6 月 28 日	节水材料公司	马继、徐军、马强、吕斌、徐苗、殷永红、满佰宏
一种新型废旧塑料造粒自动清洗装置	实用新型	ZL 202122800738.4	2022 年 6 月 28 日	节水材料公司	马继、徐军、马强、吕斌、徐苗、殷永红、满佰宏
一种废旧塑料造粒废气处理装置	实用新型	ZL 202220081993.X	2022 年 8 月 23 日	节水材料公司	马继、徐军、马强、吕斌、徐苗、殷永红、满佰宏
一种药品原料秸秆去除加工设备	实用新型	ZL 202222144443.0	2022 年 11 月 29 日	武威农业公司	李国忠、王宗全、王开虎

表 5-1-4　黄羊河集团公司历年外观设计专利

专利名称	专利类型	专利号	授权公告日	专利权人	设计人
包装袋（有机糯玉米）	外观设计	ZL 201230515681.7	2013 年 3 月 13 日	食品公司	王宗全
包装箱（金冠）	外观设计	ZL 201230557305.4	2013 年 3 月 27 日	黄羊河集团公司	杨增恩
包装箱（早酥梨）	外观设计	ZL 201230557286.5	2013 年 3 月 27 日	黄羊河集团公司	杨增恩
包装袋（有机糯玉米糁）	外观设计	ZL 201230557325.1	2013 年 7 月 31 日	食品公司	王宗全
包装袋（芸豆）	外观设计	ZL 201430485223.2	2015 年 5 月 27 日	食品公司	张廷彦
包装袋（糯玉米）	外观设计	ZL 201530440834.X	2016 年 5 月 18 日	食品公司	王宗全

（二）作物新品种繁育成果

2014—2015 年，食品公司从瑞士先正达公司、美国摩根公司、北京农科院、山西农科院等单位引进甜糯玉米新品种 52 个，在试验品种收获后，公司组织进行了品评鉴定，邀请技术专家、全国客户代表、员工代表及志愿者代表参加。通过评鉴选定拟推广种植鲜食甜玉米 3 个、糯玉米 2 个、干籽粒糯玉米 2 个。

2016 年，蔬菜公司通过种植试验，筛选出辣椒新品种红龙 20 号 1 个。

2017 年，种业公司培育的玉米新品种"丰合 96"通过甘肃省审定。

2019 年，种业公司培育的两个玉米新品种"甘垦 130、甘垦 95"通过甘肃省审定。

2020 年，食品公司通过试验筛选出新品种"万糯 2018"作为黄玉米品种，取代现有黄玉米速冻品种；新品种"金糯 1805"作为真空白玉米的选择品种，新品种"晶煌 17"作为甜玉米脆王的更新品种。

（三）机械引进成果

2016 年，种业公司实施制种玉米全程机械化技术示范推广项目，引进丰诺牌植保机，减少用工量 50％，每亩节约地膜 16.8％，节约滴灌带 27％，节水 15％，节省成本 400 元/亩。

2018 年，蔬菜公司引进辣椒移栽机 1 台，在五分场十队示范种植，亩节约辣椒移栽费 140 元。

2021 年，食品公司喷码车间进行了加工线工序改造，引进激光喷码机 1 台，自动封箱机 2 台，自动包装机 1 台，增加车间自动流水作业设备，提升了真空产品备货速度，备货效率提升 7.5％。

（四）畜牧业研究试验成果

2015 年，养殖业以"正大"品牌饲料为基础，进一步优化日粮结构，提高经济效益近 100 元/只；通过保健食疗、疫苗接种，有效防治重大疾病，羊只死亡率由原来的 7％～8％降低到 1％～2％。

（五）新产品开发与生产技改成果

2015 年，食品公司开发速冻芦笋产品。

2016—2020 年，节水材料造粒车间技改，日造粒量由 3.5 吨提高至 10 吨，增产 186％，用工由每组 4 人减至每组 3 人。

2017 年，食品公司新开发芦笋罐头产品。

2018 年，食品公司新开发芦笋粉产品。

2019 年，食品公司经反复的工艺配比试验，通过加工环节的工艺、技术参数调整及包装袋的选用，开发真空保鲜甜玉米粒，解决了甜玉米粒加工过程中的口感和色泽问题，并延长其保质期。

同年，食品公司技改真空线灭活、漂烫、真空包装设备，技改速冻间、速冻设备，增购色选机等设施设备，生产加工设备进行升级改造和技术改进，进一步提高了生产效率，降低了生产成本，缓解了用工紧张局面。公司甜糯玉米产品品质及加工生产线达到国内先进水平。

2021 年，食品公司开发了专供榨汁的真空甜加糯玉米粒产品，新产品糯玉米粽子通过生产许可证扩项。

2022 年，食品公司开发充氮玉米粒休闲食品。

（六）甘肃省科技成果登记

2022 年 2 月 25 日，科技成果：河西走廊灌溉玉米减药技术集成研究与示范，获得甘肃省科技成果登记证书，集团公司作为第三完成单位。

第三节 重大科学技术推广与成果应用

一、引进农作物优良品种

2015年，引进推广甜糯玉米、芦笋、辣椒、洋葱等作物新品种12个。

2018年，从安徽引进甜叶菊新品种，推广面积500亩；引进甜菜新品种2个，推广面积1万亩。

二、推广节水灌溉技术

2015年，示范、推广甜糯玉米高效节水栽培面积2000亩，根据甜糯玉米全生育期不同时期的水肥需求特点，结合测土配方施肥技术，制定滴灌技术、滴灌专用肥及施肥方案。较常规种植方式节水37.1％、节肥23％、增产17.6％。

2021年，推广"互联网＋智慧农业"智能水肥一体化技术，推广面积4000亩。

三、新技术

2014—2015年，购置频振式杀虫灯275台，小地老虎、棉铃虫性诱剂诱芯及配套诱捕器各5000套，粘虫板（黄板）8万张。放置小地老虎诱芯和棉铃虫诱芯，杀虫面积覆盖1.5万亩。实现甜糯玉米基地物理、生物防虫技术全覆盖。

2016年，全场物理、生物防虫技术覆盖面积达5万亩。

2018年，在甜糯玉米、制种玉米、辣椒、甜菜等主栽作物上建设农业节本增效示范区2万亩，通过增施有机肥、宽窄行种植、病虫害绿色防控、统防统治、膜下集中施肥和机械中耕除草等新技术措施的推广应用，实现亩均节本158元。在果蔬食品类作物上推广物理防虫技术，绿色防控面积40000亩。

2019年，在甜糯玉米、制种玉米、辣椒、马铃薯等主栽作物上推广"亩节本增效100元"面积4.2万亩，实现亩均节本147元。在果蔬食品类作物推广有机、绿色生产，通过有机食品认证3项，绿色食品认证13项。

2020年，运用棉铃虫和梨小食心虫防治新技术，进一步减少化学药剂的使用量和次数，实现节本增效。滴灌专用肥在凉州区邓马营湖示范田大田玉米亩产达到1500千克，较农户习惯用肥增产 200 千克，示范效果明显，种植户对产品认可度较高，起到了示范带头作用。

四、甜糯玉米原料品质控制集成技术

2013 年以来，甜糯玉米从农业机械精细整地、种子精选、科学包衣、单粒播种、干播湿出、膜下滴灌、水肥一体化技术应用到病虫草害无害化综合防治及机械化采收、运输，构建原料品质控制技术集成体系。甜糯玉米出苗率 90％以上，植株生长整齐度95％以上，鲜棒优级率 93％以上。每年建成万亩标准化甜糯玉米生产基地，辐射带动周边甜玉米种植面积 3 万亩，带动农户 1500 户，利用玉米秸秆作为饲草带动养殖户200 户。

五、制种玉米全程机械化技术

2013 年以来，依托农机合作社大农机优势资源，推广使用撒肥机、驱动耙、四膜八行播种机、自走式玉米去雄机、玉米收获机、灭茬耙、深耕犁等机械及配套设备，整地做到平、实、细，达到了"上虚下实无根茬，地面平整无坷垃"；四膜八行播种机可同时完成滴灌带铺设、铺膜、播种、覆土压膜工作，实现等行距播种，膜间距播行均匀一致，地膜、滴灌毛管和播种行笔直，单双粒调整，精确播种、排种均匀、破损率低、空穴率低于3％；自走式玉米去雄机，去雄率达到 95％以上；玉米联合收割机和多功能玉米收获机一次完成摘穗、剥皮、果穗集仓、秸秆粉碎等工序，收获干净、浪费少；深耕犁，碎土性能优越，犁地阻力小。田间作业全程机械化，解决了用工密集期受制于"人"的现状，提高了工作效率，降低了生产成本。减少用工量 50％，每亩节约地膜 16.8％，节约滴灌带27％，节水 15％，节省成本 400 元/亩。2014 年，制种玉米示范推广面积 1.5 万亩，2015年推广面积 2.8 万亩。

六、辣椒机械化移栽技术

2020 年，通过辣椒机械化移栽技术示范推广，实现辣椒移栽机械化作业，减少人工作业，扩大辣椒种植面积，促进黄羊河辣椒产业的快速发展，并带动周边地区辣椒种植机械化作业。

第四节 现代农业示范区

一、示范区的管理情况

（一）现代农业发展情况

黄羊河集团公司现代农业示范区于2006年建设以来，按照"产业化经营、规模化种植、机械化作业、标准化生产、专业化服务、集约化管理"的现代农业要求，至2022年培育形成了甜糯玉米产业、果蔬产业、马铃薯产业、特药产业和以农技服务、农机服务、农资供应、水电保障、仓储物流为主的现代农业服务业。

（二）示范区组织管理体系

2014年8月15日，集团公司下发《甘肃黄羊河集团公司农业现代化建设实施方案》，成立集团公司农业现代化建设工作领导小组，办公室设在农业管理部，张廷彦兼任办公室主任。

2016年12月29日，成立以杨轩为组长，王宗全、冯国强、王生兴为副组长，张廷彦、王晶、施忠年、彭小靖及各相关单位负责人为成员的黄羊河集团公司省级现代农业示范区重点建设与改革试点项目建设管理领导小组，办公室设在农业管理部，由张廷彦具体负责日常业务管理工作。

2018年5月3日，成立以李国忠为组长，王宗全、马金义、冯国强、王生兴、郭珉为副组长，王晶、张希成、张廷彦、彭小靖、施忠年、焦发源、于志辉、潘生树、王守财、李华斌、高鑫基、高长策、牟访、何东玮为成员的黄羊河集团公司省级现代农业示范区2018年度重点建设与改革试点项目管理领导小组。

二、示范效能

2013年以来，集团公司以现代农业示范区为平台，大力实施科技创新，农业新品种、新技术引进，窄膜种植，高效节水及水肥一体化，机械中耕除草，病虫害绿色防控，循环农业发展、绿色食品和有机食品的生产等先进技术得到推广，效能显著。2015年建成以甜糯玉米、芦笋为主认定的"国家级出口农产品质量安全示范区"基地2.5万亩。2016年建成"国家级制种玉米基地"1万亩。每年推广"膜下滴灌""水肥一体化""干播湿出"等新技术5万余亩；年推广"精量播种""物理、生物防虫"等新技术2万余亩；每年累计培训人员 8000 余人次，进一步提高了技术人员和种植户科技文化素质。

1. **推广各类新品种、新技术引进推广** 主要农作物良种覆盖率 100％，科技进步对农业增长的贡献率 58％。

2. **推广窄膜种植** 通过窄膜种植，作物通风透光好，便于机械中耕除草，实现亩节水 20％、节滴灌带 130 米、节地膜 1.2 千克，亩节约成本 40～70 元，较宽膜种植增加产量 3％。

3. **推广节水技术示范推广** 膜下滴灌较常规漫灌亩均节水 250 立方米以上，节水率 40％以上，肥料利用率提高 20％～30％，平均亩效益提高 200 元以上。

4. **推广肥料膜下集中条施** 通过膜下集中施肥，使肥料有效利用率提高 20％，减少化肥使用量 10～15 元，增加产量 2％。通过增施有机肥，使用生物有机肥的甜糯玉米较等价使用化肥的甜糯玉米亩增产 2％，使用生物有机肥的辣椒较正常使用化肥的辣椒亩增产 3％。

5. **推广机械中耕除草** 通过机械中耕除草，解决了土壤通透性、保墒、草害等问题。同时机械中耕除草比人工除草亩节约成本 20～30 元。

6. **推广病虫害统防统治、绿色防控技术** 在主栽作物上实行病虫害统防统治，利用农机合作社高架自走式喷药机对甜糯玉米集中连片进行防治。在食品、果蔬类作物上每年安装太阳能杀虫灯 700 盏、诱捕器 5000 套、粘虫板 5 万张，病虫害绿色防控覆盖面积达 3 万亩以上，各类主栽作物病虫害绿色防控技术示范，示范区虫口数量及用药次数大幅度减少，平均亩减少农药成本 10～20 元。

7. **资源集约利用，促进循环农业发展** 形成"甜糯玉米种植（加工）→秸秆等副产物加工饲料→畜牧养殖→有机肥→甜糯玉米种植"的循环模式；形成"滴灌带（其他管材）→田间使用→废旧管带、残膜→回收加工造粒→滴灌带（其他管材）"的循环模式。

8. **绿色食品和有机食品的生产** 截至 2022 年 12 月，集团公司有 14 个产品被认定为绿色食品（玉米系列产品 6 个、蔬菜产品 3 个、果品 5 个），8 个产品被认定为有机食品（玉米系列产品 4 个、果品 4 个）。有机食品认证基地 1700 亩（玉米基地 1000 亩，果园 700 亩）。

第二章 企业文化

"黄羊河文化"既具有农垦特色，又带有地方气息。其核心是：不怕困难，艰苦奋斗，挑战自我，追求卓越。

2000 年，黄羊河集团公司成立黄羊河集团公司企业识别系统（CIS，Corporate Identity System）决策委员会，全面导入 CIS 战略，实施企业文化"再造工程"，建立了 CIS 战略企业理念，确定了 CIS 战略企业行为规范，建立了 CIS 战略企业视觉识别系统。

2019 年 4 月 20 日，黄羊河集团公司"CIS 再造工程"总策划师、原北京思想者企业策划有限公司王克一行回访黄羊河集团公司，先后参观了食品公司、种业公司、莫高酒厂。

第一节 发展战略

一、战略规划

2014 年 4 月 4 日，黄羊河集团公司党委会决定，企业发展战略委员会主任由李宗文担任，成员由李大宏、吴伯成、马金义、李昌、安霞、王宗全、冯国强、黄斌、王卫、南永胜、王晶组成。

2015 年 5 月 20 日，黄羊河集团公司为及时总结公司"十二五"时期的发展经验，准确把握企业发展定位，及早统筹规划"十三五"期间发展目标、改革方向和重大举措，促进企业经济结构战略性调整和产业优化升级，决定成立"十三五"规划编制工作领导小组，组长由李宗文担任，副组长由吴伯成、李昌（常务）担任，成员由马金义、王宗全、冯国强、南永胜、王卫、王生兴、王晶、蔡桂芳、李金明、张廷彦、施忠年、李金浩、张希成、王开虎、张济海、高鑫基、杨增恩、吴伯虎、马继、马景辉、张爱、刘文鸿组成。领导小组办公室设在项目开发部，李昌兼任办公室主任。

2015 年 8 月 13 日，黄羊河集团公司制定《黄羊河集团公司"十二五"规划评估工作方案》，成立黄羊河集团公司"十二五"规划评估工作领导小组，组长由李宗文担任，副组长由吴伯成、王生兴（常务）担任，成员由李昌、马金义、王宗全、冯国强、南永胜、蔡桂芳、施忠年、王晶、李金明、张廷彦、张希成、李金浩、杨增恩、张济海、王开虎、高鑫基组成，领导小组办公室设在综合管理办公室，蔡桂芳兼任办公室主任。

2016年2月29日，黄羊河集团公司九届二次职工代表大会暨一届二次工会会员代表大会通过《甘肃黄羊河农工商（集团）有限责任公司"十三五"经济与社会发展规划》。

2017年4月26日，黄羊河集团公司制定《黄羊河集团公司科技发展"十三五"规划实施方案》。

2018年5月20日，黄羊河集团公司制定《甘肃黄羊河集团公司2018—2020年"三统一"经营规划》。"三统一"经营指土地、农资、农产品统一经营。

2018年6月1日，黄羊河集团公司董事会审议通过《甘肃黄羊河农工商（集团）有限责任公司董事会专门委员会议事规则》，规范公司董事会建设及四个专门委员会议事规则。战略委员会主任由李国忠担任，成员由慕自发、李昌、马金义、王宗全、冯国强、南永胜、王生兴、郭珉、蔡桂芳、张廷彦、施忠年组成。

2019年3月8日，黄羊河集团公司制定《黄羊河集团公司场容场貌三年（2019—2021）整治行动方案》，成立黄羊河集团公司场容场貌三年整治专项行动领导小组，组长由李国忠担任，副组长由马金义、慕自发、南永胜（常务）、王宗全、冯国强、王生兴担任，成员由蔡桂芳、王宝堂、张廷彦、刘凯军、施忠年、王晶、张希成、各单位党政负责人组成。领导小组下设办公室，南永胜兼任办公室主任。领导小组全面负责场容场貌三年整治行动的各项事宜。行动目标是到2019年底实现全域无垃圾目标，到2020年底生活垃圾收集转运处理设施覆盖率实现100%，公厕覆盖率达到100%，场部卫生厕所全覆盖，农场卫生厕所普及率达到70%，生活污水治理率明显提高，实现人居环境明显改善，农场环境干净整洁有序，美丽生态宜居宜业的场容场貌形象整体提升。

2019年3月20日，黄羊河集团公司制定《甘肃黄羊河集团公司"三统一"经营（2019—2021）三年行动实施方案》《甘肃黄羊河集团公司"亩节本增效100元"（2019—2021）三年行动实施方案》《甘肃黄羊河集团公司"千万元利润企业"（2019—2021）三年行动实施方案》《甘肃黄羊河集团种业公司"千万元利润企业"（2019—2021）三年行动实施方案》《甘肃黄羊河集团食品公司"千万元利润企业"（2019—2021）三年行动实施方案》。

2019年3月20日，黄羊河集团公司制定《甘肃黄羊河集团现代农业建设"三大一化"三年行动（2019—2021年）实施方案》。

2019年9月12日，黄羊河集团公司制定《黄羊河集团公司推动高质量发展五年（2019—2023年）行动方案》《黄羊河集团公司推动高质量发展五年（2019—2023年）行动方案重点任务分解表》《黄羊河集团公司推动所属单位高质量发展领导包抓方案》，行动方案提出：力争到 2023 年，蔬菜种植面积"翻一番"；到 2023 年，争取各类项目资金 1.5 亿元以上，完成固定资产投资 2 亿元以上；到 2023 年，农产品质量检测总体合格率达到 98％以上，绿色食品、有机农产品和地理标志农产品认证数达到 80％以上，力争企业百元主营业务收入成本每年同比降低 0.3 元。

2020 年 3 月 30 日，黄羊河集团公司成立"十四五"规划编制工作领导小组。

2020 年 4 月 30 日，黄羊河集团公司决定，董事会下设的战略委员会主任由李国忠担任，成员由马金义、慕自发、王宗全、冯国强、南永胜、王生兴、牟访、王开虎、蔡桂芳、张廷彦、施忠年组成。

2020 年 5 月 13 日—15 日，甘肃省农垦集团公司以视频会议形式召开甘肃农垦战略规划培训班。黄羊河集团公司中层正职以上人员参加，共 30 人。

2020 年 9 月 8 日，黄羊河集团公司提出了"十四五"期间拟建项目 8 个，即黄羊河集团食品公司和甘肃莫高实业发展股份有限公司污水处理站改扩建合建项目、黄羊河集团蔬菜公司育苗基地建设项目、黄羊河集团公司高标准农田建设高效节水灌溉项目、黄羊河集团食品有限公司新产品开发、自动化改造项目、黄羊河集团蔬菜公司加工厂扩建项目、马铃薯种植机械采购项目、黄羊河集团公司机井更新项目。

2020 年 9 月 18 日，根据甘肃省农垦集团公司下发的《关于上报"十三五"期间项目总结评价的通知》（甘垦集团规函字〔2020〕第 15 号）文件精神，黄羊河集团公司对 2016—2020 年的项目实施情况进行了全面梳理。

2020 年 11 月 4 日，黄羊河集团公司制定《甘肃黄羊河农工商（集团）有限责任公司"十四五"经济与社会发展规划（草案）》（2021—2025 年），并经公司党委会讨论通过，报甘肃省农垦集团公司审批备案。

2020 年 12 月 25 日，根据《甘肃省农垦集团有限责任公司国企改革三年行动实施方案（2020—2022 年）》（甘垦集团〔2020〕267 号）精神，黄羊河集团公司研究制定了《黄羊河集团公司关于甘肃省农垦集团国企改革三年行动实施方案的落实方案（2020—2022 年）》，对重点任务进行分解。

2021 年 1 月 11 日，黄羊河集团公司制定《甘肃黄羊河集团马铃薯事业部千万元利润培育方案》《甘肃黄羊河集团蔬菜有限责任公司千万元利润培育方案》。

2021 年 3 月 11 日，黄羊河集团公司制定《甘肃黄羊河集团公司落实企业安全生产主体责任三年行动专题实施方案》。

2021 年 6 月 7 日，黄羊河集团公司战略委员会人员组成调整，主任由李国忠担任，成员由王宗全、慕自发、冯国强、南永胜、王生兴、牟访、王开虎、蔡桂芳、张廷彦、施忠年、彭小靖组成。

2021年12月31日，黄羊河集团公司制定《甘肃黄羊河集团公司"十四五"现代农业"三大一化""三统一化"推进实施方案》《甘肃黄羊河集团公司现代农业产业生产经营"三大体系"建设推进实施方案》。

2022年6月15日，黄羊河集团公司战略投资委员会调整，主任由李国忠担任，成员由王宗全、慕自发、李有宝、王鑑、黄斌、陈胜利、张连忠、张廷彦组成。成立黄羊河集团公司改革领导小组，组长由李国忠担任，副组长由王宗全担任，成员由慕自发、南永胜、王生兴、牟访、王开虎、施忠年组成，领导小组办公室设在党委办公室。

二、品牌战略

2013年，黄羊河集团公司完成到期的三类商标的续展注册工作；扩展商标注册领域三类；完成食品公司甘肃省著名商标的续展认定工作；黄羊河集团公司被列为原农业部农垦局全国50家农机示范农场之一；被甘肃省政府认定为"2013年甘肃省技术创新示范企业"，是武威市2013年度唯一被认定单位；食品公司成为甘肃省出入境检验检疫协会团体会员单位，并获中国出口质量诚信企业称号，被先正达种业科技有限公司评为甜玉米（脆王）推广先进单位；糯玉米系列产品被甘肃省质量技术监督局评为甘肃省名牌产品；食品公司被甘肃省质量协会评为"AAA质量信用企业"；物流公司被中国物流与采购联合会评定为"AA级综合服务型物流企业"，成为甘肃省20家A级物流企业之一，武威市首家A级物流企业；及时解决子公司反映的商标使用方面存在的相关问题；继续高度重视认证工作，在完成子公司各类认证年审工作的同时，新增5项认证；获得各类国家授权专利12项，其中实用新型专利8项，外观设计专利4项。

2013年3月15日，黄羊河集团公司党委会决定，企业品牌战略管理委员会主任由李大宏担任，副主任由吴伯成、李松山（常务）、马金义、王宗全、冯国强、黄斌担任，成员由殷乐成、李金明、王赟、王生兴、张济海、马继、高鑫基、杨增恩、王开虎组成，办公室设在工业管理部。

2013年7月15日，黄羊河集团公司党政联席会议修订完善《黄羊河集团公司品牌战略实施方案》，方案提出了企业主体、龙头带动、科技创新三个工作原则，围绕主导产业、现代农业、品牌抓培育的工作方向。

2013年7月15日，黄羊河集团公司党政联席会议修订完善《黄羊河集团公司商标管理规定》，规定商标的使用管理、商标的保护、奖罚。

2014 年 4 月 4 日，黄羊河集团公司党委会决定，企业品牌战略管理委员会主任由吴伯成担任，副主任由李昌（常务）、马金义、王宗全、冯国强、黄斌、王卫、南永胜担任，成员由殷乐成、李金明、王赟、王生兴、张济海、马继、高鑫基、杨增恩、王开虎，办公室设在工业管理部。

2015 年 5 月，凉州区农产品质量监测站在黄羊河集团公司设立"凉州区黄羊河集团农产品质量监管检测中心"，将"黄羊河"食品、蔬菜、果品纳入甘肃省农产品质量安全监管追溯系统，实现了"省级平台"（内部追溯）与"国家平台"（外部追溯）协同应用。

2015 年 5 月 12 日，黄羊河集团公司党委会决定，企业品牌战略管理委员会主任由王宗全担任，副主任由李昌、马金义、冯国强、南永胜、王卫担任，成员由李金明、蔡桂芳、张廷彦、张济海、马继、高鑫基、杨增恩、王开虎组成，办公室设在工业管理部。

2017 年 3 月 15 日，黄羊河集团公司决定，企业品牌战略管理委员会主任由王宗全担任，副主任由冯国强、任伟、郭珉担任，成员由张廷彦、王开虎、张济海、焦发源、刘文鸿、马继、徐福红组成，办公室设在工业管理部。

2019 年，更新公司门牌、广告牌、产品包装，增加"甘肃农垦"字样，积极做好"甘肃农垦"主品牌创建工作。同步加大"黄羊河"品牌宣传，开展"三品一标"认证。

至 2019 年底，企业和产品的认证数量达到 27 项。其中，黄羊河集团公司认证 1 项，食品公司认证 16 项，蔬菜公司认证 5 项，果品公司（园艺场）认证 2 项，通过绿色食品认证的产品 8 个，通过有机食品认证的产品 2 个，通过质量安全认证的产品 4 个，通过 GMP（良好生产规范）认证的产品 2 个，通过质量管理体系认证的龙头企业 2 个，通过 IMC（整合营销传播）认证的龙头企业 1 个，企业"著名商标""驰名商标"认定 2 项，出口生产企业、出口种植基地备案认证 4 项，食品安全管理、定量包装等认证 4 项。产品获"名""优""特"称号的 16 项。其中，果品获得 8 项，甜糯玉米产品获得 6 项。"黄羊河"注册商标拓展到 13 类 100 多种，涵盖了企业所有产品。

2020 年 4 月 30 日，黄羊河集团公司决定，企业品牌战略管理领导小组，组长由冯国强担任，成员由张廷彦、雷金宏、于志辉、焦发源、王新锋、马继组成，办公室设在企业管理部。

2020 年 5 月 21 日，黄羊河集团公司召开品牌建设及《甘肃农垦 VI 视觉识别手册》应用专题培训会。

2021 年 6 月 7 日，黄羊河集团公司决定，企业品牌战略管理领导小组组长由王开虎担任，成员由张廷彦、李斌、于志辉、焦发源、王新锋、马继组成，办公室设在企业管理部。

2021 年 12 月 31 日，根据甘肃省农垦集团公司《关于征集 2021 年度企业品牌建设案例和品牌故事的通知》要求，黄羊河集团公司制定《甘肃黄羊河集团公司品牌传播案例》。

截至 2021 年，"黄羊河"商标注册拓展至 12 件 10 个大类 118 种，涵盖企业所有产品，利用甘肃省农垦集团公司大力发展"甘味"农产品的契机，加强与甘肃农垦内部单位的合作，积极参加甘肃省农垦集团公司组织的各类展销会，持续提升品牌知名度和影响力，黄羊河集团公司主要加工企业在产品质量认证、管理体系认证、公司资质审定等方面已取得各类认证 50 余项。其中，甜糯玉米系列产品、各类果品及洋葱、辣椒等通过有机产品认证 11 项，绿色食品认证 13 项；甜糯玉米系列产品、各类果品先后荣获省部级以上"名、优、特"产品称号 22 项。食品公司通过了 ISO9001（质量管理体系）、ISO22000（食品安全管理体系）、HACCP（危害分析临界控制点）、BRC（英国零售商协会）、HA-LAL（国际清真食品）等国内国际认证 5 项。"黄羊河"品牌被中国农垦经济发展中心收入中国农垦企业品牌目录。食品公司发展为全国领先的真空保鲜甜糯玉米生产企业，为"甘肃省农业产业化重点龙头企业"，为武威市土畜产品进出口企业商会副会长单位。食品公司被中国鲜食玉米、速冻果蔬大会组委会评为全国鲜食玉米产业加工三十强企业；被敦煌国际美食评审委员会评为敦煌国际美食入展企业；被中国绿色食品发展中心评为"最美绿色食品企业"之一；被国家质量监督检验检疫总局评定为质量信用管理 AA 级企业。"黄羊河"牌特用玉米系列产品为"甘肃省名牌产品"；"黄羊河"牌甜糯玉米获甘肃农业博览会金奖；"黄羊河"牌一颗好玉米甜玉米被中国鲜食玉米、速冻果蔬大会组委会评为优质品牌加工产品；"黄羊河"牌糯玉米获第二十届中国绿色食品博览会金奖。食品公司产品入驻第二十六届线上兰洽会武威馆，实现常年在线推介展示展销。"黄羊河"牌甜糯玉米荣登"甘味"农产品企业商标品牌榜单，位"甘味"农产品品牌目录之列。黄羊河集团园艺场为"全省绿色食品示范企业"，黄羊河集团公司系列果品获"中国农业博览会银质奖""中国绿色食品畅销产品奖""农业部优质农产品""甘肃省优质农产品""有机农产品""甘肃省名优苹果奖"等多项荣誉。"黄羊河"牌有机金冠苹果获第二十一届中国绿色食品博览会金奖。黄羊河蔬菜、马铃薯等产业已与国内大型食品加工企业的建立稳定的合作关系，辣椒、马铃薯单种作物每年种植万余亩。

2022 年 6 月 15 日，黄羊河集团公司决定，企业品牌战略管理领导小组组长由王生兴担任，成员由张廷彦、李斌、于志辉、焦发源、王新锋、马继组成，办公室设在企业管理部。

三、品牌宣传

2019年5月15日—16日，由麦当劳（中国）供应商广州金鲜食品有限公司牵头，来自美国、新加坡、马来西亚等国家的专业摄像团队对黄羊河食品公司有关管理人员、技术人员、种植户进行专题访谈，并首次对甜玉米种植基地农业七队5号地、农业十队二干东及公司厂区进行了拍摄宣传。

2019年5月19日，黄羊河节水材料公司代表黄羊河休闲农业旅游区参加了由武威市文体广电和旅游局主办的以"文明旅游、为中国加分、为甘肃加油、为武威喝彩"的主题宣传活动。

2020年7月18日，"大衣哥"朱之文为"黄羊河"甜玉米宣传。在武威市凉州区蜻蜓村举办了网络扶贫助农，"大衣哥"朱之文携粉丝团直播带货节目，"黄羊河"甜玉米参与直播活动。

2021年7月，甘肃农垦黄羊河集团食品有限公司在武威开设首家旗舰店。

四、人才战略

2014年5月4日，黄羊河集团公司党委会制定《黄羊河集团公司2014年度人才引进及员工培训计划》，从甘肃农业大学、河西学院、兰州商学院等高等院校招聘农学、财会、食品科学与工程、种子科学与工程等专业人才31人。

2014年，全年共组织干部员工省内、省外学习培训20余次；干部在线学习培训、专业技术人员继续教育数次，共培训312人次；聘请专家教授来公司作专题报告8次，培训员工1173人次；内部轮训员工3755人次；取得相应专业技术职务资格62人，其中，聘任到高级专业技术岗位1人，中级专业技术岗位2人，初级专业技术岗位59人。

2016年，培训管理及业务人员1516人次，轮训内部员工12480人次，派出管理干部至省外、省内培训365人次，145名管理人员全部参加甘肃农垦党校干部在线学习培训。

2017年11月9日，黄羊河集团公司举办2017年度专业技术人员继续教育培训班。由酒泉广播电视大学王生宏老师主讲，农业、工程、政工系列专业技术人员共120人参加。

2018年3月21日，黄羊河集团公司制定《黄羊河集团公司人才队伍建设实施方案（试行）》，实施时限为2018年1月至2022年12月，方案提出公司建立"统分结合"的人才培养体系，机关各部门和各分公司、子公司作为人才培养的基地，负责人才培养对象的初步甄选和人才培养计划的具体实施，人力资源部作为公司人才培养的组织协调部门负责人才培养规划、人才甄选标准和程序的制定、培养对象的确定和培养计划的统筹安排。通过完善人才引进和培养机制，合理地引进人才，挖掘、开发、培养公司后备人才队伍，建立公司人才梯队，使人才优势成为集团公司获得市场竞争、赢得产业发展的核心优势，使人力资源成为集团公司跨越式发展的有力推手。

2019年5月8日，黄羊河集团公司制定《黄羊河集团公司2019年员工培训计划》，对员工培训做量化要求：全年累计培训时间不少于5天，培训面100%。

2020年，黄羊河集团公司制定《黄羊河集团公司人才引进实施办法》，以提高工资待遇、提供公租住房、争取就业补贴等方式，为吸引人才、留住人才做努力。通过网络招聘与现场招聘的方式，经甘肃省农垦集团公司人力资源部初审和面试，共招聘大中专院校毕业生20名。通过网络视频、手机视频、视频会议、集中培训等方式组织培训26次，外请专家来公司培训5次，共计培训管理业务人员830人次，内部轮训员工达到6349人次。

2022年1月21日，黄羊河集团公司根据生产经营岗位需求实际，培训新招人员11人，转岗人员10人，共21人。

截至2022年3月15日，黄羊河集团公司签订岗位合同816人，其中，企业负责人（含其他班子成员）8人，职业经理人1人，中层管理人员71人，一般职工231人，家庭农场职工505人，合同签订率100%。

2022年5月13日，黄羊河集团公司组织召开竞聘上岗会议，来自分公司、子公司的15名竞聘者对机关部室5个工作岗位进行公开竞聘。

2022年6月23日，黄羊河集团公司党委会制定《黄羊河集团公司"十四五"时期（2021—2025年）人才培养规划》。集团公司成立人才工作领导小组，组长由党委书记、董事长担任，副组长由党委副书记、分管人才工作副总经理担任，成员由党委办公室、组织人事部、企业管理部、财务资产部、纪委办公室及各分公司、子公司党政负责人组成，领导小组办公室设在组织人事部。人才培养分为四个阶段，分别为育苗、壮苗、成才、栋梁四个计划，旨在通过对公司中层管理人员的培养，使其逐步成长为全面的人才，为公司高层储备人才。人才培养规划坚持逐级培养原则，根据办事员—助理业务员（副队级）—业务员（队级）—业务主办（主办级）—副主任（副科级）—主任（科级）的晋级顺序逐级晋升。

第二节　宣传报道　调研活动

一、宣传报道

（一）宣传载体

黄羊河集团公司宣传载体主要有黄羊河报、黄羊河集团公司网站、电子屏、微信公众号、黑板报、广播等。

2013年开始，黄羊河集团公司及下属各分公司、子公司充分利用电子屏、黑板报、横幅、黄羊河报、微信公众号等作为宣传载体，宣传国家的各项方针政策、重要会议精神传达、活动安排通知、典型先进人物报道、发出倡议、上级领导莅临报道等都依靠这些媒体进行。

《黄羊河报》为宣传企业文化的月报，2012年改版，分四大版面，一版二版政策新闻，三版生产技术，四版文化生活。2018年甘肃省农垦集团公司组织出版《甘肃农垦报》，黄羊河集团公司企业宣传平台调整至《甘肃农垦报》和黄羊河企业微信公众号，至此《黄羊河报》停办。

2012年，黄羊河集团公司机关办公大楼落成，安装电子屏一个，主要用于滚动播放各类学习标语、安全生产标语、疫情防控标语等信息。

2013年，黄羊河集团公司建立有公司网站（黄羊河集团公司网址：www.hyhjt.com）。成立网络信息编辑部，办公室设在综合管理办公室。总编由殷乐成担任。2015年对集团公司网站进行网页的重新设计和改版，网址更改为http://www.hyhjt.cn。2017年黄羊河集团公司网站停运。

2013年6月，在文化广场东北角安装PLOLED户外全彩屏电子屏1个，播放内容为时政要闻、黄羊河集团公司宣传片、内部文艺汇演视频、红色影片等，每天定时播放。

2016年11月，微信公众号成为宣传的主要载体，通过文字或视频报道各类时政要闻、先进事迹、喜讯简讯、重要领导莅临、集团内部等各类事件。

2017年6月2日，黄羊河集团公司在影剧院大门安装6.3平方米电子屏一个，用于播放黄羊河文化宣传标语。

2021年5月28日，黄羊河新华社区成立，实施智慧广播项目，即"黄羊河新华社区智慧广播大喇叭"，新华社区在各农业分场各农业连队安装民情大喇叭21个，在集团场区安装民情大喇叭6个，共安装27个。通过有线广播，每天早、中、晚定时向广大居民播报时政要闻（甘肃党建要闻、凉州融媒新闻）、近期政策通知、疫情防控常态化宣传、普法安全教育常识、党史新闻类、人文关怀类等各方面内容。有线广播在宣传党的路线、方针、政策、配合黄羊河集团公司生产、学习等中心任务，促进"双文明建设发展"，丰富职工文化生活等方面继续发挥重要作用。

黑板报及横幅主要作为基层单位宣传载体。

（二）宣传制度完善

2016 年 11 月 4 日，黄羊河集团公司党委会制定《甘肃黄羊河集团公司网站、微信公众号管理办法》。网站信息发布实行统一管理，通讯员所在单位或部门负责人审核，报综合管理办公室负责人审核，呈公司相关领导审核，公司主要领导审定。

2020 年 6 月 11 日，黄羊河集团公司党委会修订完善《甘肃黄羊河农工商（集团）有限责任公司微信公众号管理办法（试行）》。办法明确：党委办公室和党群工作部负责信息管理。党群工作部为主要工作联系部门，负责资料收集、整理、发布，并负责微信公众号的后台操作和信息发布、更新、留言反馈和形象推广等，并督促各单位、部门及时提交新信息。党委办公室负责信息的审核把关工作。

2022 年 4 月 13 日，黄羊河集团公司修订完善《黄羊河集团公司新闻宣传工作管理办法》，新增通讯员队伍建设与管理、考核奖励。

（三）宣传报道数量

2013—2017 年，黄羊河集团公司宣传报道主要以《黄羊河报》为载体。2016 年 11 月，启用黄羊河微信公众号，宣传报道开启线上线下双通道。

2018 年以来，黄羊河集团公司坚持"134 发展思路"，聚焦中心任务开展宣传工作。2018—2022 年，共对内外投稿 1227 篇。其中 2020 年，焦发源的《紧跟市场调结构　辣椒产业显身手——黄羊河集团公司积极探索辣椒产业发展》、李斌的《黄羊河万亩马铃薯丰收在望》两篇稿件被评为"《甘肃农垦报》好新闻"；2020—2021 年黄羊河集团公司被甘肃省农垦集团公司评为"甘肃农垦新闻报道先进集体"；2020—2022 年，李贵斌、李斌、蔡廷伟三名通讯员分别被评为"甘肃农垦优秀通讯员"。2013—2022 年宣传报道数量见表 5-2-1。

表 5-2-1　2013—2022 年宣传报道数量统计表

单位：篇

年份	对内宣传报道篇数	对外宣传报道篇数	宣传报道总数量
2013 年	177		177
2014 年	169		169

（续）

年份	对内宣传报道篇数	对外宣传报道篇数	宣传报道总数量
2015 年	205		205
2016 年	188		188
2017 年	184	44	228
2018 年	196	26	222
2019 年	175	21	196
2020 年	153	89	242
2021 年	207	79	286
2022 年	199	82	281

二、调研活动

2013—2018 年，黄羊河集团公司每年在公司管理业务人员中组织开展调研论文征集评选活动，并编印《黄羊河集团公司优秀论文集》。其间共收到论文 700 多篇，评选出优秀论文 238 篇，其中 2014 年度企业调研活动参与人员多，涉及范围广，征集稿件 231 篇，为历年之最。调研论文内容涉及企业经营管理、人力资源开发、企业文化、企业发展、农产品基地建设及作物栽培技术等领域。2019 年起，企业调研论文征集活动停止。2013—2018 年调研论文情况见表 5－2－2。

表 5－2－2　2013—2019 年调研论文情况统计表

单位：篇

年份	一等奖篇数	二等奖篇数	三等奖篇数	获奖论文篇数	论文总篇数
2013 年	10	15	23	16	64
2014 年	10	15	25	4	54
2015 年	10	15	25	5	55
2016 年	5	10	15	5	35
2017 年	2	3	5	5	15
2018 年	2	3	5	5	15

第三节　精神文明建设

一、精神文明建设管理

（一）管理机构

2013 年以来，精神文明建设工作均由党委书记负责，办公室先后设在综合办公室和党委办公室。

（二）管理形式

2013 年以来，黄羊河集团公司以"文明上网、道德讲堂、文明风尚、志愿者服务、扶贫帮困"等形式，组织开展精神文明工作。

2013 年 3 月 1 日，黄羊河集团公司制定《关于开展"文明上网"宣传教育活动实施方案》，加强和改进企业网络文化建设，营造公司健康文明的网络文化环境。

2013 年 2 月 8 日，黄羊河集团公司制定《2013 年度开展"道德讲堂"活动的实施方案》。"道德讲堂"以倡导勤政廉洁、爱岗敬业、知礼守礼、"中国梦"等为主要内容，将"道德讲堂"纳入干部员工教育培训体系。

2013 年 3 月 10 日，黄羊河集团公司制定《甘肃黄羊河集团公司 2013 年文明风尚传播活动实施方案》《甘肃黄羊河集团公司文明风尚手机短信传播内容》。要求通讯员在网络文明传播工作中要发挥带头示范作用。网络文明传播志愿者工作纳入创建文明单位活动的考核内容，发展网络文明传播志愿者，大力开展文明传播活动。

2013 年 5 月 14 日，黄羊河集团公司成立文明风尚传播志愿者队伍。文明风尚传播志愿者办公室设在综合管理办公室。综合管理办公室负责文明风尚传播活动的协调策划、信息上报等工作。文明风尚传播志愿者以党员、团员、青年为主力军，邀请入党积极分子、工作骨干、有意向参与的同志加入志愿者队伍。以开展践行文明风尚、创建和谐企业活动为载体，坚持"以人为本、和谐创建、全员参与、共同享有"的指导思想和创建原则，积极践行"忠诚、为民、公正、廉洁"的核心价值观，全面提升干部职工的整体文明素质，提升公司的整体文明程度。

2015 年 3 月 23 日，黄羊河集团公司制定《开展"结对子、种文明"活动实施方案》。

2016 年 5 月 16 日，根据黄羊河集团公司制定《黄羊河集团纪念建党 95 周年系列活动实施方案》。成立纪念活动筹备领导小组，负责活动筹备全面工作，并对主要事项进行研究。领导小组组长由吴伯成担任，副组长由李昌、南永胜担任，领导小组办公室设在综合管理办公室，蔡桂芳兼任主任。

2013—2016 年，每年职工代表大会由党委书记作精神文明建设报告，并经职代会审议。2017 年开始，将精神文明建设工作并入职代会经济工作报告。

2017 年 6 月 6 日，成立黄羊河集团公司全国文明单位自查验收工作领导小组。组长由慕自发担任，副组长由李昌担任，领导小组办公室设在党委办公室，由刘凯军兼任办公室主任，负责全国文明单位自查验收工作。

2017 年 8 月 26 日，黄羊河集团公司党委召开创建"全国文明单位"推进会，会议由集团公司党委副书记、纪委书记李昌主持，中层正职人员参加。

2020年6月12日下午，黄羊河集团公司开展文明礼仪培训活动，武威职业学院副教授赵炯星授课。

二、精神文明建设活动

（一）党内争先创优活动

2013年度（黄羊河建场60周年），黄羊河集团公司表彰优秀共产党员15人，分别为：焦发源、马进军、蒋永祥、赵大荣、高长策、薛新峰、王开虎、张济海、王平、陈学艺、高长智、李桂林、王威河、南永胜、陈卫国。

2015年度，甘肃省农垦集团公司表彰黄羊河集团公司党委、黄羊河集团公司节水材料科技有限责任公司党支部为先进基层党组织，张济海为优秀共产党员，吴伯成、夏玉昌为优秀党务工作者。

2015年度，黄羊河集团公司表彰先进基层党组织5个，分别为五分场党支部、良种场党支部、种业公司党支部、节水材料公司党支部、园艺三队党支部；优秀共产党员35名，分别为谷宗明、陈天山、刘学军、盛福宗、陈志礼、郭天成、屈明、赖富强、赵大荣、白玉红、张东生、徐秋文、刘万涛、吴旭东、赵越峰、尹尚琛、相生明、吕斌、高红、刘兴龙、杨兴、陈卫国、梁永忠、郑亚海、严宗庆、张志文、满伯义、罗永兴、王宝堂、李江、尹文秀、王英武、张廷彦、施忠年、王仰峰；优秀党务工作者10名，分别为汪洋海、吴伯虎、李宗全、许德彪、王茂元、马景辉、刘强、夏玉昌、李金浩、蔡桂芳。

2016年度，武威市委表彰王生德为优秀共产党员，马国军为优秀党务工作者，良种场党支部为先进基层党组织。

2018年度，黄羊河集团公司表彰优秀党支部2个，分别为节水材料公司党支部、五分场党支部；优秀共产党员11名，分别为汪雪花、刘学军、郭天成、张磊、牟访、王开虎、张生华、高红、蔡桂芳、张廷彦、顾磊祖。

2019年度，黄羊河集团公司表彰优秀党支部2个，分别为五分场党支部、节水材料公司党支部；优秀共产党员10名，分别杨富强、张世文、李武山、顾军祖、高长策、徐斌、苏志俊、刘占奇、马国军、李苏山。

2020年度，刘文鸿被秦安县脱贫攻坚工作协调领导小组授予全县优秀驻村帮扶工作队员。

2020年度，黄羊河集团公司党委表彰优秀党组织2个，分别为节水材料公司党支部、五分场党支部；优秀共产党员 14 人，分别为焦学祖、张世文、张艳、李海霞、张绍宇、李俊亭、刘伟静、任晋萱、赵鹏、王平、孙豫霞、周勇、段奎、李苏山；优秀党务工作者 2 名，分别为许德彪、刘凯军。

2020 年度，甘肃省农垦集团公司"两优一先"表彰优秀共产党员 2 人，分别为于志辉、李俊亭；优秀党务工作者 1 人许德彪；先进基层党组织 1 个五分场支部委员会；优秀共青团员 1 人徐苗。

2021 年度，黄羊河集团公司表彰先进党支部 2 个，分别为五分场党支部、节水材料公司党支部；优秀共产党员 14 名，分别为于爱堂、邱登斌、高尚华、李庆春、刘强、石平兄、马天伟、王开新、满百祯、刘占奇、马继、刘晓凤、胡世泰、张廷彦；优秀党务工作者 3 名，分别为张旺财、顾磊祖、高红。2022 年度，黄羊河集团先进党支部 2 个，分别为五分场党支部、食品公司党支部；优秀共产党员 13 名，分别为潘生树、王伟坤、王万金、马金军、赵鹏、白玉红、陈天山、吕斌、苏志俊、高长策、钱富强、张廷彦、王新锋；优秀党务工作者 3 名，分别为张济海、冉文军、张旺财。2013—2021 年黄羊河集团公司优秀党支部、优秀党员、优秀党务工作者情况见表 5-2-3。

表 5-2-3　2013—2021 年黄羊河集团公司优秀党支部、优秀党员、优秀党务工作者统计表

年份	先进党支部（个）	优秀共产党员（名）	优秀党务工作者（名）
2013 年			
2014 年			
2015 年	5	35	10
2016 年			
2017 年			
2018 年	2	11	
2019 年	2	10	
2020 年	2	14	2
2021 年	3	16	4
2022 年	2	13	3

备注：2013 年、2014 年、2016 年、2017 年黄羊河集团公司党委未进行支部党员评先评优。

（二）党外创模评选及表彰活动

2013 年度（黄羊河建场 60 周年），黄羊河集团公司表彰先进单位 5 个，分别为良种场、水电站、种业公司、食品公司、果品公司；先进工作者 16 个，分别为张爱、李华斌、牟访、于爱堂、李宗全、李金泉、王生兴、雷金宏、达文元、高鑫基、马继、汪洋海、赖建福、殷乐成、张惠兰、杨增恩。

2013 年度，总经理特殊奖先进单位、先进个人。先进单位 8 个：一等奖为种业公司、

良种场，二等奖为项目部、财务资产部、果品公司，三等奖为物流公司、农机合作社、农业五分场；先进个人（工作者）3人，分别为张廷彦、张希成、张济海；生产能手（先进生产者）17名，分别为王红梅、沈登忠、王生德、相生明、满佰宏、张天虎、杨兴、胡海、李生忠、杨喜、赵福祥、刘国良、陈德有、李庆军（水电站）、安兆莲、于福存、李庆军（农机合作社）。

2013年，黄羊河集团公司财务总监安霞被武威市委、市政府授予2012年度"武威市三八红旗手"荣誉称号。

2013年度，黄羊河集团公司评选出五星级诚信家庭农场908户，四星级诚信家庭农场135户，三星级诚信家庭农场24户。

2013年度，黄羊河公司党委会授予种业公司等5个单位"文明单位"荣誉称号；授予张济海等30名同志"文明员工"荣誉称号并予以表彰奖励。文明单位：蔬菜公司、商贸公司、农业良种场、农业五分场、果品公司。文明员工：张济海、黄斌、王生兴、蒋永祥、杨豪隆、马景辉、孙富山、杨兴、苏志俊、潘生树、王平文、张爱、刘学军、任用平、王万金、赵福祥、王建堂、王培义、白玉宏、吴伯虎、王慧英、陈卫国、郑亚海、张志文、严宗庆、苏先军、邓宗礼、刘保东、李金浩、王仰峰。

2013年12月，王宗全被农业部评为"全国农业先进个人"。

2014年度，黄羊河集团公司表彰总经理特殊奖先进单位（部门）5个：分别为一等奖为国土资源所、人力资源部，二等奖为农机合作社、果品公司，三等奖为种业公司、良种场；先进个人1名张廷彦；先进工作者10名，分别为张希成、李金浩、吴伯虎、王守财、齐德海、于志辉、满香平、马继、张爱、邱登斌；先进生产者40名，分别为史子寿、马国宏、胡海、朱红德、严胜、王寿德、杨军、王万金、胡永生、化德成、张金泉、陈兴有、李生武、徐铭、孟泽山、白玉红、李作龙、王永基、李军、张富强、于明辉、张绍宇、苏树德、王生德、苏志俊、南佳利、段瑞萍、刘兴龙、张天虎、殷永红、吴清霞、杨青山、赵新刚、李庆军（水电站）、孟军山、穆艳、张凤琴、牛玉梅、严宗庆、刘生虎。

2014年度，黄羊河集团公司评选诚信单位、诚信家庭。诚信单位：五星级单位15个，分别食品公司、良种场、节水材料公司、五分场、派出所、一分场、二分场、四分场、三分场、社区、农机合作社、招待所、水电站、热力站、物流公司；四星级单位5个，分别为医院、种业公司、商贸公司、蔬菜公司、建材公司。诚信家庭农场：五星级诚信家庭农场901户，四星级诚信家庭农场163户，三星级诚信家庭农场15户，二星级诚信家庭农场5户。

2014年，甘肃省农垦集团公司表彰黄羊河集团公司优秀青年人才6人，分别为牟访、王开虎、施莉莉、刘占奇、刘晓林、邱登斌。

2015 年度，黄羊河集团公司总经理特殊奖表彰先进单位（部门）4 个，分别为物流公司、良种场、农业管理部、社会事业工作部；表彰先进工作者 7 名，分别为王生德、苏志俊、牟访、冉文军、王新锋、达文元、张斌武；表彰高产示范户（先进生产者）10 名，分别为李作龙、孙涛、张润花、张万兴、郑运领、魏延松、王成刚、高学基、谢军、王世辉。

2015 年度，甘肃省农垦集团公司表彰黄羊河集团公司先进工作者 5 人，分别为牟访、冉文军、王新锋、达文远、张斌武；高产创建奖 10 人，分别为李作龙、孙涛、张润花、王世辉、张万兴、郑运领、魏延松、王成刚。

2016 年 5 月 17 日，黄羊河集团公司工会委员会被授予甘肃省模范职工之家；黄羊河集团节水材料公司工会小组、黄羊河集团公司五分场工会小组被授予甘肃省模范职工小家；项目开发部工会经费审查委员会主任王晶，工业管理部副主任、工会妇女工作委员会主任刘凯军被授予优秀工会积极分子。

2016 年 12 月，王开虎被农业部授予先进个人。

2016 年度，总经理特殊奖表彰先进单位 4 个：一等奖 2 个，分别为蔬菜公司、农业五分场；二等奖 2 个，分别为种业公司、良种场。先进工作者 2 名，分别为蔡桂芳、王小亮。高产示范户（先进生产者）10 名，分别为胡金生、陈平生、王永吉、王向勇、刘玉萍、王世辉、杨勇、田桂兰、王生虎、魏菊花。

2016 年度，张廷彦、脱利强、魏菊花 3 人被甘肃农垦系统授予劳动模范表彰；甘肃黄羊河农工商（集团）有限责任公司五分场被甘肃农垦系统授予先进集体表彰。

2017 年度，黄羊河集团公司表彰先进单位（集体）2 个，分别为农业一分场、总经理办公室；先进工作者 19 名，分别为杨富强、李文喜、高尚华、马金军、冉文军、焦学祖、买学军、王国亮、狄建勋、卢娜、南佳利、马景辉、刘强、殷永红、高长智、王仰峰、王晶、白兴宝、任晋萱；先进生产者 11 名，分别为孙有其、和丰年、刘文明、严培平、买学礼、王永基、苏志俊、沈登忠、葛玉玲、许凯元、俞玉瑞。

2016—2018 年，张廷彦、王守义、李建平被授予甘肃农垦科技进步奖黄羊河集团公司二等奖；2016—2018 年黄羊河集团种业公司苏志俊被授予甘肃农垦优秀科技工作者。

2018 年度，甘肃省农垦集团公司表彰黄羊河集团公司为先进单位，王开虎、牟访为先进工作者。

2018 年度，黄羊河集团公司表彰先进单位 2 个，分别种业公司、良种场；先进工作者 13 名，分别为潘生树、王守财、李华斌、黄金海、马天伟、雷金宏、满百祯、于明辉、殷永红、刘强、李庆军（合作社）、买学军、李兵强；先进生产者 6 名，分别为白玉红、许凯元、苏志俊、沈登忠、蔡兆福、丁贵生。

2018年，水电站职工李庆军获全国安康杯知识竞赛三等奖。

2019年度，甘肃省农垦集团公司表彰黄羊河集团公司为先进单位。

2019年度，黄羊河集团公司表彰先进单位2个，分别为四分场、种业公司；先进工作者12名，分别为焦学祖、李海霞、李俊亭、陈天山、王新锋、雷金宏、焦发源、马继、刘强、买学军、齐德海、李斌；先进生产者8人，分别为梁国喜、高尚华、吴旭东、卢娜、赵彦杰、殷永红、王婧、谢斌。

2020年度，甘肃省农垦集团公司表彰黄羊河集团公司为先进单位。

2020年度，黄羊河集团公司表彰先进单位2个，分别为马铃薯事业部、食品公司；先进工作者14名，分别为焦学祖、刘学军、刘耀义、马金军、顾磊祖、马天伟、于志辉、马继、王新锋、刘兴龙、买学军、刘强、李斌、白兴宝；先进生产者11名，分别为钱国帅、忻峰、李武山、屈明、孙耀武、徐秋文、马亚斌、殷永红、李玉军、寇俊荣、陈学翼。

2020年度，黄羊河集团公司被甘肃省农垦集团公司授予新闻报道先进集体，李贵斌获《甘肃农垦》优秀通讯员称号；焦发源的《紧跟市场调结构　辣椒产业显身手——黄羊河集团公司积极探索辣椒产业发展》报道获《甘肃农垦》好新闻，李斌的《黄羊河万亩马铃薯丰收在望》获《甘肃农垦》图片新闻表彰。

2021年度，甘肃省农垦集团公司表彰黄羊河集团公司为先进单位。

2021年度，黄羊河集团公司被甘肃省农垦集团公司授予新闻报道先进集体，李斌获甘肃农垦优秀通讯员称号。

2021年度，黄羊河集团公司表彰先进单位（部门）2个，分别为食品公司、马铃薯事业部；先进工作者13名，分别为杨富强、王伟坤、李玉军、顾磊祖、李登奇、于志辉、马继、焦发源、刘兴龙、刘强、张斌武、李斌、李苏山；先进生产者13名，分别为张普昌、刘辉、李武山、白兴宝、谷军寿、苏永生、王德林、马强、苏志俊、王宏军、李庆军（水电站）、薛继伟、张绍宇。

2022年度，甘肃省农垦集团公司表彰黄羊河集团公司为先进单位。蔡廷伟获甘肃农垦优秀通讯员称号。2022年度，黄羊河集团公司表彰先进单位（部门）3个，分别为二分场、蔬菜公司、马铃薯事业部；先进工作者15名，分别为潘生树、王伟坤、吴伯虎、李玉军、冉文军、李登奇、刘占奇、焦发源、王新锋、杨发源、钱富强、刘兴龙、刘强、李斌、李苏山；先进生产者12名，刘英、刘学成、白军、王永堂、张东生、孙涛、卢娜、满佰宏、侯志民、李健、张斌武、李金柱。2013—2022年黄羊河集团公司先进单位（集体）和个人情况见表5-2-4。

表 5 - 2 - 4　2013—2022 年黄羊河集团公司先进单位（集体）和个人统计表

年份	先进单位（部门）（个）	先进生产者（名）	先进工作者（个人）（名）
2013 年	8	17	3
2014 年	6	40	11
2015 年	4	10	7
2016 年	4	10	2
2017 年	2	11	19
2018 年	2	6	13
2019 年	2	8	12
2020 年	2	11	14
2021 年	2	13	13
2022 年	3	12	15

第四节　思想政治工作

一、思想政治工作机构

黄羊河集团公司思想政治工作由党委直接领导、机关有关部门办理业务、党总支及基层各党支部具体实施，全公司上下形成完整的思想政治工作组织体系。2013—2016 年思想政治工作业务由综合办公室负责，2017—2019 年思想政治工作业务由党委办公室负责，2020—2021 年思想政治工作业务由党群工作部负责，2022 年思想政治工作业务由党委办公室负责。

二、围绕生产经营开展思想政治工作

2013 年 3 月 19 日，黄羊河集团公司制定《道德经典诵读活动实施方案》，以"传承传统文化，提高道德素养，培育民族精神"为主题。

2017 年 5 月 4 日，黄羊河集团公司制定《黄羊河集团公司深入开展"畅谈中国共产党第十八次全国代表大会以来变化、展望中国共产党第十九次全国代表大会胜利召开"活动实施方案》。成立活动领导小组，组长由李昌担任，副组长由郭珉担任，成员由刘凯军、王威河、张廷彦、夏玉昌、徐福红、王英武、何东玮组成，领导小组办公室设在党委办公室，由刘凯军兼任办公室主任。

2018 年春节前夕，黄羊河集团公司党委书记慕自发和工会主席郭珉代表集团公司，慰问离退休老干部以及困难老党员、困难职工，并送去了慰问金。

2019 年 1 月 28 日，黄羊河集团公司组织开展建档立卡困难职工"双节慰问"活动，在公司党委委员、副总经理南永胜带领下，党委办公室、各工会小组工作人员向困难职工家庭送去了大米、清油、春联等年货及慰问金，共走访慰问困难职工家庭 25 户，发放慰问金及慰问品 2.85 万元。

2020 年 4 月底至 5 月中旬，按照武威市政府制定的"十查十看"要求，黄羊河集团公司 44 名帮扶干部先后两轮深入古浪县新堡乡尖山村 63 户帮扶对象家中，通过与农户深入交流，进一步了解群众生产生活困难，修改完善"一户一策"精准脱贫计划，对"两不愁、三保障"等方面的扶贫政策落实情况进行了核查，巩固脱贫攻坚成果。

2020 年 6 月 11 日，黄羊河集团公司制定《黄羊河集团党员信教和涉黑涉恶问题专项整治实施方案》，采取边教育、边排查、边转化、边处理的方式进行。

2020 年 10 月 29 日，黄羊河集团公司邀请武威市委党校副教授党晓庆在十月份理论学习中心组学习会（扩大）暨《习近平谈治国理政》（第三卷）宣讲报告会上作专题报告，75 人参加。

2020 年 12 月 3 日，武威市委宣讲团成员、武威市十八中教师王美玲到黄羊河集团公司作《认真学习贯彻党的十九届五中全会精神　为构建和谐绿色平安新武威而不懈努力》专题报告。王美玲主要从"十三五"时期我国经济社会发展取得辉煌成就、准确把握党的十九届五中全会的精神实质、贯彻落实党的十九届五中全会精神，全力做好当前工作、坚持党的全面领导，为实现"十四五"规划和 2035 年远景目标提供政治保证四个方面进行了宣讲，72 人参加。

2021 年春节前，黄羊河集团公司对全场范围内的困难党员、困难职工进行了摸底排查，领导班子成员按照党建联系点制度，分头走访，重点对因病、因残、因学致困的困难党员、困难职工进行了慰问，对抗美援朝老战士、离退休干部、老干部遗孀进行了慰问，慰问对象达 24 人次。

2021 年 9 月 6 日，黄羊河集团公司按照国企改革三年行动重点任务，结合党史学习教育，黄羊河集团公司开展党建融入生产经营典型创建活动。从 2021 年 9 月开始，长期坚持。要求达到"六有"标准：有鲜明的创建主题、有明确的创建目标、有完善的创建机制、有深刻的工作内涵、有浓厚的创建氛围、有广泛的影响力。

2022 年 2 月 14 日，黄羊河集团公司党委对 31 名生活困难党员、老党员等进行了走访慰问，发放慰问金 3.5 万元。

2022 年 3 月 14 日，制定《关于开展学习贯彻新发展理念专题宣讲工作的通知》。要求各支部要充分发挥职工书屋、户外大屏、宣传栏、大喇叭、微信 QQ 群的作用，广泛开展对象化、互动化宣讲，推动新发展理念在广大党员干部、职工群众中走深走心。

2022 年 9 月 30 日，黄羊河集团公司对离休干部走访慰问，做到"慰问一人、温暖一户、带动一片"，发放慰问金 4000 元。

2022 年 10 月 8 日，制定《甘肃黄羊河集团公司党委关于搭建载体平台进一步巩固推进党建工作与生产经营深度融合的实施方案》。要求各支部结合实际落实集团公司"321"党建模式（"3"即：党建基础保障、群众基础保障、安全基础保障；"2"即：企业增效、职工增收；"1"即：党建工作与生产经营深度融合）。开展以"六个一"（即一次座谈会、一次观摩会、一次专题培训会、一次检查评比、一次汇报交流、一次表彰奖励）来推动党建工作与生产经营深度融合，推动企业高质量发展取得新成就。

2022 年 12 月 12 日，黄羊河集团召开党建工作与生产经营深度融合工作交流座谈会，共 20 人参加。会议指出，党建工作与生产经营深度融合，各支部要以两个"一以贯之"为根本，落实全面从严治党总要求，聚焦主责主业，充分结合实际，以企业高质量发展为出发点和落脚点，找准切入点、黏合点，以"党建＋技术服务"等"一支部一品牌"建设为抓手，加强沟通交流，学习借鉴典型案例，推动党建融入生产经营工作更加扎实有效开展。

第五节　群众文化生活

一、群众文化载体

（一）广播、全彩屏、电脑（手机）、书屋

1. **广播**　2021 年 5 月 28 日，黄羊河新华社区成立，实施智慧广播项目，即"黄羊河新华社区智慧广播大喇叭"，新华社区在农业各分场连队安装民情大喇叭 21 个，在集团场区安装民情大喇叭 6 个，共安装 27 个。通过有线广播，每天早、中、晚定时向广大居民播报时政要闻（甘肃党建要闻、凉州融媒新闻）、近期政策通知、疫情防控常态化宣传、普法安全教育常识、党史新闻类、人文关怀类等方面内容。大喇叭在宣传党的路线、方针、政策、配合黄羊河集团公司生产、学习等中心任务，促进"双文明建设发展"，丰富职工文化生活等方面继续发挥重要作用。

2. **PLOLED 户外全彩屏**　2013 年 6 月，在文化广场东北角安装 PLOLED 户外全彩屏电子屏 1 个，采用 P10 全彩模块，屏幕尺寸 6.74 米×4.48 米，造价 340000 元，播放内容为时政要闻、黄羊河集团公司宣传片、内部文艺汇演视频、红色影片等，每天定时播放，

增加了文化广场宣传农垦文化氛围。

3. **电脑（手机）** 随着经济的持续发展提升，黄羊河农场职工收入普遍提高，职均收入从 2013 年的 30066 元提高至 2022 年的 66000 元，这十年职均收入翻倍增长。随着网络信息全覆盖全普及，电脑（手机）全覆盖，对了解时政要闻、参与各类娱乐活动等，提供便利。

4. **书屋** 黄羊河集团公司有农家书屋 21 处。各农家书屋内均悬挂有《凉州区农家书屋管理员岗位职责》《凉州区农家书屋管理制度》和《凉州区农家书屋借阅制度》"三项制度"制度牌，书屋开放时间、管理员姓名、管理员联系电话、监督电话"四公开"公示牌。各农家书屋正常对外开放，便于基层职工借阅学习。黄羊河集团公司机关设有图书室、藏书室、阅览室各 1 个，2013 年后新增书籍 1600 余册。

二、群众文体活动

（一）60 周年场庆（2013 年）

2013 年，是建场 60 周年的"场庆年"，是落实黄羊河集团公司第二次党代会奋斗目标的开局之年，按照黄羊河集团公司第二次党代会总体部署和要求，进一步加强和改进企业精神文明建设，继续深入实施形象提升工程，着力打造"宜居、宜业、宜游"黄羊河，以崭新的风貌和昂扬的斗志，团结带领全体干部、员工完成年度经营目标任务，以优异的成绩为建场 60 周年献礼。场庆期间开展"九个一"系列活动，即一本书、一场演讲比赛、一本制度汇编、一册刊、一盘光盘、一场文艺演出、一场书画摄影展、一场庆典表彰大会、一次座谈会。

2013 年 3 月 21 日，黄羊河集团公司以"弘扬黄羊河企业文化，讴歌黄羊河辉煌历程"为主题，在集团内外广泛征集相关内容的文稿。

2013 年 4 月 27 日，黄羊河集团公司举办"黄羊河六十周年场庆"演讲比赛。种业公司尚能和综合管理办公室安亚萍获得一等奖；种业公司王月明，食品公司沈思清和农业二分场王占江获得二等奖；食品公司程丽丽，农业良种场牟访，食品公司刘晓琳，商贸公司李国飞，蔬菜公司赵鹏获得三等奖。

2013 年 5 月 13 日，黄羊河集团公司举办"庆祝建场 60 周年黄羊河集团公司书画摄影展"活动。创作内容要求积极、健康，以建场 60 年来，公司在农业现代化、工业化、城镇化建设进程中的亮点和在场容场貌、居住环境、人文风貌改善过程中的突出点为主要内容。

2013 年 6 月 4 日，为庆祝黄羊河集团成立 60 周年，黄羊河集团公司印发《关于举办场庆六十周年文艺比赛的通知》。文艺比赛以歌舞、小品、戏曲等为主要形式，鼓励创新。

8月15日，印发《黄羊河集团场庆系列活动安排表》。8月16日，在黄羊河影剧院举办庆祝建场60周年文艺节目演出比赛。

2013年8月21日，召开以"回顾过去、把握现在、展望未来"为主题的建场60周年场庆座谈会，退休职工康富来、孟立新、王英武、孙树彬作了发言。

2013年8月26日，黄羊河集团公司在影剧院举行庆祝甘肃农垦创建暨黄羊河建场60周年大会。甘肃省农垦集团领导、离退休老同志代表、武威垦区兄弟单位党政主要领导、合作企业及其他各业特邀代表、黄羊河集团优秀干部员工代表等共1000人参加。对近五年来为黄羊河集团的建设和发展作出贡献的种业公司、食品公司、良种场、水电站、果品公司5个先进单位、100名先进个人（优秀共产党员15名、先进个人16名、劳动模范69名）进行了表彰奖励，先进人物、退休老同志、合作单位代表进行了发言。

当日，中共武威市委、武威市人民政府发来贺电祝贺建场六十周年大庆。

当日，召开黄羊河农场建场六十周年片区领导座谈会。

2013年9月6日，黄羊河集团公司召开黄羊河六十周年场庆活动总结暨表彰大会。对书画摄影展和展览馆、产品陈列室布展工作、文艺排练和演出活动作总结。会议对农场志、黄羊河特刊、黄羊河论文集、书画摄影和展览馆、产品陈列室布展、文艺演出等场庆系列活动中表现突出的167名人员进行了表彰奖励。5名先进代表先后从展厅布展、文艺演出、节目编排、后勤保障、系列活动组织等方面作了发言。

2013年，甘肃省农垦集团公司授予黄羊河集团公司、黄羊河食品公司先进单位，授予王开虎、吴伯虎、张济海、于福存先进个人。黄羊河集团公司授予蔬菜公司、商贸公司、农业良种场、农业五分场、果品公司等5个单位"文明单位"荣誉称号，授予张济海、黄斌、王生兴、蒋永祥、杨豪隆、马景辉、孙富山、杨兴、苏志俊、潘生树、王平文、张爱、刘学军、任作平、王万金、赵福祥、王建堂、王培义、白玉红、吴伯虎、王慧英、陈卫国、郑亚海、张志文、严宗庆、苏先军、邓宗礼、刘保东、李金浩、王仰峰等30名同志"文明员工"荣誉称号并予以表彰奖励。黄羊河农场建场六十周年场庆获奖单位及个人见表5-2-5，黄羊河集团公司2013年劳动模范见表5-2-6，六十周年场庆活动期间表现突出人员名单见表5-2-7。

表5-2-5　六十周年场庆光荣榜（2013年）

名称	奖项名称	获奖单位
农垦集团	先进单位	黄羊河集团公司　黄羊河食品公司
农垦集团	先进个人	王开虎　吴伯虎　张济海　于福存
黄羊河集团公司	先进单位	种业公司　食品公司　良种场　水电站　果品公司

（续）

名称	奖项名称	获奖单位
黄羊河集团公司	先进个人	张 爱　李华斌　牟 访　于爱堂　李宗全　李金泉　王生兴　高鑫基　马 继　汪洋海　赖建福　张惠兰　殷乐成　杨增恩　雷金宏　达文元
黄羊河集团公司	优秀共产党员	南永胜　焦发源　马进军　王威河　将永祥　赵大荣　高长策　薛新峰　王开虎　张济海　王 平　陈学义　高长治　李桂林　陈卫国

表 5-2-6　黄羊河集团公司 2013 年劳动模范名录

单位	获奖个人
一分场	刘 琨　杨成员　宁学彪
二分场	任作平　蒋志英　谷长福　张金萍　寇克伟　李丰良　李生忠
三分场	杨 军　许禄德　吕建业　周开荣　郭天成　陈惠芳
四分场	李文红　李生平　王永堂　李生武　蒋长福　黄玉忠　赵福先　屈 明
五分场	杨伯武　张惠敏　刘玉萍　张东生　徐 铭　宁 惠
良种场	史金山　王永基　王相迎　李作龙　孙艳丽
水电站	张雄儒　张富强
种业公司	满香平　曹小勇　封 昆　李建　钱富强
麦芽公司	李 丽
食品公司	王 萌　张永胜　李彦山　沈登忠　刘家骥　于明辉
蔬菜公司	相生明
商贸公司	段瑞萍
建材公司	张天虎
建筑公司	苏先良
物流公司	刘兴龙
节水材料公司	葛玉玲　寇桂芝　蔡兆福
社 区	蔡晓梅　牛文森　脱利强
机 关	郭翠英　赵广录
果品公司	王惠玲　刘玉军　魏菊花　孙朝海　李平生　郜贵山　王生虎

表 5-2-7　六十周年场庆活动期间表现突出人员名单

奖项	项目	获奖个人
一等奖	工作人员	梁万钰　刘凯军　尚 能
	后勤保障人员	高尚红
	形象提升活动	朱贵儒　王宝堂
	专刊	蔡桂芳　尚 能
	优秀文集	尚 能　张旺财　曹小勇　李兵强　邢 红
	基层单位演出	李宗兰　王开魁　赵 悦　石平兄
	公司演出	薛冬梅　蔡桂芳　王丽琴　殷金菊　郭翠英　安亚萍　王月明　薛 雪　赵玉萍　闫立玲　蒋彬霞

（续）

奖项	项目	获奖个人
二等奖	工作人员	王晶　王赟　李金浩　寇俊虎　李兵强
	后勤保障人员	张健　王国才
	形象提升活动	张希成　马国军　杨豪隆　夏玉昌
	专刊	蒋亚斐　王晶　陆承
	优秀文集	牟访　张世明　蔡桂芳　刘耀义　王晶　王琴琴　于志辉　王小亮　刘喜堂　雷金宏
	基层单位演出	狄玲　朱红梅　赵润兰　于焱山　穆华　石红琴　李玉春　李爱莲　白爱君
	公司演出	贾小雪　李俊琴　李丽　白俊萍　王艳花　王淑贤　李苏山　谷惠敏　尚秀花　高淑林　王春丽
	评委	李松山　殷乐成　梁万钰　南永胜
三等奖	工作人员	李金明　施忠年　胡建荣　何兴德　付俊娜　彭小靖
	后勤保障人员	刘文鸿　王生德　王守财　张庆武　苏先军　杨发源　包旭文　邓宗礼　段奎
	形象提升活动	李大仓　赵大庆　买学军　李文盛　丁贵生
	专刊	盛相魁　沈思清　程丽丽　李玉军　曹小勇　李国飞　张济海　王月明　王新锋　张旺财
	优秀文集	梁伟　张鸿　王开虎　张济海　彭小靖　吴伯虎　李国飞　裴海燕　满香平　刘占奇　张志亚　刘凯军　罗永兴　汪天保　徐福红　刘雪峰　齐德海　李金浩　包旭文　王丽娜　陈建敏　马海霞　张廷彦　蔡栋　殷莉
	基层单位演出	田瑞花　韦姓香　魏玉莲　王玉春　张惠敏　赵玉芳　查玉花　张瑞梅　余爱花
	公司演出	俞美兰　李玉红　张春莲　丁尔斌　王小亮　王仰峰　李登奇　陈龙　皇甫振武　陈亮　买振华　胡世泰　马天伟　王希明　罗永兴　程丽丽　雷慧梅　侯丽梅
	评委	李金明　王赟　施忠年
	书画组织人员	刘忠文　赵长军　陈彦旭　高尚升

（二）群众文体活动

2013年春节前夕，黄羊河集团公司举办迎新春职工文体活动，开展了拔河、跳绳、猜谜语等活动。

2013年12月31日，黄羊河集团公司举办庆元旦系列比赛活动，项目有拔河、乒乓球、象棋、跳棋、卡拉OK等。

2014年5月3日，黄羊河集团种业公司在二营工作站举行了庆祝五四青年节系列文化体育活动。以"弘扬企业文化凝聚全员力量促进企业发展"为主题，活动有智力接龙（青蛙跳水）、纸杯传水、联机足球、筷子挑乒乓球、排球接力等。

2015年2月14日，开展喜迎新春佳节系列活动，设拔河、乒乓球、开心猜谜语三个比赛项目。

2015年4月30日，黄羊河集团公司举办"庆五一、五四"系列文体比赛。比赛设男子篮球、女子排球、男女单打羽毛球、男女混合双打乒乓球共4个项目，由4个总支和机关支部组队，共136人参加比赛。

2015年8月18日—19日，甘肃省农垦集团庆祝建党95周年暨"农垦精神代代相传"

慰问演出团来黄羊河演出，应邀观看本次演出的嘉宾有甘肃省农垦集团公司党委书记、董事长，副总经理魏国斌、朱金斌，甘肃省药物碱厂、武威农垦公司、普安药业公司部分领导。活动由甘肃省农垦集团公司组织，亚盛股份公司主办，条山公司承办，受邀到黄羊河演出，应邀嘉宾黄羊河集团公司各单位干部职工约 2000 人，分 2 场观看了演出。

2015 年 12 月 30 日，黄羊河集团公司工会委员会举办了"庆元旦·迎新春"系列文体活动。活动为期 2 天，参赛人员达 114 人，开展男子篮球、女子排球、男女单打羽毛球、男女混合团体乒乓球、象棋、跳棋等六个项目。

2015 年 12 月 31 日，黄羊河集团食品公司组织开展了迎新年文体比赛活动，内容主要为运气球、脑筋急转弯等。

2016 年 8 月 9 日晚 8 时，黄羊河集团公司工会在黄羊河宾馆三楼举办了"我们的节日七夕联谊活动"，帮助单身青年解决个人婚恋问题，40 名单身青年参加了联谊活动。活动通过自我介绍、快乐传真、K 歌比赛、七拼八凑、踩气球、爱的火花等形式多样的内容，使单身青年之间很快熟悉并活跃起来，现场气氛热烈。

2016 年 12 月 29 日至 30 日，黄羊河集团公司举办 2017 年"庆元旦·迎新春"系列文体比赛活动。活动以总支为单位，设拔河、篮球、排球、跳绳、羽毛球、乒乓球、跳绳、象棋、扑克 10 项比赛，共有 5 支代表队，294 人参加。

2017 年 5 月 15 日至 12 月 29 日，黄羊河举办了 2017 年度篮球联赛，为期 8 个月，100 名职工组成的 9 支代表队参加。

2017 年 9 月 28 日，黄羊河集团公司举办了"庆国庆·喜迎十九大"演讲比赛，本次比赛共有 22 个支部推荐 24 名选手参加。

2017 年 12 月 29 日，黄羊河集团公司举办 2018 年"庆元旦·迎新春"文体比赛活动，参赛人员以各总支、机关支部为单位自愿报名参赛的方式，共组建 5 支代表队，300 人参加，活动设 10 个比赛项目，分别为男子篮球、最佳搭档竞赛、男女混合双打羽毛球、拔河、跳绳、飞镖、扑克、象棋、跳棋，由 6 项团体比赛和 4 项个人比赛组成。

2019 年 1 月 3 日至 4 日，黄羊河集团公司举办 2019 年"迎新年·促和谐"系列文体比赛活动。活动面向公司内部全体职工，活动项目设最佳搭档、跳绳比赛、乒乓球比赛、飞镖、扑克双升、象棋、跳棋共 7 项。

2019 年 1 月 16 日，黄羊河集团公司举行"庆祝改革开放 40 周年暨黄羊河农场建场 65 周年"文艺汇演。

2019 年 9 月 28 日，甘肃农垦黄羊河集团公司、甘肃农垦药物碱厂有限公司、甘肃普安制药股份有限公司联合举办的"壮丽七十载·奋进新时代·我和我的祖国"大型文艺汇演在黄羊河剧院举行，文艺汇演共有 18 个节目，其中黄羊河集团排演 11 个。演出共分为四个篇章，分别为第一篇章"追梦的时代"、第二篇章"无悔的岁月"、第三篇章"奋斗的足迹"和第四篇章"丰收的田野"。

2020 年 1 月 16 日—17 日，在元旦、春节期间举办 2020 年"迎新春·促和谐"系列文体比赛活动。活动设绑腿跑、跳绳、最佳搭档、环场慢跑、扑克双升、象棋、跳棋、飞镖、乒乓球等 9 项比赛内容，娱乐活动为猜谜语、成语接龙 2 项内容。

2020 年 4 月 30 日，举办"庆五一、迎五四、展才能、促发展"为主题的系列职业技能竞赛活动。竞赛分叉车作业、维修焊接、产品喷码、滴灌换网、电工操作、农机驾驶、滴灌毛管安装 8 个项目，共有 105 名干部职工报名参加。

2020 年 6 月 28 日至 7 月 9 日，举办了庆祝建党 99 周年职工运动会。职工运动会历时 12 天，来自公司下属各单位、机关各部门及黄羊河街道办、武威市第二十中等 10 个代表队的 140 多名运动员参加，分别进行了男子篮球、女子排球、男子排球三个项目的比赛。

2020 年 9 月 28 日，举办"唱响主旋律　颂歌献国庆"为主题的庆祝中华人民共和国成立 71 周年的歌咏比赛活动，来自公司 15 个单位 448 名干部职工组成 13 个代表队参加了比赛。

2020 年 12 月 28 日，举行了"筑梦中国　砥砺前行"2021 年迎新年文艺汇演。整台演出以舞蹈为主，分三个篇章 15 个节目，参演演员有领导干部、一线职工、退休人员、幼儿园及中小学学生共计 305 名。演出内容反映了 60 多年来黄羊河集团公司不断锐意进取、积极创新、从无到有、从小到大、从慢到快的跨越发展，每一步都凝聚着黄羊河人的心血和汗水，体现着"艰苦奋斗，勇于开拓"的农垦精神。

2021 年 4 月 28 日，举办了"庆五一、迎五四、赛技能、强素质"为主题的职业技能竞赛活动。活动设叉车、焊接、喷码、换网、电工、电脑打字、滴灌毛管安装等 8 项技能比赛项目，共 102 名选手参加此次比赛。

2021 年 6 月 28 日，举办了"传承红色精神　讴歌百年征程"红歌比赛活动。公司全体干部职工、各有关单位工作人员、居民 1000 余人观看了演出。来自 13 个党支部 407 名干部职工组成 9 个代表队参加比赛。

2021 年 9 月 10 日，举办了"永远跟党走　奋进新征程"职工运动会，设有男子篮球、男子排球、女子排球、女子三项（跳绳、双背运球、多人多足）等项目，集团各农业分场、各龙头企业及黄羊河街道等单位 8 个代表队共 100 余名运动员参加比赛。

2022 年 1 月 26 日，集团公司组织开展喜迎新春佳节文体活动，有跳绳、象棋、跳棋、飞镖、乒乓球、踢毽子等 12 个活动项目，各农业分场各自组织开展了拔河、跳绳、飞镖、猜谜语、定点投篮、羽毛球、乒乓球、扑克、写春联送祝福等 14 个活动项目。活动职工参与率达 80％以上，是历次活动中参与面最广的一次。

2022 年 4 月 28 日，举办了以"精益求精、再创辉煌"主题的职业技能系列竞赛活动。活动涵盖了农业、工业、管理三个专业领域，设置了叉车驾驶、不锈钢氩弧焊焊接、商品喷码、设备过滤网更换、滴灌毛管安装、农用拖拉机驾驶、电脑打字、数据录入计算等 8 项技能比赛项目，共 119 人参加竞赛。

2022 年 5 月 10 日，黄羊河集团公司举办运动会，从 6 月 8 日开始，6 月 20 日结束，历时 13 天，比赛项目有男女环场慢跑、男子篮球、男子排球、男子羽毛球、男子乒乓球、女子排球、女子羽毛球、女子乒乓球等，130 人参加。

第六节　文化遗产

一、历史展览馆的发展

展览馆位居场部中心文化广场北边，于 2003 年改建而成，主要以图片、实物展示的方式展示农场发展的光辉历程。在 2013 年农场 60 岁诞辰之际，对其进行了重新设计装修。展览馆一楼新增荣誉墙，南面整墙悬挂着黄羊河集团公司历年所获荣誉证书、奖牌等，北面隔断按黄羊河发展史分阶段隔开，反映黄羊河集团公司从建场初期至今各类图片及相关文字说明；二楼重点以书法、摄影作品展示为主，呈现着展览馆的悠久文化韵味，馆内灯光重新布置后，增添了温润底蕴。

2016 年，黄羊河集团场史展览馆（黄羊河农场农垦文化博物馆）被甘肃省博物馆协会认定为甘肃省第二批文化遗产"历史再现"工程博物馆，是本次被认定的甘肃省 71 家行业类博物馆中唯一一家农垦文化博物馆。

2017 年 7 月 25 日，集团公司对展览馆进行维修，维修项目包括屋面排水及防水改造、室内墙面粉刷、吊顶维修、电路维修，室内二层吊顶，一层荣誉墙面装饰更换为 PVC 扣板，更换通风防盗门 2 扇，展览馆维修总费用增加至 48084.27 元。

2022 年，在喜迎党的二十大期间，在展览馆外围加强灯光布置。

二、文档资料

2017 年建立综合档案室，购置防磁柜及标准档案密集架 14 列共 32 组，配备吸尘器，室内安装遮光窗帘、温湿度计，购置灭火器、高配置电脑、大容量移动硬盘、高速扫描仪等硬件设备。先后建立健全了各项档案管理制度，包括《档案室管理制度》《档案查借阅制度》《档案安全定期检查制度》《档案整理编目制度》《档案员岗位责任制》等 19 项制度。制定了《档案分类方案》《文件材料归档范围和保管期限表》等业务规范，建立了《档案统计台账》。为使档案整齐和规范，将所有文书档案及会计档案重新整理排序后装盒，填写编号，整理 2515 盒。档案室保存各类档案 9622 卷（件），其中文书档案 1009卷、6144 件，会计档案 2011 卷，照片档案 3 册共 131 张，项目档案 13 卷，图纸 36 册。光盘、软盘、录像带 14 张，实物档案 275 个。

截至 2022 年 12 月，档案室保存文书档案：案卷 3069 卷，以件为保管单位，档案8966 件；照片档案 131 张，录像磁盘档案 14 盒；项目档案 26 盒。

中国农垦农场志丛

第六编

社　会

中国农垦农场志丛

第一章　人　口

第一节　人口总量

　　黄羊河农场人口来源主要有以下八个方面：一是建场初期留驻的勘察人员和筹建人员以及随迁家属；二是转业、复员、退伍军人及其随迁家属；三是下放干部及其家属和劳教人员；四是社会支边知识青年和上海部分移民；五是建场初期收容的社会闲散人员；六是附近农村农民及场职工介绍进入的亲友；七是统一分配或招聘的大、中专院校毕业生；八是场职工及其子女婚入配偶。

　　农场区域内非职工身份人员主要由职工家属、投亲靠友及其他人员构成。其中，职工家属主要是职工的子女未外出就业，跟随父母或自己单独在农场租赁经营土地的人员；投亲靠友人员主要是 20 世纪 80 年代，知青大返乡离开后，农场的劳动力大量减员，农场从各地引进或通过投亲靠友等方式自愿到农场租赁经营土地的人员；其他人员主要是因各种原因自发在农场买房、租房长期居住生活的人员。

　　2013 年起，除了陆续从各大、中专院校招进毕业生和人口的正常出生与死亡之外，黄羊河农场区域内再未发生过大规模的人口变动。根据 2021 年全国第七次人口普查统计，全场有户籍人口 6018 人，常住人口 6861 人。

第二节　人口结构

　　根据 2021 年 5 月 11 日全国第七次人口普查统计，黄羊河农场人口 6861 人，其中户籍人口 6018 人，流动人口 843 人。

　　年龄结构：0～14 岁人口 758 人，占总人口的 11.05％；15～59 岁人口 4869 人，占总人口的 70.96％；60 岁及以上 1234 人，占总人口的 17.99％，其中 65 岁及以上人口为 990 人，占总人口的 14.43％

　　性别结构：男性 3539 人，占总人口的 51.58％；女性 3322 人，占总人口的 48.42％。

　　民族结构：汉族 6736 人，占总人口的 98.18％；回族 21 人，藏族 80 人，土族 14 人，蒙古族 6 人，东乡族 3 人，满族 1 人，少数民族占总人口的 1.82％。

文化结构（仅按户籍人口总额统计）：大专及以上学历的 983 人，占总人口的 16.33％；高中和中专学历的 1088 人，占总人口的 18.08％；初中学历的 2155 人，占总人口的 35.81％；小学学历的 1357 人，占总人口的 22.55％；未上过学的 325 人，占总人口的 5.40％；幼儿 110 人，占总人口 1.83％。

第三节　居民生活与管理

一、居民生活

2013 年以来，社会经济得到较快发展，辖区居民生活明显改善，居民生活水平有了大幅度的提高。因教育、医疗等基础设施相对于城市薄弱，越来越多的农场居民在武威市区买房置业，享受城市发展红利，形成了以农场种地上班、城市居住生活的现状，导致农场居住的人员也越来越少。

（一）居民的衣着穿戴

2013 年以来，随着居民收入的稳步增长，居民穿着打扮开始讲究美观，追求时尚，从合不合体到合不合心转变，无论从款式、品牌、档次还是购买渠道，有了更加丰富和多样的选择。

（二）居民的饮食生活

居民饮食观念发生很大转变，从吃饱吃好到健康饮食，越来越多的果菜肉蛋奶等食品被端上了餐桌。同时，食材更加丰富多样，食材选择讲究生活品质，讲究养生之道，追求科学、营养、安全、健康。

（三）居民的居住条件

2012 年以后，随着国家危房改造、公租房建设、棚户区改造项目的实施，居民的居住环境有了极大的改善。住房的样式有带前后院的平房，带前后院的二层别墅式楼房，带贮藏室、小车库的组合式单元楼房。住房结构有砖木结构、砖混结构和框架结构。户型有大、中、小三种，居民人均居住面积达 48 平方米。现已建成公共设施配套齐全、楼房排列整齐、道旁绿树成荫、具有田园风光特色的小城镇。

（四）居民的交通条件

2013 年以来，居民的出行主要有私家车、网约车、城乡公交等方式。随着生活条件的不断提高，私家车已成为家家户户主要的交通工具。

二、居民的组织管理

2013—2019 年，根据《关于对城市社区居委会进行调整合并的通知》（凉州办发〔2007〕153 号），黄羊河辖区设有黄羊河集团公司社区居委会（对外称凉州区黄羊镇新华社区居委会）。社区居委会在黄羊河集团公司的直接领导下履行职责。

到 2020 年，黄羊河街道办事处设立，社区移交黄羊河街道办事处管理，居民组织管理由政府负责。新华社区位于凉州区黄羊河街新河路 198 号，管理区域总面积约 106.67 平方千米。有居民区 25 个，居民 3941 户，户籍人口 6155 人。社区现有工作人员 7 名，设有社区党委 1 个，下设网格党支部 3 个，党员 167 名。辖区内有企事业单位 12 家，商贸市场 1 个，各类商业铺面网点 95 家。

第二章 社会事业

第一节 医疗卫生

一、医疗卫生事业发展

2007年1月，黄羊河集团公司职工加入凉州区城镇居民医疗保险。

2014年，集团公司建设黄羊河职工医院急救中心，投资87.78万元，其中：财政资金56.86万元，自筹资金30.92万元。

2015年1月，公司在册在岗职工1418人，离退休人员1104人，全部纳入武威市城镇职工基本医疗保险。

2016年7月，根据《凉州区健康促进模式改革工作实施方案》，黄羊河集团公司成立以社区、职工医院层面的巡回体检指导组、签约服务工作组和健康干预管理小组，同时安排职工医院和各农业分场、园艺场、葡萄队和计生专干负责健康促进模式改革工作，提升辖区居民健康素养。

2018年9月，职工医院资产、人员移交凉州区卫生和计划生育局管理，原职工医院13名工作人员移交并纳入凉州区按"编制备案制"管理。自此，公司辖区居民医疗卫生由政府部门管理。

2021年8月，黄羊河集团公司投入35.16万元，对879名在职职工进行健康体检。此次体检在武威星晨中西医结合医院进行，体检内容有：血常规＋crp、肝功、幽门螺杆菌检测等14项，体检标准为400元/人。

二、防疫工作和爱国卫生运动

2013年4月18日，印发《黄羊河集团公司禽流感防控应急预案》，采取以加强疫情监测、疫情发现为主导的综合性防控措施。

2013年7月15日，印发《黄羊河集团公司公共卫生防控应急预案》，有序地做好公共卫生及传染病防控工作，控制疫情的扩散和蔓延，保障辖区内人民群众的身体健康和生命安全，维护社会稳定。

2014年1月27日，印发《关于认真做好小反刍兽疫疫病防治的紧急通知》，提出《黄羊河集团公司小反刍兽疫疫病防治方案》，主要是针对2013年末在新疆部分地区、武威古浪等地发生的小反刍兽疫给公司养殖业带来了潜在危害。

2014年4月17日，根据《中华人民共和国畜牧法》《甘肃省动物防疫法》有关法律法规的规定，印发《黄羊河集团畜禽疫病防控管理办法》《黄羊河集团畜禽无害化处理管理办法》《黄羊河集团畜禽疫病防控应急预案》，规范畜禽疫病防控行为，保障畜禽产品质量安全。

2020年，黄羊河集团公司累计投入15万元助力疫情防控工作，全力抓好疫情防控，及时推进复工复产。面对年初突如其来的疫情，集团公司多次召开专题会议，周密安排部署，严防死守。在防疫物资紧缺的情况下，多方联系采购消毒液、口罩等各类防疫物资，及时配发至各防控检测点、企业员工及辖区居民手中。同时积极推进复工复产，全力落实预定的农业种植计划，拓存创增，尽力将疫情带来的负面影响降到最低。

2020年1月23日，印发《关于加强新型冠状病毒感染的肺炎防控工作的通知》。要求所属各单位切实担负起第一责任人的责任，对本区域内来自武汉等重点地区的人员进行全面摸查，依法做好隔离提示等工作，并督促其严格居家观察14天，执行每日"零报告"制度。

2020年1月27日，黄羊河集团公司配合黄羊河社区服务中心、黄羊镇人民政府、黄羊河派出所等部门组成的队伍在金色大道路口（农场口）设置卡口，24小时不间断值班，工作人员对所有进出入人员进行测温、筛查。

2020年2月3日，印发《关于进一步加强新型冠状病毒感染的肺炎疫情防控工作的通知》。动员党员干部到黄羊河街道办事处报到，深入居民小区参与疫情防控工作；同时要求在武威以外地区休假的干部职工暂缓返回，外出返场未达到14天的人员，继续居家留观。

2020年2月10日，根据《凉州区新型冠状病毒感染的肺炎疫情联防联控工作领导小组关于集中开展消毒杀菌工作的通知》要求，统一开始在全场范围内集中开展消毒杀菌工作，集团公司场部所有区域由社会事业工作部负责，农机合作社组织车辆、喷雾机械和人员实施，场部外单位的消毒杀菌工作自行组织实施，公司安排各单位督促指导住户对个人院落、房间进行消毒杀菌，所用消毒液由公司统一配发。

2020年2月10日—20日，根据《凉州区新型冠状病毒感染的肺炎疫情联防联控工作领导小组关于新型冠状病毒感染的肺炎疫情形势下规模以上骨干工业企业开工复产有关工作的通知》（凉疫防发〔2020〕5 号）精神，黄羊河集团公司严格按照"四个到位""四个坚持"和"六个一律"的要求，申请陆续开工复工。

2020 年 2 月 28 日，印发《关于做好当前复工复产疫情防控工作的通知》，要求对省内外中低风险区返凉人员，持街道（社区）和医院（卫生室）双签双盖章的健康证，经检测无异常症状，不执行 14 天隔离措施；来自中风险地区无健康证明的，落实 14 天留观措施；对省内外高风险区人员通知暂缓返凉，如已返回的，单位第一时间联系街道办和卫生服务中心，进行核酸检测，并严格执行疫情防控的隔离措施（单人单间隔离 14 天）。

2020 年 4 月 3 日，建立推进甘肃省企业疫情防控动态监测平台和甘肃省复工人员流动风险监控系统整合运行管理机制，进一步加强使用"丝路疾控通"等疫情监测平台。

2020 年 4 月 3 日，制定《黄羊河集团公司境外疫情输入防控闭环运行机制方案》，防范境外疫情输入风险。

2020 年 4 月 7 日，印发《关于进一步做好境外疫情输入防控工作的通知》，进一步做好境外疫情输入防控工作。

2020 年 7 月 28 日，印发《关于进一步落实新冠肺炎疫情常态化防控措施的通知》，要求各单位落实新冠肺炎疫情常态化防控措施。

2020 年 8 月 10 日，印发《黄羊河集团公司认真落实"六保"任务进一步做好疫情防控和经济社会发展稳定相关工作的实施方案》。

2021 年 1 月 25 日，印发《关于做好疫情防控 24 小时值班及每日零报告工作的通知》，要求各单位严格执行 24 小时在岗带班、值班制度，严格实行"日报告""零报告"制度，加强监督检查。

2021 年 3 月 26 日，根据甘肃省农垦集团公司《关于做好新冠病毒疫苗接种工作的通知》《关于再次强调做好新冠病毒疫苗接种工作的紧急通知》安排部署，印发《关于做好新冠病毒疫苗接种工作的通知》，开展新冠病毒疫苗接种。

2021 年 7 月 18 日，印发《甘肃黄羊河集团公司保产业链供应链稳定应急预案》，应对新冠肺炎疫情对黄羊河集团公司的影响，扎实做好"六稳"工作，全面落实"六保"任务，抓实抓细保产业链供应链稳定工作，促进产业链上下游、产供销、集团分公司、集团子公司协同复工、融通发展。

2021 年 10 月 25 日，根据省农垦集团公司最新疫情防控要求和当地疫情防控形势的变化，印发《甘肃黄羊河集团公司疫情防控工作方案》，做好公司疫情防控工作，为全体员工提供一个安全、有序、放心的工作生活环境。

2021年10月27日，凉州区采取闭环管理。公司对场部各楼院小区、各农林单位居民点实行封闭式管理，集团公司在场部大门口、四分场十一队、三分场六队（黄吴路）、一分场五队设置了四个疫情防控检查点。按照黄羊河街道办疫情防控要求，公司安排人员在检查点查验通行证、扫码、测温、消毒及出入人员和车辆的登记工作，对不符合放行条件的人员和车辆坚决不得放行。

2021年11月27日，黄羊河集团公司应对新型冠状病毒感染的肺疫情防控工作应急预案演练在二分场一队营区进行，检验《黄羊河集团公司应对新型冠状病毒感染的肺炎疫情防控工作应急预案》的科学性和有效性，提高集团公司疫情防控领导小组协同能力，增强各级管理人员在遇到疫情突发情况下的责任担当，确保在疫情来临时采取措施得当。

2022年，黄羊河集团公司疫情防控投入经费20余万元。

2022年7月14日，凉州区周边古浪县土门镇发现病例，面对严峻复杂的疫情形势，黄羊河集团公司按照凉州区新冠肺炎疫情联防联控工作领导小组决定，自2022年7月19日12时起，实行一周临时管控措施。

2022年10月，凉州区新冠肺炎疫情联防联控工作领导小组研究决定在凉州区实行临时性管理。此时正值公司农产品收获季节，在雇工收获方面受到了严重挑战，集团公司积极采取各种办法补救，保障农产品颗粒归仓。

2022年12月6日，随着国家疫情防控"新十条"优化措施出台，疫情防控进入新阶段。

第二节 驻场服务机构

一、黄羊河街道办事处

黄羊河街道办事处办公地点设在原黄羊河农场职工文化中心，辖新华社区1个社区居民委员会，居民2646户，人口6155人。辖区内有汉、明长城等省级保护文物，有国家AAA级生态休闲农业旅游景区，有甘肃黄羊河农工商（集团）有限责任公司，甘肃莫高实业发展股份有限公司、甘肃莫高实业发展股份有限公司生态农业种植示范园区、武威第二十中学、武威第二十中学二营教学点、黄羊河社区卫生服务中心、中国农业银行黄羊河农场支行、凉州区黄羊水管处黄羊河机井管理站、黄羊河邮政局、凉州区公安分局黄羊河派出所等企事业单位11家，商业铺面网点95家。2020年机构改革完成后，街道设"五办四中心一队"5个党政机构，5个事业单位，分别是综合办公室、党建工作办公室、公共管理办公室、公共服务办公室、公共安全办公室、政务服务中心、社会治安综合治理中心、社区服务中心、社会事务服务中心（加挂退役军人服务站牌子）、综合行政执法队及区直部门垂直管理的财政所、市场监督管理所，主要开展社会综合治理、安全生产、民生保障、精神文明建设、项目建设、文明城市创建等工作。

2011年，根据《武威市人民政府关于同意设立黄羊河街道办事处的批复》（武政发〔2010〕219号）和《武威市凉州区人民政府关于成立黄羊河街道办事处的通知》（凉政发〔2011〕92号），成立黄羊河街道办事处，隶属凉州区人民政府管理，为凉州区人民政府派出机构，科级建制。

2012年11月11日，武威市凉州区机构编制委员会核定事业编制10名，其中领导职数5名（党工委书记1名、副书记兼纪工委书记1名，人大代表联络处主任1名，办事处主任1名、副主任兼武装部长1名）。

2014年4月29日，武威市凉州区机构编制委员会，给黄羊河街道办事处增加事业编制6名，增加后其事业编制为16名（包括社区编制）。

2020年6月9日，凉州区黄羊河街道党工委、办事处揭牌。凉州区委常委、组织部部长孙立成，副区长周斌，甘肃黄羊河农工商（集团）有限责任公司董事长李国忠出席揭牌仪式。自此，黄羊河街道办事处正式成为黄羊河辖区社会事业主管部门。

二、新华社区

新华社区位于凉州区黄羊河街新河路198号，隶属于黄羊河街道办事处。区域总面积约106.67平方千米。2022年社区有工作人员7名，设有社区党委1个，下设网格党支部3个，党员171名，辖区内有企事业单位12家，商贸市场1个，各类商业铺面网点95家。

三、黄羊河派出所

2014年10月30日，甘肃省公安厅治安警察总队批复，武威市公安局凉州分局成立武威市公安局凉州分局黄羊河派出所。

2015年11月，黄羊河集团公司无偿划拨原锅炉房所在地作为新设立的黄羊河派出所办公场所用地，占地2.87亩。

2017年8月1日，黄羊河派出所投入运行，主要开展110接处警任务、案件办理（治安案件、一般刑事案件）、纠纷调解、户籍办理（出生登记、户口迁移）、居民身份证办理等业务。2022 年，有在编正式民警 5 人，辅警 1 人。

四、武威第二十中学

武威第二十中学始建于 1958 年，原为甘肃农垦黄羊河农场创办的企业子弟学校，2007 年 10 月移交凉州区教育局管理，更名为武威第二十中学。2008 年被武威市委宣传部、武威市教育局授予德育工作先进单位。2010 年被凉州区委、区政府授予全区教育系统先进集体，被中国教育学会确定为"班主任专业化"课题实验学校。2012 年，被凉州区委、区政府授予全区教育系统先进集体。2015 年 1 月，改制为九年制学校。2018 年，被凉州区教育局授予教育质量进步奖。

2022 年，武威第二十中学有教职工 43 人，专任教师 42 人，其中高级教师 10 人，中级教师 18 人，教师学历达标率 100％；学生 154 名，教学班 9 个。学校先后有 21 名教师获得了省、市、区级骨干教师、教学能手、教学质量标兵、先进工作者、优秀班主任、教育科研优秀成果等多种奖项和荣誉，学校教师积极参加各类教科研活动，发表国家级、省级论文 50 余篇。

五、凉州区惠智幼儿园

2007 年，经凉州区教育局批准注册的全日制民办幼儿园，占地 1078 平方米，建筑面积 450 平方米，环境优美、整洁，教室敞亮、具有童趣化。

该园认真贯彻《甘肃省幼儿园教育指导纲要》幼教方针，坚持以"关爱孩子、科学保教、快乐成长"的保教理念和育儿方针，借鉴多元化智能发展，灵活掌握幼儿个体差异，因材施教，首先培养幼儿学会做人、做事，然后引领幼儿爱学习、爱创造、爱交流、爱合作，促使幼儿有能力面对未来的挑战。

2014 年，被评选为"凉州区一类幼儿园"。2015 年，被评为"甘肃省普惠性幼儿园"。2016 年，被评为"武威市标准化幼儿园"。

六、中国农业银行黄羊河农场支行

中国农业银行黄羊河农场支行建于 1965 年，起初名称为"中国农业银行武威分行黄羊河农场办事处"。2009 年 8 月，更名为中国农业银行股份有限公司武威凉州黄羊河支行，主要业务是：吸收存款，发放短期、中期和长期贷款；办理国内外结算；办理票据承兑与贴现等经国务院银行业监督管理机构批准的其他业务。2022 年，有员工 5 人，存款总额 2 亿左右，贷款总额约 3000 万，客户户数约 2 万户，贷款户数约 1000 户，场内个人贷款覆盖率约 30%。

七、甘肃水务凉州供水有限责任公司陆港水厂

2018 年建成投用，位于甘肃（武威）国际陆港产业园内，是甘肃水务凉州供水有限责任公司下属水厂之一，陆港水厂下设 4 个职能部门（生产维护部、经营管理部、综合财务室、中心化验室），在黄羊河集团公司水电站办公楼设收费点 1 处。陆港水厂水源从杂木河引水，年引水量 1150 万立方米，日处理能力 5 万立方米，总投资 3.57 亿元。主要承担着甘肃（武威）国际陆港园区、重离子片区、武南镇区、武威工业园、黄羊河农场等区域内的居民生活、企事业单位供水收费任务以及凉州供水有限责任公司其他各水厂水质化验工作。

八、中国石油公司黄羊河加油站

中国石油公司黄羊河加油站原名叫"农垦加油站"，建于 1993 年 6 月，是黄羊河实业公司（黄羊河农场）投资 7.7 万元建立的分公司，位于场部黄吴公路 18 千米处，总建筑面积为 305 平方米。

2000 年 11 月，因国家对石油产业进行整合，黄羊河集团公司将农垦加油站整体移交（价售）给中国石油公司武威分公司管理。2022 年，有职工 2 人，可储存汽油、柴油、润滑油 120 立方米。

九、中国石油金大黄羊河加油站

中国石油金大黄羊河加油站，2012 年 10 月建成投用，位于凉州区金色大道黄羊河农场十字，设有 5 具双层保温地埋油罐，最大储油量 230 立方米，储气罐一座 60 立方米。年销售轻质油 4000 吨，LNG 天然气 4000 吨。2022 年，有加油机 4 台，加气机 2 台，24 小时营业并提供便利商品服务。

十、中国邮政黄羊河农场邮电所

中国邮政黄羊河农场邮电所建于 1957 年，服务对象主要为黄羊河农场各单位及其职工。2022 年，有工作人员 2 名，主要开展函件、电报、电话、邮包、报刊、快递、自动取款等业务。

十一、黄羊河地下水资源管理站

黄羊河水利管理处机井管理站，设于 2007 年 8 月，后更名为黄羊河地下水资源管理站，自成立以来，未修建办公场所，前期租住在公司水电站办公楼。2013 年 7 月，租住在凉州区黄羊河街道办事处对面居民楼。

2022 年，有职工 13 名，负责管理黄羊灌区两镇（黄羊镇、河东镇）及机关农场（黄羊河集团公司、莫高生态园区、水勘院农场）机井的日常维护管理，管理机井 201 眼，其中河东镇有机井 13 眼，黄羊镇有机井 11 眼，黄羊河集团公司有机井 153 眼，莫高生态园区有 16 眼，水勘院农场 1 眼及众兴菌业等企业工业机井 7 眼，承担着黄羊灌区实种面积 9.7 万亩（水权面积 4.06 万亩）土地的地下水灌溉用水和水资源管控工作。

第三章　社会治安综合治理

一、黄羊河农场派出所

（一）黄羊河内设治安派出所

根据甘肃省公安局甘公治（1979）098号、甘肃省农垦局甘垦政（1979）050号文件《关于国营农场设立公安派出所或公安特派员的通知》，由原武威县公安局上报，经甘肃省公安局审核批准，于1981年11月成立武威县公安局黄羊河农场派出所。属集团公司内部治安派出所，实行本单位党政和地方公安机关双重领导，人员安排和经费开支均由农场解决，业务划归武威县公安局领导，主要担任场内的治安管理工作。2013年，集团公司聘任张健为派出所所长，苏先军为派出所副所长；牛文森、李强、于明堂、王延斌、李江为派出所民警。派出所配备"奇瑞"警车1辆，办公设施基本齐全。

2013年以来，随着公安机关正规化建设的深入，作为企业内部的治安派出所，不能纳入政法序列，无法与地方政法系统接轨，使派出所行政执法权的行使受到极大制约。

2019年3月22日，黄羊河集团公司撤销派出所单位建制，设立黄羊河集团公司内部保安部，原派出所人员转至保安部。

（二）武威市公安局凉州分局黄羊河派出所（简称黄羊河派出所）

因黄羊河集团公司内设的派出所不属于公安派出所，没有行政执法权。为加强辖区治安保卫工作，武威市公安局凉州分局决定成立武威市公安局凉州分局黄羊河派出所。该派出所已于2014年10月30日经甘肃省公安厅治安警察总队文件（甘公治〔2014〕567号）批复同意建设。

2015年，武威市公安局凉州分局拟征用集团公司原锅炉房所在地作为新设立的黄羊河派出所办公场所，办公场所占地2.87亩。11月30日，甘肃省农垦集团公司同意武威市公安局凉州分局征用黄羊河集团公司原锅炉房所在地作为新设立的黄羊河派出所办公场所用地。2017年8月1日，新设立的黄羊河派出所投入运行。自此，黄羊河农场社会治安由黄羊河派出所负责管理。

二、社会治安综合治理

2016 年 5 月 30 日，根据中共武威市委办公室、武威市人民政府办公室印发《关于维护社会稳定网格化管理的实施意见》（武办发〔2016〕43 号）文件，集团公司制定《黄羊河集团公司维稳网格化管理工作实施方案》。围绕创新社会治理、维护社会稳定的工作目标，运用网格化管理手段，划片划区，网格责任到人，努力实现维稳网格无死角、全覆盖，真正做到各类矛盾纠纷早发现、早化解、早稳控，把问题化解到最基层、解决到萌芽状态。按照维稳网格化设置要求，根据辖区面积、地理位置、人口规模、生活习惯、行业、服务管理事项等要素，按照全面覆盖、便于服务、无缝衔接、动态调整的要求，结合集团公司的基本情况和企业特点以及组织机构形式等，将集团公司设置为三级网格框架。黄羊河集团公司为一级网格，集团公司主管社会治安和维稳的副总经理为一级网格长，一级网格员为集团公司负责社会治安稳定的相关部门工作人员组成；二级网格设置为集团公司下属的 6 个农业分场，包括果品公司、种业公司、食品公司、蔬菜公司、节水材料公司、水电站、莫高酒厂、莫高生态园区及集团公司社区 15 个单位，单位的党政一把手为二级网格的网格长，网格员由 15 个单位所属的车间主任、队长担任；三级网格有 36 个，网格员 41 人，由二级网格所属单位的最基层的队（居民点）车间班组构成，各队队长、车间主任及社区居委会主任为三级网格长，退休党员或职代小组长为三级网格员。

一级网格长，主要对集团公司所属单位和区域负总责，担负维稳网格化管理工作的第一责任，协调解决系统区域内的重大涉稳问题，落实对网格的任务指派指挥调度和对下级网格长、网格员的日常管理、考核、评价等工作。一级网格员主要是协助一级网格长解决区域内的日常维稳工作，对于下级网格长和网格员上报的问题，按工作流程和要求做好矛盾化解、分类、督办、汇总上报等工作。二级网格长主要职责任务是及时了解掌握所管辖网格内的人、事、物、情等基本信息，加强对所辖区域内下级网格长、网格员的管理，做好任务指派、督促协调等相关工作。二级网格员主要工作是宣传政策法规，搜集涉稳信息，排查风险隐患，开展治安联防，调解矛盾纠纷，重点人员帮教等。三级网格长、网格员具体做好最基层网格内的维稳工作，真正实现"人到格中去，事在格中做，信息在格中找"，访民意、化矛盾、解民忧、促和谐，最大程度地把各类矛盾纠纷、风险隐患化解在基层和初始阶段。

2017 年 8 月起，黄羊河集团公司社会治安综合治理相继由新设立的黄羊河派出所、黄羊河街道办事处负责。

第四章 生态文明建设

第一节 生态环境保护

2013年以来，以场部营区、各单位所辖居民区为重点，由社区和各单位分片负责组织发动居民对庭院、楼道、房前屋后等场所进行经常性清理和保洁。依据属地管理的原则，社区与驻场单位签订了"门前三包"责任书，要求其按照责任书对本单位内外环境长期进行治理和维护。形成了集团公司"月中督促，月末检查"的制度，各单位"随时督促、实时检查"的长效机制。

清扫保洁达到"四净"（路面道旁净、房前屋后净、渠沟林带净、隐蔽死角净）、"四无"（无塑料袋、无树叶杂草、无果皮纸屑、无丢堆漏扫）。规范居民住户的卫生行为，积极推行生活垃圾袋装化和分类定点收集，垃圾收集、清运实行日产日清、随清随运，保持垃圾收集站、垃圾桶等环卫设施完好、洁净、无异味，公厕落实专人管理，及时清扫保洁，保持干净卫生无异味。

2013年1月1日起，场区环保卫生费收费标准为：辖区内各单位环保卫生费收费标准1000元/年至3000元/年，辖区内个体经营户环保卫生费收费标准为30元/月至40元/月（流动商贩5元/天），辖区内居民住宅户环保卫生费标准居民户年收费72元。

2013年，在基层单位建成2个室内活动室，一个室外健身小广场，铺设柏油路面49千米。在主要街道，居民点、市场、润泽园、农业示范园区等补充配齐垃圾箱10余个、修建垃圾池11个，在基层居民小区、分场营区修建生活垃圾收集站、垃圾填埋场，配置垃圾清运车，完善了环卫基础设施。依照国家AAA级旅游景点要求，新建公厕2所。对水泥路面、沥青路面、路缘石、减速板等进行了维修，修补道路坑槽，道路无龟裂、坑槽、油包，加强了人行道、井盖、供水、排水等道路设施的维护和管理。对影剧院、社区办公楼、居民文化活动中心楼内外进行了重新装修和美化处理，机关营区文化广场的健身器材、照明线路、灯箱、地面板砖、音乐喷泉等设施进行了维护、更换和修缮。对场大门、机关办公楼、影院、展览馆及二马路200米范围内的观景树等装设彩灯；对场区主干道路灯进行了更新和替换，共安装灯饰110个，提高了场区亮化水平和夜间观景效果。对全公司 48 万平方米居民房屋、围墙，以及基层各单位办公场所围墙的粉刷，并进行 1.3 万平方米单位、边界地防护围栏喷漆等美化工程。在场区主要街道制作广告宣传牌 100 余个，采用图文并茂的形式宣传公民道德、社会公德、职业道德、家庭美德和企业文化，在企业内营造了健康向上的文化氛围。完成居民区 2500 平方米水泥地面硬化，新建成 2000 平方米的小广场一个，铺设下水管道 5000 米，架设路灯 25 个，栽植观赏林木 2000 棵。

2014 年，集团公司共投资 88.5 万元，对辖区全面普及健全了环卫设施，实行生活垃圾定期、定点集中保洁处理。

2014 年，印发《黄羊河集团居民文明公约》，完善《黄羊河集团公司环境治理考核管理办法》《黄羊河集团环境卫生门前三包责任制》等，促进公司辖区的单位、居民形成自觉爱护环境、自觉整洁家园的良好习惯。

2015 年 10 月 8 日，为深入推进"场容场貌建设，绿化美化家园"活动，建立活动长效机制，打造"宜居、宜业、宜游"新农场，成立了黄羊河集团公司"场容场貌建设，绿化美化家园"活动领导小组。

2013—2016 年，黄羊河集团公司加大对辖区内亮化设施建设投入力度，亮化工程总投资 460 余万元，安装和更新各类照明路灯共计 545 套。

2017 年 2 月 4 日，黄羊河集团公司被甘肃省农垦集团公司评定为 2016 年度"场容场貌建设、绿化美化家园"活动创建达标单位。

2017 年 9 月 2 日，印发《关于认真做好全域无垃圾相关工作的通知》，打造"宜居、宜业、宜游"新农场，组织开展全场环境卫生大整治活动。

2017 年 12 月 5 日，印发《黄羊河集团公司全面推行河长制工作方案》。12 月 10 日，印发《黄羊河集团公司河长会议制度》《黄羊河集团公司河长制工作督察制度》《黄羊河集团公司河长制工作督办制度》《黄羊河集团公司河长制信息报送制度》《黄羊河集团公司河长制信息共享制度》《黄羊河集团公司全面推行河长制验收办法》《黄羊河集团公司河长常态化巡查制度》《黄羊河集团公司河长制考核问责与激励制度》等八项制度。

2018 年 5 月 18 日，印发《沙沟河（黄羊河农场段）水污染防治工作专项整治方案》的通知，加强公司水污染防治工作，进一步加大水污染防治力度，切实改善水环境质量，确保公司水污染整治工作达到考核目标要求。

2018 年 6 月，清理场部东滩垃圾堆放点 7 处，占地面积 115 亩，清理总量 54000 立方米，其他垃圾（土方砂石）46000 立方米。

2018 年 6 月 15 日，印发《黄羊河集团公司场容场貌三年（2018—2020）整治行动方案》，对集团公司辖区范围内的环境卫生清理整治工作分路段、分区域进行划片包干，建立网格化管理。

2018年11月，武威市在创建全国文明城市工作中，黄羊河集团公司组织下属各二级单位、各责任部门和驻场单位对武威市文明办提出的11项问题进行了对标整改。

2018年12月，为推进武威市创建全国文明城市工作，公司对辖区内黄（羊）吴（家井）公路两侧的8块立柱广告牌进行了拆除。

2019年3月8日，制定《黄羊河集团公司场容场貌三年（2019—2021）整治行动方案》。方案提出，到2019年底实现全域无垃圾目标，到2020年生活垃圾收集转运处理设施覆盖率实现100％，公厕覆盖率达到100％，场部卫生厕所全覆盖，农场卫生厕所普及率达到70％，生活污水治理率明显提高，人居环境明显改善，农场环境干净整洁有序，美丽生态宜居宜业的场容场貌形象整体提升。

2019年7月11日，印发《关于进一步做好生态环境问题整治工作的通知》，要求各单位生态环境问题整治工作建立台账，靠实责任，细化措施，持续推进。

2019年8月8日，甘肃省农垦公司在张掖市召开人居环境整治现场观摩交流研讨会，推广浙江"千村示范、万村整治"的工作经验。黄羊河集团公司推进"厕所革命""垃圾革命""风貌革命"，推进生活垃圾和污水处理，提升废旧农膜回收利用率和尾菜处理能力，加强畜禽养殖废弃物处理，进行人居环境规划，加快推进"四好"公路建设，推进公益性设施共管共享工作。

2019年8月12日，黄羊河集团公司召开了辖区人居环境"风貌革命"推进会。集团公司主管领导、各单位及相关部室负责人，莫高园区、莫高酒厂、武威农垦分公司、武威二十中、中国农业银行黄羊河农场支行、黄羊河社区卫生服务中心、黄羊河农场加油站等驻场单位共计30余人参加。会议要求相关单位重点做好垃圾要清理、危房要清零、街道要整洁、风貌要美化、规划要跟上、机制要健全、奖罚要分明等7个方面的工作。

2019年8月26日，印发《黄羊河集团公司"风貌革命"行动方案》《黄羊河集团公司畜禽养殖废弃物及秸秆资源化利用实施方案》《黄羊河集团公司废旧地膜回收利用及尾菜处理利用行动方案》，进一步推进公司"风貌革命"，提升场容场貌，普遍提高职工群众环境卫生意识。

2020年，公司强化各项举措，整合各种资源，动员全场力量进行人居环境整治，取得了以下成效：

（1）垃圾革命成效显著。一是建立"门前五包"责任制。各单位建立了"包卫生、包秩序、包绿化、包市政设施、包建筑物容貌"的"五包"责任制，杜绝了私搭乱建、乱贴乱画、乱堆乱放、人为破坏绿化林木现象。二是持续完善垃圾处理，加强环卫人员配备。

各单位对生活垃圾进行规范处理，配备垃圾箱，便于垃圾的临时收集；对现有垃圾池进行加固、维修，同时增加公益性岗位18个，增加了人员力量配备，每周五进行环境卫生整治的长效机制被固定下来。三是不断加大垃圾清理力度。共动用各类机械112台（次），清理各类陈年垃圾760吨，清理乱堆乱放柴草秸秆12吨，捡拾废旧地膜及农资残留垃圾23吨。

（2）"厕所革命"顺利完成。为推进公司小城镇建设，提高居民生活水平，黄羊河集团公司积极申报和落实凉州区棚户区厨卫改造项目，开展"厕所革命"，积极申报，共完成491户住户卫生间的改造，714户居民安装环保型微生物降解环保厕所。

（3）风貌革命取得实效。一是开展了绿色提升行动。按照"因地制宜、宜栽尽栽"的原则，在高标准农田项目区、宜林地开展植树造林活动，2018—2020年共栽植面积147.5亩，栽植各类树木6.5万余株。二是全面推进清扫保洁工作。清扫保洁作业做到不遗漏，清扫保洁后达到"六无""六净"标准，及时完成道路雨后清淤、雪后清雪工作，达到雨后路面无淤泥，雪后路面无积雪，确保道路畅通。三是注重提高居民文明行为。对沿街居民产生垃圾进行集中收集，不随意、随时、随地倾倒垃圾，无乱倒乱泼污水现象，垃圾全部集中收集再倒入指定垃圾池内。

（4）危旧房拆迁改造如期完成。按照省农垦集团的相关要求，对辖区内危旧建筑进行了全面摸底调查，并对认定的危房均按照时间节点完成清零目标任务。同时对影响场容场貌建设的危旧围墙、废弃井房等建筑物进行拆除。

2020年12月29日，黄羊河集团公司被中共甘肃省农垦集团有限责任公司委员会评定为"人居环境整治阶段性验收先进单位"。

2021年4月27日，印发《甘肃黄羊河集团公司人居环境巩固提升五年行动方案》，以扎实推进场区环境卫生整治和场容场貌建设、人居环境达到"六化"（净化、绿化、亮化、硬化、美化、文化）为抓手，以建设宜居宜业、和谐美丽黄羊河为目标，实现美丽农场新风貌。

2022年5月，集团公司投资281万元，组织实施场容场貌提升工程，完成围墙粉刷12.5万平方米、彩钢屋面油漆喷涂9.1785万平方米。

第二节　节能减排和资源循环利用

集团公司从2016年开始，推行节能减排和资源循环利用，取得了实效。

一是通过黄羊河省级现代农业示范区重点建设和改革试点项目，投资200万元进行田间绿色防控设施及节水滴灌首部过滤系统的改造安装，并完成地埋式滴灌设施的采购安装工程。二是通过黄羊河省级现代农业园"以奖代补"试点项目，投资158万元购置双螺旋速冻机一套，配套实施制冷系统对接工程，有效改善了食品公司的加工能力。三是通过农业财政转移甘肃省10万亩以上水肥一体化项目，投资150万元在良种场、五分场实施水肥一体化建设，覆盖面积达5000亩。四是通过省级现代农业示范区重点建设与改革试点项目，投资204万元助力科技创新转化中心建设和甜菜新品种引进工作。五是通过总投资5666万元的高标准基本农田建设项目，进一步推进农业土地的平整和灌溉、排水、田间道路等基础设施建设，实施了农田防护、生态环境保持及农田输配电工程建设。

2017年，申请凉州区环保局补助资金20万元，企业自筹54.8万元，完成了热力站采暖锅炉脱硫除尘设备的提标改造。

2021年，对场部取暖锅炉进行改造，一方面确保供暖，另一方面确保排放达标，减少废气污染。完成污水处理站改扩建，生产生活污水得到有效处理排放。对节水材料公司环保设施进行了技改，环保工作全部达标。公司集中采购三台残膜回收机械进行田间地膜回收，回收面积3.05万亩，回收残膜85.4吨。

第五章　企业办社会职能移交

2013—2018 年，黄羊河集团公司企业办社会公共服务职能机构有黄羊河集团公司职工医院、黄羊河社会事业服务中心（内含社区、居委会、市政设施、居民供水、供电、供热、环卫、物业等），承担着黄羊河农场区域内 25 个职工家属区、2646 户居民的供电、供水、物业、医疗、市政设施、社区服务和其中 866 户居民的供热工作。截至 2017 年底，涉及企业办社会职能从业人员 95 人、资产总额 8327.55 万元，其中黄羊河集团公司企业办社会化费用达 705.05 万元。

2016 年 10 月，由原农业部、财政部、教育部、国家卫生和计划生育委员会、民政部、中国人民银行印发农垦国有农场办社会职能改革实施方案，要求"从 2016 年起，用 3 年左右时间，将国有农场承担的社会管理和公共服务职能纳入地方政府统一管理，实现国有农场与周边区域社会管理和公共服务共享共建水平得到明显提高，资源配置进一步优化，垦地协同发展新格局基本形成"。

2017 年 7 月 28 日，国资委、中央编办、教育部、财政部、人社部和国家卫计委发布《关于国有企业办教育医疗机构深化改革的指导意见》，要求"对国有企业办教育机构、医疗机构分类处理，分类施策，深化改革，2018 年年底前基本完成企业办教育、医疗机构集中管理、改制或移交工作"。

2017 年 2 月 17 日，甘肃省人民政府关于印发《甘肃省加快剥离国有企业办社会职能和解决历史遗留问题工作方案的通知》，要求：国有企业职工家属区"三供一业"分离移交，对国有企业职工家属区"三供一业"（供水、供电、供热、供气和物业管理）进行分离，除独立工矿区、孤岛型企业"三供一业"一企一策研究解决外，全部移交属地市州政府进行必要的改造，随后交由专业化企业或机构实行社会化管理。从 2017 年开始，全面推进国有企业职工家属区"三供一业"分离移交工作；2018 年度前基本完成；2019 年起企业不再以任何方式为职工家属区"三供一业"承担相关费用。

2017 年 3 月 21 日，黄羊河集团公司成立社会职能分离移交工作领导小组：杨轩任组长，南永胜、郭珉任副组长，组员为施忠年、李金浩、王宝堂、何宗信、周祯，办公室设在集团公司人力资源部。

2017 年 3 月 23 日，甘肃省财政厅印发《甘肃省省属企业职工家属区"三供一业"分离移交升级财政补助资金管理办法》的通知，要求"对'三供一业'相关设备设施进行必要的维修改造，基本实现分户设表、按户收费，交由专业化企业或机构实行社会化管理，省属企业不再承担相关费用的目标""补助资金分配遵循'分项核定、比例补助、年度预拨、据实清算'的原则""其他省属企业'三供一业'分项目户均改造费用财政补助标准分别为供水 0.2 万元、供电 0.2 万元、供热（气）0.1 万元、物业管理 0.1 万元"。

2017 年 4 月 14 日，武威市人民政府办公室转发市政府国资委市财政局《武威市国有企业职工家属区"三供一业"分离移交实施方案》的通知，通知要求：坚持政策引导与企业自主相结合，推进公共服务专业化运营，提高服务质量和运营效率。通过分离移交，国有企业不再承担与主业发展方向不符的公共服务职能，不再在工资福利外对职工家属区"三供一业"进行补贴，切实减轻企业负担，保障国有企业轻装上阵，公平参与市场竞争。在落实中央和省上政策的前提下，采取"一企一策""一事一议"的方式，稳步推进国有企业"三供一业"分离移交工作。

2017 年 4 月 24 日，甘肃省人民政府国资委关于省属国有企业职工家属区"三供一业"分离移交 2017 年工作计划安排的通知，要求甘肃省农垦集团公司等 17 户省属企业，要全面启动"三供一业"分离移交工作，5 月底前完成"三供一业"摸底调查工作，8 月底前根据国家和省政府相关文件精神，分类研究企业办社会职能处置办法，按照分离移交、剥离改制、重组整合、撤销关闭等方式完成方案制定工作，"一企一策"分步推动，成熟一家实施一家。

2017 年 6 月 2 日，凉州区人民政府办公室印发《凉州区国有企业职工家属区"三供一业"分离移交实施方案》的通知，确定了"三供一业"的接收主体，并承担维修改造实施职责。一是企业职工家属区"三供一业"供电接收及维修改造项目实施责任主体为武威供电公司；二是武南镇、黄羊镇区域企业职工家属区"三供一业"中供热、排水、市政道路、广场绿地、环卫绿化接收及维修改造项目实施责任主体为属地乡镇政府；三是黄羊镇区域企业职工家属区"三供一业"中供水接收及维修改造项目实施责任主体甘肃水投凉州供水公司。

2017 年 9 月 8 日，武威市人民政府印发《武威市加快剥离国有企业办社会职能和解决历史遗留问题工作方案的通知》，要求：一是国有企业职工家属区"三供一业"分离移交，对国有企业职工家属区"三供一业"（供水、供电、供热或气和物业管理）进行分离，全部移交属地县区政府，进行必要的改造后，交由专业化企业或机构实行社会化管理，从

2017年开始，全面推进国有企业职工家属区"三供一业"分离移交工作，2018年底基本完成。2019年起企业不再以任何方式为职工家属区"三供一业"承担相关费用。二是对中央、省属在武企业办医疗、教育、社区等机构实行分类处理，采取移交、撤并、改制或专业化管理、政府购买服务等方式进行剥离，从2017年底前完成企业管理的职工家属区社区管理职能移交地方工作，2018年底前完成企业办医疗、教育机构的移交改制或集中管理工作。

2018年3月16日，黄羊河集团公司成立社会职能分离移交工作领导小组，李国忠任组长，南永胜、王生兴、郭珉任副组长，组员由施忠年、李金浩、王宝堂、张希成、买学军、刘保东、王琴琴组成，办公室设在集团公司人力资源部。

截至2022年，黄羊河集团公司向政府及相关机构移交了医院、社区、供水、供暖等企业办社会职能，现阶段仍然承担着居民供电、机井片区1403户居民供水等职责。

一、社区移交

黄羊河集团公司于1998年2月成立社区管理委员会。2007年6月，更名为社会事业工作部，自此由社会事业工作部作为新华社区的工作机构，主要承担公司辖区水电、卫生、政法、居民管理、社会治安综合治理、小城镇建设及管理、离退休人员管理、民营经济、热力供应、低保、居民养老保险及医保、计划生育、环境卫生等职能。

2010年12月，根据《武威市人民政府关于同意设立黄羊河街道办事处的批复》（武政发〔2010〕219号）和《武威市凉州区人民政府关于成立黄羊河街道办事处的通知》（凉政发〔2011〕92号），成立黄羊河街道办事处。

2018年8月，甘肃黄羊河农工商（集团）有限责任公司、凉州区黄羊镇人民政府、武威市凉州区国有资产管理局三方签订《甘肃黄羊河农工商（集团）有限责任公司社区移交协议》，按照"先移交、后改造"的原则，约定：2019年1月1日起，甘肃黄羊河农工商（集团）有限责任公司不再承担社区管理职能，社区机构按现状、退休人员和退休党员移交黄羊镇人民政府管理；资产按照无偿划拨一次性整体移交凉州区黄羊镇人民政府。

2020年6月9日，凉州区黄羊河街道党工委、办事处揭牌，黄羊河街道办事处正式成为黄羊河辖区社会事业主管部门，新华社区正式由黄羊河街道办事处接管，并接收原社会事业部工作人员2名。

二、退休人员移交

2020 年 9 月 10 日，凉州区人民政府与甘肃黄羊河农工商（集团）有限责任公司双方签订《国有企业退休人员社会化管理服务移交协议》，协议约定：由凉州区人民政府接收黄羊河集团公司 1311 名退休人员社会化管理，其中涉及退休党员 165 人，一并完成了组织关系转接。退休人员人事档案也同步移交。

2020 年 9 月 17 日，凉州区社会保险事业管理局与甘肃黄羊河农工商（集团）有限责任公司签订《国有企业退休人员人事档案委托管理协议》，退休人员人事档案暂由黄羊河集团公司保管，涉及档案 1190 份，其中黄羊河集团公司 958 份、莫高生态园区 107 份、莫高葡萄酒厂 13 份、甘肃药物碱厂 10 份、甘肃水泵厂 102 份。

2020 年 12 月 10 日，凉州区社会保险事业管理局与甘肃黄羊河农工商（集团）有限责任公司签订《关于国有企业退休人员人事档案终止委托管理协议》，终止退休人员人事档案委托管理关系。

自 2021 年起，退休人员开始社会化管理。

三、医院移交

2018 年 8 月 30 日，甘肃黄羊河农工商（集团）有限责任公司、凉州区卫生和计划生育局、武威市凉州区国有资产管理局三方签订《甘肃黄羊河农工商（集团）有限责任公司职工医院移交协议》，约定：2018 年 9 月起，黄羊河集团公司职工医院管理职能及人员、资产移交凉州区卫生和计划生育局管理。经人社部门核查认定，以 2017 年 12 月 31 日实际在册人数为准，职工医院 13 名工作人员移交至凉州区卫生和计划生育局，按"编制备案制"管理；资产无偿划转，一次性整体移交；土地移交根据土地权属性质，按照国家相关法律法规和政策规定执行。

自此，黄羊河职工医院交由凉州区卫生和计划生育局管理，并更名为凉州区黄羊河社区卫生服务中心。

四、供电移交

2018 年 12 月 12 日，甘肃黄羊河农工商（集团）有限责任公司、国网甘肃省电力公司武威供电公司、武威市凉州区国有资产管理局三方签订《甘肃黄羊河农工商（集团）有限责任公司供电分离移交协议》，按照"先移交、后改造"的原则，约定：2019 年 1 月 1 日起，甘肃黄羊河农工商（集团）有限责任公司不再为移交范围内的供电职能承担任何费用，移交范围黄羊河农场区域内 25 个职工家属区内 2646 户的供电管理职能及相关资产、相关资产均以现有设备设施运行状态实物交接。

2021 年 11 月，武威供电公司改造黄羊河集团公司一分场五队居民照明，该区域居民照明移交黄羊镇供电所。

2022 年 3 月，武威供电公司对剩余居民照明进行改造。

截至 2022 年底，还有部分设施未完成改造。居民照明由集团公司水电站继续管理，未按期完成移交改造。

五、供水移交

2018 年 8 月 31 日，甘肃黄羊河农工商（集团）有限责任公司、甘肃水务凉州供水有限责任公司、武威市凉州区国有资产管理局三方签订《甘肃黄羊河农工商（集团）有限责任公司供水分离移交实施协议》，按照"先移交、后改造"的原则，约定：2019 年 1 月 1 日起，甘肃黄羊河农工商（集团）有限责任公司不再为移交范围内的供水职能承担任何费用，移交范围分别是场部、一队、三队、四队、林一队、林二队、林四队涉及供水户 1203 户的供水职能及相关资产，协议移交人员 3 人。

当日，凉州区黄羊镇人民政府、甘肃黄羊河农工商（集团）有限责任公司、武威市凉州区国有资产管理局三方签订《甘肃黄羊河农工商（集团）有限责任公司饮水井自行供水职工家属区供水移交实施协议》，约定：2019 年 1 月 1 日起，甘肃黄羊河农工商（集团）有限责任公司不再为移交范围内的供水职能承担任何费用。

2018 年 9 月 5 日，凉州区黄羊镇人民政府、甘肃黄羊河农工商（集团）有限责任公司、武威市凉州区国有资产管理局三方签订《黄羊河农场区域内饮水井自行供水职工家属区供水委托管理协议》，协议约定：凉州区黄羊镇人民政府委托黄羊河集团公司对黄羊河农场区域内以饮水井自行供水职工家属区 1443 户（含莫高股份公司 354 户、武威农垦公司农场 18 户）的供水资产行使管理和维护职责，测算确定维护维修费用为 20 万元/年，自 2019 年 1 月 1 日起由凉州区黄羊镇人民政府在省级财政维修改造补助资金解决，在每年 6 月底前支付黄羊河集团公司，超出部分由黄羊河集团公司自行解决。2020 年黄羊河街道办事处成立，该委托协议终止。

2020 年 1 月起，场部、一队、三队、四队、林一队、林二队、林四队涉及供水户 1203 户供水工作由凉州水务有限责任公司接管；8 月，甘肃水务凉州供水有限责任公司接受移交工作人员 3 名。

2020 年 5 月 20 日，在凉州区财政局协调下，原由黄羊镇人民政府接收的物业、供暖、市政设施、社区、饮水井供水（1443 户）转交由黄羊河街道办事处管理。

六、市政设施移交

2018 年 8 月 30 日，凉州区黄羊镇人民政府、甘肃黄羊河农工商（集团）有限责任公司、武威市凉州区国有资产管理局三方签订《甘肃黄羊河农工商（集团）有限责任公司市政设施移交协议》，按照"先移交、后改造"的原则，约定从 2019 年 1 月 1 日起，黄羊河农场区域内移交的市政设施有：道路 89870 米，桥梁 10 座，路灯 606 盏，垃圾台 39 座，垃圾箱 15 个，排水管网 14819 米，公共绿化设施面积 5185593 平方米，公共卫生间 1 处，公园 1 个，广场 10 个，文体设施 9 处。

截至 2022 年，接受单位接管了场区环境卫生、物业等部分市政设施，其余市政设施仍由黄羊河集团公司直接或辅助管理。

七、供暖移交

2018 年 8 月，甘肃黄羊河农工商（集团）有限责任公司、凉州区黄羊镇人民政府、武威市凉州区国有资产管理局三方签订《甘肃黄羊河农工商（集团）有限责任公司供暖移交实施移交协议》，按照"先移交、后改造"的原则，协议约定：2019 年 1 月 1 日起，甘肃黄羊河农工商（集团）有限责任公司不再为区域内的供暖职能承担费用，范围包括黄羊河辖区内 866 户的供暖管理职能及相关资产，相关资产均以现有设备设施运行状态实物交接。

2019 年 9 月至 2021 年 8 月，凉州区黄羊河街道办事处将"三供一业"供热分离移交设施托管委托给甘肃黄羊河农工商（集团）有限责任公司履行区域内群众的供暖业务管理及服务职能，委托管理费用 100 万元/年。

2021 年 9 月，黄羊河集团公司将供热服务及资产移交至黄羊河街道办事处。自此，黄羊河集团公司不再承担供暖业务管理。

八、物业移交

2018 年 8 月 30 日，甘肃黄羊河农工商（集团）有限责任公司、凉州区黄羊镇人民政府、武威市凉州区国有资产管理局三方签订《甘肃黄羊河农工商（集团）有限责任公司社区移交协议》，按照"先移交、后改造"的原则，约定 2019 年 1 月 1 日起，甘肃黄羊河农工商（集团）有限责任公司不再为区域内的物业职能承担费用。

第六章　社会影响

第一节　示范功能

甘肃黄羊河农工商（集团）有限责任公司（甘肃黄羊河农场）（以下简称集团），经过70年的变革发展，现已发展成为农工商并举、产加销一条龙的现代农业企业集团。集团现拥有土地12.9万亩，注册资本1亿元。下设7个子公司、9个分公司，机关设部室7个，对外参股单位3个。生产经营的主要产品有甜糯玉米、蔬菜、马铃薯、果品、节水设施、畜产品等。

集团先后获"全国文明单位""首批国家级农业产业化重点龙头企业""全国无公害农产品示范基地""国家级出口农产品质量安全示范区""全国农业先进集体""全国农垦现代农业示范区""全国农垦农机标准化AAA级示范农场""甘肃省现代农业示范区""甘肃省循环经济示范企业""甘肃省科技创新示范企业""甘肃省第一批诚信企业""档案工作规范化管理省特级""2022年度国家级生态农场"等荣誉。集团内设的技术中心为"省级企业技术中心"，集团累计获得国家授权专利46项，"黄羊河"商标为"中国驰名商标"。

2013年以来，以特用玉米、制种玉米、马铃薯、果蔬、商贸旅游、畜牧养殖、冷链物流等产业链条为主构成的黄羊河工业产业集群辐射带动能力逐年提高，为周边农村农业结构调整、农机等社会化服务、订单农业种植、农技推广等方面发挥着现代农业典型示范作用，以加工企业为龙头，每年带动周边农户就业增收近亿元以上，为地方区域经济发展做出了较大贡献。

一、平田整地

（一）大条田改造

2012年开始，按照农垦集团公司提出的"三大一化"工作要求，结合滴灌工程、土地整理项目建设，将原先50亩左右的条田改造成300亩以上的大条田，提高了土地利用率，截至 2018 年末，除果园外，农业种植区完成"大条田"改造面积达 95%。

大条田改造工作是建场以来进行的第二次大规模的平田整地行动，因地制宜，在整体规划的基础上，根据不同地形、灌溉条件及发展的要求，结合各分场具体情况统筹考虑，宜大则大，整片推进，稳步实施，确保质量，促进了集团农业生产经营的专业化、标准化、规模化、集约化和农业技术集成化、劳动过程机械化、生产经营高效化。

（二）高标准农田建设

截至 2022 年，集团在甘肃省农业农村厅、省财政厅和省农垦集团公司的支持下，抢抓机遇，科学规划，争取到中央和省级财政资金近 8 千万元，解决了过去土地不平整、地条窄、田间道路差、水源不足、灌溉设施配套不齐、土地综合生产力不强等问题，建成了"田成方、林成网、路相通、渠相连、节水设施配套"的高标准农田面积 8.4 万亩。

一是根据农业生产实际，大力修建调蓄水池，解决河灌区滴灌水源问题。通过高标准农田项目，合理规划新建蓄水池 5 座容积达 45 万方。至 2022 年底，黄羊河有调蓄水池 11 座，容积达 78 万方，覆盖农业一、二、五分场 2.5 万亩耕地。

二是对滴灌首部过滤设施改造升级，累计修建沉砂池和配套沉砂罐 83 座，更换首部过滤系统 110 多套。从源头解决滴灌水质问题。将原来地下水灌区的滴灌二级过滤（离心＋网式）系统升级为三级过滤系统（沉砂池＋离心＋碟片），解决了过去滴灌首部设备过滤效果差、部分泥沙进入灌溉系统、毛管堵塞滴水不均匀等突出问题。机井灌溉水通过前置沉砂池过滤后顺利通过二、三级过滤系统，水质达到滴灌使用标准。2022 年在马铃薯、辣椒等作物上推广使用小流量滴灌带面积达 5 万多亩，公司逐步实现滴灌精细化、高效高质量发展。

三是完善路林网系统，改善区域生态条件。利用项目资金进一步完善防护林网，新建田间道，解决了大型农业机械作业出行不便和在夏秋收获期间产品拉运道路不畅的问题，为公司实现"三统一化"与农机、农技、农艺相融合起到了重大的作用，区域内生态环境得到有效改善。

高标准农田建设项目在黄羊河集团公司的实施，使公司农业土地更加平整、灌溉排水更加通畅，农业生产基础条件得到进一步改善，节水滴灌设施更加齐备，特别是小流量滴灌带的应用，节水率较常规大流量滴灌提高 13.8%，农业灌溉总节水率达 46% 以上。同时，高标准农田建设项目推动了企业农业生产方式的转变，提高了农业生产综合能力，发挥了区域经济建设中的引领示范带动作用。

二、水肥一体化技术

现代农业全面利用滴灌设施，推广水肥一体化节水技术。在 8.2 万亩土地上安装滴灌高效节水设施，并在玉米、辣椒、洋葱等作物上大面积推广膜下滴灌水肥一体化栽培技术，节水、节肥、增产效果明显，与常规大水漫灌灌溉方式相比，节水率在 35% 以上、节肥 20% 以上、作物增产 15% 以上，每年总节水量约 1400 万立方米，经济效益和生态效益显著。

三、测土配方

以测土配方施肥项目为基础，开展化肥减量，增施有机肥沃土工程。通过技术培训和试验示范，提高了广大种植户的科技素质，使种植户改变盲目施肥、偏施滥施化肥的习惯，转变了种植户长期过量施肥的观念，减轻了土壤面源污染，保障了农产品质量安全。以优势作物甜糯玉米、制种玉米、马铃薯、辣椒、洋葱为主，每年推广测土配方施肥面积 6 万亩，测土配方施肥较常规施肥节肥 15% 以上、增产 10% 左右，亩节本增效 40 元以上，总节本增效 240 万元以上。

四、循环经济

为了提高资源的利用率，延伸甜糯玉米产业链。利用甜糯玉米秸秆以及加工过程中产生的玉米果穗苞叶、玉米芯、穗柄、穗尖、花丝、不合格玉米果穗等副产物，还有糯玉米糁加工后的副产物麸皮等加工饲料的优质原料，通过引进大型饲草收获机、揉丝机、打包机、发酵菌，开发便捷式塑料包装青贮饲料，并利用饲草资源建设养殖小区，带动养殖业的发展，养殖业的发展又能为种植业提供优质的有机肥，形成"甜糯玉米种植（加工）→秸秆等副产物加工饲料→畜牧养殖→有机肥→甜糯玉米种植"的循环模式。通过回收废旧管带、残膜等，经破碎、清洗、造粒等工序，生产 PE 颗粒，再用 PE 颗粒重新生产滴灌带，资源得以循环利用，形成"滴灌带（其他管材）→田间使用→废旧管带、残膜→回收加工造粒→滴灌带（其他管材）"的循环模式。

五、绿色农业

坚持绿色发展，提高产品质量品质。通过农业生产标准化体系建设，集团先后被评为"全国无公害农产品示范基地""全国农垦现代农业产业园区""国家级出口甜（糯）玉米及芦笋质量安全产业园区"，1000 亩糯玉米生产基地通过有机食品认证、700 亩果园通过有机食品认证。集团现拥有各类认证 30 项，其中质量管理标准体系认证 9 项、绿色、有机食品及 QS 质量安全管理认证 13 项（6 个产品获绿色食品认证，2 个产品获有机食品认证）。通过农资统一采购供应，严格控制农业投入品，在减少化学农药使用量的同时，大面积推广物理（生物）防虫技术，在食品、果蔬类作物上每年安装太阳能杀虫灯 700 盏，病虫害绿色防控覆盖面积达 3 万亩以上，各类主栽作物病虫害绿色防控技术示范，园区内虫口数量及用药次数大幅度减少，平均亩减少农药成本 10～20 元，取得较好实效。2015年起，在集团设立"凉州区黄羊河集团农产品质量安全监管检测中心"，将集团产品纳入凉州区农产品质量安全监管检测中心统一管理，确保了产品质量安全。

六、科技示范

依托集团技术中心（省级）的科技优势，各产业把"科技兴农"作为提高核心竞争力重要内容来抓，积极与中国农业大学、甘肃省农科院、甘肃农业大学、山西省农科院、西北农林科技大学、武威市农技中心、凉州区农产品质量安全监管检测中心等院所建立密切的合作关系，加大新品种新技术的引进和新产品研发力度。引进推广甜糯玉米、芦笋、辣椒、洋葱等作物新品种 7 个，大面积推广测土配方施肥技术、膜下滴灌节水技术、玉米精量播种技术、滴灌"干播湿出"技术、水肥一体化技术、物理（生物）防虫技术等先进农业技术；开发出甜糯玉米系列产品 3 个、芦笋系列产品 3 个、玉米、辣椒等作物滴灌专用肥 5 个。

2015—2020 年，集团共申报并立项省农垦集团公司科技项目 11 项，实施各类科技试验示范项目 34 项，重点开展了农作物新品种引进、滴灌专用肥制备、综合植保技术应用等相关研究。

截至 2022 年，获得绿色食品和有机产品认证 30 个，认证面积 3 万亩，国家授权专利46 项，其中：发明专利 3 项、实用新型专利 37 项（包含合作专利 1 件），外观设计专利 6项。滴灌专用肥的研发水平处于全省前列。这些新品种、新技术的应用以及新产品的研发，增强了集团发展后劲，提高了企业市场竞争力。

七、生态观光旅游业

随着特色林果业的发展和现代农业示范区、职工住宅楼、文化广场、润泽园、场区街道、宾馆、商店、集贸市场等的建设，已经形成既具农垦特色、又有城市气息的生态、环保、绿色的旅游环境和能够基本满足游人"行、游、住、食、购、娱"六大需求的旅游综合服务体系。2011 年，黄羊河场区被确定为国家 AAA 级生态农业旅游景区。

黄羊河生态观光农业景区主要有：集农业科技示范、产业辐射带动、员工教育培训、生态观光旅游等功能为一体的现代农业示范区，绵延 18 千米的葡萄长廊观光区，别具特色的园林式的工业园区，由"三纵八横"防护林网和果园组成的特色园林区，纵贯黄羊河农场全境的明汉长城遗址，此外还有为客人提供餐饮、住宿和休闲娱乐的生活服务区。

随着人们崇尚绿色、亲近自然等旅游观念的转变，到场观光旅游、休闲度假的人数逐年增加。

第二节　扶贫帮困、乡村振兴

一、扶贫帮困

集团响应国家"精准扶贫""乡村振兴"及省、市政府"联村联户、为民富民"等相关扶贫行动的号召，建立健全帮扶机制，落实帮扶措施，动员干部群众共同参与扶贫帮困、协调推进乡村振兴。

2012 年，根据《中共武威市委关于在全市开展"联村联户、为民富民"行动的实施意见》（武发〔2012〕4 号）文件精神，确定古浪县新堡乡尖山村为黄羊河集团公司扶贫帮困帮扶点。该村地处古浪南部山区，位于乡政府东南部 13 千米处，东接干沟村，北接刘杨村，南连天祝县松山镇，气候寒凉，可播种农作物品种少，水资源匮乏，年降水量稀薄，且不均衡，村民的主要生存方式为自由放牧，以广种薄收的方式种植山旱地，基本上是靠天吃饭。村辖 3 个村民小组，在册人口 196 户 650 人，其中，低保户 60 户 220 人，五保户 6 户 9 人。

2013 年，根据武威市古浪县关于《新堡乡尖山村"联村联户、为民富民"行动扶贫开发总体规划（2013—2017)》的精神，黄羊河集团公司利用自身产业化、集约化、规模化生产的优势：一是通过多种渠道，开展尖山村务工劳动力的技能培训和实用技术培训；二是利用企业优势，采用集中与分散、长期与短期相结合的方式，按照就地、实用、转移的原则，按计划、有步骤地引进尖山村村民劳务输出到公司务工，帮助贫困村民通过劳动换取报酬，为村民增收 20 余万元；三是按照政府小额担保贷款的要求和小额妇女担保贴息贷款的要求，按照"设施农牧业＋特色林果业"的发展模式，积极协调贷款，支持尖山村农户发展设施养殖业，在 2012 年建成 143 个养殖暖棚的基础上又帮助新建成 157 座肉羊养殖大棚，并协助修建暖棚养殖配套设施等；四是为尖山村改建农家书屋一座，提供图书 5000 册；五是出资 30 万元，组织工程队为尖山村修建蓄水池及附属管线设施一套，保障当地群众人畜饮水安全；提供帮扶资金 5.05 万元，同时为 3 名考入大中专院校的学生提供助学金 1000 元／人。

2013 年，向黄羊河集团公司联村联户点古浪县新堡乡捐赠扶贫款和村文化室改造款 10.88 万元；向甘肃省农垦集团公司联村联户扶贫点漳县殪虎桥乡捐赠帮扶资金 10 万元；向岷县、漳县地震灾区捐款献爱心捐款 5.36 万元。

2013 年 1 月 22 日，黄羊河集团公司对 81 名特困员工发放 2012 年度特困补助资金 20600 元。

2014 年初，黄羊河集团公司为尖山村村委捐助办公经费 5000 元用于购置宣传设备。11 月 16 日，集团为尖山村送去 3.5 万元扶贫款，用于人饮堤坝的防渗处理和牲畜饮水的隔离工程建设。

2018 年 7 月，黄羊河集团公司在古浪县黄花滩 9 号移民点设立芦笋加工点 1 个，优先聘用尖山村贫困户务工创收，为当地群众增加务工收入 45 万余元。

二、乡村振兴

2012 年，甘肃省开展"双联富民"行动，根据中共武威市委文件《关于在全市开展联村联户为民富民行动的实施意见》文件精神，黄羊河集团公司被确定为驻武双联扶贫单位，协助地方完成"下山入川"工程，联系点为古浪县新堡乡尖山村，联系户共 101 户。2012—2016 年，黄羊河集团公司在改善尖山村人饮条件、村委会办公环境、帮助困难村民等方面贡献了力量。

2013 年 3 月 20 日，黄羊河集团公司将一分场五队东滩被凉州区黄羊镇李宽村、中腰村抢占的荒滩地 4500 亩、果品公司林四队被凉州区吴家井乡新建村抢占的荒地 450 亩，共计 4950 亩土地，通过申请法院执行收回用于政府移民安置。

2015 年 6 月 27 日，根据《中共武威市委联村联户为民富民行动协调推进领导小组关于开展全市双联行动督查工作的通知》（武联办发〔2015〕7 号）和《中共武威市委双联行动协调推进领导小组办公室关于报送驻村帮扶工作队成员的通知》（武联办发〔2015〕8 号）文件，黄羊河集团公司选派赵大荣为驻尖山村工作队队长，李江为驻尖山村工作队队员，长期驻古浪县新堡乡尖山村开展工作。

2016 年 8 月 2 日，集团《关于对黄羊河集团双联帮扶点提供整体搬迁帮扶资金的批复》，拨付双联点古浪县新堡乡尖山村 101 户整体搬迁帮扶资金 30.3 万元。

2019 年 5 月 9 日，集团组织部印发《关于增派驻村帮扶工作队队员的通知》，黄羊河集团公司增派刘文鸿为秦安县驻村帮扶工作队队员。

2019 年 6 月 21 日—22 日、6 月 27 日—28 日，黄羊河集团公司分别组织帮扶干部分两批到移民点入户，进行了整改情况排查调研。此次调研，解决了 9 号移民点自来水时常断供、水压不足的问题；解决了 11 号移民点闫世俊等 6 户贫困户后续产业扶持措施未落实到位的问题。

2019 年 9 月 5 日，印发《甘肃黄羊河集团公司困难职工解困脱困工作实施方案》。方案提出：按照"分类帮扶、因困施策、一户一策"的帮扶原则，在全面准确掌握困难职工基本情况的基础上，各单位负责人进行一对一帮扶，明确目标任务，各负其责、各司其职、做到资源配置合理，措施精准到位，确保取得实效，结合公司实际，建立一对一帮扶责任制，争取到 2019 年底前实现剩余的 10 户建档立卡困难职工家庭人均月收入高于当地城镇居民最低生活保障线，全面实现解困脱困。

2019 年 9 月 18 日，为深入贯彻习近平总书记关于巩固脱贫成果的重要指示精神，进一步弘扬中华民族敬老爱亲、扶弱助贫的传统美德。集团党委副书记、工会主席慕自发，党委委员、副总经理、工会副主席南永胜组成慰问小组，赴帮扶村古浪县上湾村移民点开展对留守老人、儿童的中秋节前慰问活动。慰问小组代表集团公司为留守老人、留守儿童送去节日的祝福和问候，为 18 户留守老人送去月饼、大米、食用油等生活必需品，为留守儿童送去书包、文具等学习用品。

2021 年，在古浪县尖山村开展帮扶工作。一是落实入户走访制度，公司主要领导先后 4 次率领帮扶干部深入贫困村、贫困户，通过召开座谈会、入户走访，与乡党委、村"两委"班子、贫困户代表深入交谈，了解其基本情况，累计入户 300 余户。二是帮办实事好事，帮助困难群众卖出羊 21 只，人参果 50 箱，胡麻油、面粉、扁豆等产品共计价值 3 万余元；在中秋佳节期间，购买月饼、大米、清油、学习用品等，对 19 名留守老人和 2 名留守儿童进行了慰问；组织有意愿、有劳动能力的贫困户 1000 余人到公司下属龙头企业食品公司、蔬菜公司、马铃薯事业部等企业进行务工。三是配合地方政府做好小额扶贫贷款清收工作。10月份，县、镇、村及驻村工作队共同成立了4个贷款清收小组，利用近半个月的时间，对上湾村逾期、临期的小额贷款26户进行了多次入户，进行催收，有23户按期还清了贷款，有3户因家庭困难，无力偿还，通过申请民政救助偿还了一部分。四是完善村级资料和户籍资料的归档工作。公司帮扶工作队对2014年以来建档立卡户户籍资料及帮扶村村级资料进行了系统的完善补充，逐户对资料袋内缺失资料进行登记，到5月底，帮扶工作队对161户590人建档立卡户户籍资料进行了全面完善，对村级资料按照归档保管期限归档32盒，同时完成2021年259户已脱贫户的年度收入计算表和国扶系统的数据录入。五是在产业发展上，帮助贫困户发展以玉米为主的种植业和以育肥羊为主的养殖业，年养殖存栏数15000只，配合当地政府，组织驻村帮扶队员于秋收后，在大靖镇上湾村实施了高标准农田建设项目。六是配合属地政府做好移民搬迁工作，组织古浪县新堡乡尖山村全村194户676人通过政策扶持和自发外出谋生进行房屋搬迁工作。原新堡乡尖山村已全部移民搬迁，其中自发搬迁27户78人（省外10户34人，省内县外11户28人，县内6户16人），响应黄花滩政策搬迁167户598人（其中群众报名搬迁139户534人，政府兜底搬迁28户64人）。

第三节　社会贡献

黄羊河集团公司也与其他所有农垦企业一样，在为国家上缴税赋的同时，承担着企业办社会职能，减少了社会负担量，为社会做出了贡献。黄羊河集团公司在加快自身发展、不断增强内生动力、发展活力和整体实力的同时，切实发挥示范引领作用，以加工企业为龙头，承包周边农村种植基地20万亩左右，每年带动农户增收2亿元以上；公司各龙头企业每年为周边农户提供就业岗位40余万人次，支付农民工工资7000余万元；周边农户每年在各种植基地务工70余万人次，劳务收入1亿元以上。甘肃农垦黄羊河集团公司的持续发展，为当地现代农业建设和生态文明建设起到了良好的示范带动作用，特别在农业产业化、高效节水农业、农业生产社会化服务等方面成效显著，每年共带动周边农户就业增收4亿元以上。

2013年以来，承担的社会行政事业性支出有医院、居委会、派出所、市场管理、贫困居民救助等各项费用，每年支出200多万元；每年负担养老失业保险费1200多万元；场区道路、小城镇建设、生活福利设施的改造维护费用，每年支出160多万元。

2016年，集团公司通过社会保险收支两条线管理，对职工及离退休人员各类社会保障费用按照相关政策要求落实到位。2016 年企业收取的土地租赁费全部用于缴纳职工和离退休人员"五险"费用。对 53 户、120 名低保人员发放低保金 47 万元，协助武威市社保局对公司 1179 名离退休人员发放养老金 3117 万元，取暖费 145 万元。

截至 2016 年 12 月，核定参保职工 1250 人，集团公司缴纳养老、失业、工伤、医疗、生育等"五险"费用 1889 万元，缴纳离退休人员医保费用 338 万元，总计缴纳 2227 万元，其中企业承担费用 1715 万元。

2018 年开始，国有企业职工家属区"三供一业"分离逐步移交，企业承担的社会行政性支出逐步减少。

截至 2019 年底，黄羊河集团公司建档立卡困难职工已全部解困脱困。公司共有建档立卡困难职工 37 户，其中 2017 年实现脱困 12 户，2018 年脱困 15 户，2019 年脱困 10 户。

2020 年 4 月 24 日，古浪县新堡乡尖山村驻村帮扶工作队（甘肃黄羊河集团公司、古浪县委统战部帮扶村）被甘肃省脱贫攻坚领导小组评为"2019 年度全省脱贫攻坚帮扶先进集体"。

2020 年 11 月 6 日，王浦镇曹湾村第一书记兼驻村帮扶工作队队长刘文鸿被秦安县脱贫攻坚帮扶工作协调领导小组评为"2020 年度全县脱贫攻坚帮扶工作先进个人"。

2021 年 3 月 11 日，刘文鸿被甘肃省脱贫攻坚领导小组评为"2020 年度全省脱贫攻坚帮扶先进个人"。

第七章 企业荣誉 领导关怀

第一节 企业荣誉

一、获国家级表彰奖励

2013年12月，黄羊河集团公司被农业部评为"全国农业先进集体"。同时，被农业部农垦局列为"全国50家农机示范农场之一"。

2014年11月，在中国农业机械学会农机化分会与农机360网联合举办的第五届"精耕杯"农业机械行业评选中，黄羊河农机专业合作社获"全国三十佳优秀示范农机合作社"荣誉称号。

2015年2月28日，黄羊河集团公司被中央文明委授予"全国文明单位"荣誉称号。

2016年5月22日，"黄羊河"牌苹果、真空保鲜甜糯玉米系列产品获第十六届中国绿色食品博览会金奖。

2017年，种业公司"全国农垦农作物良种展示示范基地认证项目"被农业部批准为"第一批全国农垦农作物良种展示示范基地"。

2017年11月22日，"黄羊河"牌"金冠"苹果获第十八届中国绿色食品博览会金奖。

2017年12月6日，黄羊河集团果品公司700亩果品，获得北京中绿华夏有机食品认证中心（COFCC）颁发的有机产品认证证书。

2018年7月18日，甘肃省黄羊河农工商（集团）有限责任公司工会获得中国农林水利气象工会系统"模范职工之家"荣誉；甘肃黄羊河集团节水材料科技有限责任公司工会小组获得中国农林水利气象工会系统"模范职工小家"荣誉。

2019年12月，"黄羊河"牌糯玉米获第二十届中国绿色食品博览会金奖。

2020年5月25日，食品公司获得中国绿色食品发展中心"最美绿色食品企业"称号。

2020年11月，"黄羊河"牌"金冠"苹果获第十四届中国国际有机食品博览会金奖。

2022 年 10 月 12 日，黄羊河集团公司获中国质量认证中心良好农业规范一级认证。

2022 年 12 月，黄羊河集团公司被农业农村部农业生态与资源保护总站、中国农业生态环境保护协会联合评定为"2022 年度国家级生态农场"。

二、获省、部级表彰奖励

2013 年 2 月，食品公司被甘肃省检验检疫局、商务厅、农牧厅评为"2011—2012 年度出口食品农产品质量安全先进企业"。

2013 年 11 月，黄羊河肉羊养殖专业合作社被甘肃省农牧厅评为"省级标准化养殖示范场"。

2013 年，果品公司被甘肃省农牧厅认定为"甘肃省农作物病虫害专业化统防统治达标组织"。

2013 年 11 月 29 日，黄羊河食品公司被甘肃出入境检验检疫协会授予 2013 年"中国质量诚信企业"荣誉称号。

2013 年 12 月，集团公司被甘肃省工信委、财政厅等部门评为"甘肃省技术创新示范企业"。

2014 年 12 月 24 日，集团公司良种场被甘肃省农业技术推广总站和甘肃省农业技术推广协会确定为甘肃省"十大社会化服务试点单位"。

2015 年 6 月 16 日，果品公司获得中国甘肃出入境检验检疫局出境水果果园注册登记证书和出境水果包装厂注册登记证书。

2016 年，食品公司被甘肃省绿色食品办公室评为 2015 年度"全省绿色食品先进企业"。

2016 年，甘肃省博物馆协会公布了第二批文化遗产"历史再现"工程博物馆名录，黄羊河集团场史展览馆（黄羊河农场农垦文化博物馆）位列其中，是全省 71 家行业类博物馆中唯一一家农垦文化博物馆。

2016 年 4 月 28 日，黄羊河集团公司被甘肃省总工会授予"甘肃省五一劳动奖状"。

2016 年 7 月 14 日，甘肃黄羊河集团公司工会委员会被甘肃省总工会评为"甘肃省模范职工之家"，黄羊河集团节水材料公司工会小组、黄羊河集团公司五分场工会小组被甘肃省总工会评为"甘肃省模范职工小家"。

2017 年 2 月 10 日，黄羊河集团公司获甘肃省人力资源和社会保障厅、省档案局"2012—2016 年度全省档案工作先进集体"荣誉称号，是继 1996 年、2004 年、2008 年以来第四次获得此荣誉。

2017 年 4 月 27 日，五分场获甘肃省农垦系统先进集体称号。

2017 年 9 月 11 日，"黄羊河"牌甜糯玉米获得甘肃省农牧厅牵头举办的甘肃省首届农业博览会金奖。

2020 年 4 月 24 日，古浪县新堡乡尖山村驻村帮扶工作队（甘肃黄羊河集团公司、古浪县委统战部帮扶村）被甘肃省脱贫攻坚领导小组评为"2019 年度全省脱贫攻坚帮扶先进集体"。

2022 年，五分场党支部获经甘肃省委组织部"全省标准化先进党支部"称号。

2022 年 9 月，物流公司被甘肃省物流行业协会正式批准成为甘肃省物流行业协会会员。

三、获地、厅级表彰奖励

2013 年 2 月 1 日，黄羊河集团公司被甘肃省农垦集团公司评为"2012 年度农垦工作先进单位"。

2013 年 7 月 24 日，"黄羊河集团公司代表队"获得武威市文广局组织的全市农家书屋知识竞赛第一名，并代表武威市参加全省农家书屋知识竞赛。

2015 年 2 月 4 日，黄羊河集团公司被甘肃省农垦集团公司评为"2014 年度先进单位"。

2016 年，甘肃省农垦集团公司党委授予黄羊河集团党委、节水材料公司党支部"先进基层党组织"。武威市委授予良种场党支部"先进基层党组织"。

2017 年，黄羊河集团公司被甘肃省农垦集团公司授予 2016 年度全省农垦工作"先进单位"荣誉称号。

2019 年 9 月，在甘肃省农垦集团公司庆祝新中国成立 70 周年大会上，黄羊河集团公司被甘肃省农垦集团公司党委、省农垦集团公司授予"先进单位"荣誉称号。

2021 年 5 月 20 日，中共甘肃黄羊河集团公司五分场支部委员会被甘肃省农垦集团公司党委授予"先进基层党组织"。

2022 年 4 月 22 日，共青团甘肃省农垦集团有限责任公司委员会授予黄羊河集团公司团委"甘肃农垦五四红旗团委"称号。

2018—2022 年，黄羊河集团公司连续五年被甘肃省农垦集团公司确定为"甘肃农垦先进企业"。

四、获县级表彰奖励

2013年，凉州区农牧局公布了2011—2012年度玉米制种信誉等级评定结果，种业公司被评为AAA级（最高等级）制种企业。

2014年5月23日—26日，种业公司参加凉州区组织的第一届"种业杯"运动会，共有18家制种企业组队参加。黄羊河种业代表队获得了广播体操第三名的成绩。

2015年3月，种业公司被凉州区农牧局评为凉州区2013—2014年度AAA级玉米制种企业，此信誉等级评定结果为凉州区最高信誉等级评定。

2015年12月24日，开展的"甘肃银行杯"2015首届"陇原农宝"暨"农业产业化十大领军人物"系列推选活动中，黄羊河集团果品公司产品金冠、富士、新红星、早酥梨、皇冠梨等获全省优质农产品"陇原农宝·武威十宝"称号。

五、获得经营"示范"资格

2014年2月，黄羊河集团公司被甘肃省农垦集团公司评为"2013年度农垦工作先进单位"；被甘肃省农垦集团公司党委评为"甘肃省农垦系统第二期干部在线网络教育先进单位"。

2015年8月24日，黄羊河集团物流有限责任公司获得中国物流与采购联合会3A级物流企业资格。

2017年2月，黄羊河集团公司被甘肃省农垦集团公司评定为2016年"场容场貌建设绿化美化家园"活动创建"达标单位"。

2020年，黄羊河集团公司、食品公司被确认为2020年第一批全国农产品全程质量控制技术体系试点，试点期2年，2020年8月1日至2022年7月31日。

2021年11月，食品公司被武威市凉州区社保局和乡村振兴局认定为凉州区2021年第二批"乡村就业工厂"。

2021年12月28日，节水材料公司完成国家标准《企业知识产权管理规范》（GB/T29490—2013）的贯标认证工作，取得知识产权管理体系认证证书。

第二节 领导关怀

一、省、部级领导光临指导

2014 年 6 月 8 日，甘肃省委政法委书记泽巴足一行到黄羊河集团公司视察。

2015 年 6 月 8 日，农业部党组成员杨绍品、农业部农垦局局长王守聪等一行到黄羊河集团公司调研农垦改革发展情况。

2015 年 7 月 6 日，水利部农水司巡视员李远华一行到黄羊河集团公司考察高效节水灌溉项目，甘肃省水利厅、武威市相关单位领导陪同。

2016 年 4 月 22 日，甘肃省副省长杨子兴一行到黄羊河集团公司芦笋基地、农机合作社、食品公司实地考察调研企业改革及现代农业发展情况，并召开座谈会。

2016 年 5 月 5 日，甘肃省政协副主席张世珍一行到黄羊河集团公司调研绿色生态有机农业发展情况。

2016 年 5 月 19 日，甘肃省委副书记欧阳坚一行到黄羊河调研。

2020 年 4 月 22 日，甘肃省副省长常正国一行到黄羊河集团公司调研，甘肃省农垦集团公司党委书记、董事长谢天德陪同。

2022 年 4 月 7 日，甘肃省副省长孙雪涛到黄羊河集团公司调研。甘肃省政府副秘书长王振清，甘肃省水利厅副厅长陈继军，甘肃省农业农村厅副厅长梁仲科等陪同。甘肃省农垦集团公司党委书记、董事长张懿笃，甘肃省农垦集团公司党委委员、副总经理张彦，黄羊河集团公司党委书记、董事长李国忠参加调研。

二、地、厅级领导光临指导

2013 年 6 月 7 日，农业部财务司司长李健华到黄羊河视察。

2013 年 6 月 10 日，兰州市人大常委会副主任王韶珊、甘肃省国资委副主任姚国庆到黄羊河视察。

2013 年 6 月 15 日，甘肃省委组织部副部长、甘肃省委巡视办吴明明到黄羊河视察。

2013 年 6 月 18 日，甘肃省国资委副主任赵小明到黄羊河视察。

2014 年 7 月 1 日，武威市人大主任、党组书记刘建禄到黄羊河集团视察。

2015 年 3 月 23 日，农业部畜牧业司副司长王俊勋、畜牧处处长左玲玲一行到黄羊河集团公司，对畜牧养殖情况进行参观考察。

2015 年 6 月 30 日，国家发改委农经司正司级巡视员胡恒洋一行到黄羊河集团种业公司调研。

2015 年 9 月 7 日，武威市副市长陈崇贵一行到黄羊河集团肉羊养殖专业合作社调研。

2015 年 9 月 30 日，甘肃省政府研究室副主任张永年一行到黄羊河集团公司考察调研。

2016 年 3 月 2 日，甘肃省委农工办副主任王剑英一行到黄羊河集团公司调研企业改革情况。甘肃省农垦集团公司副总经理杨英才的陪同。

2016 年 3 月 7 日，甘肃省委组织部副部长、甘肃省人社厅厅长贾廷权一行到黄羊河集团公司调研企业用工及劳动合同签订等情况。武威市委常委、常务副市长周晓红陪同。

2016 年 8 月 17 日，甘肃省农垦系统工会主席王海清一行到黄羊河集团公司调研工会工作。黄羊河集团公司党委书记吴伯成、工会主席郭珉等陪同。

2016 年 11 月 9 日，甘肃省国土厅厅长包自杰、征地处主任张振富、农垦国土资源局局长顾兴全一行五人到黄羊河集团公司考察养殖用地情况，黄羊河集团公司副总经理马金义陪同。

2017 年 6 月 12 日，甘肃省陇南徽县县委书记王强一行 20 人来黄羊河集团公司考察交流。

2017 年 8 月 7 日，甘肃省总工会副主席吴俏燕一行到黄羊河集团公司调研。甘肃省农垦系统工会主席王海清、黄羊河集团公司党委书记慕自发陪同。

2017 年 8 月 17 日，甘肃省农垦集团公司党委书记、董事长谢天德一行莅临黄羊河集团公司调研。

2017 年 8 月 26 日，中国绿色食品发展中心副主任杨培生、审核评价处处长李显军及甘肃省绿色食品办公室主任满润等核查组到黄羊河集团公司对甘肃省绿色食品续展认证工作进行现场核查。

2017 年 9 月 8 日，农业部农垦改制第五督察组组长、农业部产业政策与法规司司长张天佐一行到黄羊河集团公司进行改革与发展工作督察。甘肃省农垦集团公司党委书记、董事长谢天德陪同。

2018 年 3 月 9 日，甘肃省农垦集团党委书记、董事长谢天德一行到黄羊河集团公司调研。

2019 年 3 月 14 日，中国农垦经济发展中心副主任陈忠毅一行到黄羊河集团公司调研。甘肃省农垦集团公司副总经理魏国斌陪同。

2019年3月22日，甘肃省农垦集团公司党委书记、董事长谢天德一行4人到黄羊河集团公司进行座谈调研，黄羊河集团公司领导班子全部成员参加座谈。

2019年5月19日，甘肃省农垦集团公司纪委书记刘权一行到黄羊河集团公司调研公司2019年前期生产经营情况、党风廉政建设情况、信访维稳工作情况等。

2020年5月28日，甘肃省商务厅副厅长任福康及省商务厅综合处、外贸处、机电处有关处室负责人到食品公司就疫情期"稳外贸、促内销"工作进行现场调研。武威市副市长杨德智、武威市商务局局长陶志会陪同。

2020年9月16日，甘肃省农垦集团公司副总经理张健到黄羊河集团公司督导调研，黄羊河集团公司党委书记、董事长李国忠，党委副书记、总经理马金义，党委副书记慕自发陪同。

2020年10月20日，甘肃省农垦集团公司监事会主席吉建华一行3人到黄羊河集团公司督导调研。

2021年8月5日，甘肃省农垦集团公司党委委员、纪委书记、监察专员刘权一行5人到黄羊河集团公司督导调研。

2022年1月16至17日，甘肃省农垦集团公司党委委员、副总经理张健一行4人到黄羊河集团进行年度考核，并开展相关工作。

2022年2月15日，武威市委常委、凉州区委书记李万岳到食品公司调研。黄羊河集团党委副书记、工会主席慕自发，党委委员、副总经理王生兴陪同调研。

2022年4月8日上午，甘肃省农垦集团公司党委书记、董事长张懿笃到黄羊河集团公司调研指导工作。

第八章　对外交往

第一节　嘉宾光临指导

一、外国嘉宾光临指导

2013 年 9 月 1 日，美国十方公司工作人员到黄羊河集团种业公司对制种玉米机械收获、扒皮、种子加工等设备提出参考建议，并表达合作意向。

2015 年 5 月 12 日，日本考察组在武威市有关部门的陪同下，到黄羊河肉养殖专业合作社良种场小区调研。

2016 年 9 月 18 日，金州食品公司中国区总裁 Lan dixon 同广州金鲜食品有限公司总经理胡明来到食品公司对生产车间、基地进行了实地考察，计划在速冻甜玉米粒、芦笋等产品上开展广泛、长远业务合作。

2016 年 10 月 9 日，泰国中华总商会会董、泰国工商总会副主席、泰国万基国际集团公司董事长一行莅临黄羊河考察，黄羊河集团公司董事长杨轩、副总经理王宗全、果品公司经理杨增恩等陪同考察。

二、国内嘉宾光临指导

2013 年 6 月 10 日，甘肃张掖山丹农场党委书记魏培生带领山丹农场部分管理层干部到黄羊河集团参观考察。

2013 年 7 月 29 日，甘肃玉门黄花农场党委书记李兆强带领部分管理人员到黄羊河集团公司考察畜牧养殖业。

2013 年 9 月 19 日，甘肃平凉农业总场党委书记杨志峰带领部分干部到黄羊河考察。

2015 年 1 月 7 日，国家苹果产业技术体系岗位专家、河北农业大学教授曹克强，甘肃陇东学院教授、果树专家定光凯等人到黄羊河集团公司讲授现代果业栽培技术。

2015 年 5 月 6 日，台湾富贵集团、台湾长久国际实业股份有限公司总裁郑俊彦一行到黄羊河集团公司考察有机果蔬种植基地。

2016 年 6 月 20 日，中国社会科学院经济研究所课题组朱玲、韩朝华、周济到黄羊河集团公司调研。

2016 年 6 月 15 日，甘肃省国有企业第四监事会主席雒力宏道黄羊河集团公司调研。甘肃省农垦集团公司总会计师毕晋陪同。

2016 年 11 月 3 日，农业部农垦局会计中心领导吴山民、勾显伦到黄羊河集团公司对财政小专项资金使用情况检查。

2016 年 11 月 15 日，甘肃省出入境检验检疫局副局长高晓明、中国检验认证集团甘肃有限公司总经理李铁夫、甘肃省出入境检验检疫局质量处田忠伟一行到黄羊河集团食品公司调研，武威市政府、商务局、林业局、农业局主要领导及凉州区、民勤县相关分管领导陪同。

2016 年 11 月 24 日，云南农垦局副局长张涛到黄羊河集团公司考察。甘肃省农垦集团公司副总经理魏国斌陪同。

2016 年 12 月 9 日，宁夏农垦集团有限公司党委副书记、总经理金生平一行 11 人到黄羊河集团公司考察，就产业发展、企业改革等工作进行了交流座谈。

2016 年 12 月 14 日，亚盛山丹分公司经理吴云舰一行 22 人到黄羊河集团公司考察，重点了解黄羊河现代农业发展、产业化经营等内容。

2017 年 5 月 25 日，海口市菜篮子产业集团公司党委副书记、总经理王敏一行 5 人到黄羊河集团参观、调研、洽谈。

2017 年 7 月 4 日，甘肃省农垦集团外部董事一行到黄羊河集团调研。甘肃省农垦集团公司副总经理张晓华陪同。

2017 年 7 月 6 日，《中国农垦》"甘肃农垦行"调研组一行 35 人到黄羊河集团公司调研。

2017 年 11 月 20 日，由中共甘肃省委网信办主办的"新时代新气象新作为"暨"我为新甘肃打 call"——甘肃省深入学习贯彻十九大精神网络媒体大型主题采访活动河西线采访团，到黄羊河集团公司实地参观采访黄羊河集团深入学习贯彻十九大精神、现代农业建设及农业产业化发展情况。

2017 年 12 月 15 日，河北省国营御道口牧场管理区党工委副书记、管委会主任、国营御道口牧场场长、党委副书记侯国天一行到黄羊河集团考察，就国有农场土地等资产变资本成功的经验与做法、国有农场企业化改革和公司化改造、国有企业绩效考核、薪酬管理办法、用工制度改革情况、企业分离办社会职能人员安置及政策制定方面的经验做法同黄羊河集团公司进行了深入的交流。甘肃省农垦集团公司办公室主任张兆荣陪同。

2019年3月20日，河北省农垦局局长邓祥顺一行12人到黄羊河集团公司就国有农场企业改革、企业办社会职能分离等事宜进行考察交流。甘肃省农垦集团公司监事会主席吉建华，黄羊河集团公司党委书记、董事长李国忠陪同。

2019年8月20日，云南省西双版纳傣族自治州景洪市政协党组书记、主席段春一行到黄羊河集团公司考察企业改革发展情况。

2020年5月27日，古浪县委副书记、县长苏国波一行到黄羊河集团公司考察农业产业发展情况。黄羊河集团公司党委书记、董事长李国忠陪同。

2020年7月9日上午，甘肃农垦小宛农场党委书记、场长、董事长王刚一行32人到黄羊河集团公司观摩学习。黄羊河集团公司党委副书记、总经理马金义，副总经理王开虎陪同。

2020年7月16日上午，甘肃省农垦产业示范交流活动观摩组一行80人到黄羊河集团公司观摩交流，先后观摩了黄羊河集团公司良种场现代农业示范区、养殖合作社、马铃薯种植基地、食品公司加工厂等。黄羊河集团公司党委书记、董事长李国忠陪同交流。

2020年7月28日—30日，甘肃亚盛股份下河清分公司和勤锋分公司主要领导到黄羊河集团公司参观交流。

2020年7月30日，种业公司东北经销商团队一行24人到种业公司参观、考察。

2020年8月25日，甘肃省秦安县县政府工作人员代表、村干部及村民代表、甘肃省农垦帮扶工作队部分队员一行四十人到黄羊河集团公司观摩交流。甘肃省农垦集团公司群工部副部长邓会平，黄羊河集团公司党委副书记慕自发、副总经理王宗全陪同。

2020年9月9日，甘肃亚盛集团临泽分公司纪委书记张雷一行33人到黄羊河集团公司观摩交流。黄羊河集团公司党委副书记慕自发、副总经理王宗全陪同。

2020年11月3日，甘肃亚盛股份宝瓶河分公司党委书记、经理冉振强一行7人到黄羊河集团公司良种场肉羊养殖基地实地考察调研。

2020年11月17日，甘肃亚盛亚美特节水有限公司党委书记、董事长李宗国一行6人来黄羊河集团公司考察调研。

2021年7月11日，甘肃亚盛股份敦煌分公司党委书记、经理吴建新一行20人到黄羊河集团公司调研。

2021年4月14日，天津食品集团公司副总经理张庆东、甘肃亚盛股份党委副书记张立革一行10人到黄羊河集团公司调研。黄羊河集团公司副总经理王宗全、冯国强陪同调研。

2021 年 5 月 27 日，武威市委讲师团副团长盛举文、市委党史和地方志研究中心党史编审科副科长杨小楠一行对黄羊河集团公司进行党史学习教育专题辅导，并对二分场三队种植基地进行调研。集团公司党委副书记、工会主席慕自发陪同。

2021 年 5 月 31 日至 6 月 4 日，百事公司在黄羊河集团公司举办了"百事公司 2021 年中凯斯纽荷兰拖拉机维修技师（黄羊河）培训班"。此次培训班由百事公司主办、黄羊河集团公司承办，凯斯纽荷兰培训讲师主讲，采用理论讲解和实例分析相结合的形式进行技能培训。来自金昌、高台、乌拉盖、湛江等全国 18 个百事合作项目的 36 位学员参加。

2022 年 6 月 10 日上午，凉州区委副书记、区长崔振华带领凉州区委、各部门、有关单位领导共百余人到黄羊河集团公司生产种植基地开展观摩活动，黄羊河集团公司领导班子成员及各农业单位中层干部参加了活动，党委书记、董事长李国忠就黄羊河集团公司农业生产种植情况向观摩人员进行了介绍。

第二节　外出考察学习

一、在国内考察学习

2016 年 12 月 5 日—10 日，黄羊河集团公司董事长杨轩带领副总经理冯国强、南永胜及蔬菜公司经理焦发源三人前往海南省海口市菜篮子集团及山东省临沂市对蔬菜、果品、食品等农产品的市场销售、加工、经营等进行了深入的考察学习。

二、赴境外考察学习

2013 年 7 月，黄羊河集团公司王开虎等人赴美国考察玉米制种项目。

2016 年 10 月 16 日至 10 月 20 日，食品公司相关人员到法国巴黎参展"法国 SIAL 国际食品展"。

2019 年 3 月 5 日至 3 月 8 日，食品公司相关人员到日本千叶幕张国际展览中心参加"2019 年第 44 届日本国际食品与饮料展"。

2019 年 3 月 28 日至 4 月 1 日，食品公司相关人员到尼泊尔加德满都参加"2019 年中国（尼泊尔）商品展览会"。

第三节　对外经济合作

一、合资

以 2014 年底报表合并口径为基准，黄羊河集团公司长期股权投资总额为 10973 万元，对外投资单位主要是甘肃莫高实业发展股份有限公司；可供出售金融资产 300 万元，主要是武港食品有限责任公司、青岛啤酒兰州分公司。

2015 年 2 月 9 日，甘肃黄羊河集团公司与广东从化优质蔬菜生产科研示范基地合资，注册成立甘肃黄羊河从玉蔬菜有限责任公司，着手建设从玉供港蔬菜基地项目。双方采用合资的方式设立，约定以现金方式出资，注册资本为 1000 万元，甘肃黄羊河农工商（集团）有限责任公司出资 510 万元，占注册资本的 51%；广州从化优质蔬菜生产科研示范基地出资 490 万元，占注册资本的 49%。2016 年 1 月 18 日，中止该项目建设并注销新设公司，原因：一是土地租赁价格未达成一致；二是基地水费价格未达成一致；三是因当年农产品销售不畅，供港蔬菜遭遇销路瓶颈；四是因广东从化优质蔬菜生产科研示范基地当年生产经营发生严重困难，未能按约缴纳出资。2017 年 9 月，黄羊河从玉蔬菜有限责任公司完成工商注销。

2015 年 5 月 15 日，食品公司与张掖市永鲜食品包装有限责任公司就 5000 吨天然无公害休闲食品（速冻真空干燥马铃薯条、果品、蔬菜制品）加工项目签约，黄羊河集团公司副总经理、食品公司副董事长王宗全代表公司签约。

2020 年，黄羊河集团公司将马铃薯产业作为一个新的经济增长点来培育。该产业是由黄羊河集团公司与百事中国公司合作，并达成 6 年期加工型马铃薯种植合作协议，目标种植面积 20000 亩以上。

二、合作

2013 年 10 月 17 日，黄羊河集团公司与甘肃省农垦农业研究院在黄羊河机关办公楼座谈院企合作事宜，双方签订了合作框架协议，双方在人才交流、技术培训、试验、示范和培训基地建设、项目合作及产品开发等方面合作初步进行了明确。

2015 年 4 月，黄羊河集团果品公司与陇南长城果汁饮料有限公司签订了有机果园合作共建协议。本次合作获得由北京爱克赛尔认证中心（ECOCERT CHINA）提供 ECO-

CERT 有机标准认证（简称 EOS）。EOS 等同于欧盟有机食品出口标准，可以出口欧盟国家。

2016 年 10 月 9 日，泰国中华总商会会董、泰国工商总会副主席、泰国万基国际集团公司董事长一行到黄羊河集团公司考察，先后到果品公司恒温保鲜库、食品公司进行了考察，双方初步达成 800 吨水果出口泰国意向，并签订《800 吨水果出口泰国意向书》。黄羊河集团公司董事长杨轩、副总经理王宗全、果品公司经理杨增恩等陪同。

2018 年，黄羊河集团公司与甘肃皇台实业制糖有限公司达成 8 年期合作发展甜菜生产战略框架协议，计划 2018 年种植 1 万亩甜菜；2018—2025 年，种植面积稳定增加，最终保持在每年 3 万～5 万亩，亩产 6 吨以上。2018 年黄羊河集团公司实际种植 1 万亩，亩产 5.3 吨；2019 年，因糖厂技改原因停产，合作终止。

2019 年 5 月 22 日，日本株式会社前川 MAYEKAWA INTERTECH 食品部营业部长铃木真午到食品公司芦笋基地、生产加工车间实地调研。在速冻芦笋、速冻甜玉米粒产品方面达成了合作意向，合作产量 240 多吨，金额 500 多万元。

2021 年 5 月 15 日，佳农食品（上海）有限公司总部物流配送公司总经理张景真一行 4 人到食品公司调研。佳农公司作为中国生鲜食品供应链服务行业优质企业，主营高端水果，与世界知名水果产地均有合作。双方就食品公司现有产品长期合作达成初步协议，并对加工充氮玉米粒新产品研发工艺进行了探讨。

第九章　人　物

第一节　人物简介

李大宏　男，汉族，1958 年 10 月出生，甘肃武威人，1978 年 8 月参加工作，1987 年 10 月加入中国共产党，甘肃省委党校经济管理专业毕业，本科学历，高级政工师。2011 年 4 月—2015 年 3 月任黄羊河集团公司党委书记。2015 年 4 月—2018 年 10 月任黄羊河集团公司调研员。2018 年 11 月退休。

吴伯成　男，汉族，1963 年 7 月出生，甘肃武威人，1981 年 7 月参加工作，1992 年 6 月加入中国共产党，中央党校函授学院党政管理专业毕业，大专学历。2011 年 4 月—2014 年 4 月任黄羊河集团公司总经理。2014 年 5 月—2015 年 4 月任黄羊河集团公司副总经理（正县级）2015 年 5 月—2017 年 2 月任黄羊河集团公司党委书记。2017 年 3 月至今任黄羊河集团公司调研员。

杨　轩　男，汉族，1976 年 3 月出生，甘肃民乐人。1996 年 12 月参加工作，2001 年 6 月加入中国共产党，中央广播电视大学行政管理专业毕业，大学学历，政工师。2014 年 5 月—2014 年 11 月任黄羊河集团公司党委委员、党委副书记、纪委书记。2016 年 7 月—2017 年 11 月任黄羊河集团公司党委委员、董事长、总经理；2017 年 1—11 月兼任黄羊河农场场长。

慕自发　男，汉族，1972 年 12 月出生，甘肃镇原人。1992 年 7 月参加工作，1995 年 5 月加入中国共产党，中央广播电视大学工商管理专业毕业，大专学历，农艺师。2017 年 3 月—2018 年 10 月任黄羊河集团党委书记、董事，2018 年 10 月—2020 年 3 月任黄羊河集团党委副书记（正职）、董事，2020 年 3 月—2022 年 7 月任黄羊河集团党委副书记（正职）、董事、工会主席，2022 年 7 月至今任黄羊河集团党委副书记（正职）、监事会主席、

工会主席。

李国忠　男，汉族，1966 年 7 月出生，甘肃永昌人。1984 年 12 月参加工作，1997 年 2 月加入中国共产党，中央党校函授学院经济管理专业毕业，大学学历，高级政工师。2012 年 5 月—2014 年 11 月在国营八一农场（金昌农垦公司、金昌农业发展有限公司）任副场长（副经理）；2014 年 12 月—2015 年 5 月在黄花农场任场长、亚盛黄花分公司任党委委员；2015 年 5—7 月在甘肃农垦永昌农业发展有限公司任总经理、党委委员、董事；2015 年 7 月—2016 年 3 月在甘肃亚盛股份公司条山分公司任经理、党委委员；2016 年 3—9 月在甘肃省国营条山农场任副书记、党委委员；甘肃亚盛股份公司条山分公司任经理；2016 年 9 月—2017 年 10 月在甘肃省国营条山农场任党委书记，甘肃亚盛股份公司条山分公司任经理；2017 年 11 月—2018 年 10 月任黄羊河集团公司董事长、总经理、党委委员；2018 年 10 月至今任黄羊河集团公司党委书记、董事长。2017 年 12 月至今兼任黄羊河农场场长。

马金义　男，汉族，1964 年 1 月出生，甘肃武威人。1981 年 10 月参加工作，1995 年 5 月加入中国共产党，甘肃省委党校经济管理专业毕业，大专学历，助理经济师。1981 年 10 月—2001 年 1 月先后在黄羊河农场工程队、二分场工作，2001 年 1 月—2008 年 3 月先后任黄羊河集团公司四分场场长、二分场场长、水电站站长，2008 年 3 月—2009 年 3 月任黄羊河集团公司总经理助理，2009 年 3 月—2018 年 10 月任黄羊河集团公司党委委员、副总经理，2018 年 10 月—2021 年 5 月任黄羊河集团公司党委副书记、总经理。2021 年 6 月至今在甘肃黄羊河集团公司任调研员。

王宗全　男，汉族，1965 年 9 月出生，甘肃金塔人。1987 年 7 月参加工作，1990 年 6 月加入中国共产党，甘肃省委党校经济管理专业毕业，大专学历，高级农艺师。1987 年 7 月—1997 年 1 月先后在黄羊河集团良种队、二队、一队、四队工作，1997 年 1 月—2001 年 5 月先后在黄羊河集团麦芽公司、贸易公司任副经理，2001 年 5 月—2011 年 1 月任黄羊河集团食品公司经理，2011 年 1—4 月任黄羊河集团总经理助理，2011 年 4 月—2021 年 5 月任黄羊河集团党委委员、副总经理，2021 年 5 月至今任黄羊河集团党委副书记、总经理。

李　昌　男，汉族，1965 年 1 月出生，甘肃金塔人。1987 年 7 月参加工作，1996 年 5 月加入中国共产党，甘肃省委党校经济管理专业毕业，大专学历，农艺师。

1984年9月—1987年6月在张掖农校农学专业学习；1987年7—12月在黄羊河农场农技中心工作；1988年1月—1991年11月在黄羊河农场八队工作；1989年7月—1990年6月在甘肃农业大学植保系进修；1991年12月—1993年11月在黄羊河农场农业科工作；1993年12月—1997年4月在黄羊河集团公司四分场任技术员；1997年5月—1999年1月在黄羊河集团公司良种场任代理场长；1999年2月—2002年12在黄羊河集团公司良种场任场长；1996年9月—1998年7月在甘肃省委党校经济管理专业学习；2002年12月—2008年3月在黄羊河集团公司农业管理部任主任、种业公司任经理；2008年4月—2009年3月在黄羊河集团公司任总经理助理；2009年4月—2011年2月在黄羊河集团公司任副总经理、董事、党委委员；2011年3月—2013年11月在亚盛实业（集团）股份有限公司任副总经理（正县级）、党委委员；2013年12月—2014年10月在甘肃黄羊河集团公司任副总经理。2014年11月—2018年10月在甘肃黄羊河集团公司任党委副书记兼纪委书记；2018年11月—2020年8月在甘肃黄羊河集团公司任副调研员；2020年9月至今在甘肃黄羊河集团公司任调研员。

王生德　男，汉族，中共党员，生于1972年12月，甘肃景泰县人。该同志1996年毕业于甘肃农业大学机电专业，大专学历。2011年6月加入中国共产党。1996年7月—2006年9月在黄羊河集团农机管理站工作任技术员；2006年9月—2017年3月任黄羊河集团种业公司加工部主任，2017年3月—2020年3月任黄羊河集团种业公司支部副书记，2020年3月至今任甘肃亚盛种业黄羊河公司副经理。2017年12月被人力资源和社会保障部、农业部授予"全国农业劳动模范"。

第二节　场级领导表录

2013—2022年党委书记名录见表6-9-1，2013—2022年董事长、总经理名录见表6-9-2，2013—2022年党委副书记名录见表6-9-3，2013—2022年副总经理名录见表6-9-4，2013—2022年纪委书记名录见表6-9-5，2013—2022年职代会主任名录见表6-9-6，2013—2022年财务总监、调研员名录见表6-9-7，2013—2022年监事会主席名录见表6-9-8，2013—2022年工会主席名录见表6-9-9。

表 6-9-1 2013—2022 年党委书记名录

姓名	籍贯	职务	任职时间
李大宏	甘肃武威	书 记	2011.04—2015.03
吴伯成	甘肃武威	书 记	2015.03—2017.02
慕自发	甘肃镇原	书 记	2017.02—2018.10
李国忠	甘肃永昌	书 记	2018.10 至今

表 6-9-2 2013—2022 年董事长、总经理名录

姓名	籍贯	职务	任职时间
李宗文	甘肃武威	董事长	2006.01—2014.05
杨树军	河北遵化	董事长	2014.05—2014.11
何宗仁	甘肃会宁	董事长	2014.11—2016.05
李宗文	甘肃武威	董事长	2016.05—2016.06
杨 轩	甘肃民乐	董事长	2016.06—2017.11
李国忠	甘肃永昌	董事长	2017.11 至今
吴伯成	甘肃武威	总经理	2011.04—2014.05
李宗文	甘肃武威	总经理	2014.05—2016.06
杨 轩	甘肃民乐	总经理	2016.06—2017.11
李国忠	甘肃永昌	总经理	2017.11—2018.10
马金义	甘肃武威	总经理	2018.10—2021.05
王宗全	甘肃金塔	总经理	2021.05 至今

表 6-9-3 2013—2022 年党委副书记名录

姓名	籍贯	职务	任职时间
李松山	甘肃古浪	党委副书记	2006.01—2014.03
杨 轩	甘肃民乐	党委副书记	2014.05—2014.11
李 昌	甘肃金塔	党委副书记	2014.11—2018.10
马金义	甘肃武威	党委副书记	2018.10—2021.05
慕自发	甘肃镇原	党委副书记	2018.10 至今
王宗全	甘肃金塔	党委副书记	2021.05 至今

表 6-9-4 2013—2022 年副总经理名录

姓名	籍贯	职务	任职时间
马金义	甘肃武威	副总经理	2009.03—2018.10
王宗全	甘肃金塔	副总经理	2011.04—2021.05
冯国强	甘肃武威	副总经理	2012.05—2021.12
黄 斌	甘肃金塔	副总经理	2012.05—2014.11
李 昌	甘肃金塔	副总经理	2013.01—2014.03
任 伟	甘肃武威	副总经理	2016.09—2017.02

（续）

姓名	籍贯	职务	任职时间
南永胜	甘肃会宁	副总经理	2014.11 至今
王开虎	甘肃武威	副总经理	2020.02 至今
王生兴	甘肃武威	副总经理	2021.12 至今
于志辉	甘肃灵台	副总经理	2022.07 至今
施忠年	甘肃武威	副总经理	2022.09 至今

表 6-9-5　2013—2022 年纪委书记名录

姓名	籍贯	职务	任职时间
李松山	甘肃古浪	纪委书记	2013.01—2014.03
杨　轩	甘肃民乐	纪委书记	2014.05—2014.11
李　昌	甘肃金塔	纪委书记	2014.11—2018.10
牟　访	甘肃会宁	纪委书记	2020.01—2022.07

表 6-9-6　2013—2022 年职代会主任名录

姓名	籍贯	职务	任职时间
李松山	甘肃古浪	职代会主任	2007.04—2014.03
王　卫	甘肃张掖	职代会主任	2014.05—2016.06
郭　珉	陕西兴平	职代会主任	2016.06—2018.10

表 6-9-7　2013—2022 年财务总监、调研员名录

姓名	籍贯	职务	任职时间
安　霞	甘肃古浪	财务总监	2009.04—2015.04
王生兴	甘肃武威	财务总监	2015.04—2021.12
施忠年	甘肃武威	财务总监	2021.12 至今
王　卫	甘肃张掖	调研员	2014.03—2019.09
南永胜	甘肃会宁	副调研员	2014.03—2014.11
李大宏	甘肃武威	调研员	2015.03—2018.10
吴伯成	甘肃武威	调研员	2016.06 至今
李　昌	甘肃金塔	调研员	2020.08 至今
马金义	甘肃武威	调研员	2021.05 至今
安　霞	甘肃古浪	副调研员	2015.04—2018.05
李　昌	甘肃金塔	副调研员	2018.10—2020.08
冯国强	甘肃武威	副调研员	2021.12 至今

表 6 - 9 - 8　2013—2022 年监事会主席名录

姓名	籍贯	职务	任职时间
王　卫	甘肃张掖	监事会主席	2009.04—2014.05
李金有	甘肃秦安	监事会主席	2014.05—2016.05
李　昌	甘肃金塔	监事会主席	2016.05—2018.10
王凤鸣	甘肃张家川	监事会主席	2018.10—2021.06
牟　访	甘肃会宁	监事会主席	2021.06—2022.07
慕自发	甘肃镇原	监事会主席	2022.07 至今

表 6 - 9 - 9　2013—2022 年工会主席名录

姓名	籍贯	职务	任职时间
王　卫	甘肃张掖	工会主席	2015.04—2016.06
郭　珉	陕西兴平	工会主席	2016.06—2018.10
慕自发	甘肃镇原	工会主席	2020.03 至今

第三节　中、高级专业技术职务人员表录

高级专业技术职务人员名录见表 6 - 9 - 10，中级专业技术职务人员名录见表 6 - 9 - 11。

表 6 - 9 - 10　高级专业技术职务人员名录

姓名	性别	民族	专业	职称
李国忠	男	汉	经济管理	高级政工师
王宗全	男	汉	经济管理	高级农艺师
张廷彦	男	汉	植物保护	高级农艺师
齐德海	男	汉	经济管理	高级农艺师
牟　访	男	汉	园艺/农业推广	高级农艺师
王　赟	男	汉	农　业	高级农艺师
李松山	男	汉	政　工	高级政工师
何　有	男	汉	机械设计	高级工程师
李大宏	男	汉	农　业	高级政工师
殷乐成	男	汉	园　艺	高级农艺师

表 6 - 9 - 11　中级专业技术职务人员名录

姓名	性别	民族	专业	职称
慕自发	男	汉	工商管理	农艺师
南永胜	男	汉	农　学	农艺师
王生兴	男	汉	财　会	经济师
王开虎	男	汉	农学/农业推广	农艺师

（续）

姓名	性别	民族	专业	职称
于志辉	男	汉	植物保护与检疫	农艺师
蔡桂芳	女	汉	林学	农艺师
张旺财	男	汉	农林经济管理	经济师
张健	男	汉	经济管理	政工师
王琴琴	女	汉	文秘教育	政工师
王小亮	男	汉	财政学	会计师
李苏山	男	汉	农林经济管理	经济师
张鸿	男	汉	兽医	兽医师
王守义	男	汉	农学	农艺师
王晶	女	汉	农业经济管理	会计师
彭小靖	男	汉	农业水利	工程师
刘凯军	女	汉	植物保护	农艺师
邱登斌	男	汉	机电一体化	工程师
刘耀义	男	汉	园艺	农艺师
李玉军	男	汉	食品科学与工程	农艺师
庞想红	男	汉	机械制造	工程师
王开新	男	汉	财务与计算机管理	农艺师
焦发源	男	汉	经济管理	农艺师
刘占奇	男	汉	工商管理	农艺师
王德林	男	汉	种子生产与经营	农艺师
马继	男	汉	行政管理	政工师
孙豫霞	女	汉	工业企业管理	会计师
张绍宇	男	汉	种子科学与工程	农艺师
高长伟	男	汉	计算机应用	会计师
钱富强	男	汉	园林规划与设计	农艺师
罗永兴	男	汉	农学	农艺师
王辉	男	汉	财务与计算机管理	会计师
王仰峰	男	汉	会计学	会计师
付俊娜	女	汉	财会	会计师
李昌	男	汉	经济管理	农艺师
许德彪	男	汉	经济管理	农艺师
王占江	男	汉	农学	农艺师
刘保东	男	汉	卫生	主治医师
周祯	男	汉	卫生	主治医师
侯丽梅	女	汉	卫生	主治医师
达文霞	女	汉	卫生	主管护理师
穆艳	女	蒙古	卫生	主管护理师
会计师	女	汉	甘肃金昌	财会

（续）

姓名	性别	民族	专业	职称
李兵强	男	汉	农林经济管理	经济师
丁尔斌	男	汉	市场营销	经济师
张莉	女	汉	电算会计	会计师
朱贵儒	男	汉	行政管理	农艺师
曹小勇	男	汉	农学	农艺师
杨轩	男	汉	行政管理	政工师
陈卫国	男	汉	林果	农艺师
李桂林	女	汉	植物保护	农艺师
汪天保	男	汉	农业机械化	工程师
赵越峰	男	汉	生物教育	工程师
杨增恩	男	汉	经济管理	农艺师
张爱	男	汉	经济管理	农艺师
包旭文	男	汉	电子电器应用	工程师
刘永泉	男	汉	财会	会计师
任伟	男	汉	经济管理	政工师
蒋永祥	男	汉	农业	农艺师
王卫	男	汉	行政管理	政工师
安霞	女	汉	财会	会计师
梁万钰	男	汉	政工/教育	政工师
张慧兰	女	汉	政工	政工师
刘喜堂	男	汉	农业	农艺师
王新锋	男	汉	园艺	农艺师

第四节 科研成果、优秀论文、知识竞赛获奖者表录

甘肃省农垦集团公司科技成果获奖者情况见表6-9-12，甘肃省农垦集团公司优秀文章情况见表6-9-13。

表6-9-12 甘肃省农垦集团公司科技成果获奖者表录

论文/专利名称	获奖者	获奖等级	获奖时间
玉米棉铃虫综合防治技术示范推广	张廷彦 王守义 李建平	2016—2018年度甘肃农垦科技进步二等奖	2019年4月
优质南瓜新品种选育及产业化	甘肃黄羊河农工商（集团）有限责任公司	甘肃省科技进步二等奖	2020年1月

（续）

论文/专利名称	获奖者	获奖等级	获奖时间
甘肃国家杂交制种玉米基地病虫害绿色防控技术示范与推广	甘肃黄羊河集团种业有限责任公司（第三完成单位）	2017—2019 年度甘肃省农牧渔业丰收奖	2020 年 8 月
玉米滴灌水肥一体化节本增效技术模式集成研究与创建	甘肃黄羊河农工商（集团）有限责任公司	甘肃农垦科技进步二等奖	2022 年 3 月
高效节水技术集成应用创新	甘肃黄羊河农工商（集团）有限责任公司	甘肃农垦创新二等奖	2022 年 3 月
流程再造促提升	甘肃黄羊河农工商（集团）有限责任公司	甘肃农垦创新提名奖	2022 年 3 月
一种大量元素水溶肥自动配料装置	甘肃黄羊河农工商（集团）有限责任公司	甘肃农垦专利二等奖	2022 年 3 月
一种水溶肥生产用均化混合器的除尘装置	甘肃黄羊河农工商（集团）有限责任公司	甘肃农垦专利三等奖	2022 年 3 月
马铃薯团队合作种植项目	甘肃黄羊河农工商（集团）有限责任公司	甘肃农垦模式创新二等奖	2021 年 1 月
一种混肥搅拌装置	甘肃黄羊河集团节水材料科技有限责任公司	甘肃农垦专利二等奖	2020 年 7 月
一种预混料生产运输带	甘肃黄羊河集团节水材料科技有限责任公司	甘肃农垦专利二等奖	2020 年 7 月
一种用于肥料的精量称重装置	甘肃黄羊河集团节水材料科技有限责任公司	甘肃农垦专利二等奖	2020 年 7 月
一种制作掺混肥的下料漏斗	甘肃黄羊河集团节水材料科技有限责任公司	甘肃农垦专利二等奖	2020 年 7 月

表 6-9-13　甘肃省农垦总公司（农垦集团公司）优秀文章表录

论文题目	获奖者	获奖等级	获奖时间
甘肃河西一带果园食心虫种类调查初报	任晋萱、王开新、马丽	甘肃农垦优秀科技论文三等奖	2022 年 3 月
浅谈制种玉米高产栽培技术措施	杨忠孝、白兴宝	甘肃农垦优秀科技论文三等奖	2022 年 3 月

第五节　在地厅级以上刊物发表调研文章表录

在国家级刊物上发表文章情况见表 6-9-14，在省、部级刊物上发表文章情况见表 6-9-15，在地、厅级刊物上发表文章情况见表 6-9-16。

表 6 - 9 - 14　在国家级刊物上发表文章表录

论文题目	主要完成人员	刊物名称	发表时间	级别
潮涌古凉州　风起黄羊河—纪念甘肃黄羊河集团创建六十周年	李松山 殷乐成	《中国农垦》	2013 年	国家级
加强企业精神文明建设 推动企业又好又快发展	李大宏 殷乐成	《中国农垦》	2013 年	国家级
坚持党的群众路线是做好新时期企业思想政治工作的根本途径	李大宏 殷乐成	《现代企业文化》	2013 年	国家级
甘肃黄羊河集团"五化模式"领潮流	蔡桂芳	《农民日报》	2013 年	国家级
一起油葵种子芽率检测不达标事件的原因分析	满香平	《中国种业》	2013 年	国家级
浅谈制种玉米生产过程中的质量控制	尚　能 曹小勇	《中国种业》	2013 年	国家级
内聚人心　外树形象　宣传文化　助推企业　快速发展	殷乐成	《中国农垦》	2013 年	国家级
实施"四大一化"发展现代农业	殷乐成	《中国农垦》	2013 年	国家级
抢抓机遇　创新管理　突破育种瓶颈	尚　能 曹小勇	《中国种业》	2013 年	国家级
种子精细化加工过程中的设备控制	尚　能	《中国种业》	2013 年	国家级
黄羊河制种玉米产业发展规划	尚　能	《中国种业》	2013 年	国家级
论质量管理的发展趋势	李玉军	《建筑与发展》	2013 年	国家级
廉洁扬正气　清风扑面来	殷乐成	《中国农垦》	2014 年	国家级
广场领舞人	蔡桂芳	《中国农垦》	2014 年	国家级
抓好企业文化建设　促进农业产业化发展	李大宏 王　卫 刘凯军	《中国农垦》	2014 年	国家级
"三大一化"建设推进农业特色产业发展壮大	刘凯军	《中国农垦》	2014 年	国家级
黄羊河食品安全再升级	蔡桂芳	《中国农垦》	2014 年	国家级
王开虎的种业人生	尚　能	《中国农垦》	2014 年	国家级
黄羊河再获新专利	蔡桂芳	《中国农垦》	2014 年	国家级
创新机制　强化监管　提升水平	尚　能 曹小勇	《中国种业》	2014 年	国家级
制种玉米全程机械化　引领现代农业快速发展	尚　能 曹小勇	《中国种业》	2014 年	国家级
争做现代农业的领航者	曹小勇	《中国种业》	2014 年	国家级
对膜下节水灌溉技术的思考	蒋永祥	《科技研究》	2014 年	国家级
制种玉米全程机械　引领现代农业快速发展	曹小勇 尚　能	《中国种业》	2014 年	国家级
甘肃农垦黄羊河农场农民王生虎承包果园一季挣了5 万多元	蔡桂芳	《农民日报》	2014 年	国家级
大力发展生态农业，全面提升农业现代化水平	刘凯军	《中国农垦》	2015 年	国家级

（续）

论文题目	主要完成人员	刊物名称	发表时间	级别
梦回大草原	刘凯军	《中国农垦》	2015 年	国家级
替父亲圆梦	蔡桂芳	《中国农垦》	2015 年	国家级
黄羊河场史馆入选甘肃省"历史再现"博物馆名录	蔡桂芳 王月明	《中国农垦》	2015 年	国家级
相约黄羊河	王 晶	《中国农垦》	2017 年	国家级
黄羊河获评"全省档案工作先进集体"	蔡桂芳 郭翠英	《中国农垦》	2017 年	国家级
紧扣"两个率先" 加快企业发展	杨 轩	《中国农垦》	2017 年	国家级
我爱黄羊河农场的沙枣花	齐德海	《中国农垦》	2017 年	国家级
思念是一种说不出的痛	王 晶	《中国农垦》	2017 年	国家级
"网眼"聚焦"领头羊"	刘凯军 齐德海	《中国农垦》	2018 年	国家级
前进中的黄羊河	刘凯军	《中国农垦》	2018 年	国家级
黄羊河我一点一点爱上你	陈梅花	《中国农垦》	2018 年	国家级
经济新常态下企业发展策略探析	尚 能	《中国种业》	2018 年	国家级
制种玉米病虫害统防统治的实践与思考	尚 能	《中国种业》	2018 年	国家级
国有种企黄羊河的发展之路	尚 能	《中国种业》	2018 年	国家级
新经济下市场营销策略	尚 能	《中国种业》	2018 年	国家级
加强党建工作 助推企业发展	王琴琴 徐福红	《海外文摘》	2018 年	国家级
顺应经济发展潮流创新人才使用机制	王琴琴	《社会科学》	2018 年	国家级
初心不改 砥砺前行——甘肃农垦黄羊河农场建场65 周年记	刘凯军	《中国农垦》	2019 年	国家级
图片报道	安亚萍	《中国农垦》	2020 年	国家级
驻村倾力战脱贫——记甘肃农垦黄羊河集团驻尖山村第一书记赵大荣	齐德海	《中国农垦》	2020 年	国家级
戈壁滩上的那片绿	刘耀义	《中国农垦》	2020 年	国家级
农业大数据在农业经济管理中的应用分析	雷金宏	《科学与财富》	2020 年	国家级
黄羊河集团示范推广滴灌水肥一体化助力地区农业发展	马 继 徐 苗	中国农垦（热作）网	2020 年	国家级
谈地膜的危害和地膜回收利用对策	王伟坤	《中国科学技术史》	2020 年	国家级
"中国农垦·场史馆巡礼"之七：甘肃黄羊河农场历史展览馆	蔡廷伟	中国农垦（热作）网	2021 年	国家级
甘肃农垦黄羊河集团公司马铃薯收获拉开序幕	杨忠孝	《农民日报》	2021 年	国家级
综合改革换轻装 踔厉奋发赴新程——甘肃农垦黄羊河集团食品公司改革发展纪实	徐福红 刘雪峰	《中国农垦》	2022 年	国家级

表 6 - 9 - 15　在省、部级刊物上发表文章表录

论文题目	主要完成人员	刊物名称	发表时间	级别
甘肃黄羊河集团物流公司	殷乐成、汪洋海	《甘肃广播电视报》	2013 年	省级
复旦复农在酿酒葡萄上的实验	刘凯军	《北京农业》	2013 年	省级
苹果幼苗抽条原因及防治技术	王开新	《现代农业科技》	2014 年	省级
防止苹果幼树抽条技术要点	王开新	《西北园艺》	2014 年	省级
洋葱新品种引进比较试验	王新锋	《蔬菜》	2014 年	省级
浅谈如何当好基层党支部书记	王琴琴、徐福红	《世界家苑》	2018 年	省级
现代农业机械化与农业种植技术相关性分析	王占江	《乡村科技》	2018 年	省级
有机农业种植技术体系的构建研究	王占江	《江西农业》	2018 年	省级
甘肃省冬小麦节水栽培技术	王守义	《河南农业》	2018 年	省级
浅谈我国玉米制种产业的发展现状及战略选择	张斌武	《种子科技》	2021 年	省级
甘肃河西一带果园食心虫种类调查初报	任晋萱、马丽	《西北园艺》	2021 年	省级

表 6 - 9 - 16　在地、厅级刊物上发表文章表录

论文题目	主要完成人员	刊物名称	发表时间	级别
为实现富裕美丽黄羊河保驾护航	李大宏	《甘肃农垦》	2013 年	地级
沧海桑田六十年　改革创新铸辉煌	吴伯成	《甘肃农垦》	2013 年	地级
让黄羊河文化之树常青	李松山	《甘肃农垦》	2013 年	地级
黄羊河农场发展掠影	李松山、殷乐成、蔡桂	《甘肃农垦》	2013 年	地级
大力发展果品产业　培植新的经济实体	马金义	《甘肃农垦》	2013 年	地级
六十花甲精益求精　三十五年开拓创新	安　霞	《甘肃农垦》	2013 年	地级
浅谈涉农企业如何持续健康发展	王宗全	《甘肃农垦》	2013 年	地级
创新经营　使企业不断走向成功	王宗全	《甘肃农垦》	2013 年	地级
导入先进管理理念　助推企业更好发展	冯国强	《甘肃农垦》	2013 年	地级
关于公司实施"四大一化"的几点思考	黄　斌	《甘肃农垦》	2013 年	地级
物流公司荣誉报道	殷乐成	《武威日报》	2013 年	地级
黄羊河发展现代农业纪实	殷乐成	《武威日报》	2013 年	地级
第十六批全国 A 级物流企业出炉　甘肃黄羊河集团物流公司上榜	殷乐成 汪洋海	《武威日报》	2013 年	地级
黄羊河集团公司正在用收割机采收玉米秸秆	殷乐成	《武威日报》	2013 年	地级
品读黄羊河	蔡桂芳	《甘肃农垦》	2013 年	地级
黄羊河集团公司大事记	梁万钰	《甘肃农垦》	2013 年	地级
黄羊河—我的第二故乡	王　晶	《甘肃农垦》	2013 年	地级
迅速崛起的黄羊河集团种业有限责任公司	王开虎	《甘肃农垦》	2013 年	地级
稳步发展的黄羊河集团蔬菜有限责任公司	高鑫基	《甘肃农垦》	2013 年	地级
找准企业定位　实现新的跨越	杨增恩	《甘肃农垦》	2013 年	地级

（续）

论文题目	主要完成人员	刊物名称	发表时间	级别
发展规模畜牧养殖业　培育新的经济增长点	王赟	《甘肃农垦》	2013 年	地级
前景光明的商贸旅游产业	马继	《甘肃农垦》	2013 年	地级
发展节水材料产业　助推节约型企业建设	马继	《甘肃农垦》	2013 年	地级
蓬勃发展的物流服务产业	汪洋海	《甘肃农垦》	2013 年	地级
用生命诠释最美的信仰	尚能	《甘肃农垦》	2013 年	地级
艰苦创业铸辉煌　继往开来谱新篇	曹小勇	《甘肃农垦》	2013 年	地级
甘肃黄羊河集团肉羊养殖业发展发展初期	吴伯虎、牟访	《甘肃农垦》	2013 年	地级
黄羊河集团高标准建设肉羊养殖小区	吴伯虎、牟访	《甘肃农垦》	2013 年	地级
六十年黄羊河	李玉军	《甘肃农垦》	2013 年	地级
似水流年—甲子	刘凯军	《甘肃农垦》	2013 年	地级
传递梦想　走进梦想	蒋亚斐	《甘肃农垦》	2013 年	地级
辉煌与梦想	盛相魁	《甘肃农垦》	2013 年	地级
一条奔腾不息的大河	沈思清	《甘肃农垦》	2013 年	地级
加盟种业　初探人生	王月明	《甘肃农垦》	2013 年	地级
辉煌六十载　实现新跨越	安亚萍	《甘肃农垦》	2013 年	地级
祝福您　黄羊河	牟访	《甘肃农垦》	2013 年	地级
栉风沐雨六十载　风雨兼程黄羊河	王占江	《甘肃农垦》	2013 年	地级
成长在历史长河中的小树苗	赵鹏	《甘肃农垦》	2013 年	地级
美丽的黄羊河农场　我可爱的家乡	刘晓琳	《甘肃农垦》	2013 年	地级
黄羊河：时间的赞歌	陆承	《甘肃农垦》	2013 年	地级
我的黄羊河	程丽丽	《甘肃农垦》	2013 年	地级
他是谁	李国飞	《甘肃农垦》	2013 年	地级
美丽的黄羊河　我为你祈福	王新锋	《甘肃农垦》	2013 年	地级
天蓝　地绿　水净的黄羊河	张旺财	《甘肃农垦》	2013 年	地级
甘肃黄羊河集团物流公司榜上有名	殷乐成 汪洋海	《甘肃广播电视报》	2013 年	地级
引领示范　基地建设　推动企业经济跨越式发展	王晶	《甘肃农垦》	2013 年	地级
凉州出口甜（糯）玉米及芦笋质量安全示范区被认定为"甘肃省出口食品农产品质量安全示范区"	蔡桂芳	《武威日报》	2014 年	地级
凉州区甜（糯）玉米及芦笋种植基地被评定为国家级出口食品农产品质量安全示范区	张旺财	《武威日报》	2014 年	地级
加强企业文化建设，推动食品公司可持续发展	刘晓琳	《甘肃农垦》	2014 年	地级
黄羊河集团专利申报工作成效显著	蔡桂芳	《甘肃农垦》	2014 年	地级
武威保税物流中心落户黄羊河集团满家滩	殷乐成	《甘肃农垦》	2014 年	地级
持续推进生态文明建设，促进企业永续发展	蔡桂芳	《甘肃农垦》	2014 年	地级
清茶人生	刘凯军	《甘肃农垦》	2014 年	地级
我们的"家风"是什么	张旺财	《甘肃农垦》	2014 年	地级
关于未来	张旺财	《甘肃农垦》	2014 年	地级

（续）

论文题目	主要完成人员	刊物名称	发表时间	级别
今世又一春	刘凯军	《甘肃农垦》	2014 年	地级
发展体育运动，增强员工体质，弘扬体育精神	刘凯军	《甘肃农垦》	2014 年	地级
父亲的西瓜熟了	蔡桂芳	《甘肃农垦》	2014 年	地级
黄羊河集团公司、河西学院举行实习实训暨创业就业基地签约挂牌仪式	蔡桂芳	《甘肃农垦》	2014 年	地级
充分发挥基层党组织作用，促进黄羊河集团农业产业化发展	刘凯军	《甘肃农垦》	2014 年	地级
生活在这片美丽的土地上	刘凯军	《甘肃农垦》	2014 年	地级
被手机绑架的生活	蔡桂芳	《甘肃农垦》	2014 年	地级
设施养殖业发展初见成效	蔡桂芳	《甘肃农垦》	2014 年	地级
专业申请再创佳绩	蔡桂芳	《甘肃农垦》	2014 年	地级
我在丽江等你	陈梅花	《甘肃农垦》	2014 年	地级
提高作物产量和质量应从改良土壤抓起	牟　访	《甘肃农垦》	2015 年	地级
与父母换位有感	蔡桂芳	《甘肃农垦》	2015 年	地级
食品加工跨区域合作　主动适应经济新常态	张旺财	《甘肃农垦》	2015 年	地级
黄羊河集团芦笋采收忙	刘凯军	《甘肃农垦》	2015 年	地级
黄羊河集团公司被认定为第一批甘肃省诚信企业之一	王月明	《甘肃农垦》	2015 年	地级
在 2015 年度全省农垦通联工作会议上的发言	刘凯军	《甘肃农垦》	2015 年	地级
精品果园的管理者	杨增恩	《甘肃农垦》	2015 年	地级
传情文字	王　晶	《甘肃农垦》	2015 年	地级
坚守逐梦黄羊河	刘凯军	《甘肃农垦》	2016 年	地级
黄羊河集团果树食心虫种类调查初报	王开新 任晋萱	《甘肃农垦》	2016 年	地级
全省农业社会化服务观摩会在黄羊河集团公司召开	牟　访	《甘肃农垦》	2016 年	地级
全省绿色防控现场会在黄羊河集团公司召开	牟　访	《甘肃农垦》	2016 年	地级
传承农垦精神　展望美好未来	张旺财	《甘肃农垦》	2016 年	地级
以"两学一做"为标准　努力做好宣传工作　助推农场各项工作再上新台阶	刘凯军	《甘肃农垦》	2016 年	地级
黄羊河集团公司荣获"全省档案工作先进集体"荣誉称号	蔡桂芳 郭翠英	《甘肃农垦》	2017 年	地级
黄羊河集团公司组织开展"'两学一做'你知我知"知识竞赛	丁尔斌 何东玮	《甘肃农垦》	2017 年	地级
中国绿色食品发展中心对甘肃省绿色食品续展认证工作在黄羊河拉开序幕	张旺财	《甘肃农垦》	2017 年	地级
兰州老兵篮球队来黄羊河参观联谊	丁尔斌 安亚萍	《甘肃农垦》	2017 年	地级
青年干部的梦想责任与担当	牟　访	《甘肃农垦》	2017 年	地级
甘肃省深入学习贯彻十九大精神网络媒体采访团来黄羊河集团参观采访	刘凯军 齐德海	《甘肃农垦》	2017 年	地级
黄羊河集团公司认真贯彻党的十九大精神	丁尔斌	《甘肃农垦》	2017 年	地级

（续）

论文题目	主要完成人员	刊物名称	发表时间	级别
黄羊河举办 2018 年"庆元旦、迎新春"文体比赛活动	刘凯军 丁尔斌	《甘肃农垦》	2017 年	地级
黄羊河农场举办冬季流感防控知识专题培训会	丁尔斌	《甘肃农垦》	2017 年	地级
黄羊河集团举办深入学习习近平新时代中国特色社会主义思想和党的十九大精神宣讲会	丁尔斌 何东玮	《甘肃农垦》	2017 年	地级
"不忘初心　牢记使命"做合格共产党员	刘凯军 丁尔斌	《甘肃农垦》	2018 年	地级
喜看家乡新变化	齐德海	《甘肃农垦》	2019 年	地级
紧跟市场调结构　辣椒产业显身手	焦发源	《甘肃农垦》	2020 年	地级
黄羊河万亩马铃薯丰收在望	李斌	《甘肃农垦》	2020 年	地级
担当作为　开拓创新　坚定不移实施"三步走"战略目标	李国忠	《甘肃农垦》	2020 年	地级
强基固本抓管理　高质量发展显成效	李国忠	《甘肃农垦》	2020 年	地级
主动担当防疫情　全力以赴抓生产	李国忠	《甘肃农垦》	2020 年	地级
贯彻全会精神　践行初心使命	李国忠	《甘肃农垦》	2020 年	地级
黄羊河集团积极开展大型农机检修保养工作（图片）	牟访	《甘肃农垦报》	2020 年	地级
黄羊河多措并举力促马铃薯产业"开门红"	牟访	《甘肃农垦报》	2020 年	地级
学思践悟新思想　务实担当新使命	牟访	《甘肃农垦》	2020 年	地级
黄羊河集团召开 2020 年度经济工作会议	李斌	《甘肃农垦报》	2020 年	地级
副省长常正国到黄羊河集团公司调研	李斌 蔡廷伟	《甘肃农垦报》	2020 年	地级
紧扣中心　强化举措　加快推进企业高质量发展	李斌	《甘肃农垦》	2020 年	地级
甘肃农垦黄羊河集团万亩马铃薯丰收在望	李斌	甘肃农垦网	2020 年	地级
深化改革谋发展　凝心聚力谱华章	李斌	《甘肃农垦报》	2020 年	地级
黄羊河集团公司举办职业技能竞赛活动	安亚萍 蔡廷伟	《甘肃农垦报》	2020 年	地级
中国共产党甘肃黄羊河农工商（集团）有限责任公司第四次代表大会召开	安亚萍 蔡廷伟	甘肃农垦网	2020 年	地级
传承农垦精神，勇担新时代使命	蔡廷伟	《甘肃农垦》	2020 年	地级
甘肃农垦黄羊河集团公司召开疫情防控工作安排会	蔡廷伟	《甘肃农垦报》	2020 年	地级
黄羊河集团公司积极开展新型冠状病毒感染的肺炎疫情防控工作	李贵斌	甘肃农垦信息网	2020 年	地级
黄羊河集团集中开展消毒杀菌抗疫情	李贵斌	甘肃农垦信息网	2020 年	地级
黄羊河集团向辖区居民发放消毒液	李贵斌	甘肃农垦信息网	2020 年	地级
黄羊河集团工会完成换届选举工作	李贵斌	《甘肃农垦报》	2020 年	地级
黄羊河辣椒育苗长势喜人	李贵斌 李玉军	《甘肃农垦报》	2020 年	地级
黄羊河集团牵头组织部分驻武企业开展普通话培训活动	李贵斌	《甘肃农垦报》	2020 年	地级

（续）

论文题目	主要完成人员	刊物名称	发表时间	级别
黄羊河集团深入开展遍访贫困户活动	李贵斌	《甘肃农垦报》	2020 年	地级
黄羊河公司党员志愿者服务队服务活动正式启动	李贵斌	《甘肃农垦报》	2020 年	地级
甘肃农垦黄羊河集团公司全面完成离退休人员社会化管理移交工作	李贵斌	甘肃农垦网	2020 年	地级
黄羊河集团举办 2020 年庆祝中华人民共和国成立 71 周年歌咏比赛活动	李贵斌	《甘肃农垦报》	2020 年	地级
甘肃农垦黄羊河集团公司组织《习近平谈治国理政》第三卷宣讲活动	李贵斌	《甘肃农垦报》	2020 年	地级
甘肃农垦黄羊河集团公司积极开展农田残膜回收	李贵斌 罗永兴	《甘肃农垦》	2020 年	地级
甘肃农垦黄羊河集团公司召开学习贯彻党的十九届五中全会精神宣讲报告会	李贵斌	《甘肃农垦报》	2020 年	地级
甘肃农垦黄羊河团支部开展"众说节约"主题团日活动	张旺财 徐 苗	《甘肃农垦》	2020 年	地级
黄羊河漫记	齐德海	《甘肃农垦报》	2020 年	地级
黄羊河万亩加工型马铃薯长势喜人	齐德海	《甘肃农垦报》	2020 年	地级
弘扬农垦精神　助推黄羊河集团高质量发展	齐德海	《甘肃农垦》	2020 年	地级
黄羊河持续发力推动人居环境整治再上新台阶	张 鸿	《甘肃农垦》	2020 年	地级
积极争取项目建设　改善水利基础设施　有效解决农业灌溉用水矛盾	王 晶	《甘肃农垦报》	2020 年	地级
黄羊河集团公司 2020 年高标准农田建设项目顺利实施	孔伟年	《甘肃农垦报》	2020 年	地级
流淌在血脉中的农垦精神	李苏山	《甘肃农垦》	2020 年	地级
她是谁	李苏山	《甘肃农垦报》	2020 年	地级
清晨的大山	李苏山	《甘肃农垦报》	2020 年	地级
我的梦　在农垦	曹小勇	《甘肃农垦报》	2020 年	地级
黄羊河种业公司下大功夫提升产品质量	施莉莉	《甘肃农垦报》	2020 年	地级
"黄羊河"甜玉米亮相中国甘肃国际贸易数字展览会	刘雪峰	《甘肃农垦报》	2020 年	地级
"大衣哥"朱之文为"黄羊河"甜玉米圈粉	刘雪峰	《甘肃农垦报》	2020 年	地级
全员铆劲迎生产　新进设备显身手——甘肃农垦黄羊河集团食品公司 2020 年甜糯玉米生产加工拉开帷幕	刘雪峰	《甘肃农垦》	2020 年	地级
甘肃农垦黄羊河集团食品公司积极应对疫情冲击加强外贸出口力度	刘雪峰	《甘肃农垦》	2020 年	地级
万亩辣椒丰（采）收季　周边农户务工忙——甘肃农垦黄羊河农场辣椒产业助力周边村镇脱贫攻坚	南佳利	《甘肃农垦》	2020 年	地级
农垦干部刘文鸿　帮扶路上显担当	南佳利 李玉军	《甘肃农垦》	2020 年	地级

（续）

论文题目	主要完成人员	刊物名称	发表时间	级别
甘肃农垦黄羊河节水材料公司组织开展评先评优活动	高　红	《甘肃农垦》	2020 年	地级
黄羊河集团公司团委组织开展"爱心捐助、青暖童心"爱心捐助活动	徐　苗 杨宜霖	《甘肃农垦报》	2020 年	地级
黄羊河集团马铃薯春播工作全部结束	杨忠孝	《甘肃农垦报》	2020 年	地级
传承农垦精神　共筑农场辉煌	顾磊祖	《甘肃农垦》	2020 年	地级
"黄羊河"牌金冠苹果再获殊荣	任晋萱	《甘肃农垦》	2020 年	地级
黄羊河物流公司强化服务质量助推企业发展	盛相魁	《甘肃农垦》	2020 年	地级
冬日、原野	盛相魁	《甘肃农垦报》	2020 年	地级
【庆丰收　颂党恩　启新程】丰收季——走进甘肃农垦黄羊河农场	李　斌	《甘肃农垦》	2021 年	地级
甘肃农垦黄羊河集团食品公司与甘肃莫高股份公司污水处理站改扩建合建项目建成并投入运行	李　斌 蔡廷伟	《甘肃农垦》	2021 年	地级
甘肃农垦黄羊河集团公司 2021 年马铃薯单产再创新高	李　斌 钱富强	《甘肃农垦》	2021 年	地级
九月的黄羊河　金灿灿沉甸甸	李　斌	《甘肃农垦报》	2021 年	地级
做大做强优势产业　推进企业高质量发展	李　斌	《甘肃农垦报》	2021 年	地级
甘肃农垦黄羊河集团公司挂灯笼喜迎新春	蔡廷伟	《甘肃农垦》	2021 年	地级
武威农业公司、武威水泵厂整合重组划转会议在黄羊河集团公司召开	蔡廷伟	《甘肃农垦》	2021 年	地级
【唱支歌儿给党听】甘肃农垦黄羊河集团干部职工唱响《没有共产党就没有新中国》	蔡廷伟	《甘肃农垦》	2021 年	地级
甘肃农垦黄羊河集团公司组织职工进行健康体检	蔡廷伟	《甘肃农垦》	2021 年	地级
甘肃农垦黄羊河集团公司机关党支部组织开展党史学习教育系列活动　以实际行动迎接　中国共产党百年华诞	张权鹏	《甘肃农垦》	2021 年	地级
甘肃农垦黄羊河集团公司积极协调解决武威水泵厂退休职工医保问题	张权鹏	《甘肃农垦》	2021 年	地级
甘肃农垦黄羊河集团公司：深入开展法制培训　护航企业高质量发展	张权鹏	《甘肃农垦》	2021 年	地级
找差距　抓落实　促发展—甘肃农垦黄羊河集团公司组织开展 2021 年度半年生产大检查观摩活动	张旺财 蔡廷伟	《甘肃农垦》	2021 年	地级
甘肃农垦黄羊河集团公司与甘肃农业大学农学院举行校企合作签字与揭牌仪式	蔡廷伟 王守义	《甘肃农垦》	2021 年	地级
党建引领　文化铸魂	张旺财	《甘肃农垦研究》	2021 年	地级
甘肃农垦黄羊河集团公司开展党史学习教育专题辅导	张旺财	《甘肃农垦》	2021 年	地级
加强党史学习，汲取奋进力量	张旺财	《甘肃农垦报》	2021 年	地级
切实抓好党史学习教育　引领企业高质量发展	张旺财	《甘肃农垦研究》	2021 年	地级
甘肃农垦黄羊河集团举办党的十九届六中全会精神宣讲会	张旺财	《甘肃农垦》	2021 年	地级

（续）

论文题目	主要完成人员	刊物名称	发表时间	级别
甘肃农垦黄羊河集团公司领导班子成员深入党建联系点宣讲党的十九届六中全会精神	张旺财	《甘肃农垦》	2021年	地级
传承雷锋精神　参与志愿服务　共创文明城市——甘肃农垦黄羊河集团组织开展"学雷锋"志愿服务活动	张旺财 安亚萍	《甘肃农垦》	2021年	地级
甘肃农垦黄羊河集团公司举办领导班子成员党史学习教育读书班	张旺财 安亚萍	《甘肃农垦》	2021年	地级
甘肃农垦黄羊河集团公司组织开展"追忆历史丰碑 传承革命精神"主题党日活动	张旺财 安亚萍	《甘肃农垦》	2021年	地级
甘肃农垦黄羊河集团公司2021年职工运动会开幕	张旺财 安亚萍	《甘肃农垦》	2021年	地级
甘肃农垦黄羊河集团召开党建工作对标管理暨2021年度前期党建重点工作落实情况推进会	张旺财 安亚萍	《甘肃农垦》	2021年	地级
甘肃农垦黄羊河集团公司开展"送万福、进万家"书法公益活动	安亚萍	《甘肃农垦》	2021年	地级
甘肃农垦黄羊河集团公司举办"庆五一　迎五四 赛技能　强素质"职业技能竞赛活动	安亚萍	《甘肃农垦》	2021年	地级
甘肃农垦黄羊河集团公司组织开展无偿献血志愿活动	安亚萍	《甘肃农垦》	2021年	地级
甘肃农垦黄羊河集团召开学习贯彻习近平总书记"七一"重要讲话精神专题宣讲会	安亚萍	《甘肃农垦》	2021年	地级
中秋送慰问　关爱暖人心——甘肃农垦黄羊河集团开展帮扶村慰问活动	安亚萍	《甘肃农垦》	2021年	地级
黄羊河团支部组织开展1月份主题团日活动	杨宜霖 徐苗	《甘肃农垦》	2021年	地级
员工公寓换新颜　暖心举措留人心——甘肃农垦黄羊河集团公司对员工公寓楼进行装修改造	王琴琴	《甘肃农垦》	2021年	地级
甘肃农垦黄羊河集团多措并举引才留才育才用才	王琴琴	《甘肃农垦》	2021年	地级
我的"炮长"姥爷	王琴琴	《甘肃农垦报》	2021年	地级
家乡的沙枣树	齐德海	《甘肃农垦报》	2021年	地级
甘肃农垦黄羊河集团召开新冠肺炎疫情防控暨信访维稳工作安排部署会议	齐德海	《甘肃农垦》	2021年	地级
甘肃农垦黄羊河集团扎实推进春耕备耕工作	齐德海	《甘肃农垦》	2021年	地级
重视内业资料　规范项目建设	王晶	《甘肃农垦研究》	2021年	地级
甘肃农垦黄羊河集团公司召开2021年高标准农田建设项目技术交底暨开工动员会	孔伟年	《甘肃农垦》	2021年	地级
甘肃农垦黄羊河集团2020年高标准农田建设高效节水灌溉项目取得实效	孔伟年	《甘肃农垦》	2021年	地级

（续）

论文题目	主要完成人员	刊物名称	发表时间	级别
甘肃农垦黄羊河集团公司2020年高标准农田建设高效节水灌溉项目通过竣工验收	孔伟年	《甘肃农垦》	2021年	地级
积极推进高标准农田建设　助力黄羊河现代农业发展——甘肃农垦黄羊河集团高标准农田建设纪实	程丽丽	《甘肃农垦》	2021年	地级
甘肃农垦黄羊河农场场部污水处理站项目工程正式开工	刘雪峰	《甘肃农垦》	2021年	地级
凉州区政协副主席张多文一行到甘肃农垦黄羊河集团食品公司调研	刘雪峰	《甘肃农垦》	2021年	地级
佳农食品（上海）有限公司张景真一行到甘肃农垦黄羊河集团食品公司调研	刘雪峰	《甘肃农垦》	2021年	地级
甘肃农垦黄羊河集团食品有限公司在武威开设首家旗舰店	刘雪峰	《甘肃农垦》	2021年	地级
甘肃农垦黄羊河集团食品公司2021年甜糯玉米产品生产加工拉开帷幕	刘雪峰	《甘肃农垦》	2021年	地级
甘肃农垦黄羊河集团食品有限公司被授予"乡村就业工厂"	刘雪峰	《甘肃农垦》	2021年	地级
甘肃农垦黄羊河集团食品公司组织消防逃生应急演练	李元锋	《甘肃农垦》	2021年	地级
甘肃农垦黄羊河集团节水材料公司优化服务保障构建农企融合新模式	徐　苗	《甘肃农垦》	2021年	地级
甘肃农垦黄羊河团委扎实推进党史学习教育	徐　苗	《甘肃农垦》	2021年	地级
"我为群众办实事"——甘肃农垦黄羊河集团节水材料公司组织员工进行职业卫生健康体检	徐　苗	《甘肃农垦》	2021年	地级
奋斗百年路起航新征程（微视频）	徐　苗	《甘肃农垦》	2021年	地级
甘肃农垦黄羊河集团武威农业公司基地作物春播工作全面完成	刘晓凤	《甘肃农垦报》	2021年	地级
学党史　践初心　办实事——甘肃农垦黄羊河集团武威农业公司开展环境卫生集中整治行动	刘晓凤	《甘肃农垦》	2021年	地级
甘肃农垦武威农业公司：整合重组补短板　强化管理促发展	刘晓凤	《甘肃农垦》	2021年	地级
多方齐努力　早春争农时——甘肃农垦黄羊河集团春播工作有序开展	李冰岩	《甘肃农垦》	2021年	地级
甘肃农垦黄羊河集团马铃薯播种工作拉开序幕	钱富强	《甘肃农垦》	2021年	地级
甘肃农垦黄羊河集团公司荣获"农业可持续发展项目中国马铃薯农场"认证	杨忠孝	《甘肃农垦》	2021年	地级
甘肃农垦黄羊河集团公司2021年马铃薯收获工作全面结束	杨忠孝李金柱	《甘肃农垦》	2021年	地级
擦亮历史印记　不忘来时道路——甘肃农垦黄羊河集团一、二分场及食品公司党支部联合开展志愿活动	刘凯军	《甘肃农垦》	2021年	地级

（续）

论文题目	主要完成人员	刊物名称	发表时间	级别
扎实学党史，用心办实事——甘肃农垦黄羊河集团五分场党支部扎实开展"我为群众办实事"教育实践活动	顾磊祖	《甘肃农垦》	2021年	地级
甘肃农垦黄羊河集团园艺场党支部开展党史学习教育专题研讨暨重温入党誓词活动	任晋萱	《甘肃农垦》	2021年	地级
新一代虫情测报工具落户甘肃农垦黄羊河农场	任晋萱	《甘肃农垦》	2021年	地级
甘肃农垦黄羊河集团：开展生产技术培训 解决生产技术难题	任晋萱	《甘肃农垦》	2021年	地级
柳条河秋韵	盛相魁	《甘肃农垦报》	2021年	地级
甘肃农垦黄羊河集团物流公司：积极克服疫情影响，全力保障物资发运	盛相魁	《甘肃农垦》	2021年	地级
甘肃农垦黄羊河集团物流公司通过"AAA 物流企业"复核评估审定	盛相魁	《甘肃农垦》	2021年	地级
黄羊河，我的老师和同学们	王 霞	《甘肃农垦报》	2021年	地级
我的第二家乡——黄羊河	陈梅花	《甘肃农垦报》	2021年	地级
黄羊河，你的明天更美好	陆金友	《甘肃农垦报》	2021年	地级
学习全会精神，汲取奋进力量，力促企业高质量发展	李国忠	《甘肃农垦报》	2022年	地级
乘势而上开新局，踔厉奋发谱新篇	李国忠	《甘肃农垦研究》	2022年	地级
贯彻新发展理念 构建新发展格局 加快谱写企业高质量发展新篇章	李国忠	《甘肃农垦报》	2022年	地级
紧抓机遇 找准定位 锚定目标"蹄疾步稳"推进企业高质量发展	李国忠	《甘肃农垦》	2022年	地级
"一把手"谈落实：思想引领聚合力 求实奋进谱华章	李国忠	《甘肃农垦》	2022年	地级
甘肃农垦黄羊河集团公司：贯彻落实农垦集团会议精神，确保全年工作开好局起好步	李 斌	《甘肃农垦》	2022年	地级
甘肃农垦黄羊河集团公司收到百事公司感谢信	李 斌	《甘肃农垦》	2022年	地级
聚焦二十大∣凝聚磅礴伟力 推进高质量发展——农垦集团广大干部职工热议党的二十大报告（一）	李 斌	《甘肃农垦》	2022年	地级
聚焦二十大∣凝聚磅礴伟力 推进高质量发展——农垦集团广大干部职工热议党的二十大报告（五）	李 斌	《甘肃农垦》	2022年	地级
甘肃省农垦集团公司一届党委第三轮巡察第二巡察组召开巡察黄羊河集团公司党委工作动员会	李 斌 顾磊祖	《甘肃农垦》	2022年	地级
甘肃农垦黄羊河集团举办 2022 年度党支部书记及党务骨干业务能力提升培训班	顾磊祖	《甘肃农垦》	2022年	地级
把握形势 锚定目标 全力推动企业经济建设行稳致远	顾磊祖	《甘肃农垦究》	2022年	地级
副省长孙雪涛到甘肃农垦黄羊河集团公司调研	蔡廷伟	《甘肃农垦》	2022年	地级

（续）

论文题目	主要完成人员	刊物名称	发表时间	级别
张懿笃深入黄羊河集团公司调研指导工作	蔡廷伟	《甘肃农垦》	2022年	地级
甘肃农垦黄羊河集团公司举办"精益求精、再创辉煌"职业技能竞赛活动	蔡廷伟	《甘肃农垦》	2022年	地级
甘肃农垦黄羊河集团公司2022年职工运动会开幕	蔡廷伟	《甘肃农垦》	2022年	地级
甘肃省农科院蔬菜所与甘肃农垦黄羊河集团公司举行蔬菜绿色高效生产示范基地签约挂牌仪式	蔡廷伟	《甘肃农垦》	2022年	地级
武威市高效节水技术培训班学员到甘肃农垦黄羊河集团观摩	蔡廷伟	《甘肃农垦》	2022年	地级
凉州区委组织领导干部到甘肃农垦黄羊河集团开展观摩活动	蔡廷伟	《甘肃农垦》	2022年	地级
省政府研究室调研组到甘肃农垦黄羊河集团公司调研	蔡廷伟	《甘肃农垦》	2022年	地级
甘肃农垦黄羊河集团公司以"疫"为令保障生产	蔡廷伟	《甘肃农垦》	2022年	地级
中国工程院院士邹学校到甘肃农垦黄羊河集团公司调研	蔡廷伟	《甘肃农垦》	2022年	地级
甘肃农垦黄羊河集团公司：禁毒反诈齐宣传　守护群众筑平安	蔡廷伟	《甘肃农垦》	2022年	地级
甘肃农垦黄羊河集团食品公司大生产拉开帷幕	蔡廷伟 徐晓琴	《甘肃农垦》	2022年	地级
甘肃农垦黄羊河集团：同心聚力迎国庆　倾情献礼二十大	蔡廷伟	《甘肃农垦》	2022年	地级
甘肃农垦黄羊河集团公司：辣椒迎来收获季　田间地头采摘忙	蔡廷伟	《甘肃农垦》	2022年	地级
甘肃农垦黄羊河集团公司召开党委（扩大）会议专题学习贯彻党的二十大精神	蔡廷伟	《甘肃农垦》	2022年	地级
甘肃农垦黄羊河集团迎新春文体活动精彩纷呈	安亚萍	《甘肃农垦》	2022年	地级
甘肃农垦黄羊河集团组织开展各种形式走访慰问活动	张旺财	《甘肃农垦》	2022年	地级
甘肃农垦黄羊河集团公司举办"奋进新征程　建功新时代"主题演讲比赛	张旺财	《甘肃农垦》	2022年	地级
甘肃农垦黄羊河集团公司团委：团结引领团员青年助推企业高质量发展	张旺财	《甘肃农垦》	2022年	地级
甘肃农垦黄羊河集团公司召开党建工作与生产经营深度融合交流座谈会	张旺财	《甘肃农垦》	2022年	地级
甘肃农垦黄羊河集团公司领导班子成员深入党建联系点宣讲党的二十大精神	张旺财	《甘肃农垦》	2022年	地级
甘肃农垦黄羊河集团举办学习贯彻党的二十大精神宣讲会	张旺财	《甘肃农垦》	2022年	地级
【党建领航促发展】甘肃农垦黄羊河集团公司党委：培"根"铸"魂"全面推进企业高质量发展	张旺财 顾磊祖	《甘肃农垦》	2022年	地级

（续）

论文题目	主要完成人员	刊物名称	发表时间	级别
规范培训管理　提高人力资源水平	王琴琴	《甘肃农垦研究》	2022 年	地级
甘肃农垦黄羊河集团公司组织召开机关工作人员竞聘上岗会	王琴琴 蔡廷伟	《甘肃农垦》	2022 年	地级
试论加强党风廉政建设的重要性	牟　访	《甘肃农垦研究》	2022 年	地级
甘肃农垦黄羊河集团公司企业廉洁文化建设深入推进	牟　访	《甘肃农垦》	2022 年	地级
甘肃农垦黄羊河集团公司扎实开展人居环境整治和改造提升行动	王生兴	《甘肃农垦》	2022 年	地级
甘肃农垦黄羊河集团公司多措并举推进疫情防控和生产经营有序开展	王生兴	《甘肃农垦》	2022 年	地级
甘肃农垦黄羊河集团公司组织开展民法典宣讲暨企业合规管理专题培训	张权鹏	《甘肃农垦》	2022 年	地级
甘肃农垦黄羊河集团公司组织开展"法律进企业"普法宣传活动	张权鹏	《甘肃农垦》	2022 年	地级
甘肃农垦黄羊河集团公司召开疫情防控暨第四季度安委会会议	张权鹏	《甘肃农垦》	2022 年	地级
甘肃农垦黄羊河集团公司多措并举确保疫情防控与生产经营两不误	张权鹏	《甘肃农垦》	2022 年	地级
甘肃农垦黄羊河集团公司召开疫情防控工作会议	张　峰	《甘肃农垦》	2022 年	地级
甘肃农垦黄羊河集团公司马铃薯产业获得 GAP 一级认证	周泽东	《甘肃农垦》	2022 年	地级
甘肃农垦黄羊河集团召开新冠肺炎疫情防控安全生产暨信访维稳工作安排部署会议	齐德海	《甘肃农垦》	2022 年	地级
甘肃农垦黄羊河集团举办内镶式小流量滴灌带使用技术培训会	齐德海	《甘肃农垦》	2022 年	地级
春不待我	李苏山	《甘肃农垦报》	2022 年	地级
甘肃农垦黄羊河集团公司召开高标准农田建设项目复工动员会	孔伟年	《甘肃农垦》	2022 年	地级
甘肃农垦黄羊河集团：合力抗疫保建设　推进项目促发展	孔伟年	《甘肃农垦》	2022 年	地级
凉州区调蓄工程项目甘肃农垦黄羊河集团 232 万立方米调蓄水池坝体封顶	孔伟年	《甘肃农垦》	2022 年	地级
甘肃农垦黄羊河集团公司获评 2022 年度国家级生态农场	孔伟年	《甘肃农垦》	2022 年	地级
甘肃农垦黄羊河集团公司开展高标准农田基础设施管理维护专项检查	孔伟年	《甘肃农垦》	2022 年	地级
武威市委常委、凉州区委书记李万岳到甘肃农垦黄羊河集团食品公司调研	刘雪峰	《甘肃农垦》	2022 年	地级

（续）

论文题目	主要完成人员	刊物名称	发表时间	级别
甘肃农垦黄羊河集团食品公司召开年度营销工作会议	刘雪峰 崔跃蓉	《甘肃农垦》	2022 年	地级
黄羊河集团食品公司有序推进市场保供	刘雪峰	《甘肃农垦报》	2022 年	地级
甘肃农垦黄羊河集团食品公司组织开展消防逃生演练	李元锋	《甘肃农垦》	2022 年	地级
暖心举动传温暖　小小善款助康复——甘肃农垦黄羊河集团蔬菜公司组织献爱心捐款活动	南佳利	《甘肃农垦》	2022 年	地级
甘肃农垦黄羊河集团春耕辣椒育苗忙	蔡永金	《甘肃农垦》	2022 年	地级
河西走廊蔬菜产业在新冠肺炎疫情影响下的走势分析	殷　莉	《甘肃农垦研究》	2022 年	地级
甘肃农垦黄羊河集团节水材料公司顺利通过知识产权管理体系认证	徐　苗	《甘肃农垦》	2022 年	地级
甘肃农垦黄羊河集团：积极开展农资服务保障　助力春耕备耕	高　红	《甘肃农垦》	2022 年	地级
农垦集团广大干部职工热议党的二十大报告（二）	高　红	《甘肃农垦》	2022 年	地级
秋收图	刘　强	《甘肃农垦》	2022 年	地级
甘肃农垦黄羊河集团公司 2022 年马铃薯合作种植工作全面展开	杨忠孝	《甘肃农垦》	2022 年	地级
浅谈制种玉米高产栽培技术措施	杨忠孝 白兴宝	《甘肃农垦研究》	2022 年	地级
甘肃农垦黄羊河集团万亩马铃薯喜获丰收	杨忠孝	《甘肃农垦》	2022 年	地级
甘肃农垦黄羊河集团公司园艺场组织开展冬季果树修剪培训	任晋萱	《甘肃农垦》	2022 年	地级
甘肃农垦黄羊河集团公司园艺场开展果园春季病虫害防治工作	任晋萱	《甘肃农垦》	2022 年	地级
甘肃河西一带果园食心虫种类调查初报	任晋萱 王开新 马　丽	《甘肃农垦研究》	2022 年	地级
酥梨飘香采收忙——甘肃农垦黄羊河集团公司早酥梨收获全面展开	王　莹	《甘肃农垦》	2022 年	地级
我把冬日写在诗里	盛相魁	《甘肃农垦报》	2022 年	地级
甘肃农垦黄羊河集团物流公司成为甘肃省物流行业协会会员单位	盛相魁	《甘肃农垦》	2022 年	地级
地窝子往事	陆金友	《甘肃农垦研究》	2022 年	地级
马兰花（外一首）	陆金友	《甘肃农垦报》	2022 年	地级
山楂树之惑	陆金友	《甘肃农垦报》	2022 年	地级

第六节　先进人物表录

国家级先进人物见表6-9-17，省、部级先进人物见表6-9-18，地、厅级先进人物见表6-9-19，甘肃省农垦集团公司先进人物见表6-9-20。

表6-9-17　国家级先进人物

姓名	时间	授予称号单位	荣誉名称
王宗全	2013年	农业部	全国农业先进个人
王开虎	2016年	农业部	全国农业先进个人
王生德	2017年	人力资源社会保障部、农业部	全国农业劳动模范
李庆军	2018年	全国安康杯竞赛组委会	全国知识竞赛三等奖

表6-9-18　省、部级先进人物

姓名	时间	授予称号单位	荣誉名称
刘文鸿	2020年	甘肃省脱贫攻坚领导小组	全省脱贫攻坚帮扶先进个人

表6-9-19　地、厅级先进人物

姓名	时间	授予称号单位	荣誉名称
安　霞	2013年	武威市妇女联合会	"三八"红旗手
王生德	2016年	中共武威市委	优秀共产党员
马国军	2016年	中共武威市委	优秀党务工作者

表6-9-20　甘肃省农垦集团公司先进人物

姓名	时间	授予称号单位	荣誉名称
王开虎	2013年	甘肃省农垦集团公司	甘肃农垦创建60周年先进个人
于福存	2013年	甘肃省农垦集团公司	甘肃农垦创建60周年先进个人
吴伯虎	2013年	甘肃省农垦集团公司	甘肃农垦创建60周年先进个人
张济海	2013年	甘肃省农垦集团公司	甘肃农垦创建60周年先进个人
牟　访	2014年	甘肃省农垦集团公司	优秀青年人才
王开虎	2014年	甘肃省农垦集团公司	优秀青年人才
施莉莉	2014年	甘肃省农垦集团公司	优秀青年人才
刘占奇	2014年	甘肃省农垦集团公司	优秀青年人才
刘晓琳	2014年	甘肃省农垦集团公司	优秀青年人才
邱登斌	2014年	甘肃省农垦集团公司	优秀青年人才
牟　访	2015年	甘肃省农垦集团公司	高产创建先进工作者
冉文军	2015年	甘肃省农垦集团公司	高产创建先进工作者

（续）

姓名	时间	授予称号单位	荣誉名称
王新锋	2015 年	甘肃省农垦集团公司	高产创建先进工作者
达文远	2015 年	甘肃省农垦集团公司	高产创建先进工作者
张斌武	2015 年	甘肃省农垦集团公司	高产创建先进工作者
李作龙	2015 年	甘肃省农垦集团公司	高产创建奖
孙　涛	2015 年	甘肃省农垦集团公司	高产创建奖
张润花	2015 年	甘肃省农垦集团公司	高产创建奖
高学基	2015 年	甘肃省农垦集团公司	高产创建奖
谢　军	2015 年	甘肃省农垦集团公司	高产创建奖
王世辉	2015 年	甘肃省农垦集团公司	高产创建奖
张万兴	2015 年	甘肃省农垦集团公司	高产创建奖
郑运领	2015 年	甘肃省农垦集团公司	高产创建奖
魏延松	2015 年	甘肃省农垦集团公司	高产创建奖
王成刚	2015 年	甘肃省农垦集团公司	高产创建奖
张济海	2016 年	甘肃省农垦集团公司	优秀共产党员
吴伯成	2016 年	甘肃省农垦集团公司	优秀党务工作者
夏玉昌	2016 年	甘肃省农垦集团公司	优秀党务工作者
张廷彦	2017 年	甘肃省农垦集团公司	劳动模范
脱利强	2017 年	甘肃省农垦集团公司	劳动模范
魏菊花	2017 年	甘肃省农垦集团公司	劳动模范
苏志俊	2019 年	甘肃省农垦集团公司	优秀科技工作者
王开虎	2019 年	甘肃省农垦集团公司	先进工作者
牟　访	2019 年	甘肃省农垦集团公司	先进工作者
牟　访	2019 年	甘肃省农垦集团公司	优秀共产党员
刘学军	2019 年	甘肃省农垦集团公司	优秀共产党员
许德彪	2019 年	甘肃省农垦集团公司	优秀党务工作者
李金浩	2020 年	甘肃省农垦集团公司	退休人员移交社会化管理专项工作先进个人
徐　苗	2020 年	甘肃省农垦集团公司	优秀共青团员
杨宜霖	2020 年	甘肃省农垦集团公司	优秀青年志愿者
李贵斌	2020 年	甘肃省农垦集团公司	优秀通讯员
李　斌	2020 年	甘肃省农垦集团公司	优秀通讯员
李俊亭	2021 年	甘肃省农垦集团公司	优秀共产党员
于志辉	2021 年	甘肃省农垦集团公司	优秀共产党员
许德彪	2021 年	甘肃省农垦集团公司	优秀党务工作者

第七节 中层副职以上干部名录

2013—2022 年中层副职以上干部名录见表 6 - 9 - 21。

表 6 - 9 - 21 2013—2022 年中层副职以上干部名录

高尚红	殷乐成	施忠年	南永胜	王生兴	李金明
梁万钰	张希成	王赟	张惠兰	王晶	杨豪隆
焦发源	李大仓	张爱	赵大庆	蒋永祥	王伦刚
李华斌	朱贵儒	高长策	谷长德	吴伯虎	何宗信
王开虎	杨增恩	夏玉昌	高鑫基	汪天保	张廷彦
马继	高长智	李文盛	张济海	许德彪	周祯
刘保东	张健	刘永泉	汪洋海	陈学艺	王国才
蔡桂芳	李金浩	王仰峰	王宝堂	潘生树	付强
徐发	赵大荣	王守财	马国军	牟访	李宗武
买学军	李宗全	王新锋	刘文鸿	马景辉	魏运河
苏永青	皇甫明	于志辉	雷金宏	徐军	李桂林
苏先军	刘强	孙福山	于爱堂	庞想红	王威和
陈天山	陈卫国	刘占奇	刘凯军	李兵强	彭小靖
冉文军	张鸿	张世明	狄建勋	郭翠英	李文喜
马金军	张磊	李金泉	刘耀义	郭东	罗永兴
胡建荣	齐德海	张庆武	王守义	王伟坤	满香萍
王生德	杨国栋	刘兴龙	达文远	于明辉	李登奇
邱登斌	王斌	王占江	李庆军	李斌	张旺财
寇俊虎	焦学祖	南佳利	苏志俊	张生华	申胜
周勇	刘晓凤	王辉	何有	刘广宁	张冰
李苏山	王小亮	李江	李玉军	李俊亭	顾磊祖
周长永	王宏博	王平	钱富强	张斌武	楚立新
白兴宝	张世文	杨富强	毛林	杨忠孝	张绍宇
王新华	张雯	陈学翼			

附　录

一、贺信

中国共产党武威市委员会
贺　信

黄羊河集团：

值此黄羊河建场六十周年之际，谨向集团及全体员工致以热烈的祝贺！

六十年前，随着甘肃农垦的创建，黄羊河农场在武威成立。国民经济建设起步时期，黄羊河农场肩负起推进区域农业生产发展和农业机械化的历史使命，从无到有，不断发展壮大。进入新时期，黄羊河集团发挥生产管理、技术信誉优势，精心打造"龙"型经济，走出了一条"以市场为导向、加工为龙头、农业为基础的产加销一条龙、贸工农一体化"的农业产业化经营之路，实现了由单一农业经营向现代企业集团化的转型。近年来，集团大力推进结构调整，促进农业产业化发展，在助推武威市"设施农牧业＋特色林果业"主体生产模式的现代农业，带动周边农民增收致富发挥了重要作用。

希望你们以建场六十周年为契机，再接再厉，抢抓机遇，团结奋进，开拓创新，不断向一流企业的目标迈进，在推进武威经济社会转型跨越发展、全面建成小康社会的新征程上创造新辉煌。

中共武威市委　武威市人民政府

2013 年 8 月 26 日

二、黄羊河集团公司组织机构图

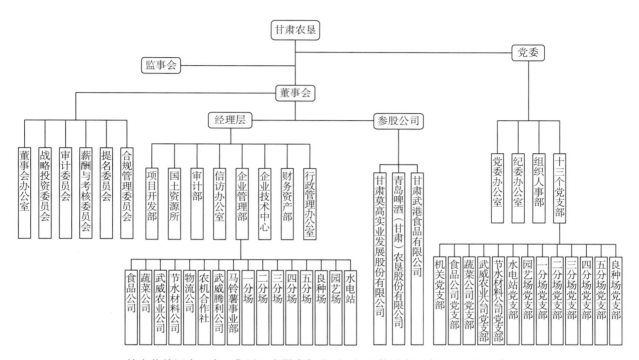

甘肃黄羊河农工商（集团）有限责任公司组织机构形态示意图（国有独资）

甘肃黄羊河农场志

GANSU HUANGYANGHE NONGCHANGZHI

后记

《甘肃黄羊河农场志》按照编纂进程在2023年甘肃农垦成立70周年暨黄羊河农场建场70周年之际出版发行。

2020年，根据甘肃省农垦集团公司转发的《农业农村部农垦局关于公布第一批中国农垦农场志编纂农场名单的通知》文件精神，甘肃黄羊河农场（黄羊河集团公司）被农业农村部确定为第一批中国农垦农场志编纂农场之一。8月，集团公司制定《甘肃黄羊河农工商（集团）有限责任公司农场志编纂工作方案》，成立农场志编纂工作小组，由黄羊河集团公司党委书记、董事长李国忠任组长；党委副书记、总经理马金义，党委副书记慕自发（常务），副总经理王宗全、冯国强、南永胜、王开虎，财务总监王生兴，纪委书记牟访任副组长，成员为机关各部室负责人及各分公司、子公司党政主要负责人。建立相应的工作机制，落实编纂进程，经费筹措。由于农场志编纂时间间隔未满10年，不具备修志条件，因此未开展编修工作。

2022年1月，集团公司决定在2020年场志编纂方案报审及机构设立的基础上，成立甘肃黄羊河农场志编纂委员会：由李国忠任主任，王宗全、慕自发（常务）任副主任，南永胜、王生兴、王开虎、施忠年、于志辉等机关各部室负责人、各分公司、子公司党政主要负责人、场志编纂办公室负责人任委员。编辑人员有蔡桂芳、齐德海、刘雪峰等。自此，场志编修工作全面展开。9月，为保证志书工作编纂顺利进行，集团公司决定面向公司所属各单位、机关各部室广泛征集农场志编纂资料，以"广泛征集、精编严审"为工作方针，以"尊重历史、实事求是"为原则，大力弘扬"艰苦奋斗、勇于开拓"农垦精神，推进农垦文化建设，记录农场历史、梳理农场发展成就和经验、展示特色企业文化，要求各单位、各部室全面、客观、真实并及时提供2013—2022年涉及地理、经济、经营管理、政治、文化、社会等方面的相关资料。11月，因齐德海退休，集团公司抽调任晋萱、胡世泰、于福3人接替原齐德海所负责编纂的篇目。11月8—9日，组织编辑人员参加由农业农村部农垦局、中国农垦经济研究会、中国农垦农场志丛编纂委员会组织的第三批中国农垦农场志丛编纂线上培训班，对保证志书的质量起到极为重要的作用。

志书共设6编，加上序言、凡例、概述、大事记、附录、后记等共50余万字。在《甘肃黄羊河农场志》编纂工作中，编纂人员通过查阅农场文书档案（人均查阅档案资料300余盒、3万多件）、技术档案、综合档案和各单位、各部室提供资料等方法，以最大程度做到内容翔实、准确无误，全力保证志书科学严谨，不虚构、杜撰和掺杂个人观点，保持历史的真实性。编纂人员对志稿进行了数次修改后，完成初稿，经集团公司内部初审并广泛征求意见后再修改完善。此后，通过中国农垦经济研究会、中国农业出版社初步审稿。接着，对初审意见进行修改，补充完善书前页图照资料、序言、概述等内容，经甘肃黄羊河农场志编纂委员会评审后定稿。

本志书的出版是多方共同努力的结晶。在此，谨对农业农村部农垦局、中国农垦经济发展中心、中国农业出版社、黄羊河农场党委、黄羊河集团公司机关各部室及相关单位，对所有关心、支持本志编写的领导和同志们，一并表示感谢。

由于时间仓促，加之编者水平有限，错漏之处在所难免，诚望广大读者批评指正。

甘肃黄羊河农场志编纂委员会

2022年12月

中国农垦农场志